Complexidade e Sustentabilidade

HUMBERTO MARIOTTI

Complexidade e Sustentabilidade

O que se pode e o que não se pode fazer

SÃO PAULO
EDITORA ATLAS S.A. – 2013

© 2013 by Editora Atlas S.A.

Capa: Leonardo Hermano
Composição: Formato Serviços de Editoração Ltda.

Dados Internacionais de Catalogação na Publicação (CIP)
(Câmara Brasileira do Livro, SP, Brasil)

Mariotti, Humberto
Complexidade e sustentabilidade: o que se pode e o que não se pode fazer / Humberto Mariotti. - - São Paulo: Atlas, 2013.

Bibliografia.
ISBN 978-85-224-7981-8
eISBN 978-85-224-7982-5

1. Complexidade (Filosofia) 2. Sociedades complexas 3. Sustentabilidade I. Título.

13-05104
CDD-302.35

Índice para catálogo sistemático:

1. Relações entre complexidade e sustentabilidade : Sistemas complexos adaptativos : Sociologia   302.35

TODOS OS DIREITOS RESERVADOS – É proibida a reprodução total ou parcial, de qualquer forma ou por qualquer meio. A violação dos direitos de autor (Lei nº 9.610/98) é crime estabelecido pelo artigo 184 do Código Penal.

Depósito legal na Biblioteca Nacional conforme Lei nº 10.994, de 14 de dezembro de 2004.

Impresso no Brasil/*Printed in Brazil*

Editora Atlas S.A.
Rua Conselheiro Nébias, 1384
Campos Elísios
01203 904 São Paulo SP
011 3357 9144
atlas.com.br

Para Cristina Zauhy,
colaboradora de tantos anos.

Quero homenagear as pessoas abaixo mencionadas pela sensibilidade de terem, em termos de Brasil, reconhecido a importância da teoria da complexidade e tornado viáveis muitas de suas aplicações, a exemplo do que já se faz no plano internacional.

Ailton Bomfim Brandão

Armando Dal Colletto

José Ignacio Palma Zapatero

Thomas Daniel Brull

"Um livro é escrito, inclusive, para os que o leem indevidamente, para os que o estranham, os que o detestam, e até para os que não o haverão de ler."
(OSMAN LINS)

"Dado que o modo como vivemos é tão diferente de como devemos viver, aquele que estuda o que deve ser feito em vez do que é realmente feito estará mais próximo de sua queda do que de sua preservação."
(MAQUIAVEL)

"Só na lógica as contradições são incapazes de coexistir; quando se trata de sentimentos, elas podem conviver tranquilamente."
(SIGMUND FREUD)

"Seja verdadeiro para com a Terra."
(FRIEDRICH NIETZSCHE)

"Somos todos visitantes desta época e deste lugar. Nosso propósito aqui é observar, aprender, crescer, amar e depois voltar para casa."
(PROVÉRBIO DOS ABORÍGENES AUSTRALIANOS)

Sumário

Prefácio, xv

INTRODUÇÃO, 1

Transformações, 6

Adaptação, 8

Engenheiros e *bricoleurs*, 10

"Certezas", 11

Números e medidas, 14

Incerteza e húbris, 14

Realidade, 16

Filosofias, 17

1 CONCEITOS E BASES (I), 21

Auto-organização, 22

Autossabotagem, 24

Caos, 25

Complexidade não é pensamento sistêmico, 27

Entropia, 32

Francis Daniels Moore, 39

2 CONCEITOS E BASES (II), 45

Incerteza e risco, 45

Mudança, percepção e resistência, 48

Nicholas Georgescu-Roegen, 52

Separação sujeito-objeto, 56

Simplificação, supersimplificação e *zoom, 57*

Subjetividade, 60

Sustentabilidade, 61

Thomas Malthus, 62

Tragédia dos comuns, 64

3 A NATUREZA HUMANA I. DE MAQUIAVEL A DARWIN, 69

Natureza *versus* cultura, 73

O caso dos *tasaday*, 73

Maquiavel: realismo para mandatários, 75

De Hobbes a Rousseau, 78

Baruch de Espinosa: o príncipe dos filósofos, 81

Charles Darwin, 83

4 A NATUREZA HUMANA II. DE FREUD A MENNINGER, 87

Sigmund Freud e os moinhos lentos, 87

O princípio de precaução (I), 94

A autodestruição de Masud Khan, 95

Por que a guerra?, 97

Pulsões de morte e sustentabilidade, 99

Karl Menninger: o homem contra si mesmo, 104

5 A NATUREZA HUMANA III. DE FROMM A GRAY, 113

Erich Fromm, 113

A psicopatia e os psicopatas, 115

Edward O. Wilson e o homem local, 119

Norbert Elias, sociólogo e psicoterapeuta, 121

Barbara Tuchman: a marcha da insensatez, 123

John Gray: os cachorros de palha, 126

Sustentabilidade e natureza humana, 130

6 A COMPLEXIDADE DA SOCIEDADE I, 139

A ideia de progresso, 139

A dimensão econômica, 148

O poder, 154

O eterno PIB, 157

A descarbonização das matrizes energéticas, 162

7 A COMPLEXIDADE DA SOCIEDADE (II), 167

Foucault, o poder e a clínica, 168
Ivan Illich: mais atual do que nunca, 170
A complexidade e a nêmese médica, 174
Educação: o dito e o não dito, 182

8 TERRA, ÁGUA E AR I. A COMPLEXIDADE DA SUSTENTABILIDADE, 189

Gaia, 189
O princípio responsabilidade, 190
O princípio de precaução (II), 191
O princípio esperança, 192
Aquecimento global, 193
População, 195
Migrações e agressões, 199
Sustentabilidade, empresas e mercados, 202
As conferências internacionais, 207

9 TERRA, ÁGUA E AR II. O TECIDO DO MUNDO, 215

O pensamento complexo como filosofia da diferença, 215
Mil platôs, 217
Agenciamento, 220
Territorialização, desterritorialização e reterritorialização, 221
Emergência, 224
Geofilosofia, 226
Rizomas e árvores, 230
A complexidade da sustentabilidade, 233

Bibliografia, 245

Prefácio

> "Se não esperas o inesperado, não o encontrarás."
> (HERÁCLITO DE ÉFESO)

Este é o quinto de meus livros que abordam a complexidade, o pensamento complexo e suas aplicações. Seu objetivo é examinar a ideia e algumas das práticas de sustentabilidade por meio dos conceitos e referenciais da teoria da complexidade, com ênfase nas relações de tudo isso com a natureza humana.

Como nos meus textos anteriores, aqui o leitor ligado a outras áreas da atividade que não os negócios e a gestão também encontrará ideias, exemplos e estudos oriundos de diversas disciplinas do conhecimento. Meu primeiro livro sobre complexidade, pensamento complexo e suas aplicações foi publicado em 1995,[1] e fala sobre cultura e aprendizagem nas organizações. Mas não seguiu a orientação sistêmica que predominava na época e ainda hoje vigora: seus fundamentos vieram quase todos da teoria da complexidade. Nesse livro, introduzi um método de diagnóstico organizacional – que chamei de culturanálise –, que desde então passou a ser usado em trabalhos de consultoria de gestão no Brasil e no exterior.

O propósito de meu segundo livro sobre a complexidade[2] foi apresentar de modo tanto quanto possível claro essa teoria a um público bem mais amplo que o da obra anterior, e por isso esse novo volume foi além da área da gestão e dos estudos organizacionais. Em 2007 foi publicado o meu terceiro texto sobre o assunto,[3] no qual passei a trabalhar com conceitos mais amplos e diversificados. Em 2010 foi publicado o meu quarto estudo sobre o mesmo tema.[4] É uma retomada dos anteriores e aborda a complexidade a partir dos modos de pensar. Nesse trabalho mais uma vez examino, em especial por meio de exemplos, estudos de caso e metáforas, o condicionamento de nossa cultura pelo pensamento utilitarista, supersimplificador e quantificador. A proposta é mostrar como a reflexão é inerente a todos os homens e não apenas aos chamados de filósofos – do mesmo modo que o universo da prática não se restringe aos técnicos e tecnocratas.

Um dos desafios de hoje é superar a praxe cultural que insiste em manter separados o pensar e o fazer, como se fossem duas facções em conflito. Eles foram polarizados e ideologizados, e os que defendem um polo tentam por todos os meios desqualificar o outro. Mas é óbvio que os dois lados perdem com isso, e o que mais se perde é aquilo de que ambos mais necessitam: a capacidade de sair da mesmice, de produzir ideias novas.

Como os anteriores, *Pensando diferente* foi o resultado de um trabalho de transposição dos conceitos da teoria da complexidade para uma linguagem tanto quanto possível direta. Talvez mais do que os anteriores, ele procura examinar dois pontos principais: (1) se e até que ponto a teoria da complexidade e o pensamento complexo são um avanço em termos de compreensão de mundo e os fazeres daí decorrentes; (2) de que modo os resultados desses esforços podem ser postos em prática no cotidiano.

Agora, um dos objetivos deste meu quinto livro sobre a complexidade é relacioná-la a temas, situações e exemplos que pouco ou quase nunca são examinados quando se fala em sustentabilidade. Com isso, espero contribuir para diversificar os modos de vê-la e entendê-la, pois, como se sabe, abordar um assunto a partir do maior número de ângulos possível é uma das principais metodologias do pensamento complexo.

NOTAS

[1] MARIOTTI, Humberto. *Organizações de aprendizagem*: educação continuada e a empresa do futuro. São Paulo: Atlas, 1995.

[2] MARIOTTI, Humberto. *As paixões do ego*: complexidade, política e solidariedade. São Paulo: Palas Athena, 2000.

[3] MARIOTTI, Humberto. *Pensamento complexo*: suas aplicações à liderança, à aprendizagem e ao desenvolvimento sustentável. São Paulo: Atlas, 2010.

[4] MARIOTTI, Humberto. *Pensando diferente*: para lidar com a complexidade, a incerteza e a ilusão. São Paulo: Atlas, 2010.

Introdução

> "Não é o sono da razão que produz monstros, mas
> sim a racionalidade vigilante e insone."
>
> (GILLES DELEUZE)

Com este livro, meu objetivo não é escrever mais um texto sobre sustentabilidade. Já existem muitos, e alguns são fundamentais para quem quiser entender o assunto e aprofundar-se nele.[1] Este meu trabalho se propõe a usar o pensamento complexo e a teoria da complexidade de várias formas, inclusive como instrumentos de análise e crítica. Um de seus principais propósitos é examinar uma questão que tem sido muito discutida e consiste em saber: (1) se nosso desejo, tão proclamado, é mesmo construir um mundo sustentável; (2) se, ainda que seja genuíno, até que ponto certos aspectos da natureza humana permitirão que ele seja colocado em prática como enunciado.

A questão pode ser posta de outra forma: (1) sabe-se que, ao longo dos séculos e milênios, o ser humano tem mostrado uma tendência a destruir a si mesmo e o ambiente em que vive. Evidências disso são bem conhecidas e serão apresentadas ao longo dos capítulos deste livro; (2) se assim é, cabe perguntar se esse comportamento auto e heterodestrutivo – que é a própria negação dos princípios da sustentabilidade – não acabará por determinar a nossa extinção.

Essas indagações aí estão desde sempre e são mais difíceis de responder do que parece. A lógica linear/binária/aristotélica ("ou preto ou branco", "ou contra ou a favor"), predominante em nossa cultura, nos tem levado a acreditar que: (1) nós, humanos, afirmamos querer construir um mundo sustentável, o que equivale a dizer que aquilo que fizermos ou deixarmos de fazer não deve prejudicar nossos descendentes; (2) já temos alguns recursos tecnológicos para fazer essa tentativa; (3) logo, em teoria basta aplicá-los e os resultados positivos surgirão no devido tempo. Mas todos sabem que esse raciocínio silogístico está longe de funcionar na prática. De saída, suas premissas 1 e 2 não têm sido validadas pela experiência. Sabemos que o empenho em resolver um problema que nós mesmos criamos, por meio de séculos de extrativismo predatório, está longe de ser unânime. Há muitas pessoas – entre elas os chamados "ambientalistas céticos" – que ainda não aceitam que as emissões de CO_2 e outros gases oriundos da queima dos combustíveis fósseis sejam danosas e responsáveis pelas alterações climáticas.

A segunda premissa é uma das muitas formas de enunciar o projeto da modernidade e sua ideia de progresso: não há problema humano que não possa ser resolvido pela ciência e tecnologia – e os que ainda não o foram cedo ou tarde o serão, pois o progresso da tecnociência é linear e inexorável. Mas hoje se sabe que muitas das promessas da modernidade não foram cumpridas. Se houve progressos – o que é inegável –, eles têm sido acompanhados por efeitos colaterais danosos ao ambiente – o que também é incontestável. Seja como for, o número de pessoas que continua a acreditar na ideia de progresso ainda é muito grande. Esse tema será abordado várias vezes e com detalhes adiante.

O tempo passa e o raciocínio silogístico acima mencionado continua a ser apresentado como um argumento poderoso. Quanto mais acreditamos nele, e mais as evidências em contrário se acumulam, tanto mais fingimos que elas não existem. O sociólogo Anthony Giddens dá um bom exemplo, ao observar que as manifestações do aquecimento global – as alterações climáticas – não são nítidas e imediatas, e por isso a maioria das pessoas tende a não fazer nada a respeito. São indiferentes à possibilidade de que um dia tais alterações possam adquirir proporções tais que qualquer iniciativa destinada a eliminá-las virá tarde demais. É o que ele próprio chamou de "paradoxo de Giddens",[2] que assim pode ser reapresentado: (1) sei que meus hábitos de vida são danosos ao meio ambiente (Giddens usa como metáfora o uso disseminado dos veículos chamados SUVs, utilitários com tração nas quatro rodas que consomem muito combustível); (2) sei que mais cedo ou mais tarde as consequências da destruição do meio ambiente se voltarão contra mim e os meus; (3) mesmo assim, em pouco ou nada modifico meus hábitos de consumo.

Não me ocorre agora um exemplo melhor da tendência humana à auto e heterodestruição. Giddens se pergunta por que as pessoas continuam a dirigir SUVs, ou seja, por que continuam a não incluir em suas preocupações cotidianas as macroameaças à sua sobrevivência. Ele próprio sugere algumas explicações, às quais acrescentarei outras ao longo dos capítulos deste livro. A meu ver, a principal delas é a visão quantitativa e instrumental que muitos têm hoje da sustentabilidade, que em geral não leva em conta a natureza humana, ou ao menos não a considera para além de seus aspectos superficiais. No mundo das empresas, apesar de toda a retórica em contrário, pensa-se quase sempre em termos de vantagens para os acionistas e "oportunidades de negócio". A sustentabilidade é vista como um efeito colateral, uma consequência que pode ser útil, mas não é o valor principal. Esse lugar está reservado para a economia e as finanças, hoje mais para estas do que para aquela.

Gilles Deleuze sugere que precisamos ir além das atuais representações e institucionalizações sociais, para entender de modo mais profundo o que acontece ao nosso redor. Claire Colebrook[3] ajuda a esclarecer esse ponto ao observar que, como notou Deleuze, num dado momento histórico as políticas de classe se tornaram problemáticas. Dois exemplos são a Rússia de Stalin e a China de Mao Tse Tung. Nesses países, as formas de governo ditas "novas", representadas pelos Estados comunistas, na prática se revelaram tão ou mais opressoras do que as supostas formas de tirania de mercado que as precederam. Fenômenos como esses mostram que é preciso mais do que apenas promover reviravoltas na economia: as mudanças devem começar a partir dos vários modos pelos quais a vida humana é entendida. Acrescento que o mesmo vale para a questão da sustentabilidade: é necessário repensar as maneiras como a entendemos e, mais do que isso, suas relações com a natureza humana.

De certa maneira o tema deste livro refere-se aos paradoxos e a como conviver com eles. Em uma cultura como a nossa, em que o raciocínio binário é a maneira dominante e quase única de pensar, as pessoas não admitem os paradoxos e em geral tentam negá-los ou fugir deles. A principal forma de fazer isso é apresentá-los como se fossem problemas a ser resolvidos. Acontece, porém, que em sua maioria os problemas podem ser solucionados pela eliminação de um de seus elementos (em geral um de seus polos), mas isso não ocorre com os paradoxos. Essa é a questão central. Nessa linha de raciocínio, é difícil trabalhar com o paradoxo de uma economia cujo crescimento se pretende infinito e, ao mesmo tempo, precisa reconhecer que os recursos naturais dos quais necessita são finitos.

A Terra – Gaia, como a denominou James Lovelock – é um sistema complexo adaptativo, e se não entendermos a teoria da complexidade não compreenderemos a sustentabilidade em seu sentido mais profundo: continuaremos a pensá-la em termos de partes separadas e fatos isolados. Ou, no máximo, continuaremos a tentar entendê-la apenas por meio do pensamento sistêmico e nos termos da economia de mercado, para a qual tudo pode ser reduzido aos negócios. Continuaremos, por exemplo, a imaginar que a chamada descarbonização das matrizes energéticas é a solução de todos os problemas. Atrelaremos nosso raciocínio apenas à lógica do mercado, e assim permaneceremos alheios às necessidades humanas não econômicas e financeiras – como se estas fossem independentes da totalidade da vida. Em suma, se insistirmos em acreditar que "os homens práticos" não devem se preocupar com "filosofias", acabaremos por fazer da ignorância uma bandeira – e com isso seremos tudo, menos homens práticos. Se for esse o caso, a sustentabilidade será vista apenas como uma peça de marketing ou mais um modismo, e não como o valor que na realidade é.

Fomos educados para só acreditar no que é tangível e no que está em nosso entorno imediato – naquilo que podemos ver e palpar. Em nosso linguajar cotidiano, as manifestações desse condicionamento surgem a cada passo. Elogiamos as pessoas "objetivas" e queremos imitá-las; deixamo-nos iludir pelo que chamamos de "resultados concretos", em especial os numéricos; admiramos quem tem conhecimentos "sólidos" e buscamos essa pretensa solidez nas empresas e na economia. Essa visão de mundo nos faz duvidar de tudo o que não esteja de imediato disponível em termos de tempo ou, em termos de espaço, localizado em nosso entorno restrito. Uma de suas manifestações é não dar atenção ao que George Day e Paul Schoemaker[4] chamam de sinais fracos periféricos. Voltarei a esse aspecto.

Como meus livros anteriores, este também foi escrito com a preocupação de clareza, rigor e indicação de fontes. No entanto, meu conceito de rigor não vai até o ponto de me deixar bitolar por modelos ou regras. Tudo o que pretendo é exercer o direito de pensar e expor o resultado de minhas reflexões. O fato de professores de instituições acadêmicas e outras, no Brasil e exterior, estudarem meus textos, citarem-nos em seus artigos, teses e livros é sem dúvida muito honroso. Mas o que na verdade me interessa é chegar ao leitor comum. Que ele concorde sempre com minhas ideias também não é minha preocupação principal. O que mais desejo é que meus escritos o estimulem a pensar com sua própria cabeça, e por isso não hesitei em colocar juntos pensadores que discordam em vários pontos. Gilles Deleuze e Félix Guattari, por exemplo, têm críticas à psicanálise. Também tenho, mas sustento que alguns dos conceitos de Freud devem ser retomados e aprofundados. Deleuze não aceita o conceito freudiano das pulsões de morte. De minha parte, estou convencido de que ele precisa ser reexaminado com atenção e cuidado.

Repito que minha intenção não é discutir em detalhes a ecologia e a sustentabilidade em si mesmas, pois muitos já o fizeram com muito mais conhecimento e experiência. Meu propósito é examinar a dimensão humana desses fenômenos – a complexidade da natureza humana em suas relações com o ambiente natural e suas relações com a sustentabilidade. O argumento fundamental deste livro é que, nesse e em muitos outros contextos, nem sempre é possível fazer o que se quer pelas seguintes razões: (1) estamos condicionados a pensar em termos newtonianos, ou quando muito sistêmicos, e por isso imaginamos que o planejamento é sempre garantia de sucesso na execução. É comum acreditarmos em frases como "o projeto não funcionou por falta de planejamento"; (2) mas há resistências explícitas e implícitas aos nossos desejos e esforços e entre elas estão características da natureza humana que nos levam a atitudes auto e heterodestrutivas.

Portanto, existem níveis de dificuldade que pouco levamos em conta, mas continuarão a existir, gostemos ou não. Jean-Paul Sartre escreveu, em mais de um ponto de sua obra (o livro *O ser e o nada* é um exemplo), que o mundo resiste à nossa presença.[5] Essa observação é importante para entendermos que nossas ações não se dão sobre um mundo passivo, que deve ser visto como um objeto sempre à nossa disposição. Por outro lado, nossa estrutura humana também resiste às estruturas do mundo, seja o social ou o ambiental. Estamos sempre a agir e a ser objetos de ações. Além disso, resistimos à nossa própria presença no mundo: é o que acontece quando agimos contra os nossos interesses.

Enunciemos mais uma vez e de outro modo o que acaba de ser dito: (1) a natureza humana é complexa, porque na condição de seres vivos somos sistemas complexos adaptativos; (2) considerar a dimensão humana implica levar em conta a complexidade e, em consequência, a natureza humana; (3) sem dar atenção à natureza humana e sua complexidade, não é possível pensar de modo realista a sustentabilidade. Ficaremos limitados a alguns de seus aspectos superficiais, inclusive os enganosos como o marketing ecológico, o ecologismo burocrático/ideológico ou as utopias místicas e eufóricas do tipo *New Age*.

O pensamento complexo em si não é suficiente. É preciso que nos conscientizemos do desafio representado pela nossa natureza humana. Tal conhecimento, por mais incompleto que seja, pode nos ajudar a avaliar até que ponto seremos capazes de pôr em prática os nossos projetos, e para tanto é necessário ao menos tentar ter clareza sobre dois pontos. Primeiro, que nem tudo se resume em querer fazer algo e em seguida entrar em ação; segundo, que precisamos perceber até que ponto agimos contra nossos próprios interesses, mesmo quando imaginamos estar a favorecê-los.

Em um dos melhores livros recentes sobre a teoria da complexidade e suas aplicações às organizações, Theodore Taptiklis[6] faz algumas considerações que convém mencionar. Em primeiro lugar, ele observa que precisamos deixar para trás o pensamento sistêmico – ainda hoje muito confundido com o pensamento complexo –, pois seu propósito é sintetizar e achatar a complexidade para que ela se ajuste ao seu discurso mecanicista e monocórdio. O pensamento complexo, ao contrário, está aberto à multiplicidade de vozes presentes nas conversações organizacionais, as quais não buscam sínteses nem resultados "definitivos", pois isso seria equivalente a congelar o próprio fluxo da vida.

Taptiklis argumenta que o pensamento complexo pode até não ter muito valor como discurso científico aplicável às organizações humanas – mas é importante para ajudar a superar o simplismo da causalidade imediata inerente ao pensamento sistêmico. Para ele, o pensamento complexo tem valor psicológico, porque ajuda a entender que a complexidade é natural e não algo estranho à vida, e por isso não devemos supersimplificá-la na ilusão de que assim seria possível escamoteá-la. O pensamento complexo é a expressão de uma nova atitude. Ao contrário do sistêmico, não procura congelar a realidade em modelos estáticos e redutores, na esperança de poder controlá-la. Ao contrário, refere-se a encontros, conexões, fluxos e acontecimentos. A teoria da complexidade é uma forma atual de dizer coisas sabidas há milênios. Sua linguagem é aplicável por meio do pensamento complexo, que é um conjunto de conceitos, alguns de fácil operacionalização, outros nem tanto. Eles podem facilitar a vida e o trabalho de quem os entende e põe em prática – mas não devem levar a partidarismos nem proselitismos.

Ao falar sobre *O anti-Édipo*, livro de Deleuze e Guattari,[7] Michel Foucault faz uma sábia advertência: não se trata de uma nova teoria "tantas vezes anunciada, a que abrangerá tudo, a que é absolutamente totalizante e tranquilizadora".[8] Essa frase também se aplica à teoria da complexidade. E, sem dúvida nenhuma, deveria ter um efeito moderador sobre os entusiastas eufóricos, que a veem como a solução de todos os problemas e o remédio para todos os males. Nesse sentido, é importante ler as *Meditações*, do imperador romano Marco Aurélio (121-180 d.C.), livro que pode ser considerado uma das primeiras obras sobre a complexidade.[9] Lá se verá que nenhum conhecimento deve induzir a vaidades intelectuais e aos torneios de erudição delas resultantes. Nenhum conhecimento deve – ou ao menos não deveria – dar suporte ao ego de gurus, guias e aconselhadores dos mais diversos matizes, sempre dispostos a distribuir prescrições que em geral servem muito mais para benefício próprio do que para o dos aconselhandos.

A teoria da complexidade não é apenas um conjunto de conceitos. Contém uma visão de mundo que proporciona uma atitude realista – o que não é pouco. Mas sua atual linguagem provoca as mesmas resistências que provocou no passado e provocará no futuro, em épocas em que o discurso mudará, mas os princípios permanecerão. Não nos esqueçamos de que Giordano Bruno foi amarrado a uma estaca e queimado, porque afirmou que a Terra estava viva e que outros planetas poderiam compartilhar a mesma condição. Uma frase de Lovelock ilustra bem esse ponto: "Modos não familiares de ver o que é familiar tendem a despertar oposições irracionais, que vão bem além da argumentação racional."[10]

A intensidade das resistências parece aumentar quando as ideias e modos de aplicá-las se referem à vida e sua preservação – e parece diminuir quando se trata de ideias mecanicistas e destrutivas. Todos sabem que, na maioria dos países, os recursos orçamentários destinados à saúde são sempre menores do que quaisquer outros e, em especial, muito inferiores aos destinados à fabricação e disseminação de armamentos. Esse fenômeno não é de modo algum desconhecido ou obscuro. A maioria das pessoas o conhece bem e costuma criticá-lo em termos de retórica, mas na prática age como se ele fosse natural e irreversível.

TRANSFORMAÇÕES

Como os de outros autores, meus livros anteriores têm evoluído a partir do que considero, com Edgar Morin, uma espécie de marco zero: a conhecida frase de Pascal: "Considero impossível conhecer as partes sem conhecer o todo, assim como conhecer o todo sem conhecer as partes separadas". Esse fragmento, que costumo denominar de "princípio de Pascal", tem sido útil para enunciar duas das principais características da complexidade: primeira, tudo está ligado a tudo; segunda, as partes estão no todo e o todo está nas partes. Tão importante quanto o princípio de Pascal é o da convivência entre opostos ao mesmo tempo contraditórios e complementares, o que significa que nem todos os pares de opostos são excludentes entre si. Há opostos que não se excluem entre si e convivem lado a lado. São os paradoxos que, ao contrário dos problemas, não podem ser resolvidos e por isso devem ser gerenciados.

Na década de 1960, em especial na Europa, o sistema de pensamento de Hegel começou a ser contestado. Na França, Deleuze foi um dos que participaram desse questionamento. É dele a frase que diz que esse período foi de um "anti-hegelianismo generalizado".[11] O ideal hegeliano de que seria sempre possível superar as contradições por meio da dialética começou a ceder lugar à necessidade de aprender a trabalhar também com os paradoxos e buscar modos de conviver com eles. Georges Canguilhem e Paul Ricoeur, cada qual a seu modo, seguiram uma linha semelhante. Essa época marca o início de uma visão menos escapista dos paradoxos. Até então a saída mais comum era tentar negá-los ou subvalorizá-los a todo custo.

A gestão de paradoxos é um dos instrumentos essenciais do pensamento complexo, e é útil quando se fala em sustentabilidade. Nesse particular as ideias pioneiras vieram de Stéphane Lupasco,[12] este por sua vez a princípio influenciado por Louis de Broglie. Muito tempo depois, outros abordaram o assunto [13] e deram aos seus conceitos o nome de "pensamento integrador". No fundo, trata-se de uma técnica de gestão de paradoxos aplicável ao contexto dos negócios e da gestão. O chamado "pensamento integrador" pode ser incluído entre os instrumentos cognitivos do pensamento complexo.

Mais para o fim deste livro, abordo a visão de complexidade proposta por Deleuze e Guattari, que considero útil para o entendimento de muitos dos aspectos das relações entre complexidade e sustentabilidade. Nesse e em muitos outros sentidos, o conceito de sistemas complexos adaptativos tem sido proveitoso. Nele é essencial a ideia de mudança constante e generalizada: mudam os ambientes e em resposta mudam os sistemas, sejam os naturais, sejam os socioculturais, como as organizações e os mercados.

A mudança constante é o próprio processo da vida, em meio ao qual os sistemas se adaptam uns aos outros e ao ambiente. Os que se adaptam evoluem e os que não o fazem não evoluem e se extinguem. Quando Sartre escreveu que o mundo resiste à nossa presença, foi isso que quis dizer: que as resistências existem de parte a parte, e a adaptabilidade é o resultado das negociações destinadas a diminuí-las. Aqui como em muitos outros contextos há um paradoxo, que diz que para continuar a viver é necessário conservar a identidade e ao mesmo tempo mudar. Em termos de organizações, esse aspecto foi discutido por dois autores americanos em um livro hoje clássico – *Built to last* (*Feitas para durar*).[14] É claro que essa condição paradoxal se aplica à condição humana e foi expressa pela famosa frase de Michel Foucault: "Não me pergunte quem sou e não me diga para permanecer o mesmo."[15]

Como em meus livros anteriores, neste também utilizo ideias e conceitos oriundos de disciplinas diferentes – o que equivale a abordar um mesmo assunto a partir de muitos ângulos e buscar ligações entre os resultados. É uma forma de praticar o que Deleuze e Guattari chamam de aprendizagem rizomática, sobre a qual falarei adiante. A utilização da multiplicidade e da diversidade é uma das estratégias do pensamento complexo. A convivência de diferenças e opostos, e o estabelecimento do maior número possível de conexões, figuram entre as características definidoras dos sistemas complexos adaptativos. Quanto mais complexo for um sistema, maior será o número de conexões entre seus componentes, e em consequência maiores serão sua flexibilidade, adaptabilidade e durabilidade. Em termos de empresa, isso significa que quanto melhores e mais numerosas forem as comunicações entre as pessoas e os setores, maior e melhor será a habilidade de tomar decisões e, em consequência, a capacidade da organização de se adaptar às mudanças de seu ambiente de negócios.

ADAPTAÇÃO

Todos esses conceitos e ideias são em essência bem simples, mas a experiência tem mostrado que nem todos os entendem com a mesma rapidez, amplitude e profundidade. Esse fenômeno pode ser entendido nos termos da diferença entre educação e instrução. Quando separadas, elas são necessárias, mas não suficientes. Quando se complementam, são necessárias e suficientes. Nesse sentido, pode-se dizer que os sistemas mais simples, que comportam menos conexões entre seus elementos, são mais ligados às tarefas mecânicas e por isso sua necessidade de aprendizagem é menor. Para eles basta a instrução/treinamento, pois seu viés básico é a repetição. Já os sistemas complexos adaptativos – que incluem muitas conexões entre seus componentes – precisam muito mais do aprendizado e, no caso dos humanos, da educação, sem no entanto excluir o treinamento. É por meio desse conjunto de estratégias e táticas que tais sistemas se adaptam e continuam a existir.

Em termos humanos, a lógica das pessoas espertas (que em geral se consideram muito inteligentes) é a dos sistemas simples, o que implica dificuldades de adaptação, isto é, de lidar com o novo e o inesperado. Em seu empenho de repetir, manter as coisas como estão, elas tendem a impor essa repetitividade ao ambiente em que vivem, e por isso adotam em relação a ele uma atitude imediatista, extrativista e muitas vezes predatória. São atitudes e práticas que comprometem a integridade e portanto a sustentabilidade do ambiente de que elas próprias fazem parte, condição que insistem em negar ou fingir ignorar.

A maneira de pensar dos indivíduos formatados pelo treinamento/adestramento é a dos sistemas complicados não adaptativos ou pouco adaptativos, isto é, as máquinas. A lógica das pessoas orientadas para a educação é a dos sistemas complexos adaptativos. As pessoas inteligentes sabem trabalhar com os dois polos: usam a lógica dos sistemas complexos adaptativos (o que elas próprias são, na condição de seres vivos) e também a dos sistemas complicados não adaptativos (as máquinas por elas inventadas e utilizadas). Esperteza e inteligência não se excluem, complementam-se. Gostemos ou não, a incerteza é parte integrante da complexidade da vida. Tanto é assim que Ralph Stacey passou a chamar as ciências da complexidade de ciências da incerteza.[16] Não é possível pensar em complexidade sem pensar em incerteza. Por mais que nossos esforços para diminuí-la sejam bem-sucedidos, restará sempre uma fração que é irremovível e estará sempre presente em graus variáveis e continuará a influir em nossos planos e ações.

Muitas vezes a incerteza só existe em graus mínimos, mas tem sempre o potencial de aumentar a qualquer momento e de maneira súbita. É o que acontece nas crises. Nossos triunfos sobre a incerteza são sempre parciais, o que entretanto não significa que devamos deixar de nos esforçar para diminuí-la. Mas é sem dúvida uma atitude realista entender que é impossível eliminá-la por completo. Nossas iniciativas no sentido de diminuir a incerteza e o erro podem ser agrupadas na designação geral de gestão da complexidade. Fazer gestão da complexidade significa simplificar (reduzir para compreender) o que pode ser simplificado, porém sem ceder à tentação de supersimplificar (insistir em lidar com sistemas complexos por meio de conceitos e processos simplistas).

Este livro fala sobre os conceitos e estratégias do pensamento complexo aplicáveis à sustentabilidade. Isso implica abordar vários dos temas mais examinados pelos autores que tratam do assunto – e também de alguns que pouco o são – pela ótica da teoria da complexidade. No entanto, em nenhum momento esse propósito deve ser entendido como uma tentativa de reduzir a sustentabilidade à teoria da complexidade e ao pensamento complexo. Minha intenção é lançar alguma luz sobre certos aspectos menos abordados pelos que estudam o tema.

Há pouco me referi à dificuldade que muitas pessoas – talvez a maioria em nossa cultura – têm de pensar de maneira diferente da linear/binária, isto é, pensar em termos de interconexões de coisas, ideias, pessoas e eventos. Não é incomum constatar a relutância, a dificuldade ou mesmo a incapacidade que elas revelam para pensar em termos de conexões e redes. As pessoas de mente sequencial e analítica costumam raciocinar em termos de causalidades imediatas (uma causa, um efeito; um efeito, uma causa). Diante da ideia de redes e conexões, sentem-se desafiadas e em geral caem na defensiva. Imaginam que serão de algum modo obrigadas a substituir sua forma habitual de pensar por outra que lhe é antagônica. A dificuldade de raciocinar fora do modelo linear/binário/analítico é sem dúvida a principal limitação ao entendimento das questões relativas ao meio ambiente e à sustentabilidade. A introdução do pensamento sistêmico tem melhorado essa situação. Mas seu viés mecanicista – aliado à ilusão de que é possível eliminar por completo a incerteza ou de que ela tem importância secundária – persiste, e é o responsável por muitas das resistências veladas ou explícitas às iniciativas de sustentabilidade.

Nas empresas, uma das causas de resistência ao pensamento complexo é a suposição de que os métodos da gestão tradicional terão de ser abandonados e substituídos por conceitos gerenciais inspirados na teoria da complexidade. Em tais circunstâncias, costuma-se reagir nos termos habituais de "uma coisa ou o seu oposto", daí a sensação de perda, insegurança, desconforto e a consequente resistência. A ideia de que a gestão não linear exclui tudo o que é tradicional é equivocada: na verdade, trata-se de um conjunto de iniciativas de complementação, cujo objetivo é obter sinergia e não substituição pura e simples.

A tão sonhada busca de um modelo único e eficaz em todos os casos está fora da realidade. É preciso ter sempre em mente que em uma empresa, como em muitos outros contextos humanos, a linearidade e a sequencialidade podem ser suficientes em alguns casos. Organizações totalmente lineares e mecanicistas (ou, ao contrário, completamente não lineares) não passam de abstrações, porque as empresas são por natureza sistemas complexos adaptativos e a complexidade é a essência do mundo real. Essa noção é importante para a compreensão de que, na condição de sistemas complexos adaptativos, as empresas não podem se colocar em relação ao ambiente como se ele fosse algo separado. Ao contrário, todos os sistemas complexos fazem parte do mesmo âmbito e por isso são interdependentes.

Para muitas pessoas, é difícil entender que o raciocínio linear/sequencial/binário – e tudo o que dele se origina – predomina em nossa cultura, mas não é o único possível. Nós, humanos, somos sistemas complexos e fazemos parte do mundo natural, que também é um sistema complexo. O pensamento humano inclui a linearidade e a não linearidade, e isso quer dizer que em todo conjunto de repetições é possível identificar diferenças e vice-versa. E isso é natural, caso contrário não haveria como distinguir diferença de repetição. O pensamento complexo e o conhecimento por ele produzido mostram que, dadas as peculiaridades da condição humana, não é possível vivermos limitados a um único modo de pensar.

ENGENHEIROS E *BRICOLEURS*

O antropólogo Claude Lévi-Strauss fez uma comparação dos comportamentos do engenheiro e do *bricoleur* (este último é o "faz-tudo", a pessoa que vive de expedientes e improvisações) que interessa à teoria da complexidade e aparece logo no início de um de seus livros mais conhecidos: *La pensée sauvage* (*O pensamento selvagem*).[17] Como observa esse autor, o *bricoleur* faz seu trabalho sem planejamento e utiliza os materiais que tem à mão em seu entorno imediato. Reúne fragmentos e lhes dá forma e sentido, sem saber qual será o resultado final de sua atividade.

O engenheiro precisa de um plano, de um projeto. A partir de matérias-primas ele segue em busca de sua meta. Em um artigo publicado em 2011,[18] Luiz Costa Lima nota que o engenheiro percorre uma trajetória composta de quatro etapas: projeto, método, elementos (ferramentas) e resultados. Tal percurso é muito semelhante ao que descrevi em livro publicado em 2010,[19] com o nome de "escada do conhecimento", cujos degraus são, de cima para baixo: filosofia (por que fazer); métodos/conceitos (o que fazer); técnicas (como fazer e com quais ferramentas); resultados. Essa escada não é unidirecional: como as demais, pode e deve ser descida ou subida de acordo com o momento, o contexto e as necessidades. Ainda assim, persiste o fato de que o engenheiro busca a exatidão, a clareza, as certezas. O poeta João Cabral de Melo Neto, também citado por Lima, escreveu: "O engenheiro sonha coisas claras: / [...] o lápis, o esquadro, o papel; / o desenho, o projeto, o número: / o engenheiro pensa o mundo justo, / mundo que nenhum véu encobre." [20]

Em suma, o engenheiro procura diminuir ao máximo a incerteza. Esse é o seu sonho ou, para lembrar a expressão que usei em meu livro há pouco citado, essa é a sua ilusão necessária: aquilo que o impede de desistir da busca da certeza total, mesmo ao saber que ela é inatingível. Nesse sentido, o engenheiro e o *bricoleur* são ambos sonhadores. O que os distingue é a atitude diante da incerteza. O sonho do engenheiro é diminuí-la ao máximo, já o *bricoleur* não se preocupa tanto com isso. Mas ambos sonham com resultados, e assim fazem, cada qual a seu modo, o cientista e o artista. O que Lévi-Strauss, em seu estilo estruturalista, às vezes apresenta como oposição binária (o antagonismo entre o engenheiro e o *bricoleur*), o pensamento complexo vê como complementaridade. O elemento de ligação entre esses contrários é o sonho, o projeto, o ânimo de desafiar os obstáculos e as dificuldades. Nesse sentido, o pensar e o agir podem até ser vistos como opostos – mas não como adversários excludentes entre si, pois ambos fazem parte do mundo real e da condição humana. Além do mais, estão sempre juntos, de uma forma ou de outra.

"CERTEZAS"

As certezas e a inflexibilidade absoluta que tanto buscamos só existem em nossas fantasias e em nossa ilusão de controle. É o que mostra a experiência: quando concebida e praticada como postura única, a gestão do tipo comando e controle sempre se revela pouco eficaz. Nesse particular, o autoritarismo e o emocionalismo

12   Complexidade e Sustentabilidade • Mariotti

são exemplos de como, nas palavras de Sartre, "a cólera é apenas uma tentativa cega e mágica de simplificar situações muito complexas".[21]

Cabem aqui algumas considerações sobre a palavra "complexidade". Nos últimos vinte anos ela tem passado por algumas fases interessantes em termos de interpretação e aceitação pelo público. José Eli da Veiga notou algo semelhante em relação ao termo "sustentabilidade".[22] De início ele foi rejeitado, mas aos poucos tem entrado no âmbito da linguagem coloquial. No entanto, muitos pouco ou nada sabem sobre o seu significado. Com a palavra "complexidade" ocorre algo similar, mas em termos de entrada no domínio coloquial – e com o sentido que lhe dá a teoria da complexidade – ela está em uma etapa menos avançada do que o termo "sustentabilidade".

Veiga lembra uma frase atribuída ao filósofo Arthur Schopenhauer, que dizia que toda verdade percorre três estágios: primeiro é ridicularizada, a seguir combatida e por fim aceita como evidente, o que pode significar que muitas vezes as pessoas resistentes se deixam vencer pelo cansaço. Na mesma linha, essas reações e sua sequência foram descritas por Morin como etapas de nossa reação "imunológica" às ideias novas em geral, tão enraizada na natureza humana. Na fase de ridicularização tentamos transformar aquilo que nos desafia em algo que não deve ser levado a sério. É a clássica negação por desqualificação, conhecido mecanismo de defesa do ego. Na fase de hostilidade e combate, as amenidades se esgotam e somos forçados a lutar, na tentativa de eliminar o inimigo que tanto nos incomoda. Quando por fim percebemos que isso não é possível – e que é nossa resistência que agora se mostra risível e cansativa –, revemos a agressividade e buscamos modos de conviver com o que nos desafia. Assim tem acontecido com a sustentabilidade e a complexidade. Será necessário um bom tempo até que as pessoas percebam que se trata de conceitos relacionados. A compreensão da complexidade e dos sistemas complexos adaptativos amplia o entendimento da sustentabilidade desses mesmos sistemas.

Falar em sustentabilidade implica falar em complexidade e vice-versa. Em ambos os casos, porém, vimos que os dois conceitos ainda estão às voltas com graus variáveis de rejeição, em especial em círculos nos quais sua prática implica contrariar interesses econômicos – o âmbito do *business as usual*. Ainda assim, o fato de ambos estarem em processo lento, porém continuado, de incorporação à linguagem cotidiana não deixa de ser uma evidência de que uma transformação está em curso. Essa mudança é um sinal de adaptação, a qual por sua vez expressa uma das características dos sistemas complexos: a capacidade de ajustar-se para viver mais e melhor – que é outro modo de definir sustentabilidade.

Como foi dito há pouco, este livro tem por objetivo entender a sustentabilidade pela perspectiva do pensamento complexo. Como ele se destina a não especialistas, sempre que necessário – e em benefício da clareza – retomarei e reexplicarei conceitos já detalhados em meus trabalhos anteriores. Procurarei fazer isso com o mínimo possível de repetições, mas quando elas forem inevitáveis serão feitas por meio de modos e exemplos diferentes. Também tenho consciência do velho conceito de que o mais importante não é o que se comunica, mas como a comunicação é recebida. Para ilustrá-lo, recorro à sabedoria de Nelson Mandela, que escreveu: "Já se disse mil e uma vezes que o que importa não é tanto o que acontece a uma pessoa, mas a maneira como ela percebe e reage. Pode parecer tolice aborrecê-lo com uma coisa que não passa de conhecimento comum."[23] Tal conceito, há tanto tempo popular, me permite reexplicar (pela milésima primeira vez, para usar a expressão de Mandela) aonde quero chegar ao procurar entender a sustentabilidade pela ótica da complexidade: o que importa não é nem tanto o que se escreve, mas como se é entendido e os *feedbacks* recebidos. Essa talvez seja a lição mais importante que tenho recebido de meus alunos, clientes e leitores.

A sustentabilidade é um fenômeno natural. Suas práticas são elaborações da mente humana. O homem é ao mesmo tempo natural e cultural. São duas condições que, segundo a teoria da complexidade, podem se complementar apesar de opostas na aparência. Podem e devem, desde que as pessoas consigam sair ao menos por algum tempo de seu tradicional padrão binário de pensamento – fenômeno que agora parece estar em curso, mas ainda sem expressão para produzir mudanças significativas. Em consequência, a porção cultural do homem em muitos casos é um estorvo à sua dimensão natural, e também uma das formas pelas quais ele exerce sua destrutividade sobre a natureza.

Este é o núcleo da questão da sustentabilidade: saber se o mundo natural seguirá habitável apesar da presença do ser humano ou se não seguirá assim devido a ela. As ideias, atitudes e ações ligadas à sustentabilidade são meritórias e bem-vindas, mas é preciso reconhecer que para serem efetivas elas pressupõem a mudança da forma de pensar binária para um modo mais abrangente. Essa necessidade parece óbvia, mas está sujeita ao mesmo processo no qual se baseia a sua principal limitação: a resistência e a lentidão que nós, humanos, opomos às mudanças de qualquer natureza, mesmo quando sabemos que elas serão benéficas para a nossa vida, bem-estar e o futuro de nossos descendentes.

Com este livro, o que me interessa não é discutir aspectos técnicos ou examinar diferenças entre conceitos que consideramos científicos, muitos dos quais pouco ou nada nos têm beneficiado na prática. Tais discussões – a maioria delas de natureza apenas semântica – têm com frequência o propósito bem ou mal disfarçado de funcionar como cortinas de fumaça, para distrair a atenção das pessoas e impedi-las de perceber a continuidade da devastação do ambiente natural. Não nego a sua possível importância, mas é obvio que quando elas se arrastam por um longo tempo acabam por desviar a atenção do que é essencial. Além disso, no estado atual do quesito sustentabilidade não se pode dizer que o tempo seja um artigo que possa ser esbanjado.

NÚMEROS E MEDIDAS

O leitor afeito a planilhas financeiras, tabelas, diagramas e recursos semelhantes na certa notará sua ausência quase total neste livro. Trata-se de algo inevitável, dada a ineficácia desses recursos para a tarefa de entender sem supersimplificar a complexidade (e portanto a incerteza) de muitos dos aspectos da vida e das ações humanas. Dito de outra forma, nada tenho contra os números, as estatísticas e coisas do gênero. Sua ausência quase total neste livro apenas reflete a sua escassa contribuição para o entendimento da complexidade da condição humana e de nossas relações mais profundas com o mundo em que vivemos.

Tudo considerado, volto a dizer que deixo as tecnicalidades para os especialistas e convido o leitor a observar por si mesmo a deterioração de sua qualidade de vida, em especial nas cidades. Convido-o a voltar sua atenção para tudo de irritante, vexatório e autodestrutivo que nos autoinfligimos e já se tornou banal: não poder sair à rua sem o perigo de ser assaltado; não poder ir a um restaurante sem correr o mesmo risco; correr esse risco até mesmo ao ficar em casa; para ir e voltar do trabalho, ter de enfrentar horas de ruído, lentidão e desconforto enquanto se respira um ar carregado de partículas tóxicas; nesse mesmo trabalho, ser assediado do ponto de vista sexual ou moral; ser pressionado a perseguir metas financeiras irreais, enquanto se é tratado como um fator de custo ou peça descartável; ver as cidades cada vez mais programadas para os automóveis e cada vez menos para as pessoas; não poder viajar de avião sem ser submetido a toda espécie de vexames nos aeroportos; ter de testemunhar a impunidade reservada aos criminosos que dispõem de poder político e/ou econômico; ter de constatar que, diante disso, as autoridades não se cansam de prometer que "tudo será apurado" mediante "rigorosos inquéritos", e que os culpados "serão punidos"; e assim por diante.

INCERTEZA E HÚBRIS

Ao longo de anos de aulas, palestras, *workshops* e atividades semelhantes – e também em minha prática de psicoterapeuta –, tenho verificado que muitas pessoas se sentem desconfortáveis com o tema complexidade. Não é de admirar. A complexidade é um fato do mundo real e, como se sabe, as pessoas não gostam de vê-lo tal como ele se apresenta à sua experiência imediata. Esse é um fenômeno bem conhecido. Para fugir do real elas costumam negá-lo de múltiplas maneiras e para isso usam teorias, ideologias e expedientes semelhantes, quando não recorrem ao uso de drogas ou equivalentes. Nada que seja fenomenológico, descritivo, costuma ser bem visto, porque com frequência leva à dissipação de muitas ilusões. As teorias e ideologias servem como anteparos que protegem contra a crueza da realidade, e por isso tendemos a preferi-las e fugir do aprendizado experiencial.

Não poder controlar o mundo como gostaríamos – e também não poder ter em relação a ele as certezas que almejamos –, eis as duas principais vertentes do nosso medo da realidade. Não poder prever o futuro com base em dados do passado é a terceira. Essa tríade nos atemoriza, e por isso tendemos a resistir a tudo o que é diferente – e é óbvio que a realidade muitas vezes é diferente de nossos pressupostos e ilusões a seu respeito. Dado que a teoria da complexidade questiona esses pressupostos e ilusões, torna-se claro por que tantas pessoas se sentem agredidas por ela.

O que Neil Johnson[24] chama de "Santo Graal da ciência da complexidade" é a vontade (em muitos casos legítima) de controle que todo ser humano tem em graus variáveis. Em tais circunstâncias, em geral o desejo de controle deve ser estimulado e amparado, desde que inclua a consciência da presença constante da incerteza, que aqui equivale ao reconhecimento de nossa húbris, o que por sua vez equivale ao reconhecimento de nossas limitações. Glenda Eoyang,[25] entre outros autores, assinala que os heróis das tragédias gregas tinham uma limitação básica – a húbris –, que era quase sempre fatal: acreditavam que os humanos podiam controlar o destino. Essa palavra tem sido traduzida como "desmesura", "presunção" ou "arrogância", e no fundo significa a pretensão de controlar o que não pode ser controlado e explicar o inexplicável por meio de mensurações e fórmulas simplistas.

A húbris foi potencializada pela ciência e pela tecnologia, o que equivale a dizer pela ideia de progresso. Controlar o incontrolável e explicar o inexplicável eram e ainda são duas ambições cuja inviabilidade prática não costuma ser reconhecida pela maioria das pessoas: é apenas adiada, na suposição de que um dia a tecnociência proporcione esse controle. Uma das frases mais expressivas das pessoas iludidas pela húbris é "só posso gerenciar o que posso medir", que implica que a possibilidade de mensurar conduz automaticamente ao controle. Como veremos adiante, o pensamento sistêmico foi e ainda é um fator contribuinte para essa ilusão.

A teoria do caos pode ser vista como uma anti-húbris, uma chamada à realidade, porque mostra que a vida é complexa e, portanto, a essência de estar vivo inclui um grau de incerteza irredutível a métricas, racionalizações, determinismos, ideologias e recursos semelhantes. A presença constante e irremovível da incerteza é o ingrediente que ao mesmo tempo modera e estimula a vida humana. Ao fazer isso, ela atiça em todos nós a curiosidade, o gosto pela pesquisa, pela aventura, pela exploração do desconhecido. Quando tomada nesse contexto, a frase "gosto de viver perigosamente" não evoca irresponsabilidade, mas sim a vontade de saber o que está por trás dos empreendimentos da ciência, da filosofia e demais áreas da atividade humana.

Nesse sentido a inevitabilidade da incerteza é uma dádiva, não uma maldição. Sem ela a vida seria monótona e repetitiva. Seria um passo a passo rumo à mediocridade – que aliás é como muitas pessoas a imaginam e desejam: uma sucessão de causalidades simples, pseudocertezas, sequências mecânicas, comandos a obedecer, instruções a seguir – enfim, tudo aquilo que a vida real não é. Um dos primeiros a intuir a necessidade de sair da repetição e buscar a diferença foi Henri Bergson, que escreveu: "A atualização tem como regras não mais a semelhança e a limitação, mas a diferença ou a divergência e a criação."[26] Bergson foi uma das principais influências de Deleuze em sua filosofia da diferença.

REALIDADE

Não permito que meu interesse pela teoria da complexidade me transforme em um entusiasta eufórico, sempre pronto a acreditar que fora dela não há salvação. A Internet está repleta de *sites* com esse viés e seu efeito, muitas vezes atingido, é banalizar o assunto e aumentar as resistências naturais a ele. Isso já aconteceu em relação a muitos outros temas, e o resultado tem sido sempre o mesmo: o surgimento de gurus espertos e seguidores deslumbrados. Em geral, a consequência é a perda de contato com o pensamento complexo e os resultados efetivos de suas aplicações, e assim o que deveria ser transformador se torna um entretenimento. E o trabalho dos que têm se esforçado para produzir algo significativo acaba relegado à condição de tema de tertúlias e festividades, nas quais os participantes se perdem em infinitas discussões sem interesse prático e, pior que isso, de consequências alienantes.

Esse fenômeno tem se mostrado mais danoso em situações nas quais a teoria da complexidade é utilizada em certos trabalhos de consultoria, nos quais a superficialidade, o viés mecanicista e a promessa de resultados imediatos só têm prejudicado as empresas e a própria ideia de complexidade. Em tais atividades, um dos equívocos mais comuns é falar de complexidade e ao mesmo tempo manter a lógica binária: afirmar que o pensamento complexo é superior ao pensamento linear-binário e veio para substituí-lo, isto é, propor uma atitude excludente quando se deveria sugerir a complementaridade. Esse contexto costuma incluir um equívoco ainda mais pernicioso: pensar que pensamento complexo e pensamento sistêmico são a mesma coisa. Há até cursos universitários que incorrem nesse engano.

A posição de Ralph Stacey e associados é a oposta.[27] Eles não procuram reduzir os temas que estudam aos princípios da teoria da complexidade: utilizam-nos como instrumentos de aprendizagem, e não como um conjunto de novidades salvacionistas. Stacey tem até mesmo evitado usar a palavra "sistema" para se referir às organizações, pois entende que isso implicaria vê-las como objetos regidos por dinâmicas mecanicistas controláveis de fora para dentro. Prefere ver as empresas como processos complexos, nos quais tudo depende da interação das pessoas. Voltarei a esse tópico no próximo capítulo.

FILOSOFIAS

Em nossa cultura, em especial nos EUA e países sob sua influência, gerações de executivos têm sido levadas a acreditar que não se deve dar muito valor a filosofias e teorias. Mas nem por isso suas vidas e futuros deixam de ser orientados pelas filosofias e teorias que justificam o imediatismo, a quantificação e a visão de mundo instrumental. Como se a vida devesse ser vista quase só em termos de números, quantidades, resultados imediatos e, o que é pior, por uma noção de mundo estreita ao ponto de impedir a percepção do mal que fazemos a nós mesmos ao adotá-la como orientação única. Essa visão utilitarista também nos tornou incapazes de perceber a progressiva destruição do mundo que legaremos aos nossos descendentes – a quem não nos cansamos de afirmar que amamos e respeitamos.

Um dos fatores que impedem admitir os erros e aprender com eles é a ânsia de nossa cultura por certezas. A intolerância ao erro é quase sempre uma manifestação de nossa intolerância à incerteza. Esta, por sua vez, é uma manifestação do ânimo que nos conduziu à ideia de progresso. A aversão a errar decorre da suposição iluminista de que a ciência e a tecnologia nos capacitariam a eliminar o erro e a incerteza ou, na pior das hipóteses, a reduzi-los a frações insignificantes.

A pretensão de prever o futuro com base em dados do passado abrange muitas áreas de nossas vidas. Eis alguns exemplos: a medicina preditiva (não confundir com preventiva), em parte derivada dos estudos sobre o genoma, que permitiriam antecipar as doenças que teremos no futuro; a ansiedade de "controlar nossa saúde" por meio do excesso de exames desnecessários – o hiperdiagnóstico. Tudo isso costuma produzir frustrações quando as pessoas constatam – e da pior maneira – que a maioria dessas promessas, além de gerar perdas financeiras, não é cumprida na prática. É sempre uma decepção constatar que a incerteza e a imprevisibilidade são muito menos controláveis do que se pensa e apregoa.

Tudo isso é um sinal de resistência a abandonar as pseudogarantias que ainda hoje nos assediam e com as quais insistimos em nos iludir. Nossa cultura abomina os erros: tanto os que nos fazem mal e nada nos ensinam, quanto os que nos fazem aprender com a experiência. Para saber como distinguir uma espécie da outra é preciso, em primeiro lugar, reconhecer como estamos condicionados a pensar em termos binários: ou certo ou errado, ou foco ou periferia e assim por diante. Não sabemos lidar com as nuances, e isso nos leva a ziguezaguear entre as polaridades: ou estamos certos e somos bons e por isso merecemos elogios e recompensas, ou estamos errados e nesse caso devemos ser execrados e punidos. Se o leitor pensou em Pavlov e suas experiências com cães de laboratório, não exagerou. Nessa acepção, estar certo é obedecer ao condicionamento e salivar ao toque da campainha e depois ser recompensado com um pedaço de bife, talvez acompanhado de pequeno afago. Estar errado é não se deixar formatar pelo condicionamento, não salivar e, em consequência, ficar sem o alimento e sem a carícia.

Em nossa cultura, "estar errado" não raro significa desobedecer às normas, comportar-se como um *bad boy* e ser punido. Os artistas, por exemplo, em geral têm comportamentos excêntricos e por isso estão sujeitos a mais uma dicotomia: ou têm sucesso e merecem aplausos e ótimas remunerações, ou não o têm e são considerados simples marginais. Em ambos os casos, porém, são vistos como indivíduos fora da norma, pessoas esquisitas de comportamento imprevisível.

Com muita frequência, as iniciativas de diminuição do erro e da incerteza são expressões da húbris dos gestores. Em tais casos, o poder das modelagens matemáticas é tido como muito maior do que na verdade é. Confia-se demais nelas como proporcionadoras de segurança psicológica. É o que David Ehrenfeld[28] chama de arrogância do humanismo. Tais posturas com frequência resultam em atitudes unilaterais: fingir que a complexidade e suas manifestações podem ser mais simplificadas do que na realidade podem. As crises econômicas recorrentes são um bom exemplo. A experiência tem mostrado que as fases de euforia atribuídas ao "crescimento econômico" podem se transformar em uma espécie de embriaguez, que com frequência se reproduz em vários outros contextos. É um conjunto de reações emocionais, intensas, presentes nos pensamentos e ações de pessoas que nem por isso deixam de a todo momento proclamar sua "racionalidade". O que John Maynard Keynes chamou de "espírito animal" (o nosso lado irracional) é negado como se não existisse, e os estados de exaltação levam as pessoas a esquecer-se de que a irracionalidade só pode ser reduzida por meio do comedimento e da sensatez. Por outro lado, seria falta de comedimento e insensatez imaginar que ela pode ser totalmente eliminada.

Resumamos agora as teses deste livro. (1) A natureza humana não é simples: é complexa, porque os humanos, na condição de seres vivos, são sistemas complexos adaptativos. (2) Levar em conta a condição humana equivale a considerar a complexidade e, em consequência, a natureza humana. (3) Sem levá-las em consideração é difícil pensar a sustentabilidade de modo realista, e nesse caso suas práticas ficam reduzidas a um simples conjunto de boas intenções.

Tudo isso pode passar a alguns leitores a ideia de que estão diante de um livro pessimista. Mas desde já asseguro que não é o caso, por mais que assim pareça. Optei por uma postura tanto quanto possível realista, e por meio dela procurei mostrar que aquilo que à primeira vista parece sombrio e sem saída na verdade contém indicações para a busca de uma realidade melhor.

NOTAS

[1] Recomendo dois excelentes textos: VEIGA, José E. da. *Desenvolvimento sustentável*: o desafio do século XXI. São Paulo: Garamond, 2010; VEIGA, José E. da. *Sustentabilidade*: a legitimação de um novo valor. São Paulo: Editora Senac São Paulo, 2010.

[2] GIDDENS, Anthony. *A política das mudanças climáticas*. Rio de Janeiro: Jorge Zahar, 2010. p. 19-21.

[3] COLEBROOK, Claire. *Understanding Deleuze*. Crows Nest, Australia: Allen & Unwin, 2002, pos. 521.

[4] DAY, George S.; SCHOEMAKER, Paul J. H. *Peripheral vision*: detecting the weak signals that will make or break your company. Boston, Massachusetts: Harvard Business School Press, 2006.

[5] SARTRE, Jean-Paul. *O ser e o nada*: ensaio de ontologia fenomenológica. Petrópolis: Vozes, 1997, p. 626. Eis o trecho referido: "Viver em um mundo infestado pelo meu próximo não é apenas poder encontrar o Outro a cada curva do caminho, mas também encontrar-me comprometido em um mundo cujos complexos-utensílios podem ter uma significação que não lhes foi primeiramente conferida pelo meu livre projeto."

[6] TAPTIKLIS, Theodore. *Unmanaging*: opening up the organization to its own unspoken knowledge. Nova York: Palgrave Macmillan, 2008, p. 209.

[7] DELEUZE, Gilles; GUATTARI, Félix. *O anti-Édipo*. São Paulo: Editora 3, 2011. (Capitalismo e esquizofrenia, v. 1).

[8] FOUCAULT, Michel. *Dits et écrits*. Paris: Gallimard, 1994. v. III, p. 134.

[9] MARCO AURÉLIO. *Meditações*. São Paulo: Iluminuras, 1995.

[10] LOVELOCK, James. *The revenge of Gaia*: why the Earth is fighting back – and how we can still save humanity. Londres: Penguin Books, 2007, pos. 169.

[11] DELEUZE, Gilles. *Difference et répétition*. Paris: PUF, 1968. p. 1.

[12] Para uma apresentação das ideias de Lupasco ver: NICOLESCU, Basarab; BADESCU, Horia. *Stéphane Lupasco*: o homem e a obra. São Paulo: Triom, 2001; NICOLESCU, Basarab. *O manifesto da transdisciplinaridade*. São Paulo: Triom, 1999.

[13] MARTIN, Roger. *The opposable mind*: how successful leaders win through integrative thinking. Boston, Massachusetts: Harvard University School Press, 2007; MOLDOVEANU, Mihnea, MARTIN, Roger. *Diaminds*: decoding the mental habits of successful thinkers. Toronto: University of Toronto Press, 2010.

[14] COLLINS, James C.; PORRAS, Jerry I. *Built to last*: successful habits of visionary companies. Nova York: HarperCollins, 2002.

[15] FOUCAULT, Michel. *Archeology of knowledge*. Londres: Routledge, 2004. p. 15.

[16] STACEY, Ralph D. *Tools and techniques of leadership and management*: meeting the challenge of complexity. Londres: Routledge, 2012, pos. 119.

[17] LÉVI-STRAUSS, Claude. *The savage mind (la pensée sauvage)*. Londres: Weidenfeld and Nicholson, 1966. p. 16 ss.

[18] LIMA, Luiz Costa. A lógica do sentido. *Cult*, São Paulo, nº 162, out. 2011, p. 41-43.

[19] MARIOTTI, Humberto. *Pensando diferente*: para lidar com o erro, a incerteza e a ilusão. São Paulo, Atlas, 2010. p. 19-21.

[20] MELO NETO, João Cabral de. O engenheiro. In: *Obra completa*. Rio de Janeiro: Nova Aguilar, 1999. p. 69-70.

21 SARTRE, Jean-Paul. *Saint Genet*: ator e mártir. Petrópolis: Vozes, 2002. p. 44.

22 VEIGA, José Eli da. *Sustentabilidade*: a legitimação de um valor, op. cit., p. 11-13.

23 MANDELA, Nelson. *Conversations with myself*. Nova York: Farrar, Straus and Giroux, 2010. p. 194.

24 JOHNSON, Neil. *Simply complexity*: a clear guide to complexity theory. Oxford: Oneworld Publications, 2011, pos. 211.

25 EOYANG, Glenda H. *Coping with chaos*: seven simple tools. Circle Pines, Minnesota: Lagumo, 2009. p. 117-118.

26 BERGSON, Henri. *Essai sur les données imediates de la conscience*. Paris: PUF, 1889. Citado em DOSSE, François. *Gilles Deleuze e Félix Guattari*: biografia cruzada. Porto Alegre: Artmed, 2010. p. 122.

27 STACEY, Ralph; GRIFFIN, Douglas; SHAW, Patricia. *Complexity and management*: fad or radical challenge to systems thinking? Londres: Routledge, 2006.

28 EHRENFELD, David. *The arrogance of humanism*. Oxford: Oxford University Press, 1981.

1

Conceitos e Bases (I)

> "O maior atrativo da ciência da complexidade vem de suas contribuições para a emergência de novas imagens, por meio das quais o mundo pode ser entendido. Isso inclui a percepção dos processos dinâmicos, da imprevisibilidade, da inovação e da emergência."
>
> (HARIDIMOS TSOUKAS)

Este capítulo funcionará como uma espécie de glossário, embora não o seja no sentido ortodoxo do termo. Primeiro, porque vem antes e não depois dos demais capítulos, e segundo porque alguns dos conceitos serão apresentados com detalhes e comentários, o que em geral não acontece nos glossários. Aqui só serão abordados os conceitos mais ligados aos propósitos deste livro. O leitor interessado em mais pormenores e, sobretudo, em se aprofundar nas bases conceituais do pensamento complexo deve consultar meus livros anteriores sobre a complexidade – em especial o terceiro.[1] Há também material disponível em meu *website*, cujo *download* é livre, desde que citada a fonte: <www.humbertomariotti.com.br>.

Os conceitos de Deleuze e Guattari relacionados à complexidade e à sustentabilidade serão apresentados no Capítulo 9, "Terra, água e ar II". Lá também serão examinados alguns temas que não fazem parte da teoria da complexidade. É evidente que não há conceitos mais ou menos importantes do que os demais. No entanto, os abaixo apresentados e discutidos estão entre os mais presentes na literatura específica, o que justifica sua inclusão.

Na teoria da complexidade, as palavras "caos", "complexidade" e "complicação" têm significados diferentes do que lhes costumamos dar na linguagem coloquial cotidiana. Por isso, convém desde já esclarecê-los. "Caos" significa um grande aumento da incerteza, característico das crises. A condição caótica comporta uma ordem latente. "Complexidade" vem do latim *complexus*, que quer dizer "o que está tecido junto". Essa palavra se aplica a todos os sistemas complexos, que são redes de elementos múltiplos, diversificados e interconectados. Os sistemas complexos incluem seres vivos e por isso seu grau de incerteza é alto, mas não tanto como o dos contextos caóticos. "Complicação" refere-se aos sistemas complicados, que também incluem interligações e multiplicidades, mas têm um grau bem mais baixo de incerteza porque deles não participam seres vivos. São as máquinas, os sistemas tecnológicos criados pelo homem.

Claro que é possível questionar de mil e uma formas as definições acima, mas tal atitude só teria como resultado uma confusão que diminuiria a eficácia dos referenciais necessários e, em consequência, o desencadeamento de intermináveis conjeturas que não fazem parte dos objetivos deste livro. Seja como for, os significados mencionados são os mais aceitos nos textos que compõem a atual literatura da complexidade. Passemos agora aos conceitos e bases.

AUTO-ORGANIZAÇÃO

Comecemos com algumas considerações sobre adaptabilidade. A capacidade de se auto-organizar para adaptar-se é uma característica essencial dos sistemas complexos. Quando ela diminui, a medida desse declínio é também a medida da redução de suas possibilidades de sobrevivência. Quanto mais complexo for um sistema, melhor será sua adaptação às modificações de seu ambiente. No caso dos sistemas humanos a adaptabilidade é alta, mas também é elevada a destrutividade antrópica do ambiente natural. Em consequência, este tende a dar cada vez menos sustentação aos humanos, o que os leva à diminuição de suas possibilidades de adaptação.

Segundo Jared Diamond, os problemas ambientais de hoje incluem as mesmas ameaças que comprometeram as sociedades antigas, acrescidas de mais quatro: (1) mudanças climáticas causadas pelo homem; (2) acúmulo de produtos tóxicos no ambiente natural; (3) escassez de energia; (4) diminuição da capacidade fotossintética do planeta.[2] Em todos esses casos é possível apontar uma origem comum: a introdução e disseminação da ideia de separação sujeito-objeto a partir de Sócrates e, depois dele, Platão e Aristóteles. Essa dissociação, depois reforçada pelos avanços da tecnociência, fez com que os humanos se julgassem separados do mundo natural. O resultado foi a diminuição de seu comprometimento com o meio ambiente e sua destruição progressiva, que tem levado à diminuição de sua capacidade de auto-organização.

A teoria do caos – principal ponto de origem da teoria da complexidade – reconhece e aceita a incerteza e a mudança e, portanto, questiona os determinismos oriundos da ideia newtoniana de causalidade simples/linear. Com isso ela abriu caminho para a aceitação e reconhecimento dos paradoxos, isto é, dos opostos a um só tempo antagônicos e complementares. A tensão criativa entre estes passou então a ser vista como uma fonte de propriedades novas – as emergências. O que antes era só mecanicismo e repetição passou a ser considerado um processo de produção de diferença.

No pensamento de Gilles Deleuze, o fenômeno da emergência se manifesta em especial como filosofia da diferença. Mais tarde, em colaboração com Félix Guattari no já mencionado livro *O anti-Édipo*, ele lançaria uma proposta que marcou época: o inconsciente freudiano, até então concebido como um teatro no qual a tragédia de Édipo se repetia sem cessar, passou a ser apresentado como uma fábrica, um contexto de produção cujo produto principal era a diferença.

Tudo isso junto facilita a compreensão da definição de auto-organização, nas palavras de Henri Atlan: "É um processo de aumento da complexidade, ao mesmo tempo estrutural e funcional, resultante de uma sucessão de desorganizações resgatadas, acompanhadas, em todas as ocasiões, pelo restabelecimento num nível de variedade maior."[3] De maneira mais simples, e sempre de acordo com Atlan, a auto-organização é definida como um aumento da complexidade de um sistema que parece espontâneo, mas na verdade é provocado por fatores aleatórios do ambiente.[4]

Assim, a expressão "auto-organização" se refere à emergência de comportamentos colaborativos em um sistema, em resposta a mudanças que em grau maior ou menor tendem a levá-lo à desorganização. Por exemplo, quando uma manada de antílopes ou um cardume de golfinhos são atacados por um predador, é deflagrada uma crise. O rebanho ou o cardume entram num estado caótico, durante o qual emergem comportamentos destinados a enfrentar o perigo imediato. Passada a crise, ele se reorganiza em um patamar mais elevado de complexidade, que é a expressão do que foi aprendido com a experiência pela qual passou. Em casos assim diz-se que o sistema se adaptou, aprendeu algo importante para a sua longevidade/sustentabilidade. Também pode acontecer que depois da crise ele volte ao seu estado anterior de complexidade. Nessa hipótese, diz-se que ele é resiliente. Os mesmos fenômenos ocorrem nos sistemas socioculturais. É o que acontece, por exemplo, quando empresas e/ou mercados entram em crise. Nesses casos, contudo, a observação tem mostrado que a capacidade de aprender com a experiência é menor e com certa frequência inexistente. É o que tem sido observado nas sucessivas crises econômico-financeiras dos tempos atuais.

As propriedades novas (ou emergências) que surgem nos sistemas durante as crises nascem das microinterações entre os elementos que os compõem. O que vem de fora, sob a forma de mudanças ou ameaças, apenas deflagra essas microinterações. É por isso que a auto-organização é sempre dificultada ou cerceada pelos dirigismos do tipo comando e controle. Já aprendemos que quando a auto-organização leva a uma condição de maior complexidade, estamos diante da aprendizagem pela experiência. Também sabemos que, passada a crise, os sistemas podem voltar ao seu nível prévio de organização.

E assim é porque, como mostra a teoria do caos, nem sempre a mesma causa produz os mesmos efeitos: os sistemas complexos podem se comportar de modo oposto ao esperado, ou pode não haver mudança alguma, pois a causalidade complexa não é linear. Nos casos em que houve aprendizagem/reorganização, o que foi aprendido passa a fazer parte da história cognitiva do sistema. Além disso, se o ambiente é capaz de influenciar os sistemas de modo a fazer com que eles gerem fenômenos emergentes, a recíproca é verdadeira. Como diz Taptiklis, numa organização não há lado de dentro nem lado de fora: o que há é um contexto no qual todos os sistemas estão inseridos. Os funcionários de uma empresa, e todos os demais que ajudam a colocá-la em funcionamento, fazem parte do meio sobre o qual atuam. Este, por sua vez, atua sobre eles.[5] A auto-organização dos sistemas e a aprendizagem experiencial daí resultantes são um processo sem fim.

AUTOSSABOTAGEM

A percepção de que os seres humanos com frequência pensam e agem contra os seus próprios interesses é antiga, mas as tentativas de negá-la também o são. As monoculturas são um exemplo bem conhecido: depois de um certo tempo, elas esterilizam a terra e produzem efeitos contrários aos interesses dos monocultores. Como isso acontece no longo prazo, e como a mente da maioria das pessoas está condicionada pelo imediatismo e pelo localismo, o problema não é percebido de imediato. E quando o é, tenta-se resolvê-lo com tecnologias que são soluções apenas temporárias, pois a médio e longo prazo tudo volta ao que era antes e dessa maneira o problema é transferido para as gerações futuras. Justo o contrário do que pretendem as práticas baseadas na ideia de sustentabilidade.

A mente atrelada a contextos estreitos e resultados imediatos só se orienta pelo tempo cronológico – o tempo *Kronos* –, que é operacional e linear. Por isso, em geral não se percebe que também existe o tempo *Kairós*, que é existencial e não linear. *Kairós* é o tempo ontológico e natural. *Kronos* é o tempo dos relógios e dos calendários – o tempo cultural que atende às nossas necessidades de quantificação. É, por exemplo, o tempo da "administração científica" de Frederick Taylor. Quanto mais se sai do curto prazo, menor a necessidade do *Kronos* e maior a do *Kairós*. O tempo *Kairós* é subjetivo, não mensurável e precisa ser experienciado. Uma das dificuldades que muitas pessoas têm de entender a sustentabilidade é que ela não pode ser totalmente formalizada nos termos quantificadores e mecanicistas de *Kronos*, embora estes sejam necessários para a realização de algumas tarefas operacionais.[6]

As duas maneiras de ver e viver o tempo são importantes e deveriam se complementar, mas em nossa cultura não acontece na prática. Nosso condicionamento pelo tempo *Kronos* embota-nos a mente e não permite que percebamos e entendamos o que existe além de nosso entorno temporal imediato. Essa é uma limitação grave, que nos aprisiona em um círculo que só permite que pensemos em nós mesmos, e dificulta ou impede que também pensemos nos outros e no contexto. É o que se costuma chamar de mentalidade paroquial da sabedoria convencional.

A monocultura da terra tem origem na monocultura do pensamento e ela retorna e a realimenta. A monocultura do pensamento é a matéria-prima das ideologias e dos fundamentalismos, eternos produtores e mantenedores de problemas e tragédias humanas em ampla escala. A monocultura esteriliza a terra; as ideologias e os fundamentalismos esterilizam as mentes. Em consequência, tudo fica cada vez mais estreito, obscuro e pobre. Por isso não conseguimos encontrar a saída dessa prisão que construímos para nós mesmos e, pior, não conseguimos entender que não nos livraremos dela por meio de mais tecnologia e, menos ainda, pela violência.

Também não conseguimos entender (e quando o conseguimos não raro fingimos o contrário) que todas essas atitudes são manifestações do que Freud chamou de pulsões de morte – impulsos inconscientes que nos impelem a adotar os comportamentos auto e heterodestrutivos que tão bem conhecemos, mas tendemos a fingir que não existem. As pulsões de morte se manifestam de muitas formas. Uma delas é a autossabotagem, fenômeno muito mais comum do que imaginamos. Vejamos alguns exemplos. Comecemos com um *slogan* muito repetido, em especial pelos políticos, que não perdem oportunidade de proclamar que "a meta é o homem" ou "o foco é o homem". Há outras variantes, mas a ideia básica é que manter o foco no homem implica retirá-lo de seu contexto. É uma forma clássica de afirmar que o ser humano (o sujeito) está separado do mundo em que vive (o objeto), e que por isso este deve ser reduzido aos propósitos e necessidades humanos.

Esse antropocentrismo nos levou a ignorar que a evolução acontece no ambiente natural inteiro e não em uma ou algumas de suas partes. Fora da globalidade do meio ambiente não há evolução e, portanto, não há vida. Para Espinosa, o mundo em que vivemos e nós que o habitamos somos formas finitas: quanto mais o destruirmos mais aprofundaremos e apressaremos essa finitude. Ao destruir o mundo o homem se autodestrói, não importam os estratagemas de autoengano que usar para disfarçar esse estado de coisas. A ideia de separação sujeito-objeto pode ser considerada o ponto inicial, embora não único, do empenho em dificultar ou inviabilizar qualquer projeto de sustentabilidade, mesmo os que se proclamam mais pragmáticos e realistas. Em outras palavras, se os humanos não se incluírem no ambiente em que vivem e naquilo que fazem, trabalharão com projetos e práticas fadados ao fracasso.

CAOS

Eis uma definição muito usada de caos: é a incerteza que opera por meio de leis determinísticas no plano da microfísica. Em termos de sociedades e organizações humanas, os equivalentes desse plano são as micropolíticas e demais microinterações entre as pessoas. Para fins práticos, pode-se dizer que o caos de um determinado sistema é representado pelo nível de incerteza que nele existe. Por isso, quando a incerteza é baixa tendemos a crer que não existe caos, mas na realidade não é assim: ele está sempre em estado latente no mundo real, daí costumar-se dizer que os sistemas complexos estão sempre à beira do caos.

Nós, humanos, estamos sempre à procura de certezas. Muitos desejam respostas, mas poucos querem ou estão dispostos a fazer perguntas. Em nossa cultura, responder a perguntas é visto como um sinal de força e implica fornecer "certezas". Por outro lado, dizer "não sei" é o sinal supremo de fraqueza. É por isso que quem tem ou aparenta ter respostas com frequência tem poder. Não responder a uma ou mais perguntas é visto como pecado mortal e pode levar à perda de credibilidade. Essa é a interpretação da massa crédula, que dessa maneira declara seu desejo de ser enganada, num jogo ao mesmo tempo autoagressivo e pueril. Se observarmos bem, logo perceberemos que responder de modo tido como correto é nada mais nada menos do que dizer às pessoas o que elas querem ouvir – e em muitos casos nada lhes agrada mais do que isso.

Dada a sua inevitabilidade, a presença da incerteza em nossas vidas não pode ser questionada. É algo que deve ser aceito, o que não quer dizer que a aceitação precisa ser passiva e conformista. A teoria do caos mostrou que a incerteza é inerente à sensibilidade dos sistemas complexos às condições iniciais, e na prática se manifesta pela impossibilidade de mensurar com total exatidão os pontos de partida, seja de que fenômenos forem. Quando se começa em condições incertas, não é possível prever com exatidão o que acontecerá – em especial no longo prazo –, e o máximo que se pode fazer são suposições ou projeções. Contudo, se a utilização dos resultados das mensurações dos estados iniciais for sensata o bastante (e para tanto terá de levar em conta a presença da incerteza), será possível traçar cenários prospectivos mais realistas.

Quanto mais se leva em consideração a incerteza, mais realista se é. O fato de a cada dia os começos parecerem idênticos é enganoso: todas as manhãs temos de lidar com novas condições iniciais, novos pontos de partida. Cada dia é ao mesmo tempo igual em aparência e diferente em essência em relação a todos os outros, tanto os que passaram como os que virão. Longe de nos levar ao conformismo, essa condição deve nos estimular a fazer tudo o que for possível para diminuir a incerteza – mas é uma fantasia pretender descartá-la de todo.

Entretanto, mesmo tendo em conta a sua origem em uma teoria hoje aceita e respeitada, a afirmação de que não é possível prever o futuro com base em dados do passado não deve ser tomada ao pé da letra. O que a teoria do caos estabelece é que não é possível prever o futuro *com total exatidão*. Se assim não fosse, o conhecimento e a experiência acumulados ao longo de milênios seria inútil, o que, claro, não é o caso. O número elevado de horas de voo de um piloto e sua tripulação permite presumir viagens tranquilas. A longa experiência de um cirurgião leva a esperar operações mais seguras e com menos complicações intra e pós-operatórias. E assim por diante. O tempo de experiência de um profissional, qualquer que seja a sua área, permite pressupor uma incerteza diminuída – porém jamais eliminada – em sua atuação. A experiência torna os profissionais mais prudentes e cuidadosos. E a prudência, o cuidado e a preocupação vêm da noção da presença constante da incerteza. Na maioria das vezes esses são fatores decisivos para o sucesso dos empreendimentos, porque moderam a arrogância de seus participantes.

A existência da incerteza evita que a vida seja uma longa sucessão de repetições e mediocridades (em essência, ela é produtora de diferença) e impede que estagnemos na repetição. Portanto, é essencial não fingir que a incerteza não existe. É preciso aprender a aceitá-la como condição inerente à complexidade da vida e aprender a conviver com ela. Isso implica aprender a lidar com nossa húbris (isto é, nossa arrogância desmedida), o que em essência significa aprender a trabalhar o nosso ego. Conviver em termos razoáveis com a incerteza significa aceitar as surpresas, o inusitado, a diversidade e as diferenças. Não se trata de algo sempre confortável, mas é uma das poucas formas – talvez a única – de sair da repetição e da falta de criatividade.

É possível que essas particularidades ainda não tenham sido bem entendidas mesmo por alguns dos estudiosos da ciência da complexidade, em especial os que ainda confundem pensamento sistêmico com pensamento complexo. A meu ver, um dos autores que até agora melhor as examinaram foi Deleuze, cuja formação incluiu leituras dos filósofos estoicos e também de Espinosa, Nietzsche e Bergson. Com Félix Guattari, Deleuze escreveu o já citado livro *Mil platôs*,[7] que contém um dos melhores estudos existentes sobre a complexidade em suas inúmeras dimensões, em especial a do ambiente natural. Essa obra e outros textos de Deleuze e Guattari serão abordados mais à frente.

Por fim, convém acrescentar que em várias publicações a teoria do caos tem sido reduzida à fórmula "previsibilidade a curto prazo/imprevisibilidade a longo prazo". Tal redução pode ter algum valor didático, mas, em especial quando se trata de uma disciplina ainda em formação como a teoria da complexidade, é importante encará-la com cuidado, o que aliás deve ser feito com qualquer tipo de redução. Transformar essa fórmula em uma espécie de mantra é supersimplificá-la, o que é incompatível com a própria ideia de complexidade.

COMPLEXIDADE NÃO É PENSAMENTO SISTÊMICO

Duas noções devem ser retidas por todos os que estudam a complexidade: (1) complexidade não é pensamento sistêmico; (2) modos de pensar não são "modelos mentais". Em seu livro *50 key thinkers* (*50 pensadores-chave*), John Lechte [8] faz uma observação importante: os teóricos de sistemas estão convencidos de que os seres humanos fazem parte de um sistema homogêneo e estável, que pode ser conhecido por meio de teorias. Portanto, formam um conjunto previsível que pode ser controlado pelo conhecimento. E, mesmo que o conhecimento perfeito ainda não exista – continua Lechte –, para esses teóricos a equação "quanto maior o conhecimento, maior o poder sobre o sistema" é incontestável.

Nesta última frase a relação entre o pensamento sistêmico e a necessidade de controle é evidente. Escolhi-a para destacar uma das principais diferenças entre os pensamentos sistêmico e complexo. No primeiro busca-se o controle, mesmo ao custo de tentar (em vão) fazer de contas que a incerteza não existe. No segundo, reconhece-se a incerteza e procura-se conviver com ela. Outros dois pontos importantes e sobre os quais vale a pena insistir é que, dada a sua pretensão de controle, no pensamento sistêmico, o observador/gestor imagina (também em vão) que é possível permanecer fora do sistema para melhor controlá-lo. No pensamento complexo o observador/gestor se vê como parte integrante do sistema.

A importância do reconhecimento da incerteza tem se tornado cada vez mais clara nos últimos tempos. Ralph Stacey, por exemplo, chama as ciências da complexidade também de ciências da incerteza.[9] E com isso dá um passo fundamental, que conduz a *insights* importantes para o esclarecimento de quem ainda confunde complexidade com pensamento sistêmico. Não são poucos, e esse rol inclui pessoas que escrevem e dão cursos sobre a complexidade nos meios acadêmicos. Os *insights* de Stacey têm ajudado a entender o que no fundo significam as propostas da teoria da complexidade, o que pode ser resumido em dois pontos principais: (1) a aceitação da incerteza como parte irremovível da condição e das atividades humanas, o que, claro, inclui todos os seres vivos; (2) a necessidade de desenvolver novos modos de pensar.

Aceitar a incerteza é antes de mais nada uma atitude realista. Tentar reduzir nossas interações com o mundo e as percepções daí resultantes a "modelos mentais" é uma forma de reducionismo. A expressão "modelos mentais" e o reducionismo que ela implica hoje estão superados e nada têm a ver com a teoria da complexidade e o pensamento complexo. Ao aceitar a incerteza, a teoria da complexidade propõe formas de pensamento não modeladoras, não padronizadoras, coerentes com a noção de que não é possível construir modelos representativos de uma realidade múltipla, diversificada e em constante mudança. Ainda assim, é preciso entender que a modelagem sistêmica é um recurso útil, mas deve ser reservada ao entendimento de processos mecânicos, sequenciais e restritos – nada além disso. Tentar aplicá-la à psicologia humana, por exemplo, é uma atitude manipuladora e danosa.

Com ou sem o auxílio de *softwares* e dos chamados "arquétipos" do pensamento sistêmico, a modelagem sistêmica tenta negar a incerteza e artificializa o mundo real. Por isso, como dito há pouco, ela deve se restringir a representações mecanicistas e temporárias da realidade. Nessa mesma linha, a expressão "modelos mentais" é também inadequada quando aplicada aos sistemas complexos adaptativos – aos seres humanos e suas organizações, por exemplo. Adotá-la implica a pretensão de padronizar e cercear a liberdade, a diversidade e a produção de diferenças. O pensamento sistêmico até chegou a reconhecer a ambiguidade inerente aos sistemas humanos, mas isso não o livrou de permanecer atrelado à ilusão de controle.[10] Por essas razões, a expressão "modelo mental" não deve mais ser usada no contexto da teoria da complexidade e suas aplicações. Desde o meu livro mais recente eu próprio já havia adotado essa posição, que agora reforço.[11]

Há estudos sobre a cognição humana, nos quais a expressão "modelo" (no sentido de mapa ou maquete), oriunda da ciência cognitiva, propõe a metáfora do cérebro como um computador. Tal noção se baseia no representacionismo e pode ser assim resumida: o cérebro é um computador, cujo *software* "processa" as percepções que a ele chegam por meio dos órgãos dos sentidos. O resultado desse "processamento" é a formação de representações mentais do mundo percebido. Essa proposta pode ser identificada no pensamento sistêmico, e tem gerado a suposição de que os mapas (os modelos e "arquétipos") são uma representação fiel do território (o mundo real). É uma conjetura reducionista, o que aliás explica a aceitação pronta e ampla dos modelos sistêmicos, em especial os computacionais.

Em não poucos casos, o objetivo da modelagem sistêmica – tentar excluir/negar a incerteza – vem ao encontro dos anseios de muitas pessoas por "certezas", mesmo quando sabem que estas não existem no mundo real. É por isso que elas tendem a atribuir aos modelos muito mais do que eles podem proporcionar. Essa foi uma das críticas feitas, já na década de 1960, ao antropólogo Claude Lévi-Strauss, um dos nomes mais ilustres do estruturalismo: pretender apresentar os modelos matemáticos como mais reais do que a própria realidade.[12] Os modelos não são o mundo real: são apenas uma representação deste, sem dúvida útil em casos específicos, mas nem por isso menos limitada. Na condição de representação, os mapas/modelos são estáticos e restritos, por maior que seja o nosso desejo de considerá-los "exatos" ou "perfeitos". O mundo não é exato nem inexato; não é perfeito nem imperfeito: essas são atribuições que lhe são dadas pelos humanos. O mundo é um sistema múltiplo, diversificado e em incessante mudança. Dado que os seres humanos também são sistemas mutantes, a mente pode ser definida como "o cérebro em funcionamento", para usar a feliz expressão de Francisco Varela. Ela não contém mapas nem registros estáticos: é um fluxo experiencial, por meio do qual interagimos com a realidade.

Os sistemas complexos incluem as seguintes dimensões: (1) auto-organização: emergência de comportamentos adaptativos em resposta a mudanças do ambiente; (2) Identidade: características que os identificam e se mantêm, mesmo quando eles evoluem e se modificam; (3) Homeostase: determina a maneira como os sistemas conservam sua relativa estabilidade interna; 4) permeabilidade: determina como os sistemas interagem com o ambiente.

Essas dimensões não são estáticas: estão longe do equilíbrio e por isso não podem ser "capturadas" por modelos ou "arquétipos", por mais sofisticados, mesmo os computacionais. Nessa linha de raciocínio (e sempre no contexto da teoria da complexidade), a palavra "sistema" deve ser substituída por "processo", como propõem Stacey e colaboradores.[13] Nesse caso, a expressão "sistemas complexos adaptativos" deveria ser substituída por "processos complexos responsivos". Concordo em princípio. No entanto, dada a ampla disseminação da palavra "sistema", sugiro que a designação proposta por Stacey seja incorporada aos poucos, para evitar confusões e mal-entendidos. Nesse meio-tempo, recomendo que, sempre que possível, os leitores sejam lembrados de que a expressão "sistemas complexos adaptativos" na verdade designa sistemas/processos complexos adaptativos.

Outra demonstração de que o mapa não é o território – ou ao menos não o é com total exatidão e por muito tempo – pode ser vista no artigo de Michael Behar sobre incêndios florestais,[14] que passo a resumir. Nos últimos tempos, nos EUA, analistas do comportamento de incêndios em florestas têm sido surpreendidos por sua crescente imprevisibilidade, a qual tem aumentado com o tamanho dos incêndios e se tornou quase absoluta nos chamados megaincêndios. Nos sinistros menores, a criação de *softwares* sistêmicos permitia o conhecimento da evolução dos fogos, o que os tornava até certo ponto fáceis de controlar. Antes do uso desses *softwares*, o procedimento habitual era deixar que os incêndios se extinguissem de modo espontâneo. O resultado foi a criação de clareiras nas florestas, que serviam de proteção contra incêndios posteriores, os quais se extinguiam ao chegar a elas e nada mais encontrar para queimar. Porém, com o controle sistemático desses fogos menores, as clareiras deixaram de existir e as florestas se tornaram contínuas. Esse fenômeno deu origem aos megaincêndios, que são capazes de criar seu próprio clima interno, e com isso se comportam de maneira imprevisível. Podem, por exemplo, inverter o fluxo das correntes de ar quente, que passam a ser descendentes ao contrário do esperado.

O comportamento dos megaincêndios (incêndios de comportamento extremo) não pode ser previsto por *softwares*, por mais sofisticados que sejam. Como sempre acontece em casos assim, não falta quem espere pelo desenvolvimento de *softwares* ultrassofisticados, que em teoria seriam capazes de fazer tais previsões. Trata-se de um típico exemplo da ideia de progresso e de uma de suas consequências mais comuns – a ilusão de controle. O artigo de Behar termina com observações de alguns especialistas, que temem que os analistas mais jovens se tornem vítimas dessa ilusão e continuem a repetir um comportamento que já se tornou habitual: dar mais atenção aos *softwares* do que às pesquisas de campo, isto é, à observação de como os incêndios evoluem no mundo real. Tim Sexton, que faz parte da equipe de planejamento estratégico do National Interagency Fire Center, observa que os modelos de computador são apenas referenciais, pontos de partida – mas é necessário sair e observar os fogos, porque na natureza nada é sempre exato.

Esse artigo ilustra com clareza a noção de que o mapa não é o território. O território muda sempre, inclusive em consequência das intervenções humanas, e mesmo os mapas/modelos mais sofisticados não conseguem acompanhar essa dinâmica. O texto também é um exemplo da teoria do caos, que mostra como a inevitável imprecisão das mensurações/mapeamentos das condições iniciais – aqui representada pelos dados dos *softwares* – restringe a previsibilidade aos contextos menores de espaço e tempo. É o que acontece com a incapacidade de prever o comportamento dos megaincêndios e, de modo análogo, prever o tempo atmosférico além do prazo de alguns dias.

A questão das "ferramentas que dão resultados concretos" é outra evidência de nossa dificuldade de lidar com o intangível. Daí a confiança exagerada nas modelagens. Quando se transformam em supersimplificações, as modelagens podem criar problemas maiores do que aqueles que se propõem a solucionar. É o que acontece com a teimosia em aplicar os modos linear e sistêmico de pensar a problemas complexos. Chamo esse fenômeno de supersimplificação. Ele deu origem a muitas outras atitudes equivocadas, entre as quais a insistência em continuar a explorar os recursos naturais da Terra com base em modelos e procedimentos que têm se revelado destrutivos.

Insistir na modelagem obscurece a visão periférica, o que é um obstáculo ao pensamento estratégico. Apesar de ser mais abrangente do que o uso de sequências lineares, a modelagem sistêmica não deixa de ser mecanicista, pois a incerteza do mundo real não pode ser "capturada" nem "congelada" em seus "arquétipos". A visão e a compreensão da periferia – o *big picture* – requer métodos adequados a realidades mais amplas. Os sistemas complexos não podem ser controlados, mas podem ser influenciados, e exercer essa influência é um dos papéis do pensamento complexo.

Em vários de seus textos, Morin tem repetido que a descrição e explicação dos sistemas complexos não é suficiente para compreendê-los. Tentar desconstruí-los implica a sua destruição. Qualquer tentativa de desconstrução/fragmentação de um sistema é redutora/simplificadora, pressupõe a supressão da incerteza a ele inerente e, portanto, a eliminação de sua complexidade. É o que acontece com os já mencionados "arquétipos do pensamento sistêmico", que reduzem a ontologia (a dimensão existência) dos sistemas ao seu conhecimento. O conhecimento assim adquirido, que se supõe objetivo, impõe representações que na verdade são o que o observador imagina, não o resultado de sua interação real com os sistemas. Nesse caso tal interação seria impossível, pois para a construção de um modelo o observador precisa imaginar-se fora do sistema e, assim, capaz de controlá-lo. Essa postura é própria da ilusão de controle, e leva a suposições que insistem em afirmar-se "práticas", "realistas" e "pragmáticas", quando na verdade são o oposto de tudo isso.

É dessa forma que o universo da gestão tem pensado o mundo ao menos desde a década de 1950: tentar reduzi-lo aos modelos do pensamento sistêmico. A recusa a pensar de outras maneiras tem resultado em sucessivos fracassos de planos e estratégias – o contrário do que espera a ortodoxia das ciências da gestão. Com efeito, o número de escolas de negócio que ainda ensinam pensamento sistêmico (muitas delas na suposição de que por esse meio capacitam os alunos a lidar com a complexidade) é muito grande.

A adoção do pensamento sistêmico veio do empirismo inglês dos séculos XVII e XVIII, depois estendido aos EUA, onde contribuiu para a geração de anti-intelectualismo que ainda hoje perdura. Essa postura deu origem a diversas manifestações de desvalorização da filosofia. Mas a recusa a pensar sempre tem um preço. Nos dias atuais, estamos a pagá-lo em muitas áreas e de muitos modos, o que inclui a dificuldade de perceber que situações como o aquecimento global não podem ser entendidas nem trabalhadas de modo adequado por meio de modelos sistêmicos. É o que tem acontecido, ano após ano – mas ainda não é o bastante para convencer a maioria de que a insistência em não mudar de modo de pensar tem levado e levará a resultados indesejáveis, queiramos ou não.

É claro que na condição de diagramas os modelos sistêmicos não são lineares Mas isso não impede que eles sejam mecanicistas e redutores, pois são manifestações da separação sujeito-objeto tão característica de nossa cultura. Por outro lado, ao trazer a incerteza para o interior dos sistemas da vida real, o pensamento complexo inclui o humano. Segundo vários autores, inclusive Stacey, para fazer isso é necessário incluir também a filosofia, a sociologia e a psicologia. Acrescento a antropologia ou, de modo ainda mais amplo, as humanidades em geral, que por tanto tempo têm sido alijadas do âmbito das ciências ditas "naturais". O pensamento complexo precisa ser um conhecimento de todos. O engenheiro e o *bricoleur* da comparação de Lévi-Strauss devem deixar de ser mutuamente excludentes e passar a ser complementares.

Enquanto isso não acontece, os planos e projetos teimam em não dar certo. Sabemos que é necessário elaborá-los, mas ao mesmo tempo insistimos em nos autoenganar com a ideia de que se forem bem-feitos tudo correrá bem, não haverá erros e as expectativas serão cumpridas. Ou seja, os planos se cumprirão porque esse é o nosso desejo. Em circunstâncias assim, a húbris se alia à ignorância para formar um conjunto poderoso. No momento em que se deixa de incluir a dimensão humana em um determinado contexto e se põe em seu lugar um excesso de números, modelos matemáticos ou coisas semelhantes, afastamo-nos da complexidade do mundo. Já em sua época, Kant, Hegel e Fichte advertiam sobre o quão equivocados estavam os que supunham que as ciências naturais eram uma expressão fiel do mundo real.

ENTROPIA

O conceito de entropia vem da termodinâmica, disciplina que se ocupa das leis que regem as relações entre o calor, o trabalho e outras formas de energia. Tais leis regulam a energia disponível para a realização de determinados trabalhos e a direção das trocas de calor que isso implica.

Até hoje ainda não foram observadas exceções para a primeira e a segunda lei da termodinâmica. A primeira (lei da conservação da energia) estabelece que a energia não pode ser criada nem destruída. Apenas pode ser transformada. A segunda lei (lei da entropia) estabelece que a energia útil de um sistema fechado tende a diminuir, isto é, a entropia de um sistema desse tipo aumenta sempre. Em outros termos, a energia disponível sempre decresce em todo e qualquer processo físico, natural e tecnológico. A entropia é a medida dessa energia degradada, que já não é suficiente para produzir trabalho.

Paul Ehrlich e colaboradores[15] apresentam algumas implicações dessas duas leis: (1) a energia se degrada em todos os casos em que é transformada; (2) não é possível transformar uma certa quantidade de calor (energia térmica) em uma quantidade equivalente de trabalho útil; (3) não existe consumo de energia, pois ela não pode ser criada nem destruída. O que consumimos não é a energia em si, mas a energia disponível para realizar um trabalho útil – a chamada *high-grade energy*. O calor é uma energia *low-grade*; (4) uma dada quantidade de energia só está disponível uma vez. Quando degradada, não pode ser recuperada; (5) as concentrações seja do que for tendem a se dispersar. As estruturas tendem a se desagregar. A ordem tende à desordem.

O aumento da entropia reduz a ordem existente em um sistema e tende a conduzi-lo à desordem. Medir a entropia é medir o grau de desordem. Se considerarmos que o universo é o maior de todos os sistemas, pode-se inferir que ele também está em entropia. Mesmo se considerarmos a escala gigantesca de tempo em que esse processo ocorre, pode-se imaginar que um dia o sistema-universo entrará em desordem, se desestruturará e deixará de existir. Como assinalam Ehrlich e associados, as leis da termodinâmica estabelecem que toda a energia usada na Terra, não importa de onde venha (a solar ou a nuclear, por exemplo), sempre se degradará em calor.[16] É um processo natural, mas que (infelizmente) pode ser acelerado. Se ao ler estas palavras o leitor pensar no aquecimento global, terá acertado: ele é uma forma que nós humanos encontramos para acelerar essa degradação.

Os sistemas abertos são capazes de trocar matéria, energia e informação com o ambiente em que se encontram, o que significa que podem ter a progressão de sua entropia diminuída por um certo tempo. Por isso diz-se que eles são capazes de retardar a entropia, e assim são chamados de sistemas antientrópicos. No entanto, como acima mencionado, essa desaceleração não é indefinida: mais dia menos dia o sistema já não será capaz de continuar a fazê-la e essa circunstância o levará à desordem final – a morte, no caso dos sistemas vivos. Portanto, viver é desacelerar o mais possível a entropia. Nesse sentido, a adaptação dos sistemas vivos ao seu ambiente é uma manifestação dessa desaceleração.

Na mesma linha, a sustentabilidade também pode ser vista como uma forma de retardar a entropia. Sustentabilidade é longevidade, mas não no sentido de simples durabilidade como veremos adiante. Por enquanto, basta entender que quanto mais um sistema conseguir retardar a entropia mais viverá. Uma empresa que conseguir se manter operante por muito tempo – isto é, adaptar-se ao mercado durante todo esse prazo – terá mais sucesso no retardamento de sua entropia. Na Inglaterra, por exemplo, existe um clube de organizações longevas, que reúne empresas em geral familiares – o Clube das Tricentenárias. Para entrar nele uma companhia precisa ter no mínimo 300 anos de idade.[17] Mas já sabemos que esse adiamento tem limites: cedo ou tarde a entropia vencerá e o sistema entrará em desordem e desaparecerá. Um exemplo é a Kongo Gumi, companhia japonesa de construção de templos budistas, negócio familiar que encerrou suas atividades depois de funcionar desde o ano 578 até 2005, isto é, durante 1.427 anos.[18] É claro que esses princípios se aplicam a todos os sistemas complexos adaptativos.

Para que um sistema aberto seja capaz de se sustentar por mais tempo, isto é, retardar sua entropia, ele deve manter sua abertura. Em termos humanos, válidos para os demais seres vivos, isso significa manter trocas incessantes de matéria, energia e informação/conhecimento com o ambiente. Tal intercâmbio é fundamental para que o sistema se adapte de modo incessante às alterações ambientais. Trata-se de um processo de aprendizagem: aprender a adaptar-se é aprender a viver. Quanto mais adaptação, mais aprendizagem e mais vida e vice-versa.

Há pouco, vimos que retardar a entropia equivale a manter-se sustentável: quanto mais sustentabilidade, menos entropia e vice-versa. A complexidade de um sistema é proporcional à sua sustentabilidade. Não é determinada pelo número dos componentes do sistema, mas sim pela diversidade desses elementos e, sobretudo, pela quantidade de conexões existentes entre eles. Quanto maior a diversidade e a interconectividade dos componentes de um sistema, mais diferenciado e complexo ele será. Por meio da diversidade, da multiplicidade e da complexidade, os sistemas são capazes de adaptar-se às mudanças/estímulos/desafios do ambiente.

Para fins didáticos, costumo utilizar algumas correlações cujo objetivo é mostrar que, de modo geral, o aumento da complexidade de um sistema é fator de retardamento de sua entropia e o inverso é verdadeiro. Assim, de modo esquemático: (1) *alta complexidade* = baixa entropia = aumento da sustentabilidade. *Desenvolvimento sustentável* = desaceleração da entropia = aumento da sustentabilidade. *Gestão participativa* = desaceleração da entropia = aumento da sustentabilidade; (2) *baixa complexidade* = alta entropia = baixa sustentabilidade. *"Crescimento sustentável"* = aceleração da entropia = diminuição da sustentabilidade. *Gestão autoritária (comando e controle)* = aceleração da entropia = decréscimo da sustentabilidade.

No sistema empresa, a rapidez e a amplitude com a qual as informações permeiam a estrutura organizacional facilitam as tomadas de decisão, que constituem a base para as ações adaptativas em relação ao mercado. Uma organização humana é um sistema construído por pessoas, e por isso não é separado do ambiente em que existe. Uma empresa é, como seus criadores, ao mesmo tempo cultural (faz parte das culturas humanas) e natural (dado que inclui seres vivos, insere-se no mundo natural e com ele interage).

O retardamento da entropia requer uma quantidade suficiente de energia útil, que manterá abertas e operantes as conexões entre os componentes dos sistemas. Para que tais conexões se mantenham permeáveis e atuantes, o sistema precisa se auto-organizar, isto é, deve ser capaz de funcionar com um grau nulo ou mínimo de comandos e controles vindos de fora. Nas empresas, um nível elevado de gestão do tipo comando e controle tende a atrapalhar os processos de auto-organização e, em consequência, acelerar a entropia. A capacidade de operar com um grau mínimo ou nulo de controles externos significa que os sistemas complexos são capazes de se auto-organizar. As interações necessárias à auto-organização não são lineares, o que quer dizer que pequenas causas ou estímulos podem produzir grandes efeitos ou, de modo inverso, que grandes causas podem levar a pequenos efeitos ou mesmo não produzir efeito algum.

A causalidade não linear é incompatível com o modelo comando e controle, do qual se costumam esperar mais e melhores resultados. Apesar de sabermos que na prática isso nem sempre acontece, essa ilusão persiste em nossa cultura. Entretanto, nada disso significa que o comando e o controle devam estar ausentes da gestão das empresas. Significa apenas que esse tipo de gestão precisa ser realista (isto é, levar em conta a incerteza) e por isso só aplicado na medida do necessário. Ainda assim, é sempre preferível a gestão por miniespecificações, baseada no pensamento complexo, cujo fundamento é usar a menor quantidade possível de instruções e diretrizes.

O essencial é informar às pessoas os resultados que delas se espera e proporcionar-lhes os referenciais e as condições adequadas. Na maioria dos casos elas farão o resto, porque os grupos humanos são capazes de se auto-organizar. Para que isso aconteça, porém, é necessário criar uma cultura organizacional em que a gestão do tipo comando e controle não predomine. Também não se deve esquecer que a gestão por miniespecificações requer que o gestor se veja como parte da equipe com a qual trabalha, jamais como um comandante dela separado.

A necessidade de um número razoável de especificações é legítima nas empresas, pois nos sistemas socioculturais a auto-organização nem sempre se dá com a mesma eficácia do ambiente natural, no qual diretrizes externas não são necessárias. Por exemplo, na natureza não há necessidade de determinar as formações de voo nem as rotas seguidas pelos bandos de aves migratórias. Nem de organizar a formação e movimentação dos cardumes nos mares e rios. Nem muito menos de interferir na auto-organização dos ecossistemas. Dada a sua condição sociocultural, nas empresas as coisas acontecem de modo semelhante, mas não igual. Nesse contexto, se o excesso de comandos e controles é prejudicial, a completa ausência deles também o é, pois não se pode esperar que a auto-organização se encarregue de tudo. Ao que parece, nenhuma instituição humana pode alcançar o grau de auto-organização encontrado nos sistemas naturais.

Se pensarmos em termos de agilidade e flexibilidade, é inevitável a conclusão de que o nível de complexidade alcançado pelas empresas é menor do que o dos sistemas naturais. Nos contextos socioculturais a sustentabilidade depende de como nós, humanos, somos capazes de lidar com o meio ambiente e, ao mesmo tempo, gerar o valor econômico que desejamos. É preciso determinar até que ponto nos preocupamos com o ambiente e cuidamos dele, sem que isso diminua a rentabilidade dos negócios.

Essa é a pergunta que no fundo todos se fazem, apesar da habitual retórica em contrário. E assim é porque é claro que a sustentabilidade tem custos, e seus benefícios exigem um prazo bem maior do que o determinado pelo imediatismo dos gestores e dos mercados. Já aprendemos que os sistemas naturais se auto-organizam sem nenhum comando externo porque essa condição lhes é inerente. Por outro lado, diminuir o comando e o controle existentes em uma empresa envolve mudanças de cultura custosas e demoradas, que além disso entram em choque com a necessidade de manter baixos os custos e, mais ainda, de ajustar-se ao ritmo impiedoso e imediatista dos mercados.

Já sabemos que os sistemas complexos têm mais capacidade de retardar a entropia, e os menos complexos a têm em grau menor. Uma floresta, com sua multiplicidade e diversidade de flora e fauna, é um sistema de alta complexidade e lenta entropia. Quando ela é devastada e transformada em pastagens, ou refeita para produzir monoculturas (reflorestamentos com plantações homogêneas, por exemplo), o resultado é um sistema de baixa complexidade e alta entropia. A ausência de diversidade das monoculturas (como as de soja e cana-de-açúcar) tem transformado – quase sempre com a "ajuda" de pesticidas e adubos inorgânicos – imensas áreas de terra em campos imprestáveis para a agricultura.

Manter a diversidade e buscar fontes renováveis e não poluidoras de energia significa manter os sistemas tão abertos e diversificados quanto possível. Os modos de produção extrativistas e predatórios fazem o contrário: diminuem a diversidade (e com ela a complexidade) e acentuam a entropia. No plano das ideias acontece a mesma coisa. O chamado "pensamento único", seja de que matiz for, é o equivalente das monoculturas. A ideologia fechada do marxismo-leninismo, por exemplo, ajudou a aumentar a entropia da antiga União Soviética e a manteve na condição de sistema fechado, até que sobreveio a dissolução final. O mesmo processo pode ser observado na Coreia do Norte, mas o número de pessoas que insistem em fingir que nada disso existe ainda é muito elevado. Nesse sentido, elas seguem o exemplo dos "ambientalistas céticos", que fazem de conta que as ações humanas pouco ou nada têm a ver com as alterações climáticas globais.

Em um de seus aforismos mais conhecidos, Heráclito de Éfeso sustentava: "Viver de morte, morrer de vida." Queria dizer que aquilo que para alguns organismos são dejetos ou restos mortais para outros é alimento. Em termos atuais, o filósofo falava de reciclagem, de *feedback* – enfim, de um fenômeno também observado no mercado, por meio do qual o que é resíduo para algumas empresas é insumo para outras. Essa circularidade mantém a dinâmica do ciclo matéria-energia e retarda a entropia do conjunto. Aqui, como em muitos outros âmbitos, é preciso lembrar o conceito de coevolução: o que evolui é o sistema inteiro e não um ou outro de seus componentes. É assim que funciona a natureza. Mesmo se abstrairmos a ação destrutiva do homem, a evolução comporta a extinção das espécies que não se adaptaram. Da mesma forma, a evolução dos mercados implica a extinção das organizações que não se adaptaram às suas mudanças.

Por sua exclusão da diversidade e portanto da complexidade, as monoculturas, quaisquer que sejam – de ideias, ações, espécies vegetais ou animais – tendem a linearizar os sistemas naturais e culturais: apenas cana-de-açúcar, apenas soja, um único modo de pensar e assim por diante. As monoculturas são a própria essência da antissustentabilidade. São do tipo "ou-ou", por oposição às culturas de diversidade, que são do tipo "e-e". Construímos ou destruímos o mundo em que vivemos segundo os nossos modos de pensar. Por isso, a chave para a sustentabilidade é aprender a conviver com este paradoxo: seja de modo consciente ou inconsciente, nós, humanos, ao mesmo tempo desejamos viver (Eros, pulsões de vida) e morrer (pulsões de morte).

Na escala temporal humana, as pulsões de morte triunfam mais cedo. Se pensarmos nos termos de uma escala maior, perceberemos que os indivíduos morrem, mas as espécies que conseguem se adaptar continuam vivas. Numa escala temporal ainda mais ampla, e sempre em termos humanos, tudo parece indicar que as pulsões de morte triunfarão de ponta a ponta. Como disse Lévi-Strauss, devemos ter mais respeito pelo mundo, que começou sem o homem e acabará sem ele. Para os indivíduos, porém, isso não faz muito sentido, a não ser pelo fato de que a consciência da finitude pode nos levar a valorizar a vida. É nessa ordem de ideias que a sustentabilidade encontra a sua melhor justificativa, pois em tais condições vale a pena desacelerar a entropia. Mas aqui devemos voltar a duas questões importantes. A primeira é saber se os benefícios gerados pelas práticas da sustentabilidade incluirão um número socialmente justo de pessoas. A segunda é saber até que ponto tais benefícios serão sabotados por nós mesmos.

A tentativa de responder a essas duas questões leva a uma terceira: o que de fato o homem pretende fazer com ele próprio e com a Terra. Já aprendemos que isso depende, entre outros fatores, de como os humanos entendem a relação sujeito-objeto. Se continuarem (o que é muito provável) a se considerar separados da Terra – e a vê-la como um objeto do qual devem extrair, de modo indiscriminado, o necessário à satisfação de suas necessidades –, a sustentabilidade e temas correlatos devem ser esquecidos, pois não passarão de simples retórica. Se for esse o caso, a entropia aumentará em ritmo mais rápido e as pulsões de morte triunfarão bem mais cedo do que imaginamos. Na hipótese contrária, se o homem for capaz de mudar seu modo de pensar e ver-se como participante do mundo, os benefícios daí resultantes não serão mais só dele mas de todos e de tudo. Nesse caso, a complexidade do conjunto não diminuirá tanto e a entropia não se acelerará. Contudo, o que conhecemos da natureza humana não nos tem levado a crer em muitas possibilidades de um cenário tão romântico.

O argumento de que o ser humano quando em situações-limite sempre luta para sobreviver é válido, mas a experiência mostra que isso só ocorre em catástrofes, situações de crise que exigem ação imediata. Para isso somos competentes. Mas estamos longe de ter a mesma competência para entender e conviver com o ritmo lento e a amplitude dos processos da natureza, que desafiam nossa natureza local e imediatista. O problema está na possibilidade e viabilidade de mudarmos de modo de pensar, o que nos permitirá (ou não) descobrir se seres como nós, de

38 Complexidade e Sustentabilidade • Mariotti

visão tão curta em termos de espaço e tempo, conseguirão pensar e agir para além de prazos curtos, espaços limitados e, sobretudo, muito individualismo.

Para resumir: (1) as intervenções dos humanos sobre a biosfera tendem a transformar energia utilizável em energia não utilizável. Isso significa que a sustentabilidade tem um limite, determinado pela disponibilidade desse primeiro tipo de energia; (2) o que se pode fazer é retardar a entropia, jamais evitá-la ou contorná-la, pois isso é impossível em termos de tecnologia e até mesmo do ponto de vista teórico, dado que o universo também está em entropia.

Vimos que a segunda lei da termodinâmica estabelece que a energia de um sistema fechado se degrada em calor. É uma deterioração irreversível, e essa noção demole a ordem impecável do determinismo de Newton. Por outro lado, como observa Edgar Morin,[19] o mundo da microfísica era visto como oposto ao da macrofísica, até que a teoria da relatividade de Einstein estabeleceu que espaço e tempo estão inter-relacionados. A partir daí, nossa realidade passou a ser vista como intermediária entre a microfísica e a macrofísica: a realidade mesofísica.

Com base nas ideias de Charles Darwin e nas descobertas da microfísica – que incluem o princípio da incerteza –, Morin propôs um modo de mostrar que a ordem, a desordem e a organização interagem em uma relação complexa, aberta à mudança, ao desenvolvimento, ao novo e ao diferente. Essa proposta foi apresentada no primeiro volume de sua obra *La méthode* (*O método*), sob a forma de um tetragrama que se tornou clássico na teoria da complexidade.[20] Morin parte do pressuposto de que a Terra é um sistema aberto – e portanto antientrópico –, no qual existem processos capazes de criar ordem a partir da desordem. Para ele (e, antes dele, para Espinosa), não existe uma ordem preestabelecida por instâncias transcendentais que seja fixa e intrínseca à natureza. A organização emerge das relações entre a ordem e a desordem: resulta da integração de elementos, da qual emergem novos comportamentos coletivos.

Em seu prefácio ao livro *Sobre a complexidade* (*On complexity*), da autoria de Morin,[21] Alfonso Montuori ressalta que as revoluções científicas não se limitaram a produzir novas descobertas: também mudaram nossas visões de mundo e, em consequência, nossos estilos de viver, trabalhar e buscar o conhecimento. Montuori distingue três planos de investigação do mundo material. O primeiro foi a mecânica de Newton. O segundo foi a termodinâmica. O terceiro tem emergido do estudo dos sistemas complexos adaptativos. O primeiro é determinista: sua ideia de causalidade é simples e linear, e nele o mundo é visto como uma máquina de precisão – a conhecida metáfora do mecanismo de relojoaria. A partir das ideias de Henri Poincaré essa visão foi questionada pela teoria do caos, que mostrou que, dada a impossibilidade de mensurar com absoluta precisão os pontos de partida (as condições iniciais), não há garantias de como um sistema se comportará no futuro.

Se Newton propôs um mundo mecânico e determinista, com a segunda lei da termodinâmica Rudolf Clausius sugeriu um universo em decadência entrópica. Com Charles Darwin – observa Montuori –, houve uma mudança importante de perspectiva. Ele percebeu que o princípio básico da seleção natural (que, acrescento, no fundo é um processo de aprendizagem pela experiência) é a interação entre as espécies e destas com o ambiente. Daí emergem modificações adaptativas ou mesmo espécies novas. Darwin teorizou que a vida na Terra havia começado de modo simples e evoluíra para formas complexas. É um processo em *crescendo*: do simples ao complexo, do menos desenvolvido para o mais desenvolvido.

Dada a sua aparente linearidade, a progressão darwiniana logo suscitou críticas e questionamentos. Mas convém acrescentar que os pós-darwinianos mostraram que ela não é tão linear assim, pois leva em conta o ambiente (o contexto) e a aleatoriedade, isto é, a incerteza. Com a percepção de Darwin da importância do contexto e, como Poincaré, também da inevitabilidade da incerteza, abriram-se as portas para a teoria da complexidade e para o conceito de auto-organização.

A percepção da existência desse último fenômeno não é nova. Em 1785, James Hutton já via a Terra como um sistema auto-organizado, e Thomas H. Huxley, em 1877, compartilhava esse ponto de vista. Sabemos que a auto-organização é a capacidade que os sistemas complexos adaptativos têm de criar ordem a partir da desordem. Os mercados, por exemplo, podem se auto-organizar até certo ponto. É o que Adam Smith, o fundador da economia, chamou de "mão invisível". Três séculos mais tarde, John Maynard Keynes sugeriria que, numa certa medida, esse processo deveria ser regulado/moderado pela interferência do Estado. A capacidade auto-organizadora dos mercados tem sido levada a extremos pelos proponentes e executores da economia neoliberal (hoje sob crescente contestação), o que resultou em um *laissez-faire* que tem produzido crises econômicas e financeiras e ampliado a injustiça social. A de 2008, que começou nos Estados Unidos e continua em escala mundial, é um exemplo.

Como lembra Montuori,[22] no universo de Newton a ordem era soberana e a percepção da desordem era atribuída à ignorância dos homens. No mundo em decadência entrópica de Clausius, dominam a desordem e a deterioração progressiva. Acrescento que opor de modo binário ordem e desordem é próprio do determinismo newtoniano. Essa atitude tem permitido que a ideia de progresso – que será abordada adiante – tenha sido e continue a ser vista como uma jornada, ao longo da qual a desordem seria aos poucos substituída pela ordem, até o triunfo final da razão humana. Essa foi, e para muitos continua a ser, a utopia do Iluminismo.

FRANCIS DANIELS MOORE

Pode-se dizer que o cirurgião americano Francis Daniels Moore (1913-2001) foi o pioneiro da aproximação da medicina moderna com a teoria da complexidade. Também foi um dos opositores da medicina transformada em um negócio, que em sua época já começava a ser o que é hoje. Moore foi pioneiro na pesquisa de técnicas que contribuíram para o primeiro transplante de rim bem-sucedido. Por meio de investigações com isótopos radioativos, abriu as portas para os estudos da distribuição interna dos fluidos corporais e as alterações metabólicas sofridas pelo organismo durante e depois dos traumatismos. Alguns de seus principais trabalhos estão na bibliografia deste livro.

Moore teve dois predecessores essenciais. O primeiro foi o médico e fisiologista francês Claude Bernard (1813-1878), que passou à história como o criador da medicina experimental. Bernard foi o descobridor do que depois viria a ser conhecido como homeostase que, em suas palavras, significa o controle do meio ambiente interno (*milieu intérieur*) dos organismos vivos. Foi o primeiro a notar e mostrar de modo experimental que os seres vivos são autônomos em termos de funcionamento, mas para exercer essa autonomia precisam interagir com o meio ambiente. O meio interior de Bernard é composto em essência pelos fluidos corporais, e a vida depende das trocas metabólicas que ali ocorrem.

Neste mesmo capítulo, vimos que os sistemas complexos incluem as seguintes características: auto-organização, identidade, homeostase e permeabilidade. O termo "homeostase" foi criado em 1932 pelo cientista americano Walter Cannon, professor de fisiologia da Harvard Medical School entre os anos de 1929 e 1932, período que abrange a época em que Moore foi aluno dessa escola. Cannon ampliou e aprofundou as descobertas de Bernard e explicou os mecanismos pelos quais o organismo humano mantém níveis regulares de água e eletrólitos (isto é, sódio, potássio, cloro, cálcio), proteínas, glicose e muitos outros componentes. Um exemplo clássico é a regulação da taxa de glicose no plasma – a glicemia – que resulta da interação entre o açúcar ingerido puro ou com os alimentos, que tende a aumentá-la, e a ação da insulina elaborada pelo pâncreas, que tende a diminuí-la.

Por analogia, o conceito de homeostase pode ser estendido aos ecossistemas e a outras áreas do conhecimento. Homeostase significa autorregulação dinâmica: é a capacidade que um sistema tem de manter suas variáveis essenciais dentro de limites adequados à manutenção de sua vida. É um conceito sistêmico, e nessa condição ainda não inclui as descobertas da teoria da complexidade, mas tem muito a ver com seu posterior aparecimento – digamos que pavimentou o caminho até o que sabemos e continuamos a aprender nos dias atuais. Nesse sentido ele está relacionado aos conceitos de auto-organização e autoprodução (autopoiese), de tal modo que às vezes é difícil distingui-los com clareza. Há mesmo quem os considere sinônimos.

Moore começou suas pesquisas com radioisótopos em 1941. Essa fase marcou o início de seus estudos da "anatomia química do corpo", expressão que usou para designar a composição corporal. Suas pesquisas sobre a função das suprarrenais (na verdade a dinâmica do chamado eixo hipófise-hipotálamo-suprarrenal) mostraram que a resposta metabólica ao trauma era um fenômeno integrado e expressava um mecanismo evolutivo muito sofisticado. Em sua autobiografia, Moore se refere a Cannon como o cientista que mostrou com clareza o funcionamento conjunto da mente e do corpo e, em consequência, que o medo, a raiva e a fome incluem modificações corporais. E pergunta, com ironia: "Por que as pessoas ainda ficam perple-xas ao descobrir que o corpo e a psique funcionam juntos? Por que devemos sofrer com a custosa retórica de cultos orientais e seus ricos gurus para entender isso?"[23]

Moore foi um dos primeiros a entender o alcance prático dos ensinamentos de Cannon, em especial a homeostase. Compreendeu que para se manter vivo o organismo humano comportava um ambiente interno que precisava adaptar-se às modificações do ambiente externo – entre estas o trauma da anestesia e dos atos cirúrgicos. Na condição de cirurgião, percebeu que seria importante conhecer es-sas mudanças adaptativas para facilitar a recuperação dos pacientes operados. Para tanto, seria necessário reconhecer que, assim como o conhecimento da "anatomia e fisiologia físicas" era importante, o da "anatomia e fisiologia químicas" também o era. Tudo isso implicava conhecer a composição corporal na saúde e na doença, áreas sobre as quais pouco ou nada se sabia na época.

Tal conhecimento permitiria saber do que precisavam os pacientes antes de entrar nas salas de cirurgia, durante a sua permanência nelas e no pós-operatório, em termos de prevenção e correção das alterações causadas pelo trauma cirúrgico e anestésico. Nos anos 1920 e 1930, e mesmo nos anos anteriores, já se sabia que havia perda de fluidos corporais antes, durante e após as cirurgias. Mas desconhe-cia-se que muitas dessas perdas eram internas, isto é, eram deslocamentos de água e eletrólitos dentro do próprio organismo que passavam despercebidos à obser-vação clínica. Por exemplo, os tecidos traumatizados ou atingidos por processos inflamatórios acumulam fluidos que deveriam estar no interior das artérias, veias e vasos linfáticos, e esses edemas podem levar a graves consequências. Saber que era necessário dar aos pacientes água, glicose e eletrólitos intravenosos durante a depois das operações era insuficiente: também era preciso saber quanto, quando e como administrá-los. Tudo isso era um problema e as iniciativas de resolvê-lo se baseavam apenas em tentativas e erros. Eis por que muitas operações bem-feitas do ponto de vista técnico muitas vezes resultavam em insucessos cuja explicação parecia um mistério, para cujo desvendamento foram decisivas as pesquisas de Moore sobre a composição corporal.

Durante a sua longa carreira como cirurgião, professor e pesquisador em Har-vard, Moore trabalhou com mais frequência no Peter Bent Brigham Hospital. Se-ria um erro pensar que ele foi um investigador desligado das realidades da vida prática. Ao contrário, foi um cientista cuja atividade deu origem a procedimentos que proporcionaram e ainda proporcionam a cura ou alívio de muitas doenças e a prevenção de transtornos graves em milhões de pessoas por todo o mundo. Mais importante ainda foi sua percepção de que era preciso enfrentar a perda da com-passividade e dos valores humanos, que começou a aumentar com a tecnologização e o início da mercadização da medicina. Em suas palavras, "os 'valores familiares' da medicina são tão reais como sempre foram. [...] O comercialismo e o profissio-nalismo são correntes paralelas em nossa sociedade que podem coexistir em paz. Mas quando começam a se misturar, cuidado".[24]

NOTAS

[1] MARIOTTI, Humberto. *Pensamento complexo*: suas aplicações à liderança, à aprendizagem e ao desenvolvimento sustentável. São Paulo: Atlas, 2010, p. 137-164.

[2] DIAMOND, Jared. *Collapse*: how societies choose to fail or succeed. Nova York: Penguin, 2011, p. 6-7.

[3] ATLAN, Henri. *Entre o cristal e a fumaça*: ensaio sobre a organização do ser vivo. Rio de Janeiro: Jorge Zahar, 1992, p. 45.

[4] Id., ibid., p. 46.

[5] TAPTIKLIS, Theodore. *Unmanaging*: opening up the organization to its own unspoken knowledge. Nova York: Palgrave Macmillan, 2008, p. 213.

[6] Ver o capítulo "Time and complexity", in SLATERY, Patrick. *Curriculum development in the postmodern era*. Nova York: Londres: Routledge, 2006, p. 271-280.

[7] DELEUZE, Gilles; GUATTARI, Félix. *A thousand plateaus*: capitalism and schizophrenia. Nova York: Londres: Continuum, 2010.

[8] LECHTE, John. *50 key thinkers*. Nova York: Routledge, 1994, p. 248.

[9] STACEY, Ralph. *Tools and techniques of leadership and management*: meeting the challenges of complexity. Londres: Nova York: Routledge, 2012, p. 132.

[10] SNOWDEN, David. Multi-ontology sense making: a new simplicity in decision making. Disponível em: <www.cognitive-edge.com/uploads/articles/40_Multi-ontology_sc>.

[11] MARIOTTI, Humberto. *Pensando diferente*: para lidar com a complexidade, a incerteza e a ilusão. São Paulo: Atlas, 2010, p. 56 ss.

[12] DOSSE, François. *História do estruturalismo*: o campo do signo. Bauru: EDUSC, 2007. v. I, p. 57.

[13] STACEY, Ralph; GRIFFIN, Douglas; SHAW, Patricia. *Complexity and management*: fad or radical challenge to systems thinking? Londres: Routledge, 2006, p. 189 ss.

[14] BEHAR, Michael. Burning question: why are wildfires defying long-standing computer models? *The Atlantic*, v. 3, nº 2, Sept. 2012.

[15] Ver ERHLICH, Paul R.; EHRLICH, Anne H.; HOLDREN, John. Avaliability, entropy, and the laws of themodynamics. In: DALY, Herman; TOWNSEND, Kenneth. *Valuing the Earth*: economics, ecology, ethics. Cambridge, Mass: The Massachusetts Institute of Technology Press, 1993, p. 69-73. Para mais três textos de referência sobre esse tópico, ver: GEORGESCU-ROEGEN, Nicholas. *The entropy law and the economic process*. Cambridge, Massachusetts: Harvard University Press, 1971; GEORGESCU-ROEGEN, Nicholas. The entropy law and the economic problem. In: DALY, Herman; TOWNSEND, Kenneth N. (Ed.). *Valuing the Earth*: economics, ecology, ethics. Cambridge, Mass: The Massachusetts Institute of Technology Press, 1993, p. 75-88; GEORGESCU-ROEGEN, Nicholas. Selections from *energy and economic myths*. In: DALY, Herman; TOWNSEND, Kenneth N. (Ed.). *Valuing the Earth*: economics, ecology, ethics. Cambridge, Mass: The Massachusetts Institute of Technology Press, 1993, p. 89-112.

[16] ERHLICH et al. Avaliability, entropy, and the laws of themodynamics, p. 73.

[17] DE GEUS, Arie. *The living company*: growth, learning and longevity in business. Londres: Nicholas Brealey, 1999, p. 12.

[18] EDMONSON, Amy C. Estratégias para aprender com o erro. *Harvard Business Review*, abr. 2011, p. 27-33.

[19] MORIN, Edgar. Restricted complexity, general complexity. In: COLLOQUIUM INTELLIGENCE DE LA COMPLEXITÉ: EPISTÉMOLOGIE ET PRAGMATIQUE. Cerisy-La-Salle, France, 2005. *Proceedings...*

[20] MORIN, Edgar. *La méthode*: la nature de la nature. Paris: Seuil, 1977, p. 79 ss.

[21] MONTUORI, Alfonso. Morin's path of complexity. In: MORIN, Edgar. *On complexity*. Cresskill, New Jersey: Hampton Press, 2008, p. xxix.

[22] Id., ibid., p. xxxiii.

[23] MOORE, Francis D. *A miracle and a privilegie*: recounting a half century of surgical advance. Washington D.C.: Joseph Henry Press, 1995, p. 14.

[24] Id., ibid., p. 53.

2

Conceitos e Bases (II)

> "Ideias têm consequências, mas raramente aquelas que
> seus autores esperam ou desejam, e nunca apenas aquelas.
> Bem frequentemente as consequências são opostas."
>
> (JOHN GRAY)

INCERTEZA E RISCO

Incerteza e risco são coisas diferentes. O risco pode ser avaliado, calculado, estimado em termos de probabilidades e apresentado sob a forma de modelos matemáticos/estatísticos. Embora a expressão às vezes seja usada com certa arrogância, típica da ilusão de controle, é razoável falar em gestão de risco. Mas esse não é o caso da incerteza, pois não sabemos lidar com ela de modo quantitativo, de maneira que a expressão "gestão da incerteza" pouco ou nada significa em termos práticos. Quando muito, ela poderia expressar o grau de ingenuidade de quem se imagina gestor de algo que desconhece. Mas é possível preparar-se para o inesperado, por paradoxal que pareça. O fragmento "se não esperas pelo inesperado não o encontrarás", de Heráclito de Éfeso, implica que diminuir nossa arrogância é bem mais útil do que parece.

Em economia, o primeiro autor a fazer a diferenciação entre risco e incerteza foi Frank Knight, em livro hoje clássico.[1] Para ele o risco é probabilístico e "mensurável" e a incerteza não pode ser quantificada: é uma condição de "probabilidade numericamente imensurável". No âmbito da economia, Keynes escreveu uma obra também clássica, na qual essa diferença também é abordada (em especial no capítulo 12).[2] No seu modo de ver, as suposições sobre acontecimentos futuros são as que influenciam variáveis econômicas importantes, em especial as de natureza financeira. É claro que tudo isso depende mais da natureza e do comportamento humano do que de dados quantitativos. Em economia, a incerteza (em especial a relativa a decisões sobre investimentos) pouco tem a ver com o risco, que é atuarial. É a esse tipo de incerteza que Keynes se refere.

Em seu *Abecedário*,[3] Deleuze fala sobre a postura de espreita, que é pertinente a esse contexto e à qual acrescento a atitude de espera. A espera tem muito de racional, inclui certo grau de linearidade e tem a ver com o risco. Esperamos por algo que conhecemos ao menos de modo razoável e cujo resultado é previsível. Uma mulher grávida ou um homem que aguarda a chegada de um avião esperam por algo conhecido e desejado. Nesses casos é claro que há incertezas, mas seu grau é muito pequeno pois experiências prévias induziram as pessoas a vê-las como não muito relevantes. A espreita é diferente e tem mais a ver com a incerteza. Espreita-se algo que não se sabe bem o que é, algo que pode vir ou não. Espreita-se o inesperado. Deleuze observa que os animais são seres que estão sempre à espreita, e como eles o filósofo e o escritor também espreitam: estão de prontidão para o desconhecido, o inesperado, o que vier.

Quem espera aguarda um resultado e de certo modo está preparado para ele. A espreita refere-se a algo que emergirá ou não. Quem espreita está apenas atento. Se uma espera for inútil haverá algum grau de frustração, pois a espera tem começo, meio e fim. Na espreita a decepção é menor ou não existe, pois não há começo, nem meio, nem fim: existe apenas a atenção. A espera é estruturada. Quem espera aguarda algo que costuma se repetir, mas quem espreita está aberto à diferença. O engenheiro descrito na comparação de Lévi-Strauss com certeza se decepcionará se não conseguir levar seu projeto até o fim. A espreita não é estruturada, e por isso o *bricoleur* dessa mesma analogia não se frustrará tanto por não alcançar um resultado que de resto ele desconhece. Mas é claro que a espera e a espreita podem e devem se complementar.

Em seu livro *Pour entrer dans le XXIe siècle* (*Para entrar no século XXI*),[4] Morin descreve um recurso didático que costumo utilizar. Trata-se da relação entre o passado, o presente e o futuro. Quando queremos trazer do passado algo de que precisamos no presente utilizamos a memória ou os registros, e eles nos dão *feedback*. Quando desejamos projetar algo em direção ao futuro usamos a imaginação e traçamos cenários. É como se quiséssemos que o futuro viesse ao nosso encontro e nos dissesse o que pensar ou fazer: como se ele alimentasse nossas expectativas por meio de um mecanismo de *feedforward*. Para Morin, essa é uma forma de trabalhar a temporalidade por meio do pensamento complexo. Se tentarmos prever o futuro (em especial se o fizermos com base em dados do passado), verificaremos que isso é impossível – a menos que sejamos crédulos ao ponto de cair sempre nas armadilhas do autoengano.

Em um texto sobre gestão da complexidade,[5] Gökçe Sargut e Rita McGrath apresentam algumas considerações de interesse a respeito do que fazer diante da

Conceitos e Bases (II) 47

incerteza. A primeira assegura que o aparecimento de fenômenos inesperados de grandes proporções e alta complexidade é bem mais provável do que sugerem as projeções habituais, pois a maioria delas deriva do uso de modelos lineares ou sistêmicos. As projeções lineares confiam demais no pressuposto de que é possível prever o futuro com base no passado. Na mesma linha, as projeções sistêmicas continuam a crer que a incerteza pode ser excluída de seus modelos. O artifício de Morin, acima descrito, ilustra o que aconselham Sargut e McGrath: é preciso ter clareza sobre o que restou de útil das experiências do passado e o que se pode esperar de diferente no futuro. Em outros termos, é preciso incluir a incerteza, a multiplicidade e a diferença em nossos raciocínios, argumentos e tentativas de antecipação.

Por mais recente que seja, todo dado numérico se refere a algo que já ocorreu. É óbvio que não se pode quantificar o que ainda não existe. Como observam os dois autores recém-citados, esse fato é válido para metas financeiras e projeções de desempenho. Não é de admirar que inúmeras pessoas, entre as quais profissionais de finanças, se sintam desafiadas diante de considerações dessa natureza. É como se de repente tudo aquilo em que sempre acreditamos de súbito desmoronasse diante da complexidade do mundo real.

Para muitos é difícil entender – e mais ainda aceitar – que os problemas criados pelo excesso de matematização do mundo não poderão ser resolvidos apenas com mais matemática. Nessa mesma linha, apenas mais tecnologia não conseguirá resolver os problemas criados pelo excesso de tecnologização. Tais recursos têm e terão seu lugar nas tentativas de resolução – mas não o papel de personagens principais, ou mesmo únicos, que há tanto tempo desempenham. O ideal seria que compartilhassem o palco, pois a abordagem dos problemas humanos cruciais deve incluir também a política e a ética.

No entanto, sempre que se observa o comportamento de muitos políticos e propositores de éticas, nós, as pessoas comuns, costumamos duvidar. Sabemos que há exceções e que não se deve generalizar, mas mesmo assim com frequência duvidamos que tais exceções existam em número suficiente para exercer influências transformadoras. Por isso continuamos esperançosos de que a ciência, a tecnologia e o conhecimento um dia consigam fazer o que até agora não se conseguiu por meio da ética e da política. E fazê-lo em termos de mudanças amplas, não as acessíveis apenas a um pequeno número de privilegiados. Esse é o ponto central da questão.

Para Sargut e McGrath, o tempo presente é uma *pipeline* de oportunidades, o que significa que também é uma fonte de ameaças. Esse cenário é propício à criatividade e à inovação, e tudo dependerá de como tratarmos os dados e as informações disponíveis. Na opinião desses dois autores, se a maioria dos dados vier do passado – caso dos indicadores numéricos – estamos diante de um sinal de perigo. A diferença e a mudança são desconfortáveis e amedrontadoras, em especial quando associadas com o futuro. Ainda assim, como sugerem Sargut, McGrath e muitos outros, boa parte das informações deve vir do futuro, isto é, da imaginação. O

48 Complexidade e Sustentabilidade • Mariotti

fato de elas não serem "sólidas" e "consistentes" (chavões que tanto gostamos de usar, mas que na prática pouco significam) nos mostra que estar preparados para o inesperado (isto é, estar à espreita) é uma atitude importante. Esse é o tema de dois dos livros de Nicholas Taleb, sobre os quais já falei em textos anteriores.[6]

MUDANÇA, PERCEPÇÃO E RESISTÊNCIA

É evidente que a percepção das mudanças não ocorre com a mesma clareza em todas as pessoas. Assim como é imensa a diversidade do mundo, a diversidade de modos de percebê-lo também o é. Por outro lado, sabemos que o mundo não vem ao nosso entendimento só pela via racional: as emoções têm precedência sobre a razão, e assim foi ao longo de toda a nossa evolução.[7] Entre a percepção de que algo está em mudança e o entendimento do que isso significa, a distância é imensa para a maioria das pessoas; é grande para boa parte delas; é razoável para uma pequena parte; e quase não existe para pouquíssimas. Costuma-se dizer que estas últimas estão adiante de seu tempo. Também é contra elas, como mostra a história, que são apontadas e disparadas as armas do conservadorismo e da resistência à mudança. Se é uma ingenuidade supor que todos entendem as mudanças da mesma maneira, é ainda mais ingênuo imaginar que todos reagem da mesma forma ao que entendem. Isso só aconteceria se todos percebessem e conhecessem o mundo da mesma forma, o que não acontece na prática.

Michael Oakeshott sustenta que as mudanças são ameaças à identidade, e cada mudança é uma possibilidade de extinção. Por isso, a identidade de um indivíduo ou comunidade é "um ensaio incessante de contingência".[8] Em termos de sistemas complexos adaptativos, a identidade é o resultado das adaptações às mudanças, tanto as externas (do ambiente) quanto as internas ou homeostáticas (do interior dos sistemas/organismos). Os sistemas vivos que não conseguem se adaptar perdem sua identidade e entram em processo de desintegração.

A adaptação que ocorre sem perda da identidade pressupõe que o ambiente seja familiar ao sistema, isto é, que contenha condições e referenciais compatíveis com sua história. Se é correto que as variações são inevitáveis, também é razoável pensar que além de certo ponto elas podem ser hostis e, no limite, fatais ao sistema. De acordo com Oakeshott, quando dispomos desses pontos de referência adaptamo-nos ao que surge de novo (ao que emerge) sem perder a identidade. No campo das empresas, Collins e Porras põem a questão do seguinte modo: em termos de identidade, o que se deve preservar são os valores e os objetivos fundamentais, e o que deve mudar são as práticas culturais, operacionais e os objetivos e metas estratégicos.[9]

Os desafios à manutenção da identidade são comuns entre os migrantes – por exemplo os que, tangidos pela pobreza e injustiça social, abandonam suas comunidades de origem e vão para países mais desenvolvidos. A rejeição e os preconceitos com que essas pessoas costumam ser tratadas tende a perpetuar seu estado de pobreza e faz com que elas se revoltem, num esforço para não perder suas identidades. Daí os atos de violência e vandalismo, cujos alvos são os principais emblemas dos novos contextos. É por isso que essas manifestações incluem quase sempre a depredação de automóveis e assemelhados, o que acontece por três razões principais: (1) esses veículos proliferam e atravancam as ruas das cidades mais ricas; (2) eles simbolizam ao mesmo tempo o desejo de melhoria de vida dos imigrantes e as dificuldades de satisfazê-lo; (3) nesse sentido, estão ao mesmo tempo muito próximos e disponíveis e muito distantes e indisponíveis. São ao mesmo tempo muito abundantes e muito escassos. Essas ambiguidades ampliam a indefinição das condições de vida dessas pessoas, o que reforça ainda mais a ameaça de perda da identidade.

Oakeshott oferece um exemplo, que também ilustra os conceitos de desterritorialização e reterritorialização de Deleuze e Guattari, sobre os quais falarei adiante. Quando foram transferidos das terras em que antes viviam para uma reserva, os masai, oriundos do Quênia, deram aos montes, planícies e rios de seu novo hábitat os nomes de acidentes geográficos semelhantes aos das terras em que tinham vivido antes. Seu propósito era preservar de maneira simbólica o contexto de vida ao qual estavam adaptados, para que isso os ajudasse a integrar-se aos novos territórios, isto é, a se reterritorializar.

No caso dos que migram para países ricos, ou mesmo de regiões mais pobres para áreas urbanas e menos pobres de um mesmo país, essa renomeação de contextos é problemática, porque nomear acidentes geográficos naturais é mais fácil do que designar os ambientes artificiais e das cidades. Nessas situações, a identidade individual é ainda mais posta em risco. O risco existe até mesmo para os que nasceram em tais cidades e têm sua identidade ameaçada pelo desaparecimento de praças, bairros, comunidades e outros referenciais, destruídos pela padronização dos comportamentos, habitações e modos de vida.

Uma das principais causas da extinção de espécies são mudanças que exigem graus de adaptação além do tolerável, com frequência causadas pela ação predatória da introdução de espécies estranhas em um dado ecossistema. Aprendemos que os sistemas vivos se adaptam ao ambiente e este se adapta – ou não – a eles. Tudo depende da preservação de um mínimo de referenciais biodinâmicos que permitam a manutenção das respectivas identidades. Quando essa dinâmica se vai, a adaptabilidade mútua desaparece e os sistemas se desestruturam.

Os esforços de manutenção da identidade podem levar a comportamentos autodestrutivos. Esse fenômeno em geral é inconsciente e pode ser uma manifestação da compulsão à repetição, estudada por Freud em seu ensaio "Além do princípio do prazer".[10] É fundamental revisitar esse assunto. Isso será feito com detalhes nos próximos capítulos, porque a repetição dos mesmos erros é uma forma de autoagressão e, assim, uma manifestação do que Freud chamou de pulsões de morte.[11]

Como se discutirá adiante, o conceito de pulsões de morte suscitou e ainda suscita muitas resistências, dentro e fora do universo psicanalítico.

Com a introdução do pensamento complexo ocorreu o de sempre: o surgimento de resistências. O mesmo tem acontecido com o conceito e as práticas da sustentabilidade. Enquanto os debates vão e vêm, os fenômenos nocivos ao meio ambiente continuam a surgir e a se ampliar: o efeito estufa segue em frente, os dejetos industriais se acumulam, a população mundial aumenta e assim por diante. É como se no fundo as discussões se destinassem a desviar a atenção da realidade – como se elas, de modo inconsciente ou não, consistissem em um conjunto de táticas de racionalização e autoengano.

É claro que não pretendo afirmar que todas as propostas devem ser colocadas em prática sem discussão. Mas chama atenção o caráter infindável desses debates e questionamentos, muitos dos quais acabam por se transformar em um fim em si. É um mecanismo semelhante a certas manobras postergadoras, cujo objetivo, declarado ou não, é "ganhar tempo". Contudo, no caso das práticas de sustentabilidade ganhar tempo é o mesmo que perder vida. Para os que se empenham em negar as pulsões de morte, esses mecanismos protelatórios deveriam ser objeto de reflexão.

Em uma certa medida, é possível distinguir quando o prolongamento das discussões se faz em benefício do conhecimento ou se – como muitas vezes é o caso – destina-se a obter vantagens econômicas. Em um relatório da Royal Society[12] há um trecho sobre *lock-in* que passo a resumir. *Lock-in* é o nome que se dá ao autorreforço da resistência à mudança tecnológica. Por meio dele as resistências se fecham em si mesmas e formam uma barreira à aceitação de novas tecnologias. Pouco importa se elas sejam melhores do que o recurso que buscam beneficiar: o pior acaba por tomar o lugar do melhor e se afirma como único. O relatório cita o exemplo do teclado QWERTY, que não é o melhor para a eficiência da digitação, mas nem por isso deixou de ser o dominante em todo o mundo. Outros exemplos são o sistema de vídeo VHS e os reatores nucleares de água pesada.

O *lock-in* é um exemplo de como as pessoas e instituições podem agir, e de fato agem, contra seus próprios interesses. Com efeito, a adoção de processos ou tecnologias que se tornam repetitivos, ainda que não funcionem bem – ou mesmo que sejam inconvenientes ou prejudiciais aos usuários –, é uma manifestação de autossabotagem. Esse fenômeno lembra a já mencionada compulsão à repetição. Com frequência, a repetição compulsiva de comportamentos pregressos é um obstáculo ao surgimento de novas ideias, tecnologias e modos de agir.

A resistência à mudança se alimenta da repetição e a realimenta. Sempre que novas ideias são propostas, nos momentos iniciais (que podem durar anos) é fácil perceber o medo das pessoas, que imaginam que suas crenças e modos de agir atuais estão em xeque e podem ser descartados e substituídos. É uma reação humana, e por isso mesmo inclui o seu tanto de irracionalidade. As pessoas só se tranquilizam depois que se convencem de que não estão sob ameaça. Quando se sentem ameaçadas desenvolvem resistências que, a depender da situação, podem se transformar em luta. Nesses casos, os portadores das novidades deixam de ser encarados com desconfiança e passam a ser vistos como inimigos. A história humana está repleta de exemplos, com os quais aliás pouco ou nada aprendemos.

Jared Diamond nota que existe muita resistência à ideia de que certas civilizações antigas agiram de tal modo que acabaram por contribuir para o seu próprio declínio e desaparecimento.[13] Também observa que com frequência a complexidade dos ecossistemas torna a percepção das consequências de perturbações antrópicas quase impossíveis de prever, mesmo por ecologistas profissionais. Na verdade, o problema não é só de previsão, mas também de percepção. Não estamos preparados para perceber muito além do que acontece fora do nosso entorno imediato, tanto em ternos de espaço quanto de tempo. Um bom exemplo foi a surpresa de muitas pessoas, inclusive eruditos, diante da afirmação de que a violência tem diminuído de modo lento e progressivo em todo o mundo, em especial depois do fim da Guerra Fria. Essa tese está demonstrada no livro de Steven Pinker, *The better angels of our nature (Os melhores anjos de nossa natureza)*.[14] Pinker estuda a violência humana desde os tempos bíblicos e mostra como o processo civilizatório tem promovido sua diminuição ao longo do tempo. É um estudo qualitativo, que inclui um apreciável lado quantitativo (contém uma grande quantidade de diagramas, tabelas e análises estatísticas), porque o autor bem sabe que muitas pessoas – talvez a maioria, em nossa cultura – só se convencem seja lá do que for por meio de números. O que, se por um lado é útil, por outro as torna presas fáceis de manipulações estatísticas, balanços contábeis e avaliações quantitativas diversas.

Nossa dificuldade de perceber e entender as mudanças lentas e em grande escala também nos dificulta a percepção da complexidade do mundo em que vivemos. Nossas atitudes cognitivas e de convivência têm caminhado no sentido contrário, que implica a fragmentação da complexidade sob o pretexto de conhecê-la (o que em certos casos é necessário), mas também com frequência para supersimplificá--la, isto é, negá-la. Esse é um dos fenômenos que nos tornam tão alienados de nós mesmos e do mundo.

No livro há pouco citado, Diamond lembra que sociedades que entraram em colapso, como os maias, viveram períodos nos quais figuravam entre as mais avançadas de seu tempo e estavam longe de ser estúpidas ou primitivas. Essa passagem de Diamond pode significar que é possível que o ecocídio dos maias tenha sido causado por pulsões inconscientes de auto e heterodestruição. Teriam sido impulsos relativamente mínimos em termos de intensidade, porém diversificados, múltiplos e atuantes durante muito tempo e por isso de difícil percepção.

Sempre no mesmo livro, Diamond diz que não conhece nenhum caso em que a derrocada de uma sociedade possa ser totalmente atribuída aos danos por ela causados ao meio ambiente: sempre há uma multiplicidade de fatores intervenientes, o que faz todo o sentido nos termos da teoria da complexidade. Porém, em meio a essa multiplicidade e diversidade de fatores, a natureza humana deve ser mais levada em conta do que tem sido – o que mais uma vez traz à tona a nossa aversão ao autoexame. Em vez dele, temos preferido atribuir a causa de nossos problemas a fatores externos, o que até certo ponto é compreensível, mas não ao ponto de nos isentar de autocrítica.

Para William Irwin Thompson, "uma valorização exagerada da consciência ameaçaria a continuidade do jogo. Assim, haverá sempre um consenso tácito para que ninguém se torne demasiadamente consciente".[15] Em outros termos, há e haverá sempre uma espécie de consenso sobre a inconveniência de permitir que as pessoas pensem. Por exemplo, que grau de consciência os nossos governantes (e também nós, que os elegemos) têm do que acontece no mundo? A questão é antiga. Como escreveu Thompson a respeito do ex-presidente americano Ronald Reagan, ele não era um pensador: em sua opinião, era "quase inteiramente inconsciente".[16] Será que o poder econômico – que financia boa parte das campanhas eleitorais – poria no comando governantes conscientes, pessoas com o hábito de pensar? O ideal, diz Thompson, seria que os governantes estivessem incluídos na categoria do *Homo faber*. Mas a prática mostra que em sua maioria eles estão na categoria do *Homo ludens,* desempenham papéis que lhes foram atribuídos por outros: "Na era da mídia global, não há mais espaço para o teórico e o programático, mas para o artista e o ator."[17]

Nessa ordem de ideias, do mesmo modo que é preciso manter os governados inconscientes, também é importante manter inconscientes os governantes. Daí se segue que uma mudança do sistema de pensamento que formata a nossa cultura não é apenas uma questão de educação. É também uma questão de política e economia nos princípios e meios, mas sem deixar de ser educacional nos fins. Trata-se de uma questão complexa, e como tal precisa do pensamento complexo para ser apreciada. Uma comunidade consciente não elegeria um presidente inconsciente.

Para que haja fundamentalismos e maniqueísmos, é preciso que predomine o pensamento binário. A partir dessa conclusão, é fácil entender que sem a exacerbação dos maniqueísmos (que são exacerbações do pensamento linear) seria bem mais difícil alienar as pessoas para que elas se tornassem inconscientes de si mesmas e do mundo em que vivem. Seria muito mais difícil transformá-las em partes de um rebanho medíocre e conformista.

Também a partir dessa conclusão é fácil compreender o quanto é difícil descondicionar as pessoas por meio da educação, dado que ela está sob o controle de instituições governamentais do mundo inteiro. A robotização de nossa cultura pela lógica linear/binária é a expressão histórica da inconsciência das multidões e da injustiça social e concentração de renda daí resultantes.

NICHOLAS GEORGESCU-ROEGEN

Nicholas Georgescu-Roegen (1906-1994) foi um pesquisador de espírito aberto e multidisciplinar. Nascido na Romênia, sua formação inicial foi matemática.

Depois trabalhou nos EUA (Universidade Harvard) com Joseph Schumpeter, num período decisivo para a sua carreira posterior de economista, que se desenvolveu em especial na Vanderbilt University, no Tennessee. Seu livro mais destacado é *A lei da entropia e o processo econômico*, publicado em 1971. Foi o primeiro a demonstrar as bases termodinâmicas da economia, cujo ponto principal pode ser assim resumido: em um espaço finito (a Terra), só pode existir uma quantidade finita de energia utilizável (de baixa entropia), e esta se dissipa de modo inevitável e irreversível com o passar do tempo.

Georgescu-Roegen contesta a posição dos marxistas e dos economistas ortodoxos, segundo a qual o poder da tecnologia é ilimitado e, portanto, seremos sempre capazes de substituir recursos escassos e aumentar a produtividade de qualquer material ou fonte de energia. Esse otimismo, típico da ideia de progresso da modernidade, é por ele visto com ironia: "Não se pode imaginar uma forma mais embotada de pensamento linear."[18] A seguir, algumas de suas observações.[19]

Em última análise, a finalidade do processo econômico é transformar recursos naturais valiosos (de baixa entropia) em lixo (resíduos de alta entropia). E assim continuará enquanto nós, humanos, não percebermos que o que na verdade conta na economia não é um fluxo de resíduos materiais, mas sim um fluxo imaterial: o prazer de viver.

A crença, primeiro descrita por Stuart Mill, de que pode existir um mundo no qual a população e os recursos permaneçam constantes, é um mito ecológico salvacionista (depois retomado por Herman E. Daly e outros). Seu principal equívoco consiste em não perceber que o crescimento zero – e mesmo declinante – não podem existir por muito tempo em um ambiente finito. O chamado "estado estacionário" corresponderia a um macrossistema capaz de manter constante a sua entropia – mas sabe-se que esta decresce sempre e de maneira inevitável. Cedo ou tarde, o "estado estacionário" entraria em crise. Por isso o ideal não seria uma condição assim, mas uma situação de crescimento declinante. Mas mesmo nesse caso a entropia não cessaria de aumentar.

Não há tecnologia humana capaz de transformar energia em matéria. Por isso, a acessibilidade de recursos materiais de baixa entropia é o ponto crucial do processo econômico. Por exemplo, um pedaço de carvão queimado por nossos antepassados está perdido para sempre. Não existe reciclagem gratuita nem indústria sem resíduos.

Sejam ou não explorados os recursos naturais, a energia e a matéria sempre se degradarão: passarão de um estado de alta utilização (de baixa entropia) para um estado de baixa utilização (de alta entropia). A exploração desses recursos acelera a entropia, mas a utilização criteriosa de tecnologias adequadas pode ajudar a retardá-la.

Não há possibilidade de crescimento contínuo e exponencial sem a descoberta de novas fontes de energia. Para ilustrar essa afirmação, Georgescu-Roegen usou a seguinte metáfora: Prometeu inaugurou a Idade de Madeira, a descoberta de que a queima da madeira é uma fonte de energia. O desmatamento daí resultante tornou necessário um Prometeu II, que surgiu sob a forma dos inventores da máquina a vapor alimentada a carvão. O crescente aumento do consumo de carvão e outras reservas de matéria combustível nos levou a esperar o surgimento de um Prometeu III.

Parece que os economistas sucumbiram ao fetichismo do dinheiro, que é o pior deles. Não há cinismo nem pessimismo em acreditar que, mesmo com plena consciência da questão entrópica, a humanidade não estará disposta a renunciar aos seus confortos presentes em benefício das pessoas que viverão no futuro.

A evolução não é uma repetição linear, embora durante intervalos curtos [na escala evolucionária] ela possa nos levar a pensar o contrário. A sobrevivência da humanidade apresenta problemas diferentes dos de outras espécies. Não é apenas biológica nem só econômica, é bioeconômica. Daí a necessidade da criação de uma bioeconomia.

Georgescu-Roegen propôs oito pontos para um programa bioeconômico mínimo: (1) a produção de todas as ferramentas de guerra, e não só da guerra em si, deve ser proibida; (2) por meio do uso das forças produtivas e medidas bem planejadas e bem intencionadas, as nações subdesenvolvidas devem ser ajudadas a atingir um nível e vida bom, embora não luxuoso: (3) a humanidade deve diminuir gradualmente a sua população, até um nível que possa ser alimentada de modo adequado apenas com agricultura orgânica; (4) até que o uso direto da energia solar se torne generalizado, e até que se consiga a fusão controlada, todo desperdício de energia, seja por superaquecimento, super-resfriamento, superiluminação, deslocamentos a grandes velocidades etc., deve ser evitado e se possível regulamentado; (5) devemos "curar-nos" da atração por engenhocas como carrinhos de golfe e ostentações como garagens para vários carros. Se fizermos isso, os fabricantes deixarão de produzir essas *commodities*; (6) devemos nos livrar da moda e dos modismos e aprender a desprezá-los. Os produtos manufaturados devem primar pela durabilidade; (7) os bens duráveis devem ser tornados mais duráveis ainda, ao ser projetados para ser consertados; (8) devemos "curar-nos" da pressa compulsiva, e entender que um tempo suficiente de lazer deve ser alocado e usado de maneira inteligente.

É claro que todos esses itens devem ser cotejados com o que se conhece, por experiência, sobre a natureza humana. O item (1) pressupõe uma diminuição substancial da nossa agressividade. Nos capítulos seguintes, o leitor poderá refletir melhor sobre ele, à luz das conclusões de pensadores como Maquiavel, Freud, Einstein, Hobbes e outros. O item (2) suscita a questão de se, ressalvadas as exceções de praxe, nosso altruísmo chega a essas alturas. No caso do (3), o questionamento se destina a saber se nossa visão é ampla o bastante, em termos de espaço e tempo. O ponto (4) nos leva de volta ao nosso nível de solidariedade e altruísmo. Em relação aos pontos (5), (6) e (7), a reflexão deve girar em torno de nossa capacidade de superar o que Martin Heidegger chama de as três formas de alienação do ser humano: a tagarelice, a avidez pelas novidades e a ambiguidade.[20]

O item (8) suscita questionamentos sobre a nossa capacidade de superar duas de nossas maiores limitações: o imediatismo e a superficialidade.

Conhecedor da natureza humana, Georgescu-Roegen não chegou ao ponto de acreditar que suas recomendações seriam adotadas: sabia que é preciso ressalvar as exceções, mas também não ignorava que a maioria não aceitaria seus princípios, e por isso encerrou suas considerações sobre eles com uma frase melancólica: "Talvez o destino do homem seja ter uma vida curta mas ardente, emocionante e extravagante, em vez de longa, rotineira e vegetativa. Deixemos que outras espécies – as amebas, por exemplo –, que não têm ambições espirituais, herdem uma Terra ainda banhada de muita luz solar." Essa frase está em um texto de 1975. Cinco anos antes, morrera aos 27 anos de idade a cantora *pop* Janis Joplin, que havia dito a mesma coisa: "Prefiro viver dez anos de uma forma super-hiper-máxima, do que chegar aos 70 sentada diante de uma maldita poltrona, a ver televisão."

Não é nenhuma surpresa constatar que a heterodoxia de Georgescu-Roegen fez com que ele colidisse de frente com os integrantes da *mainstream* da economia neoclássica, que chamava de *standard economists*. Hoje, esses economistas convencionais constituem o *establishment* do pensamento econômico. Sua visão do processo econômico é utilitarista, quantitativa e mecanicista, e nela predomina a ideia de equilíbrio e do atingimento de um estado "ótimo" ou "ideal". A economia convencional ignora o mundo natural, com o que declara sua aderência ao conceito equivocado de que o homem é separado da natureza. São posições incompatíveis com o conceito de sistemas complexos adaptativos.

Como Freud e vários outros, Georgescu-Roegen mostrou às pessoas o que elas não queriam ver e disse-lhes o que não queriam ouvir, e por isso não tardaram as manobras para isolá-lo e desqualificá-lo. A partir de 1976, época em que se consolidou seu interesse pela ecologia, ele passou a ser ignorado pelos economistas ortodoxos. Foi, como se costuma dizer, varrido para baixo do tapete com o mesmo ânimo com que mandatários de antigas culturas faziam executar mensageiros portadores de más notícias. E nesse caso elas eram muito desconfortáveis: avisavam que os seres humanos não mais podiam se considerar externos ao mundo natural.

Nos dias atuais, porém, as ideias de Georgescu-Roegen têm sido retomadas com crescente interesse. As relações entre economia e entropia voltaram a fazer parte da atenção de um número expressivo de economistas heterodoxos, ainda pequeno mas suficiente para desafiar seus pressupostos e despertar atenção na comunidade científica e fora dela. É claro que sua proposta de que a economia deveria ser incorporada à ecologia desafiou interesses e poderes há muito tempo estabelecidos. No fundo, porém, ele veio para mostrar que a vida e os seres vivos não podem continuar a ser agredidos pelo positivismo de muitas ciências, entre elas a economia. As ciências médicas e a prática da medicina, por exemplo, precisam muito de um novo Georgescu-Roegen. Também é evidente que, por sua visão multi e interdisciplinar, ele deve ser incluído em qualquer texto que se refira à complexidade e aos sistemas complexos adaptativos.

SEPARAÇÃO SUJEITO-OBJETO

A dissociação entre o conhecimento e a estrutura cognitiva do ser humano é um fenômeno bem conhecido, e mais um exemplo de como costumamos agir contra nossos próprios interesses. O conhecimento e a tecnologia têm um valor que permite que ambos sejam comercializados. Quando alguém precisa se beneficiar do conhecimento e das tecnologias produzidos pela cultura em que vive precisa comprá-los, e muitos não podem pagá-los. É o que acontece, por exemplo, com a educação e a saúde. É claro que não existem conhecimentos nem tecnologias gratuitos – e aqui se incluem os proporcionados pelos governos, que são pré-pagos via impostos e taxas. Não fosse isso bastante, dada a costumeira má distribuição de renda das sociedades humanas, eles não estão disponíveis com a amplitude desejável para a maioria das populações.

Sabemos que a saúde, a educação e a segurança – em especial nos países ditos "em desenvolvimento" – são três áreas de benefícios cuja escassez é uma fonte frequente de vexames, sofrimento e morte. A esse respeito, convém lembrar duas manchetes do jornal *Medicina* de julho de 2011, editado pelo Conselho Federal de Medicina (CFM) do Brasil: (1) "Problemas históricos bloqueiam avanços: falta de investimentos e baixa remuneração desestimulam unidades de saúde privadas a se credenciarem ao serviço público"; (2) "O grande problema da radiologia e diagnóstico por imagem no Brasil é de ordem econômico-financeira". As referências ao Brasil de modo algum restringem a questão a esse país. Todos sabem que ela é global e também existe nos países ditos desenvolvidos. A conclusão é tão clara quanto desanimadora: em muitos casos, o conhecimento e a tecnologia produzidos pelo homem têm efeitos colaterais que se voltam contra ele mesmo.

Para John Gray, a globalização fez o mercado parecer menor e pode torná-lo mais rico, no todo ou em parte, "mas não o tornou mais pacífico nem mais liberal".[21] A multidão que não tem acesso aos benefícios da tecnologia continuará a fazer parte do que restar do mundo, ao fim do processo de extração predatória do que nele há de valioso. Séculos de ideologias ditas salvadoras dos excluídos só fizeram excluí--los ainda mais, inclusive por meio de guerras coloniais, morticínios em massa e genocídios. Tudo isso acontece porque a base desses sistemas de pensamento no fundo sempre foi a fragmentação e a separação, não a integração e o acolhimento. Se as bases do pensamento humano não mudarem, as ideologias podem adotar seja que nomes forem, mas os resultados serão sempre os mesmos. É espantoso que nada disso seja percebido e entendido como deveria.

A experiência tem mostrado que as resistências a ideias como sustentabilidade e pensamento complexo são evidentes, embora estejam em lenta diminuição. Para muitos, já se tornou claro que os modos básicos de pensar da modernidade (pensamentos linear e sistêmico) não são suficientes para entender a ambiguidade, a fluidez e as flutuações da época atual, que Zygmunt Bauman chamou de "modernidade líquida".[22] Nessa linha de raciocínio é importante acrescentar que, à medida que a "modernidade líquida" avança, os modos de pensar linear e sistêmico – quando usados de maneira isolada – continuam a se revelar incapazes de entender, explicar e resolver os problemas do cotidiano. Essa incapacidade é por si só uma fonte de novos problemas e mais dificuldades.

SIMPLIFICAÇÃO, SUPERSIMPLIFICAÇÃO E *ZOOM*

John Gray lembra que algumas das maiores barbaridades dos tempos modernos foram perpetradas por regimes que reivindicaram legitimação científica para seus crimes. Para ele, o "racismo científico" dos nazistas e o "materialismo dialético" dos soviéticos reduziram a complexidade humana a fórmulas e modelos pseudocientíficos.

Essa visão simplista não mudou. Ainda existem muitos devotos do nazismo e do marxismo, o que mostra que a tendência à supersimplificação está entre os traços mais arraigados da natureza humana. As ideologias em geral e o capitalismo em particular – em especial a sua vertente neoliberal – são simplificadores e com frequência descambam para a supersimplificação. Quase tudo é feito em nome da redução de custos, e muito pouco se faz com vistas ao atendimento aos indivíduos e à melhoria das condições de vida. Apesar da retórica "customizadora" da área de serviços, o empenho em eliminar a multiplicidade e a diversidade continuam a ser fatores de negação da complexidade. As tentativas de mundializar o modo de vida ocidental, por exemplo, são uma agressão neocolonialista às formas peculiares de vida de muitas culturas.

Os mercados globalizados têm feito surgir um mundo artificial, impessoal e padronizado, que insiste em assumir o lugar de tudo o que é natural/complexo/múltiplo. Toda a ênfase é posta na repetição e na aversão à diferença e ao novo. No mais das vezes, a retórica dita inovadora não passa de um conjunto de manobras para disfarçar a repetitividade e a padronização. Gilberto Dupas[23] conta o que ocorreu com a Kellogg's, companhia americana produtora de cereais matinais, conforme relatado no *Wall Street Journal*.

A matéria destaca o desconforto da empresa com o fato de não ter conseguido padronizar um tipo de cereal matinal em todos os países europeus. A companhia não conseguiu entender a multiplicidade e a diversidade de paladares, preferências e atitudes em relação a esses alimentos em vários países da Europa. Os dinamarqueses não queriam a adição de vitaminas com receio de hipervitaminoses; por motivos semelhantes, os holandeses não aceitaram a adição de vitamina B12 e ácido fólico; por outro lado, os finlandeses as desejavam, por viverem em um país em que há pouco sol. Dessa maneira a Kellogg's foi obrigada a fazer o que mais queria evitar: diversificar seus produtos para atender a preferências locais, que em sua opinião eram uma fonte de custos desnecessários. Essa história me fez lembrar um político que, falando a uma revista, queixou-se de que as pessoas não pensam de modo sempre cartesiano, o que, a seu ver, era um obstáculo "infernal" aos seus esforços de persuadi-las a votar nele.

Como a mente humana não é capaz de entender toda a complexidade da vida e do mundo, o pensamento complexo oferece a estratégia de simplificar para entender, porém sem jamais supersimplificar. Isso significa que se por um lado simplificar é necessário, por outro é um movimento sempre temporário.

Simplificar é estabelecer um foco, uma redução provisória, jamais uma solução definitiva porque uma das principais características da complexidade é a mudança constante – a condição "líquida", para lembrar a metáfora de Bauman. Por isso, se simplificar significa focar, supersimplificar significa insistir em manter o foco quando o entorno já mudou e continua em mudança – o que implica perda de contato com a realidade. Eis por que a simplificação é sempre provisória. É necessário que questionemos sempre os nossos focos, isto é, as conclusões que gostaríamos que fossem definitivas mas na realidade não o são. Questionar um determinado foco significa abandoná-lo a intervalos e perscrutar a periferia, com o objetivo de identificar as mudanças emergentes e adaptar-se a elas. É um processo de *zoom*, com o qual observamos, dentro e fora de nós, a alternância dos micro e do macrocontextos.[24]

Simplificar significa reduzir a complexidade para entender a parte ou as partes que é possível entender. Examinar a periferia significa recomplexificar o que foi simplificado. Insistir em manter o foco a todo custo é alienar-se do mundo real. Não é pequeno o número de pessoas que adotam como norma de vida a aderência incondicional a seus focos ou "certezas".

Esse fenômeno é muito comum entre especialistas, que insistem em reduzir tudo às suas *expertises*: o financista que imagina que é possível reduzir tudo a números; o psicanalista que tudo vê e interpreta nos termos do complexo de Édipo; o escritor que pensa que a vida é um empreendimento literário; o político que pensa que o mundo se divide em situação e oposição; e assim por diante. Nossa necessidade de reduzir é legítima, pois com ela diminuímos a incerteza e isso é desejável numa certa medida. É por isso que por mais que nos aventuremos fora de nossos focos sempre temos necessidade de retornar a eles. Deleuze e Guattari têm um conceito que ilustra essa compulsão de retorno, que se alterna com a necessidade de sair do ponto de partida. É o que chamam de ritornelo.[25]

O ritornelo tem a ver com outro conceito dos mesmos autores, apresentado e discutido nesse mesmo livro: territorialização-desterritorialização-reterritorialização. Territorializar-se consiste em demarcar um âmbito ou território, um domínio, um campo de interesses. Desterritorializar-se significa sair de seu território e buscar outro. Reterritorializar-se quer dizer adaptar-se a outro território ou contexto ou voltar ao de origem. Para Deleuze e Guattari, desterritorializar-se significa sair do território, mas levá-lo dentro de si (*in pectore*) para que ele sempre proporcione a motivação de volta, de reterritorialização, de retorno aos referenciais anteriores. O ritornelo é a circularidade que nos leva a voltar a um território original do qual saímos, mas que não saiu de nós. Em termos musicais (origem do termo), é o refrão ou estribilho de uma canção. É uma defesa contra o caos.

O ritornelo tem a ver com o posicionamento de uma empresa no mercado, ou com o reposicionamento de sua marca sem perda da identidade original. É o ponto central da técnica do *zoom*: reduzir, voltar a ampliar, reduzir de novo e assim por diante. Em termos biológicos, a alternância expansão-contração é a própria essência da vida. Ela nos livra de ficar perdidos na complexidade do todo e também de permanecer limitados às reduções que dele fazemos. A alternância redução-reampliação (*zoom in, zoom out*) é uma forma de exercermos nossa condição de sistemas adaptativos.

O movimento *zoom in, zoom out* permite que evitemos os inconvenientes dos extremos sem renunciar a seus benefícios. Mas não é o que se costuma fazer nesta nossa cultura tão condicionada pela lógica binária. Nosso procedimento mais comum para tentar lidar com a complexidade – isto é, buscar a sustentabilidade – é criar opostos, aderir a um deles e tentar eliminar o outro. No caso do aquecimento global, por exemplo, essa lógica criou dois polos: um é habitado pela maioria dos ambientalistas e *experts* correlatos. Eles acreditam que, mesmo quando se leva em conta que parte do aquecimento global se deve a causas naturais, as alterações resultantes das atividades humanas hoje são muito relevantes e têm contribuído para acelerar o processo. No outro polo moram os céticos, que tendem a negar ou minimizar as consequências do extrativismo predatório e atribuem quase tudo às causas naturais – os ciclos da natureza.

De um modo geral, os "céticos" costumam se incluir na vertente economicista, "pragmática", cultores do que Herman Daly chama de *growthmania* (mania de crescimento),[26] e designam os habitantes do polo oposto de "alternativos", "utópicos" e "catastrofistas". Sabemos que a história humana mostra que o estabelecimento de polaridades tem sido uma receita infalível para a construção de ideologias, o que por sua vez é um caminho também infalível para intermináveis contorcionismos verbais. Um exemplo é a retórica do *business as usual*, em sua eterna cruzada para tentar explicar o inexplicável e justificar o injustificável. Tudo isso tem dificultado o surgimento e a aplicação de soluções efetivas e, portanto, facilitado a perpetuação dos problemas.

Colocar as questões em termos de "contra" ou "a favor", "otimistas" ou "pessimistas" é uma reação muito conhecida – e primitiva – dos organismos vivos quando expostos a situações de estresse ou ameaças graves. É a clássica dicotomia luta ou fuga que, no caso do aquecimento global, tomou a forma do confronto entre os "ecologistas" (luta, esforços de prevenção e atenuação) e os "ambientalistas céticos" (fuga, retórica de negação). Nesse caso, porém, a questão é complexa demais para ser posta nos termos simplistas da lógica binária. A complexidade da sustentabilidade não pode ser entendida e trabalhada por meio de supersimplificações.

Em vez de tomar partido imediato, sem pensar em mais opções, há outra atitude: tentar adaptar-se. Mas ela exige um modo de pensar que não se deixe conduzir pelo rudimentarismo do "ou-ou". É nesse ponto que entra o pensamento complexo, para o qual não fomos preparados pela educação formal prevalente em nossa cultura. Esta se baseia nas seguintes premissas: (1) causalidade simples/linear (as causas são proporcionais aos efeitos, são imediatamente anteriores ou estão muito próximas deles); (2) visão de mundo paroquial (dificuldade de pensar além do entorno imediato e do curto prazo); (3) utilitarismo (se algo não tiver utilidade "prática", segundo os meus critérios, não servirá para mais nada); (4) veneração pelos números e mensurações (o que não pode ser medido não pode ser gerenciado); (5) ideia de progresso (as mudanças são constantes e sempre para melhor, graças aos avanços da ciência e da tecnologia).

A dominância desses pressupostos resultou da insistência em tentar entender um mundo complexo por meio de um modo de pensar mecanicista, simplista, e muitas vezes até simplório. A lógica binária é uma receita infalível para o que acontece em quase todos os conflitos humanos: o que um lado vê é o oposto do que vê a outra parte; a medida de um lado é o contrário da medida do outro. A experiência continua a nos mostrar (e continuamos a não aprender) que: (1) fenômenos como o aquecimento global são indiferentes às nossas tentativas de desqualificá-los por meio de simplismos e mecanicismos; (2) a lógica binária não nos protegerá contra a realidade; (3) o tempo que deveríamos destinar a pensar, articular e implementar providências efetivas tem sido consumido em discussões nas quais o objetivo é "ter razão", "estar certos", "vencer o debate" e coisas semelhantes; (4) quanto mais racionalistas (não confundir com racionais) formos, mais pensaremos e agiremos de maneira irracional; (5) se observarmos o comportamento dos animais, verificaremos que o nosso caso talvez seja o único em que um ser vivo destrói, de modo deliberado, o ambiente de que depende para viver.

SUBJETIVIDADE

As palavras "racional" e "objetivo" adquiriram uma característica mântrica, e para muitos funciona como um fetiche, dada a frequência e ênfase com que são repetidas em toda parte, em especial nos meios de comunicação e nas empresas. As pessoas cobram umas às outras racionalidade e objetividade, numa cultura que se revela cada vez mais irracional e menos objetiva, na acepção com que essas duas palavras são mais empregadas. A experiência do dia a dia é suficiente para constatar que a irracionalidade do mundo se manifesta com especial clareza e perversidade por meio da desigualdade social.

A cobrança por objetividade é parte de um esforço para tentar desqualificar ou anular a subjetividade, a identidade e a diversidade. É o empenho da repetição para subjugar a diferença, no qual a palavra "subjetivo" passou a ter uma conotação cada vez mais pejorativa. A frase "isso é muito subjetivo" hoje tem um significado e um endereço muito claros. Pretende designar tudo o que não pode ser padronizado, mensurado e quantificado – tudo o que não pode ser posto sob controle. Junto com a supersimplificação, ela faz parte dos ingredientes das receitas para a superficialidade, o imediatismo e a baixa qualidade disfarçada como "rapidez", "consistência" e "objetividade". Tentar restringir e controlar a subjetividade implica também o desejo de reduzir a diversidade e o risco, e quem assim procede imagina poder controlar também a incerteza. Em nossa cultura, o ânimo de tudo medir e transformar em números se consolidou como indutor da ilusão de que tudo pode ser controlado. A frase "o que não pode ser medido não pode ser gerenciado" a princípio parece ser uma manifestação bem intencionada de fazer as coisas de modo certo e confiável – e com certeza o é em muitos casos. Com o tempo, porém, passou a ser a expressão máxima da ilusão de controle.

SUSTENTABILIDADE

As relações entre a ideia de sustentabilidade e o individualismo humano são muitas vezes conflituosas, mas é importante entender que nem sempre o individualismo prevaleceu em todas as épocas e culturas. Gray sublinha que não se deve pensar que o modo de vida individualista é o único que leva ao bem-estar, e lembra as lições da história e o exemplo do Japão.[27] Morin pensa do mesmo modo, e acrescenta que não há dúvida de que o egoísmo é contagioso, mas o mesmo pode acontecer com a solidariedade.[28] Há uma frase de Gray que expressa bem uma das facetas da sustentabilidade: "Se a sociedade é um contrato, só o é no sentido de Edmund Burke – um contrato entre os vivos, os mortos e os que ainda não nasceram."[29] Essa citação remete ao princípio responsabilidade, elaborado por Hans Jonas.[30] Por outro lado, Gray pondera que o individualismo é um destino humano histórico: podemos atenuá-lo mas não eliminá-lo.

Gisbert Glaser propôs uma definição hoje muito conhecida do que se costuma chamar de desenvolvimento sustentável: é "um alvo móvel" e corresponde ao esforço constante para equilibrar e integrar três pilares: "bem-estar social, prosperidade econômica e proteção ambiental".[31] É a conhecida *triple bottom line*, baseada nos pressupostos sobre o que queremos ou devemos fazer, mas não esclarece sobre se podemos fazer tudo o que queremos. De certo modo, ela faz lembrar a ideia do "bom selvagem", de Rousseau, que na prática nem sempre se mostra tão bom assim, seja na condição de selvagem, seja no *status* de aculturado.

Vários autores consideram que definições como a de Glaser pressupõem uma nobreza e um altruísmo não encontráveis com facilidade em nossas sociedades. Não parecem sê-lo, por exemplo, entre os "ambientalistas céticos" e os adeptos do crescimento econômico, que propõem que continuemos a brincar de avestruz, indiferentes às crescentes evidências de deterioração do ambiente natural. Nem entre alguns dos "capitalistas verdes", que em princípio concordam com tudo o que é proposto para "salvar o planeta", desde que não haja interferência nos dogmas e práticas do *business as usual*. Esse argumento nos traz de volta ao *gap* mencionado por Gray: a distância entre os avanços do conhecimento e da tecnologia e os da ética e da política (com os primeiros bem na dianteira) não só se reafirma a cada passo como, ao que parece, continua a se ampliar.

A argumentação do *business as usual* tem duas características principais. A primeira é a visão paroquial de mundo, seja em termos de espaço ou de tempo. A segunda, nascida da primeira, é a ideia de que o extrativismo pode continuar para sempre e sem consequências adversas. Tudo o que se referir a uma visão ampliada e à ideia de preservação de recursos naturais finitos é racionalizado, ignorado ou descartado. Como de hábito, um dos modos mais comuns de fazer isso é tentar desqualificar os questionadores. Para Lovelock, a visão ambientalista/preservacionista – e também a do *business as usual* – quando tomadas de maneira isolada incorrem no mesmo erro: levam à crença de que é possível continuar com o desenvolvimento econômico sem que a Terra continue a se deteriorar. Em sua opinião, já ultrapassamos o ponto de não retorno. O mal já está feito e para ilustrar isso ele usa uma metáfora forte: pretender que por meio das práticas do desenvolvimento sustentável, ou de outras ligadas ao "capitalismo verde", se chegue a melhorias é como esperar que um indivíduo com câncer de pulmão se cure por ter parado de fumar.[32] Em outra metáfora contundente, ele afirma que a doença da Terra é o resultado de uma praga que a assola desde tempos imemoriais – os seres humanos. Essa metáfora faz lembrar outra, não menos dura, do escritor Millôr Fernandes, que como Lovelock e Freud não tinha muitas ilusões sobre os humanos: "O homem é o câncer da natureza."[33] Voltarei a esses temas.

THOMAS MALTHUS

O *Ensaio sobre o princípio da população*, do jovem pastor Thomas Malthus (1766-1834), foi publicado pela primeira vez em 1798. Foi uma resposta às ideias de otimistas famosos da época, como o inglês William Godwin e o Marquês de Condorcet, pensador francês. Ambos figuram entre os pioneiros da ideia de progresso.

Esse livro tornou-se um dos maiores clássicos da economia e pertence à classe de obras que se tornam cada vez mais atuais com a passagem do tempo. Sua tese é simples e pode ser resumida da seguinte maneira: em termos de alimentação, quando a capacidade de subsistência da população é diminuída, começam a surgir fatores limitantes. Os fatores limitantes no mundo natural se mantêm constantes ou crescem em progressão aritmética, mas as populações crescem em progressão geométrica. Malthus colocou a questão em termos de poder: o poder da Terra de produzir meios de subsistência para os humanos e o poder do crescimento populacional. Uma passagem famosa do livro afirma: "mantidas as atuais circunstâncias, os países são populosos segundo a quantidade de alimentos que podem produzir para seus habitantes, e felizes segundo a liberalidade com que os alimentos são divididos ou a quantidade que um dia de trabalho pode comprar".

Embora sujeita a muitas ressalvas, a essência do raciocínio de Malthus é válida até hoje. A experiência e a observação mostram que as populações humanas menos capazes de criar e alimentar seus filhos são as mais prolíficas. As medidas governamentais, como aumento de salários, ações caritativas e similares, tendem a piorar o problema. Por outro lado, Malthus era contra quaisquer técnicas anticoncepcionais e propunha a continência sexual. Porém, como diz Aristóteles, no Capítulo 3 da *Política*, não importa qual o sistema de governo: a questão fundamental é a pobreza no tecido social. Ainda hoje assim é, e não há evidências convincentes de que melhorias virão no prazo desejável.

Em sua época, Malthus já havia percebido que o processo civilizatório levaria ao crescimento populacional controlado. Essa percepção é uma realidade nos dias atuais, em que há um crescimento menor, estabilidade ou mesmo decréscimo populacional em países desenvolvidos – na Europa, por exemplo. Entretanto, Malthus não previu o fenômeno das correntes migratórias oriundas de países pobres, em especial da África.

O ensaio teve outras edições e, à medida em que era reeditado, tornava-se mais volumoso. Em 1817 chegou aos cinco volumes, com cerca de 1.000 páginas. Sua tese principal, porém, continuou a mesma. Keynes, por exemplo, acha que essa edição contém o texto essencial. Como sempre acontece quando alguém diz às pessoas o que elas não querem ouvir, o ensaio de Malthus provocou uma enxurrada de críticas – entre elas, é claro, as de religiosos. Um argumento que se tornou muito conhecido na época era que Deus não permitiria que os seres humanos se reproduzissem sem proporcionar-lhes alimentos na quantidade necessária. Esse era o raciocínio tipicamente binário: Deus é bom e quem duvida dele é mau; logo, Malthus é mau. Ao chamar as pessoas à realidade, ele foi acusado de querer retirar o romantismo da vida. Entre os que o defenderam, porém, a argumentação mais razoável é que o que ele realmente propôs foi a busca de uma mortalidade global menor, que levaria à melhoria da vida dos pobres, em especial as crianças e os jovens.

O ensaio de Malthus influenciou de maneira decisiva ninguém menos do que Charles Darwin que, em uma passagem famosa, afirma que foi dele que tirou a ideia da seleção natural e do surgimento de novas espécies. John Maynard Keynes o coloca entre pensadores ilustres como Locke, Adam Smith e John Stuart Mill. Nos dias atuais, Malthus com certeza seria colocado entre os *designers* de cenários. Foi também um dos primeiros, se não o primeiro, a criticar a ideia de progresso.

O surgimento de medicamentos e técnicas de controle da natalidade levou ao que se chama da neomalthusianismo. Por outro lado, verificou-se que a aplicação de medidas de saneamento básico e consequente diminuição da mortalidade aumentaram a pressão populacional sobre os recursos naturais. Nos países "em desenvolvimento", a pobreza, as doenças e a fome continuam a ser fatores de con-

64 Complexidade e Sustentabilidade • Mariotti

trole populacional pela via do sofrimento. Por outro lado, medidas de controle populacional fazem surgir resistências de ordem religiosa.

Tudo isso junto, de certa forma, centrou a tese de Malthus aos países mais pobres, embora a questão em seu todo não seja tão simples como parece. Tudo considerado, as previsões apocalípticas de Malthus parecem ter sido adiadas, mas na verdade estamos com uma bomba-relógio em mãos.

A relação entre as ideias de Malthus e o mundo real depende da atitude que se tem diante da ideia de progresso ou, nos termos de Heidegger, a afirmativa de que a técnica não pode resolver os problemas humanos por ela própria criados. Mas não custa ter em mente que por volta de 1800 a população da Terra era estimada em um bilhão de almas. 175 anos depois, sua ampliação, boa parte da qual resultou mais da diminuição de mortes do que do aumento dos nascimentos, a elevou para mais de quatro bilhões. Hoje, as estimativas são de que alcançaremos oito bilhões por volta de 2050.

O tamanho da Terra, no entanto, continua o mesmo, o que nos traz de volta à tese principal de Malthus, mesmo quando se trata dos países desenvolvidos. Esse fato faz lembrar um episódio muito conhecido. Na noite de 15 de agosto de 1947, data em que a Índia se tornou independente da colonização inglesa, Gandhi foi questionado sobre se pensava que seu país seguiria o modelo inglês de desenvolvimento. Sua resposta foi profética: "A Inglaterra precisou de metade dos recursos do planeta para alcançar sua prosperidade. De quantos planetas a Índia precisará para se desenvolver?" O que, nos dias atuais, mostra que desde a primeira publicação de seu ensaio, as ideias de Malthus passaram por dois períodos: (1) desqualificação sumária; (2) desqualificação parcial: elas seriam válidas apenas para os países subdesenvolvidos – como se estes não fizessem parte do planeta e, portanto, merecessem um tipo de preocupação diferente da que devemos ter com os países desenvolvidos. Hoje, segundo especialistas, a preocupação está de volta, dessa vez de forma global.

TRAGÉDIA DOS COMUNS

A chamada tragédia dos comuns é um fenômeno ligado ao consumo predatório e insustentável do capital natural. A esse respeito, Garrett Hardin tem uma frase interessante: "O pastor racional conclui que para ele o único caminho sensato a seguir é acrescentar outros animais a seu rebanho. [...] Mas essa é a conclusão a que chegam todos os pastores racionais que compartilham o mesmo terreno. [...] Cada homem está preso em um sistema que o impele a aumentar sem limites o seu rebanho – em um mundo limitado."[34] A tragédia dos comuns – ou tragédia dos recursos comuns – é um exemplo de como a natureza do homem o faz voltar-se contra ele próprio. Há muitas formas de descrevê-la, mas a base é a mesma: no processo de exploração de recursos, se cada um resolver agir segundo os seus interesses imediatos o resultado será pior do que seria se todos decidissem aceitar regras que satisfizessem ao interesse geral.

Para Hardin, o uso comunitário de recursos naturais (campos, lagos, cardumes, rebanhos) é problemático, porque nesse caso não há preocupações em relação à manutenção desses bens. Cada um quer consumir mais do que os outros, e no fim os recursos não serão suficientes e o que é de todos acaba por não ser de ninguém. Na maioria dos casos, porém, o uso de recursos comuns pode ser regulamentado, para protegê-los contra o uso predatório, o que entretanto não significa que o problema esteja resolvido.

É evidente que a frase de Hardin acima transcrita se aplica ao desenvolvimento econômico ininterrupto, que corresponde à depredação também ininterrupta do mundo natural e à ausência de providências que permitam que os ecossistemas se regenerem. Também incessante é o pouco ou nenhum entendimento das consequências dessas ações pela maioria das pessoas. Quanto maior for o contexto em que elas ocorrerem, menor será a consciência coletiva do que acontece. A atitude mais comum é esperar que apareçam "salvadores" que resolvam os problemas. É uma variante da velha tática do "pensamento positivo", que por sua vez está na base da ideia de progresso. Parece evidente que a tragédia dos recursos comuns pode ser incluída entre as muitas manifestações das pulsões de morte.

No modo de entender de Gray,[35] a principal função das instituições do mercado é evitar a tragédia dos recursos comuns, cujo resultado final é sua dilapidação até a exaustão, justificada pelo argumento: "Se eu não aproveitar, outros aproveitarão." Gray oferece mais um exemplo: se uma floresta não tiver proprietário conhecido, ninguém se interessará em plantar mais ou criar técnicas de corte que respeitem as árvores mais novas. Esse é o problema básico do desmatamento predatório para a exploração de madeira. No Brasil, por exemplo, é bem conhecido e estudado o fenômeno do desleixo ou até da vandalização de bens públicos, ao mesmo tempo em que são tomados todos os cuidados para preservar o que é privado. Essa condição leva à precariedade ou ausência de manutenção dos bens públicos, em especial estradas, ruas, hospitais e escolas. É como se as pessoas estivessem sempre a preparar armadilhas para si próprias – e a insistir em cair nelas.

NOTAS

[1] KNIGHT, Frank. *Risk, uncertainty and profit*. Londres: Houghton Mifflin, 1921.

[2] KEYNES, John M. *The general theory of employment, interest and money*. Londres: Macmillan, 1936.

[3] DELEUZE, Gilles. "O abecedário de Gilles Deleuze". Disponível em: <www.ufrgs.com/corpoarteclinica/obra/abc.prn.pdf>.

[4] MORIN, Edgar. *Pour entrer dans le XXIe siècle*. Paris: Seuil, 2004.

[5] SARGUT, Gökçe, McGRATH, Rita G. Learning to live with complexity: how to make sense of the undefinable in today's hyperconnected business world. *Harvard Business Review*, Sept. 2011, p. 69-67.

[6] TALEB, Nicholas N. *Fooled by randomness*: the hidden role of culture in life and in the markets. Nova York: Random House, 2005; TALEB, Nicholas N. *The black swan*: the impact if the highly improbable. Nova York: Random House, 2010.

[7] Ver DAMÁSIO, António. *Looking for Spinoza*: joy, sorrow, and the feeling brain. Orlando: Harcourt, 2003, p. 28 ss. Dada a importância de Espinosa para a compreensão da natureza humana, e a relevância dos estudos de Damásio sobre a neurobiologia das emoções, recomendo a leitura de todo o livro.

[8] OAKESHOTT, Michael. *Rationalism in politics and other essays*. Londres: Nova York: Methuen, 1977, p. 171.

[9] COLLINS, James C.; PORRAS, Jerry I. *Built to last*: successful habits of visionary companies. Nova York: Harper Collins, 2002, pos. 104.

[10] FREUD, Sigmund. *Beyond the pleasure principle and other writings*. Londres: Nova York: Penguin Books, 2003, p. 45-102.

[11] Em seu ensaio "Além do princípio do prazer", Freud ora fala em "pulsão de morte", ora se refere a "pulsões de morte", de modo intercambiável. Neste livro usarei sempre a expressão no plural: "pulsões de morte".

[12] ROYAL SOCIETY. *People and the planet*. The Royal Society Policy Centre Report 01/12, Apr. 2012, p. 59.

[13] DIAMOND, *Collapse*: how societies choose to fail or succeed, p. 8.

[14] PINKER, Steven. *The better angels o four nature*: why violence has declined. Nova York: Penguin Books, 2011.

[15] THOMPSON, William I. Gaia e a política da vida. In: THOMPSON, William Irwin (Org.). *Gaia*: uma teoria do conhecimento. São Paulo: Gaia, 2000, p. 163.

[16] Id., ibid., p. 166.

[17] Id., ibid., p. 166.

[18] GEORGESCU-ROEGEN, Nicholas. Energy and economic myths. *Southern Economic Journal*, 41 (3): 347-381, 1975.

[19] As observações a seguir estão nos seguintes textos: GEORGESCU-ROEGEN, Nicholas. Energy and economic myths. *Southern Economic Journal*, 41 (3): 347-381, 1975; GEORGESCU-ROEGEN, Nicholas. The entropy law and the economic problem. In: DALY, Herman E.; TOWNSEND, Kenneth N. (Ed.). *Valuing the Earth*: economics, ecology, ethics. Cambridge, Mass: The Massachusetts Institute of Technology Press, 1993, p. 75-88; MANESCHI, Andrea; ZAMAGNI, Stefano. Nicholas Georgescu-Roegen, 1906-1994. *The Economic Journal*, 107, p. 695-707, May 1997.

[20] Esse aspecto é discutido em meu livro *Pensando diferente*: para lidar com a complexidade, a incerteza e a ilusão. São Paulo: Atlas, 2010, p. 78-82.

[21] GRAY, John. *Gray's anatomy*: selected writings. Londres: Penguin, 2010, p. 253.

[22] BAUMAN, Zygmunt. *Modernidade líquida*. Rio de Janeiro: Jorge Zahar, 2001.

[23] DUPAS, Gilberto. *A ideia de progresso*: ou o progresso como ideologia. São Paulo: Editora UNESP, 2006, p. 164.

[24] MARIOTTI, Humberto. Entre o foco e a periferia: a técnica do zoom. *Revista BSP*, 3 (1): março, 2012. Disponível em: <www.revistabsp.com.br>. Ver também: KANTER, Rosabeth M. Zoom in, zoom out: the best leaders know when to focus in and when to pull back. *Harvard Business Review*, Mar. 2011, p. 2-6.

[25] DELEUZE; GUATTARI, *A thousand plateaus*, p. 343 ss.

[26] DALY, Herman E. Introduction to *essays toward a steady-state economy*. In: DALY, Herman; TOWNSEND, Kenneth. *Valuing the Earth*: economics, ecology, ethics. Cambridge, Mass: The Massachusetts Institute of Technology Press, 1993, p. 15 ss.

[27] GRAY, John. *Gray's anatomy*, p. 157-158.

[28] MORIN, Edgar. *A minha esquerda*. Porto Alegre: Sulina, 2011, p. 86.

[29] GRAY, John. *Gray's anatomy*, op. cit., p. 159.

[30] JONAS, Hans. *The imperative of responsibility*: in search of an ethics for the technological age. Chicago: Chicago University Press, 1984.

[31] Ver LOVELOCK, James. *The revenge of Gaia: why the Earth is fighting back* – and how we can still save humanity. Londres: Penguin, 2007, pos. 234.

[32] Id., ibid., pos. 242.

[33] FERNANDES, Millôr. *O livro vermelho dos pensamentos de Millôr*. São Paulo: Editora SENAC São Paulo, 2000, p. 83. Eis a citação completa: "O homem é o câncer da natureza. Estraga a terra, corrompe as matas, fura os túneis, empesta o ar, suja as águas, apodrece tudo onde pisa, sem sentido nem objetivo. A explosão nuclear, ao contrário, do que todos pensam, não será uma tragédia senão para nós. Para o universo é apenas uma medida saneadora, uma forma drástica de se livrar do ser humano."

[34] HARDIN, Garrett. The tragedy of the commons. In: DALY, Herman; TOWNSEND, Kenneth N. (Ed.). *Valuing the Earth*: economics, ecology, ethics. Cambridge, Mass: The Massachusetts Institute of Technology Press, 1993, p. 127-143. Ver também: HARDIN, Garrett. Second thoughts on "The tragedy f the commons". In: DALY, Herman; TOWNSEND, Kenneth N. (Ed.). *Valuing the Earth*: economics, ecology, ethics. Cambridge, Mass: The Massachusetts Institute of Technology Press, 1993, p. 143- 151.

[35] GRAY, John. *Gray's anatomy*, op. cit. p. 314-315.

3

A Natureza Humana I.
De Maquiavel a Darwin

"O homem é um animal ainda não estabilizado."

(FRIEDRICH NIETZSCHE)

Neste capítulo abordarei, de modo breve, apenas os tópicos sobre a natureza humana que durante a minha pesquisa julguei importantes para os propósitos deste livro. Portanto, sua escolha obedece a um viés. Ao mesmo tempo, esse fato pode ser um convite para que o leitor interessado no assunto amplie o número de fontes. É com esse espírito que este capítulo deve ser entendido. Repitamos o que já consta do fim da Introdução: a natureza humana não é simples. É complexa, porque os humanos, na condição de seres vivos, são sistemas complexos adaptativos. Isso quer dizer que falar sobre a natureza humana implica considerar a complexidade de sua condição. Sem isso não é possível pensar de maneira realista a ideia de sustentabilidade que, de outro modo, ficaria reduzida a um simples discurso de boas intenções.

Com Morin aprendemos que o ser humano é multidimensional: ele é físico porque tem um corpo; biológico porque está vivo; psicológico porque inclui uma instância psíquica não separada do corpo; social porque vive em sociedades; histórico porque, como todo sistema, o homem tem uma história; e ambiental, porque não pode ser entendido fora do mundo em que vive e com o qual interage. A multidimensionalidade do ser humano é uma forma de responder à pergunta: "o que tenho a ver com isso?", feita por muitas pessoas quando se fala em sustentabilidade. É como na conhecida história para crianças: para não se perderem na floresta, os personagens partiram um pão em muitos pedaços e os deixaram cair no chão à medida que avançavam. Deixaram atrás de si um rastro, que logo foi comido pelos pássaros e por isso perderam a trilha e não sabiam como voltar ao ponto original. Do mesmo modo, não sabemos como nos orientar na complexidade do mundo, porque as pegadas que deixamos ao longo da história de nossa experiência no planeta foram apagadas por nosso racionalismo e utilitarismo. Eles nos fizeram esquecer séculos e séculos de cultura humanista e substituí-la por abordagens mecanicistas e quantitativas, que por sua vez nos desviaram de nós mesmos. Uma das manifestações mais conhecidas desse desencontro é a negação da existência da própria natureza humana, ou então a atitude de considerá-la algo mau, que precisa ser "curado" por "remédios" externos a serem pagos com a moeda da alienação.

Há o que só pode ser conseguido mediante muitos sacrifícios, existe o que é fácil de conseguir e o que não se pode conseguir de forma alguma. Daí se originam muitos de nossos valores, parte dos quais são expressos por meio de teorias. Com efeito, muitas vezes ocorre que se não dispusermos de uma teoria, seja ela "correta" ou não, ficaremos à mercê dos acontecimentos e das decisões tomadas por outros e, por fim, deixaremos que eles formatem nosso pensamento e nossas ações. Isso significa que lhes entregaremos nossa mente como se ela fosse uma página em branco, uma *tabula rasa* na qual eles inscreverão o que desejam que pensemos e como querem que nos comportemos. Deixarei de lado considerações ligadas às religiões, não porque não sejam importantes, mas porque não fazem parte do escopo deste livro. Além disso, elas são quase sempre baseadas na lógica binária do creio-não-creio, virtude-pecado, certo-errado, e um mínimo de bom-senso deveria bastar para nos fazer entender que no mundo real as coisas não funcionam assim.

Em seu livro *The blank slate: the modern denial of human nature* (*Tabula rasa: a negação moderna da natureza humana*),[1] Steven Pinker comenta algumas das teorias mais conhecidas sobre a natureza humana. Ele as vê como a origem de muitos dos problemas que enfrentamos, mas também como possíveis fontes de soluções. Isso visto, voltemos ao ponto acima mencionado: a necessidade de uma teoria da natureza humana, por oposição à ideia de que a mente é uma *tabula rasa*. Bertrand Russell, por exemplo, diz que "todos os homens, não importa aonde vão, são rodeados por uma nuvem de convicções confortadoras que os conduzem como se fossem moscas num dia de verão".[2] Fazem parte dessa nuvem os dados que se propõem "científicos", que induzem as pessoas a continuar a brincar de avestruz, indiferentes ao que acontece no mundo real. É o que acontece, por exemplo, com os chamados "ambientalistas céticos".

A teoria de que a mente é uma página em branco, na qual as culturas humanas imprimem seus valores e crenças, também não será discutida em detalhes aqui. Trata-se de um tema já bem estudado, inclusive por Pinker em seu livro recém--citado. Como ele, também parto do princípio de que existe uma natureza humana, que em muitos casos determina, como está no subtítulo deste livro, o que na realidade podemos fazer. Com efeito, ao longo da história humana a distância entre o que queremos e o que podemos fazer tem sido um desafio à nossa húbris. John Gray, entre muitos outros, sustenta que nossas mentes não são observadoras imparciais do mundo: participam dele, e ao fazer isso constroem uma visão e um conjunto de atitudes que nos ajudam em nossa trajetória pela vida.[3] É certo que construímos nosso mundo por meio de interações e da linguagem, e isso permite

A Natureza Humana I. De Maquiavel a Darwin 71

que se formem redes de conversação. Mas tudo tem como ponto de partida uma natureza humana, não uma *tabula rasa*. Por seu lado o mundo também nos constrói, pois vivemos nele em interação com sua imensa diversidade de eventos e discursos. Esse processo de adaptações mútuas não nos isenta de ignorar o que o mundo tem a dizer – mas é o que fazemos, sempre que nos imaginamos separados dele.

Se é correto que nossa natureza humana comporta um componente auto e heterodestrutivo, ela muitas vezes faz com que ao tentar construir o mundo na verdade o destruamos. É o que tem ocorrido com frequência, em especial a partir do momento em que começamos a desenvolver tecnologias de alta eficácia e ampla aplicabilidade. Por outro lado, o mundo também nos constroi (e destroi). É o que assegura James Lovelock em seu já citado livro *The revenge of Gaia* (*A vingança de Gaia*).[4] Costumamos declarar (às vezes de modo sincero, mas não raro movidos por interesses econômicos) que queremos construir um mundo com o qual seja possível conviver em condições de respeito mútuo, mas a realidade nos tem mostrado que nem sempre isso acontece. Construímos o mundo que podemos construir – e não há construção sem destruição, nem ordem sem desordem. Também somos construídos pelo mundo das maneiras como ele pode nos construir – e estas em geral resultam da forma como o tratamos. Há muita incerteza nos dois sentidos dessa coconstrução. Não é certo que podemos construir o mundo que desejamos, e também não podemos estar certos de que ele responderá do modo que queremos.

Durante muito tempo, a estratégia de negar a existência da natureza humana foi escamoteada por meio de uma série de estratagemas. Em geral, estes podem ser colocados sob o guarda-chuva da racionalização, em especial de uma de suas variantes mais comuns – o autoengano. Na base de todos eles está o argumento de que quase todos os problemas do ser humano são causados por fatores externos e, portanto, basta eliminá-los para que eles sejam resolvidos. Para que esse argumento fizesse sentido seria indispensável aceitar o conceito de *tabula rasa*, segundo o qual nascemos com a mente vazia como uma página em branco. Segundo esse raciocínio, deveríamos aceitar a inexistência da natureza humana – mas não é o que mostra a experiência vivida.

Há um conjunto de características da natureza humana que a experiência de séculos e milênios tem revelado serem irremovíveis, o que torna inviáveis muitas das iniciativas de prevenção e modificação de parte dos nossos comportamentos. Ainda assim, os humanos têm mostrado, em certa medida, alguma capacidade de se proteger de si mesmos e – também em certa medida – de proteger o ambiente natural contra a sua destrutividade. Conhecemos muitas teorias deterministas, como o historicismo e as ideias de Teilhard de Chardin. Comum a todas elas é a ideia de uma sequência, ao fim da qual surgirá algo que nos levará a uma "solução definitiva". A ideia de progresso, da qual falarei adiante, assemelha-se à marcha hegeliana em direção ao Espírito ou, nos termos de Chardin, à jornada rumo ao Ponto Ômega. Essas progressões devem ser vistas com cautela porque, a julgar pelas evidências disponíveis, não passam de suposições bem elaboradas. Nesse sentido, o próprio fenômeno da auto-organização dos sistemas complexos precisa ser considerado em seus limites, para que não venha se somar aos determinismos que tendem a ser usados como pretextos para adiar decisões ou fugir de responsabilidades.

Em nossa cultura, não poucas vezes temos sido induzidos a esperar por algum tipo de recompensa ou salvação que surgiria como o coroamento de algum tipo de jornada. Estamos acostumados a ver a nós mesmos como criaturas especiais, para as quais está reservado um futuro radioso, que virá sem que precisemos fazer nada além de obedecer a regras vindas de fora e de cima. Já que é assim – pensamos –, o que interessa é o fim da viagem que, segundo acreditamos, já está predeterminado. O que importa é o ponto de chegada, não o trajeto. O que conta é a meta – o que desde logo nos leva a usar uma lógica solucionadora de problemas, segundo a qual o que na realidade tem importância não é viver, mas sim "operacionalizar" uma vida de resultados, na qual quantidade e qualidade são vistos como quase sinônimos.

Tudo isso estimula um modo de pensar que alimenta as pulsões de autodestruição e provavelmente é induzido por elas. Com efeito, a fascinação pelo perigo, pela violência, pelo que é ilegal e pelo grotesco desde sempre foram poderosos atratores em nossas sociedades. As iniciativas e procedimentos destinados a diminuir os riscos correm em paralelo com sua sabotagem. Quanto mais procedimentos de atenuação de riscos desenvolvemos, mais eles são descumpridos e negligenciados. Eis o paradoxo: quanto maiores os cuidados tomados para prevenir os riscos, mais aumentam os comportamentos de risco. Ao mesmo tempo em que cuidamos de atender aos nossos interesses, também nos empenhamos em agir contra eles. Vejamos alguns exemplos, mencionados por Darren Dalcher.[5] A diminuição dos riscos tende a nos tornar mais irresponsáveis. O especialista em segurança Samuel Peltzman demonstrou que o uso do cinto de segurança nos automóveis em muitos casos transformou esses veículos em armas letais. Quanto mais competentes nos tornamos para combater incêndios florestais ou terremotos, mais construímos nossas casas, escritórios e fábricas em áreas em que estes são mais prováveis, o que, em caso de sinistros, dificulta os trabalhos de salvamento e evacuação. Nesses pontos, não é incomum a instalação de usinas nucleares, fábricas de produtos químicos e laboratórios de pesquisas biológicas.

Em suma, quanto mais soluções, mais problemas. Como alerta Dalcher, quando supúnhamos que a ciência e a tecnologia trariam um controle crescente sobre o mundo, ele parece cada vez mais descontrolado. Aqui se incluem o aquecimento global e as sucessivas crises econômicas que atingem a todos, não importa o grau de crença no progresso tecnocientífico. Por trás de todos esses fenômenos está o de sempre: a ideia de causalidade simples, segundo a qual quanto mais tecnociência mais progresso, segurança e bem-estar, e quanto mais soluções menos problemas. Tudo isso junto produz a suposição de que a natureza humana não existe ou é um problema já resolvido, ou que, na pior das hipóteses, logo será resolvido pelos filósofos – os quais nesse contexto passam a ser os soldados da cavalaria que chegará no final para nos salvar.

NATUREZA *VERSUS* CULTURA

A oposição natureza-cultura está entre as muitas que permeiam a condição humana. Expressa em termos da polaridade pulsões de vida (Eros) *versus* pulsões de morte, ela significa que o homem quer viver (permanecer o mais possível no mundo orgânico) e ao mesmo tempo quer morrer (passar à condição de mineral). Essa simultaneidade de opostos desde muito tempo nos intriga e desafia, e nada indica que os progressos da tecnociência nos ajudarão a lidar com ela de modo apropriado.

Quando analisamos o mito do progresso, não é difícil chegar à conclusão de que ele pode ser visto como uma estratégia de autoengano, que não tem a ver com o progresso material em si. Essa conclusão tem vindo de muitos pontos diferentes. O da sustentabilidade (o bom futuro) é um deles. O da medicina (o bom cuidado) é outro. O da economia (as boas trocas) é um terceiro. O da educação (o preparo) é mais um. E assim por diante. Não importa muito o ponto de partida, porque o de chegada parece ser sempre o mesmo: vivemos em meio a um emaranhado de racionalizações, cujo objetivo é atenuar o espanto, a surpresa, o desafio da diferença e a decepção de saber que a vida humana tem como componente importante a necessidade de nos protegermos contra nós mesmos. A tão proclamada luta prometeica do homem contra a natureza, com a esperança de dominá-la, deveria incluir os esforços das pessoas para controlar seus próprios instintos. Freud a descreve de maneira pouco otimista em seu ensaio *Civilization and its discontents* (O *mal-estar da civilização*).[6] Por outro lado, pode-se dizer que as iniciativas de sustentabilidade são movimentos de proteção do homem contra ele mesmo, que correm no sentido contrário ao descrito por Karl Menninger em seu livro *Man against himself* (O *homem contra si mesmo*).[7]

Muitos pensadores têm dito que a capacidade de refletir faz parte da natureza humana e, apesar de tão pouco usada pela maioria das pessoas, ela deve ser incluída entre os direitos humanos. De modo paradoxal, essa é uma das áreas nas quais o homem mais tem investido contra si mesmo. É fácil perceber que em nossa cultura atual tudo tem sido feito no sentido de evitar ao máximo os espaços e as oportunidades de quietude e reflexão. De fato, a atual educação instrumental/utilitarista/quantitativa tem contribuído para isso. Espaços de reflexão, seja individual ou em pequenos grupos, em geral têm sido banidos de nossas escolas e locais de trabalho. Tudo é feito em massa, às pressas e em meio a muito alarido. As conversas foram substituídas por gritos, música tonitroante e ritmos frenéticos. Tudo isso torna a comunicação, de si já tão difícil, algo que aos poucos se torna impensável.

O CASO DOS *TASADAY*

Em meio a tudo isso, o auto e o heteroengano continuam a sua tarefa alienante. Em *The blank slate*,[8] Pinker lembra que desde Rousseau muitos intelectuais encam-

74 Complexidade e Sustentabilidade • Mariotti

param o estereótipo dos nativos como povos pacíficos, igualitários e respeitosos em relação à ecologia. Com o tempo, essa imagem acabou por gerar o modismo (logo explorado para fins comerciais) de "voltar às raízes" e "estar em contato com a natureza". Porém, ressalva esse autor, nos últimos tempos os antropólogos deixaram de lado esses estereótipos e têm reunido evidências sobre a vida e a morte em sociedades ditas "primitivas" – as sociedades sem Estado. A conclusão a que chegaram foi que Hobbes estava certo e Rousseau havia errado. Falarei sobre ambos adiante. Nessa linha de pensamento, os tão prestigiados conselhos da chamada "sabedoria indígena" são mais exemplos de *wishful thinking* do que outra coisa. As descrições de povos "pacíficos" e "sábios" muitas vezes se têm revelado o resultado de estudos superficiais e apressados, quando não fraudes grosseiras. Um exemplo – também mencionado por Pinker – que se tornou muito conhecido é o caso dos *tasaday*. Trata-se de um povo da ilha de Mindanau, nas Filipinas, que na aparência era a própria encarnação dos "bons selvagens" rousseanianos: em sua língua não existiam palavras para designar armas, inimigos, guerras e outras formas de violência. O sucesso da divulgação desse suposto achado etnográfico foi imediato e publicações do mundo inteiro se deixaram enganar pela novidade. Mas por fim descobriu-se que se tratava de camponeses da região, que haviam sido convencidos a abandonar as cabanas em que moravam e a viver em cavernas, vestidos com folhagens, com o objetivo único de serem fotografados.

A fraude havia sido arquitetada por um filipino, Manuel Elizalde, que convencera o ditador de seu país, Ferdinand Marcos, a criar uma reserva para esses supostos "primitivos". O objetivo real de Elizalde era obter privilégios na exploração de madeira e recursos minerais. Os *tasaday* foram por ele apresentados como um povo caçador/coletor da era paleolítica, quando na verdade usavam armas de caça, fumavam e costumavam trajar *jeans* e camisetas. Apesar de serem pessoas simples, nada tinham de "bons selvagens". Acontece, porém, que os idílicos selvagens de Rousseau e outros semelhantes são tão bons e tão maus quanto qualquer um de nós. Por isso, quem pensar em exaltar suas virtudes "alternativas" deveria antes obter dados confiáveis. Estes, como revela Pinker, mostram que conflitos, dominação, estupros e outras formas de violência existem entre eles tanto quanto entre outros grupos humanos de qualquer época e lugar.[9]

Ainda assim, Pinker acredita que nada disso significa que sejamos movidos por pulsões de morte. Em seu ensaio *Beyond the pleasure principle* (*Além do princípio do prazer*),[10] Freud mostra, com base em dados clínicos, que se existem pulsões de morte também há pulsões de vida, a cujo conjunto ele denominou de Eros. Pinker precisou de simulações de computador e modelos matemáticos para chegar à mesma conclusão. Não o censuro, pois vivemos em uma época marcada pelo fetichismo por números, mensurações e formalizações abstratas, as quais não deixam de ter sua utilidade, sobretudo quando se destinam a convencer as pessoas pela "via científica".

De todo modo, Pinker constata o óbvio: o conflito é um universal humano e o mesmo vale para as tentativas de resolvê-lo.[11] Em outro ponto de seu livro, ele assinala que a noção de que todo o mal vem da sociedade na prática tem produzido o surgimento de psicopatas perigosos.[12] Além disso, a convicção de que a humanidade pode ser reformatada por projetos massificados de "engenharia social" tem levado a algumas das maiores catástrofes da história, entre elas genocídios e extermínios.[13] Tais tragédias sempre tiveram como ponto de partida a suposição de que a mente humana é uma argila virgem a ser moldada – o pressuposto da *tabula rasa*, que constitui a base do pensamento de Rousseau: o homem é bom, a sociedade é que o torna mau.

MAQUIAVEL: REALISMO PARA MANDATÁRIOS

Freud não hesitou em mostrar às pessoas o que elas não queriam ver e dizer-lhes o que não queriam ouvir. Séculos antes, o florentino Nicolau Maquiavel (1469-1527) havia feito o mesmo. Comentarei aqui o seu livro *O príncipe*, de 1532, pois é nele que esse pensador expõe as ideias que mais têm a ver com os propósitos deste meu estudo. *O príncipe* é uma obra-chave. Quando a lemos, torna-se ainda mais claro por que aprofundar-se no conhecimento da natureza humana é tão importante para entender as dificuldades que enfrentamos para pôr em prática muitas de nossas iniciativas, inclusive as de sustentabilidade.

Sempre que alguém com um plano se sentir cético, pessimista ou em dúvida sobre se conseguirá ou não colocá-lo em prática, conviria que lesse e relesse *O príncipe*, uma das obras fundamentais sobre a natureza humana. A quem se dispuser a fazer isso, sugiro que suspenda ao menos por um momento as atitudes habituais do tipo concordo/discordo e, em especial, a tentação de imaginar que o conteúdo desse livro nada tem a ver com o conceito de sustentabilidade. É claro que tem: se o texto de Maquiavel fala de nós, humanos, e de nossa natureza, de modo implícito também se refere ao planeta em que vivemos, pois as duas coisas são inseparáveis. Além disso, o pensador florentino via as organizações e as instituições políticas de sua época como estruturas orgânicas, que seguem suas próprias leis de desenvolvimento: são sistemas autônomos, que surgem e se extinguem sem obedecer às leis morais.

Os conselhos de *O príncipe* eram destinados a Lorenzo de Médici. Comecemos por lembrar alguns dos mais provocadores: (1) todo homem que chega ao poder faz inimigos e estes precisam ser eliminados; (2) ao infligir ferimentos, o príncipe deve cuidar que estes sejam graves, pois os leves não evitarão a vingança dos feridos; (3) o príncipe só deve se preocupar com o povo na medida em que tal preocupação seja necessária ao reforço de sua permanência no poder; (4) às vezes ele pode se dar ao luxo de ser virtuoso, mas não deve esquecer que a bajulação, o engano e mesmo o assassinato podem ser necessários à manutenção do poder; (5) quando dois príncipes disputam o poder, a pior atitude que alguém pode tomar é dizer-se neutro – pois o que sair vitorioso dirá que venceu sem sua ajuda e o que foi vencido dirá que perdeu porque não a teve.

Por ter sido e ainda ser um autor tão importante, Maquiavel é tido como o fundador da ciência política. Com efeito, ele é considerado um dos mais realistas dos pensadores políticos de sua época e ainda hoje. Viu os homens como animais políticos e, como faria Freud séculos depois, absteve-se de idealizá-los. Percebeu e avaliou os humanos por seu comportamento atual, não por sua conduta potencial ou desejável. Em termos de forma de governo, em *O príncipe* ele só se preocupou com a monarquia, mas nos *Discursos sobre a primeira década de Tito Lívio* estudou também a república.

A característica fundamental de *O príncipe* é que Maquiavel separa a moral da política, isto é, deixa claro que o poder deve ser mantido a todo custo. Isso fez com que muitos o vissem e ainda vejam como um pensador cínico e amoral. Uma de suas frases mais conhecidas, há pouco citada, diz que a crueldade deve ser praticada de uma só vez e precisa ser rápida e impiedosa, e por isso as guerras jamais devem ser adiadas com a esperança de evitá-las. As épocas de paz jamais devem desviar a atenção dos governantes da possibilidade de guerra, e assim o príncipe precisa conhecer e estudar a história.

O príncipe sábio deve ter modelos pessoais e imitá-los, pois a vida é em sua essência um processo de imitação de comportamentos. Mas a generosidade só é um valor quando pode produzir benefícios e não prejuízos. O governante generoso pode acabar mais odiado do que aquele que concede pouco. Ainda assim, deve tentar ser amado e temido ao mesmo tempo. Porém, se houver necessidade de optar é melhor ser temido do que amado, pois as pessoas costumam obedecer mais à autoridade de quem pode puni-las. Os homens são muito simples e estão sempre prontos a submeter-se às necessidades do momento, e é por isso que os enganadores sempre encontrarão quem se deixe enganar. O príncipe deve esconder suas motivações reais e convém que evite conspirações, mas na aparência deve suscitar em seus inimigos o medo de atacá-lo.

Os humanos são seres contingentes, o que significa que devem estar sempre atentos à necessidade de adaptar-se, e para tanto é fundamental levar sempre em conta a incerteza. A contingencialidade humana deve alertar para o fato de que em política a estabilidade é um fenômeno muito raro, se é que existe. Quanto mais certezas buscarmos, mais seremos confrontados com a necessidade de conviver com a incerteza. Dada a presença constante da incerteza, os homens quase nunca conseguem escolher as melhores circunstâncias para seus planos, e por isso precisam buscar sempre o que é possível, não o que é ideal. O que se quer fazer nem sempre é o que se pode fazer. Para Maquiavel, quem se prende ao que deve ser feito e deixa de lado a realidade do que pode ser feito, está mais próximo de cair do que de se preservar.

Os homens são fracos, volúveis e propensos a mudar suas lealdades. Essa posição sobre a natureza humana é a base de quase todos os conselhos de Maquiavel ao príncipe. Em várias partes de seu livro, a ideia de que se deve sempre levar em conta a incerteza é repetida de várias formas. É também dada importância à noção de que não se pode controlar tudo, em especial no âmbito das questões políticas. Mesmo assim, é melhor que o governante seja ousado do que cauteloso. Essa atitude tem a ver com a concepção que o pensador florentino tem do homem como um ser fraco, que necessita de governantes fortes.

Ao longo da história, a resistência e mesmo o ódio às ideias de Maquiavel sempre existiram. No século XVI houve quem acreditasse que *O príncipe* havia sido escrito pelo próprio diabo. Por outro lado, esse parece ser o destino de obras como essa: quanto mais o tempo passa, mais atuais elas se tornam. E o fato de causarem desconforto, e mesmo aversão, é a própria base de sua perenidade. Em essência, Maquiavel sustentou que ter o poder produz mais resultados práticos do que seguir comportamentos morais. Como dito há pouco, um dos pontos principais de seu pensamento é observar e analisar as coisas (em especial o poder), como elas funcionam, não como se imagina que deveriam funcionar. Em outros termos, há circunstâncias nas quais é preciso despir-se de todas as ilusões e idealizações, em especial as de controle. Daí o fato de Maquiavel até hoje ser considerado o criador do realismo político.

A influência de Maquiavel tem sido profunda e duradoura, e é reconhecível em filósofos e escritores importantes de todos os tempos. Com efeito, *O príncipe* influenciou figuras ilustres como Shakespeare, e há quem diga que várias de suas personagens foram nele inspiradas. Em termos de autores contemporâneos, acontece o mesmo. Tomemos como exemplo este trecho de Maquiavel: "O mundo se tornou presa de vilões que governam sem medo de punição, porque seus governados, para subir ao céu, preferem sofrer abusos em vez de puni-los." No livro *Straw dogs* (*Cachorros de palha*), de John Gray, há uma frase semelhante. Uma hipotética remodelação da natureza humana, diz ele, será feita ao acaso, "como resultado final de lutas travadas no terreno obscuro em que competem pelo controle os grandes negócios, o crime organizado e as forças ocultas governamentais".[14]

Muitos têm assinalado que o argumento central do pensamento de Maquiavel seria a frase "os fins justificam os meios", mas há estudiosos de sua obra que não pensam assim. O importante é notar que em sua época, como ainda hoje, muitos políticos eram corruptos, o que com certeza lhe proporcionou muitas oportunidades de estudar a natureza humana, dada a sua condição de diplomata e funcionário de Estado. Convém também notar que seu tempo coincidiu com o período mais corrupto e degradado da igreja católica, em especial o papado.

Vimos que, para Maquiavel, se uma situação exigir o uso da crueldade, o príncipe deve usá-la sem hesitar. Mas com isso ele não pretende afirmar que a crueldade é o melhor dos métodos de exercer o poder. Ainda assim, em sua época *O príncipe* foi considerado um modelo necessário à Itália, e seu principal inspirador teria sido o cruel César Bórgia. Para o pensador florentino, o caráter das multidões é volúvel. Embora seja fácil persuadi-las é difícil manter essa persuasão, e por isso as coisas devem ser conduzidas de tal modo que quando os homens não mais creem por si mesmos devem ser compelidos a acreditar pela força. Esse foi um dos motivos pelos quais Maquiavel separou a ética da política. Para ele – e essa é a tese central de *O príncipe* –, o bem-estar do Estado justificaria a violência, o engano e mesmo ações criminosas. Nesse sentido, o livro pode ser considerado um manual para ditadores e tiranos, e não surpreende que tenha sido uma das obras preferidas de figuras como Hitler e Mussolini.

Boa parte do que está contido nesse trabalho do pensador florentino se inclui no que chamamos de senso comum. Faz parte do que as pessoas não escrevem e só falam em círculos confiáveis – mas põem em prática no dia a dia de maneiras fáceis de observar. É a questão do que se quer e do que se pode fazer posta de outro modo: o que se diz muitas vezes está bem distante daquilo que se faz.

Mesmo que a publicação (póstuma) de *O príncipe* houvesse sido aprovada pela Igreja, depois tudo mudou. O Concílio de Trento ordenou que as obras de Maquiavel fossem destruídas e católicos e protestantes se uniram contra ele – enfim, nada do que aconteceu é novidade para o leitor que conhece episódios históricos semelhantes. Assim, sempre que nos questionarmos se a natureza humana pode ou não ser mudada, convém pensar nesses eventos.

DE HOBBES A ROUSSEAU

Como tantos outros pensadores, Thomas Hobbes (1588-1679) também não tinha muitas ilusões sobre os seres humanos: considerava-nos egoístas e afirmava que o viés materialista estava na base das nossas motivações. Hobbes foi um dos introdutores do materialismo na filosofia, um dos criadores da filosofia política e o iniciador da filosofia britânica moderna.[15] Era um materialista científico, ao ponto de o Deus em que acreditava ser de carne e osso. Como Descartes, comparava o mundo natural a uma máquina e sustentava que o principal benefício da civilização era a ordem mantida pelas leis de governos soberanos. Apesar disso, ele tem sido considerado um liberal por vários de seus comentadores e estudiosos, e sua descrição da vida como uma cooperação movida pelo autointeresse tornou-se uma teoria duradoura.

Hobbes comparou o Estado a uma besta ou monstro (o Leviatã), construído por seres humanos cujas vidas antes de sua origem começavam sob as pressões das necessidades e terminavam com guerras. Em *Leviatã*, obra publicada em 1651, ele montou a doutrina do nascimento do Estado e dos governos legítimos, o que por sua vez originou a teoria do contrato social. *Leviatã* foi escrito durante a guerra civil inglesa, e boa parte do texto se ocupa em demonstrar que os homens precisam de uma autoridade centralizada para evitar que suas divergências acabem em guerras fratricidas. O historiador inglês Hugh Trevor-Roper assim se referiu a essa obra: "Seu axioma era o medo; seu método, a lógica; e sua conclusão o despotismo."[16]

A Natureza Humana I. De Maquiavel a Darwin 79

Vários comentadores notaram que o método hobbesiano era o inverso do utopismo, e por isso ele não escreveu sobre uma sociedade idealizada, como fez Platão em *A república*: tomou como ponto de partida um mundo aterrorizante, no qual não existiam leis. Chamou essa situação sem governo de "estado de natureza" – um salve-se quem puder no qual o individualismo inerente aos humanos os levava a travar uma guerra de todos contra todos. Essa incessante beligerância e a violência a ela associada criavam dificuldades para a vida das pessoas, o que foi descrito por Hobbes com uma frase que se tornou famosa: *"Continual fear, and danger of violent death; and the life of man, solitary, poor, nasty, brutish and short"* ("medo constante e perigo de morte; e a vida do homem, solitária, infeliz, desagradável, brutal e curta"). Para descrever essa situação de competição acirrada o filósofo usou uma antiga expressão de Plauto, segundo a qual "o homem é o lobo do homem" – que para muitos é uma referência injusta ao comportamento dos lobos. De todo modo, quando se pensa nas condições de pobreza e violência reinantes em muitos países, é difícil não concluir que elas não são muito diferentes do descrito nessa frase de Hobbes.

Para evitar esse estado de coisas – escreveu o filósofo –, os homens acabaram por celebrar um contrato social capaz de regulamentar a sociedade civil. Trata-se de um *trade off*, por meio do qual eles cedem boa parte de seus direitos em troca de uma proteção mínima contra a guerra de todos contra todos. Preferem viver sob uma autoridade forte a serem deixados em um estado de luta constante. A servidão seria o preço da paz: sei que se deixado à minha própria sorte cedo ou tarde me autodestruirei, por isso prefiro perder um tanto a perder tudo. Tudo isso faz sentido se considerarmos, com Hobbes, que o ser humano é violento e competitivo por natureza. Em sua opinião, a sociedade só pode ser explicada por meio dos indivíduos, que só pensam em seus interesses de autopreservação, mesmo que para satisfazê-los tenham de prejudicar seus semelhantes. O pensamento hobbesiano propõe que todas as ações humanas derivam desse núcleo, mesmo as que aparentam ser de cunho altruísta.

Hobbes vê os seres humanos como um conjunto de partículas em constante movimento, ideia que é coerente com sua filosofia mecanicista. Por exemplo, vê o desejo e a aversão em termos binários: o desejo é o deslocamento na direção de um determinado objeto e a aversão é o movimento no sentido contrário. Em alguns pontos de sua obra as ideias hobbesianas incluem essa espécie de simplismo, e não é surpresa saber que seu mecanicismo antecipou alguns dos conceitos da atual ciência cognitiva.

Leviatã é uma metáfora das grandes dimensões do Estado, poder superior e soberano que não se submete às leis civis pelo fato de ele próprio tê-las criado e estar acima delas. Tal poder é sempre autoritário, e essa condição é indispensável para que os contratos em que ele se baseia sejam respeitados. Dadas as peculiaridades da natureza humana, o respeito só pode ser mantido por meio de punições, e as leis que não as especificam com clareza são, para Hobbes, meras peças de retórica. Se o objetivo do Estado político soberano é eliminar ou moderar a guerra generalizada, ele precisa ter o monopólio da força e da violência. Só assim poderá impor sua disciplina, segundo a qual direito significa força. O monopólio da força/violência pelo Estado é indispensável à criação e manutenção da sociedade civil, pois os homens não são por natureza sociáveis e precisam ser obrigados a isso. Uma vez fundado, esse Estado imporá – pelo medo – os seus ditames, que levam as pessoas a admiti-los e submeter-se a ao seu totalitarismo.

Em essência, *Leviatã* é um tratado de filosofia política, mas inclui discussões, argumentos e análises de cunho metafísico, psicológico, epistemológico, e também questões relativas à ética, religião e linguagem. É da autoria de Hobbes um argumento hoje usado por alguns dos chamados "ateus modernos", segundo o qual a religião foi inventada pelos humanos em resposta ao temor causado por suas fantasias sobre o mundo espiritual. Nessa ordem de ideias, além da veneração que nós, humanos, dedicamos àquilo de que temos medo, nossa incapacidade de explicar as causas de muitos dos fenômenos naturais seria um dos fatores contribuintes para a criação dos deuses e das religiões.

A obra de Jean-Jacques Rousseau (1712-1778), *Discurso sobre a origem e os fundamentos da desigualdade entre os homens*[17] (de 1755), é considerada por Lévi-Strauss o texto fundador da etnologia geral. É nesse escrito que ele discute as relações dos humanos e suas culturas com o ambiente natural. Ou, dito de outra forma, as relações entre o "estado de natureza" e as culturas humanas. O que Rousseau chama de "estado de natureza" seria uma condição da qual o homem precisaria sair para ter contato com regras que lhe permitiriam formar estruturas de convivência social. Mas o abandono desse estado marcado pelo individualismo, no qual as pessoas só se aproximariam umas das outras para fazer sexo e procriar, exigiria uma série de coerções e limitações. Já aprendemos que era isso que propunha Hobbes (e também Locke), para quem o estado selvagem era nocivo à sociedade civil.

Rousseau pensava o contrário. A seu ver, o homem em "estado de natureza" no fundo era bom (daí a expressão "bom selvagem"), e sua vida nessa condição lhe garantiria os recursos naturais de que necessitava. Era uma vida idealizada e harmônica, uma espécie de Idade de Ouro. O estado de natureza implicaria, entre outras coisas, um grau extremo de individualismo, que na prática faria com que as pessoas não precisassem umas das outras. Já a vida em sociedades era considerada corruptora e desestruturadora dessa "vida simples". Mas, como vimos, o próprio Rousseau argumentava que era necessário que o estado de natureza fosse abandonado para que os humanos pudessem se desenvolver em termos de sociedades e culturas. Com isso, porém, ele acreditava que os homens perderiam sua bondade natural, pois a vida em sociedade faz emergir paixões e vícios de toda sorte. É claro que a ideia de bondade natural do homem no "estado de natureza" era apenas um pressuposto de Rousseau: ele sustentava que o homem natural não era nem bom nem mau, até mesmo por falta de referenciais apropriados. Ainda assim, o estereótipo do "bom selvagem" acabou por marcar de modo indelével o seu pensamento e conduziu a muitas outras idealizações, entre as quais a tão proclamada "sabedoria indígena", que a experiência mostrou não passar de uma simples conjetura.

BARUCH DE ESPINOSA: O PRÍNCIPE DOS FILÓSOFOS

No prefácio à Parte IV da *Ética*,[18] Espinosa (1623-1677) examina a necessidade de construir o que chama de "modelo" para a natureza humana. É claro que no contexto espinosano a palavra "modelo" não tem o mesmo significado dos dias atuais, isto é, o de um *framework* estático e redutor ao qual a realidade teria de se adaptar. Espinosa foi o filósofo do século XVII que chegou aos dias de hoje com mais influência – e com justas razões. Sem medo de errar, pode-se dizer que ele talvez seja o mais ousado de todos os pensadores, sem que isso implique perda de racionalidade e rigor de pensamento.

Para ele não existe livre-arbítrio. A liberdade que os homens tanto proclamam desejar, e em certos casos dela se beneficiar, é apenas o resultado de terem consciência de seus desejos mas serem inconscientes das causas que os determinam. De fato, Gray[19] assinala que apesar de ser um filósofo que acreditava na razão, Espinosa no fundo sabia que nós, humanos, vivemos mediante ilusões. Em muitos casos desejamos fazer algo e imaginamos que só isso basta para levar nossa vontade à prática. Mas a experiência mostra que nem sempre o que se quer fazer é o que se pode realizar. O fato de sermos parte da natureza nos impede de ser livres como imaginamos. É o que Espinosa diz na parte IV, proposição II, da Ética: "Somos apenas passivos na medida em que somos parte da Natureza, a qual não pode ser concebida independentemente de outras partes."

A *Ética* é a obra-prima de Espinosa. Nesse livro, o que ele pretende mostrar ("à maneira dos geômetras", como está no subtítulo) é que nossa felicidade e bem--estar podem ser alcançados por meio da razão. Examinarei aqui apenas as ideias espinosanas que têm a ver com a complexidade e a sustentabilidade. Em meu ensaio "O conhecimento do conhecimento: a filosofia de Espinosa e o pensamento complexo",[20] falo sobre mais pontos comuns entre a filosofia de Espinosa e o pensamento complexo.

A obra de Espinosa é um universo multifacetado, e a própria *Ética* também pode ser assim definida. O filósofo holandês chama de servidão humana a nossa dificuldade ou incapacidade de controlar as afecções.[21] Ao se deixar orientar por suas emoções, os humanos ficam à mercê da sorte. Com seu pensamento imanentista, Espinosa sustenta que só Deus (ou a Natureza, que para ele é a mesma coisa) pode ser considerado uma substância – um ser com existência independente. Tudo o mais que existe são modos por meio dos quais essa substância única se manifesta.

Nós, humanos, somos modos finitos pelos quais essa substância única se manifesta. Para facilitar o entendimento do conceito de modos, há quem os compare à espuma que aparece sobre as ondas quando o mar está agitado. A espuma é passageira: quando o mar se acalma, ela desaparece e volta a fazer parte da massa oceânica. Nessa linha de raciocínio, Espinosa sustenta que o corpo e a mente não são entidades separadas: são aspectos diferentes de uma realidade única. Para usar uma metáfora muito conhecida, que aliás está em uma citação do próprio filósofo:

não importa o quão finas sejam as fatias que se cortam, elas terão sempre duas faces: "A mente e o corpo são um e o mesmo indivíduo, que ora é concebido sob o atributo pensamento [mente], ora sob o atributo extensão [corpo]".

Portanto, de acordo com Espinosa não existe a separação cartesiana corpo--mente, e por isso não se justificam as concepções reducionistas e dualistas do ser humano. A mente não pode ser reduzida ao corpo, isto é, fenômenos mentais não podem ser explicados em termos corporais e vice-versa. O pensamento (a mente) e a extensão (o corpo) são modos explicativos diferentes, e por isso nos fornecem formas diversas de entendimento. São pontos de vista diversos de uma mesma realidade, e não realidades diferentes.

Espinosa sustenta que a Natureza não busca uma determinada finalidade ou finalidades: ela age movida pela mesma necessidade que determinou a sua existência. Os homens têm consciência de seus desejos (ou apetites, para usar o termo espinosano), mas ignoram suas causas. Neste ponto, torna-se clara a ideia que levou Freud a formular o conceito de pulsões do inconsciente: nem sempre temos consciência de por que desejamos o que desejamos e fazemos o que fazemos. Segundo Espinosa, o que chamamos de bem e mal são modos de pensar ou racionalizações que utilizamos quando comparamos as coisas entre si. É por isso que a mesma coisa pode ser boa para uma pessoa e má para outra. O exemplo espinosano que ilustra esse ponto é bem conhecido: a música é boa para quem está triste, má para quem está perdido em lamentações e nem boa nem má para quem é surdo.

Da parte IV da *Ética* (*Da servidão humana ou a força das emoções*) destaco os tópicos ligados a um ponto crucial: o ser humano faz parte da Natureza e não pode pensar e agir como se estivesse fora dela sem que isso produza graves consequências. A percepção destas será dificultada pelo próprio fato de ele se considerar separado do mundo natural. Vejamos agora os pontos acima mencionados, que têm interesse para o entendimento das relações entre complexidade e sustentabilidade.

> "*Axioma*. Na Natureza não existe nenhuma coisa (*rerum natura*) singular sem que exista outra coisa mais poderosa e mais forte do que ela. Porém, dada uma coisa qualquer, é dada outra mais poderosa que pode destruir a primeira.
>
> *Proposição I*. Nenhuma qualidade positiva de uma ideia falsa pode ser removida pela presença do que é verdadeiro só porque é verdadeiro.
>
> *Proposição II*. Somos passivos (*patimur*) na medida em que somos parte da Natureza, a qual não pode ser concebida por si mesma e sem as outras partes.
>
> *Proposição III*. A força (*vis*) por meio da qual um homem persevera em existir (*in existendo*) é limitada, e é infinitamente superada pela potência das causas externas.
>
> *Proposição IV*. É impossível que o homem não seja parte da Natureza, e que não possa passar por outras mudanças, a não ser as que podem ser compreendidas por sua natureza e da qual é a causa adequada.

Corolário. Daí se segue que o homem está sempre e necessariamente sujeito às paixões, que ele segue a ordem comum da natureza, que a ela obedece e a ela se adapta tanto quanto a natureza das coisas o exige.

Proposição V. A força e o crescimento de qualquer paixão e sua perseverança em existir (*in existendo*) não são definidas pela potência por meio da qual nos esforçamos para perseverar na existência, mas pela potência de uma causa externa comparada à nossa."

A leitura dessas cinco proposições mostra com clareza que para Espinosa o homem é parte inseparável da Natureza. O simples fato de insistir em pensar e agir em contrário é a maior prova de como ele com frequência atua contra si mesmo. Vemo-nos como seres separados, indivíduos distintos, mas para Espinosa somos parte de uma substância única, integramos a natureza. A filosofia espinosana talvez seja a que melhor expressa as relações entre a natureza humana, a complexidade e a sustentabilidade e suas práticas.

CHARLES DARWIN

Antes do surgimento da ciência, acreditava-se que tudo o que existia no mundo havia sido criado por Deus. Os seres vivos haviam sido postos na Terra já "prontos", como produtos acabados. O livro de Charles Darwin (1809-1882), *A origem das espécies*, publicado em 1859, foi um divisor de águas. Para Darwin, a vida havia começado de um modo muito simples e, ao longo do tempo, evoluiu para formas e patamares mais complexos.

A teoria darwiniana da evolução pode ser entendida em duas vertentes: (1) Mudanças genéticas graduais nas espécies; (2) sobrevivência dos mais aptos por meio da seleção natural. O mundo darwiniano é um processo evolutivo, que produz seres cada vez mais complexos, e essa complexidade é a medida de sua capacidade adaptativa. Mas a evolução não é uma progressão linear nem de todo previsível, como muitos imaginaram: caracteriza-se por fenômenos como mutações aleatórias em certas espécies, às vezes mudanças súbitas e drásticas em vez de alterações graduais, seleção no plano dos genes em vez de no âmbito dos organismos e assim por diante.

Trata-se, portanto, de um processo criativo, que inclui a incerteza/aleatoriedade: para Darwin, a evolução dos seres vivos se dá por meio de constantes interações com o ambiente e eles se modificam à medida que evoluem. Muitos se modificam e continuam a evoluir. Outros desaparecem por não ter se adaptado. A seleção natural é congruente com a noção de que os seres vivos são sistemas complexos adaptativos. Segundo Darwin, a luta pela sobrevivência (*struggle for life*) é a principal motivação das alterações evolutivas. Os organismos desenvolvem mudanças biológicas para adaptar-se às pressões do ambiente. O fato de ele comportar ou-

84 Complexidade e Sustentabilidade • Mariotti

tros seres vivos não faz dessa dinâmica uma guerra entre espécies, mas sim um conjunto de esforços de sobrevivência, no qual os desafios do ambiente global são mais importantes do que as disputas entre espécies particulares.

Ao longo desse processo, os organismos que melhor de adaptam sobrevivem e os que não se adaptam se extinguem. As modificações adaptativas muitas vezes resultam no aparecimento de novas espécies. Como não é possível prever com exatidão os desafios oriundos do ambiente e quais as espécies que melhor lidarão com eles, também não é possível antecipar que espécies novas surgirão. A evolução se dirige para o desconhecido e seu fenômeno central é sempre a necessidade de adaptação. As mudanças adaptativas são meios e modos de sobrevivência, e só as espécies que as conseguirem se consolidam. As demais desaparecem, e é assim que as diferentes espécies de adaptam aos seus nichos ecológicos.

As características novas que se mantêm são as que passaram pelo crivo da seleção natural. Dos organismos individuais, elas são transmitidas às gerações seguintes. Darwin não foi capaz de explicar por que isso acontecia, e foi preciso que surgissem os trabalhos do monge Gregor Mendel (1822-1884) que, ao trabalhar de início com a mosca *Drosophila melanogaster* e a ervilha *Pisum sativum*, chegou aos fundamentos genéticos da hereditariedade, cujas bases se tornaram conhecidas como leis de Mendel. As descobertas de Darwin e Mendel combinadas resultaram no que se tonou conhecido como síntese neodarwiniana.

Para Ralph Stacey e colaboradores,[22] há uma diferença crucial entre a teoria darwiniana da evolução e as ideias do filósofo Immanuel Kant sobre o desenvolvimento dos organismos no ambiente natural. De acordo com Kant, as mudanças acontecem segundo um modelo prévio e seguem rumo a formas maduras finais. O modelo kantiano foi o precursor do pensamento sistêmico. Sua preocupação principal era tentar não levar em conta a incerteza e a diferença, o que, claro, implica o não surgimento de nada de novo ou diferente. Porém, como nota Stacey, as coisas não se passam dessa forma e a incerteza, sempre presente na condição dos seres vivos, é a garantia da emergência do novo e do diferente.

Há várias teorias alternativas à de Darwin, mas não faz parte dos propósitos deste livro examiná-las e, mesmo dentro dos limites da teoria darwiniana, há muitos comentadores e variantes que também estão fora de seu escopo. No livro recém--citado, Stacey e associados fazem uma revisão da contribuição darwiniana, ao longo da qual recorrem a autores como Lev Vygotsky, Mikhail Bakhtin, Norbert Elias e George Herbert Mead, não mencionados ou muito pouco citados pela maioria dos que estudam a teoria da complexidade. Mead, um dos que mais influenciaram Stacey, centrou-se mais na mudança do que na estabilidade, e sua visão é o que ele chama de perspectiva transformadora, centrada no paradoxo da mudança com estabilidade, ao qual já me referi quando mencionei outros autores na Introdução deste livro. Essa perspectiva, que Stacey também chama de "teleologia transformadora", para ele é uma forma de auto-organização, que se caracteriza por uma continuidade que no entanto não exclui modificações "potencialmente radicais".

A Natureza Humana I. De Maquiavel a Darwin   85

Uma das várias maneiras de enunciar a teleologia transformadora de Stacey seria dizer que a natureza humana não muda, mas o comportamento humano pode mudar. No caso dos grupos e organizações humanos, a mudança é devida em especial às microinterações entre as pessoas e ocorre mais na cultura latente das organizações – o inconsciente organizacional. Essa noção é intuitiva, mesmo para quem não está ligado aos estudos sobre complexidade e teoria organizacional. É o que mostra esta frase de Millôr Fernandes: "Não se vai sair para a solução do mundo partindo do macrocosmo. Precisamos partir do microcosmo, sem dúvida nenhuma. [...] O homem tem de se convencer de que o mais importante de tudo é o dia a dia. O homem vive é todo dia."[23] Esse é um ponto sobre o qual ainda há muito que aprender, e por isso a ele voltarei de várias maneiras nos capítulos seguintes.

É importante notar que as preocupações de Stacey giram em torno da abertura para o novo e a diferença. Sem isso, argumenta ele, a teoria da complexidade corre o risco de se transformar em mais um modismo, submisso ao discurso hegemônico de nossa cultura atual, como aconteceu com o pensamento sistêmico. Com exceção das referências a Hegel, as ideias de Stacey nesse contexto têm alguns pontos de contato com a filosofia da diferença, empreendimento iniciado por Gilles Deleuze na década de 1960.

NOTAS

[1] PINKER, Steven. *The blank slate*: the modern denial of human nature. Nova York: Penguin, 2003, p. 1.

[2] Id., ibid., p. 2.

[3] GRAY, John. *Straw dogs*: thoughts on humans and other animals. Nova York: Farrar, Straus and Giroux, 2003, p. 44.

[4] LOVELOCK, James. *The revenge of Gaia*: why the Earth is fighting back – and how we can still save humanity. Londres: Penguin, 2007.

[5] DALCHER, Darren. Aprendendo a conviver com a incerteza: uma visão além do gerenciamento de risco. *Mundo Project Management*, jun./jul. 2011, p. 11-19.

[6] FREUD, Sigmund. *Civilization and its discontents*. Nova York: Penguin, 2004.

[7] MENNINGER, Karl. *Man against himself*. Nova York: Harcourt, Brace and World, 1938.

[8] PINKER, *The blank slate*, p. 56.

[9] Id., ibid., p. 57.

[10] FREUD, Sigmund. *Beyond the pleasure principle and other writings*. Londres: Nova York: Penguin, 2003, p. 45-102.

[11] PINKER, *The blank slate*, p. 58.

[12] Hoje já se sabe que há uma relação entre as psicopatias (sociopatias) e a tendência a desqualificar as iniciativas de desenvolvimento sustentável.

[13] PINKER, *The blank slate*, pos. 206.

[14] GRAY, *Straw dogs*, p. 6.

[15] Para um excelente texto introdutório sobre Hobbes, ver BOBBIO, Norberto. *Thomas Hobbes*. Rio de Janeiro: Campus, 1991.

[16] THE SIGNIFICATION OF HIS WORDS: after more than 350 years, the first critical edition of Hobbes's "Leviathan". *Economist*, 6 Oct. 2012.

[17] ROUSSEAU, Jean-Jacques. *Discourse upon the origin and inequality among mankind*. Nova York: Oxford University Press, 1994.

[18] A edição da *Ética* que utilizo neste livro está nas obras completas de Espinosa, que faz parte da coleção Pléiade, da editora Gallimard. Nessa edição, a *Ética* está entre as páginas 337 e 652.

[19] GRAY, John. *Gray's anatomy*: selected writings. Londres: Penguin, 2010, p. 12.

[20] MARIOTTI, Humberto. O conhecimento do conhecimento: a filosofia de Espinosa e o pensamento complexo. Disponível em: <www.humbertomariotti.com.br>.

[21] "Afecção" (*affectus*) é um termo usado por Espinosa, que pode ser entendido como "emoções" ou "sentimentos", mas na verdade é mais amplo e profundo: é a manifestação das modificações que uma pessoa experimenta em sua totalidade física e mental.

[22] STACEY, Ralph; GRIFFIN, Douglas; SHAW, Patricia. *Complexity and management*: fad or radical challenge to systems thinking? Londres: Routledge, p. 41-55.

[23] FERNANDES, Millôr. *A entrevista*. Porto Alegre: L&PM, 2011, p. 27.

4

A Natureza Humana II. De Freud a Menninger

"Durante toda a minha vida, tive de dizer às pessoas verdades difíceis de engolir. Agora que estou velho certamente não quero enganá-las."

(SIGMUND FREUD)

SIGMUND FREUD E OS MOINHOS LENTOS

Em 1920, Freud publicou seu ensaio "Além do princípio do prazer", já mencionado neste livro.[1] Tinha 64 anos de idade. Nesse escrito ele usou o termo *Trieb*, que significa pulsão, ser impelido para um determinado objeto mesmo que não se saiba o que é e sem disso ter consciência.[2] Por princípio do prazer ele entendia nossa tendência a buscar sempre o prazer e evitar a dor. A partir desse ensaio, Freud passou a admitir que há impulsos que vão além do princípio do prazer, isto é, tendências mais primitivas que dele independem.

Apesar de Freud ser um filho dileto do Iluminismo – e por isso propenso a adotar a ideia de progresso –, não há dúvida de que com esse ensaio ele seguiu a direção oposta, o que se tornou claro quando afirmou que para muitos é difícil deixar de acreditar em um *drive* que tenderia a conduzir os humanos à perfeição. Esse impulso seria a causa das atuais conquistas do intelecto e garantiria a continuidade do nosso desenvolvimento até atingirmos a condição de super-homens. Mas Freud é cético a esse espeito: "De minha parte, não acredito em tal impulso e não posso ver nenhuma forma de manter essa agradável ilusão."[3]

Antes do ensaio em pauta, ele assegurava que a motivação humana comporta duas forças fundamentais: o instinto sexual e o de autopreservação. O instinto sexual procura o prazer erótico por meio do alívio das tensões e, ao mesmo tempo, serve à propagação da espécie. Os objetivos do instinto de autopreservação são a segurança e o crescimento. Com o passar do tempo, a experiência clínica o levou a identificar o que chamou de compulsão à repetição – a propensão das pessoas a trazer de volta à consciência experiências sem nenhuma possibilidade de proporcionar prazer e que no passado jamais haviam produzido satisfação. São experiências pregressas desagradáveis, que tendem a se repetir sem levar a nenhum contentamento. Tais pulsões surgiram em pacientes de Freud (veteranos da Primeira Guerra Mundial e civis da época) por meio da compulsão à repetição, fenômeno que se manifestava em sonhos, brincadeiras de crianças e em outras circunstâncias.

Freud constatou que essa compulsão acontece durante a análise, mas também fora dela, e sugeriu que ela sobrepuja o próprio princípio do prazer. A partir daí elaborou o conceito de pulsões de morte, que aparece no ensaio acima citado. Ele próprio sofreu o impacto de sua descoberta, a ponto de, num determinado ponto de seu texto, advertir o leitor de que aquilo que se seguiria eram especulações talvez implausíveis, e deixava a seu critério prosseguir ou não com a leitura.

Salman Akhtar [4] observa que a cronologia dos conceitos de Freud pode ser assim resumida: (1) os instintos sexuais e de autopreservação são reunidos sob a denominação comum de "instintos de vida"; (2) o instinto de autopreservação perde a sua primazia; (3) Freud apresenta o conceito de "instinto de morte" (pulsão de morte, ou pulsões de morte); (4) a agressão passa ter destaque na hierarquia dos instintos e é transferida da área da autopreservação para a do instinto de morte; (5) isso faz com que seja revertida a primazia do sadismo e do masoquismo; (6) cria-se um fundamento para a compulsão à repetição; (7) a teoria dos sonhos se enriquece; (8) surge o postulado de que a morte está presente em nossa psique desde o início da vida. Na verdade, emerge a convicção de que a finalidade da vida é a morte.

Assim, os dois opostos passaram a ser denominados "pulsões de vida" (Eros) e "pulsões de morte", e Freud continuou a sustentar que suas concepções, que sempre haviam sido dualistas, assim continuavam. A seu ver, os primeiros instintos – os mais primitivos de todos – são as pulsões de morte, que impelem o orgânico de volta ao mineral. Concordemos ou não com essa concepção, trata-se de uma realidade inexorável: "Ao pó voltarás." Além disso, Freud não foi o primeiro a falar sobre o assunto. Em suas *Confissões*, Santo Agostinho (354-430) já havia escrito: "Nem tudo envelhece, mas tudo morre. Por isso os seres, quando nascem e se esforçam por existir, quanto mais depressa crescem para existir tanto mais se apressam a não existir. Tal é a sua condição."[5] Eis por que causa estranheza a resistência de muitas pessoas a aceitar a concepção freudiana. Digo aceitar porque não se trata de optar: seja qual for a escolha, o resultado é o mesmo. T. S. Eliot tem uma posição interessante a esse respeito, sobre a qual já falei em um dos meus livros: o ser humano precisa de ilusões porque não consegue aceitar muita realidade.[6]

No ensaio em exame, a argumentação de Freud é como sempre convincente e persuasiva. A elegância de estilo também é a habitual. Mas a resistência que o conceito de pulsões de morte despertou, inclusive entre psicanalistas de sua época e ainda hoje, foi muito maior do que a observada após a introdução de outras teorias. Como aconteceu muitas vezes em sua carreira, ele mais uma vez disse o que as pessoas não queriam ouvir. Nesse ensaio, em especial, admite que ousou muito. Classificou-o como "uma linha extrema de pensamento", que, no entanto, quando se observa a realidade humana, não parece tão extrema assim. O próprio Freud advertiu que sua proposta poderia ser considerada especulativa como tentativa de explicação. Porém, na condição de constatação pura e simples do que acontece no mundo real, ela não parece ser nem um pouco fantasiosa. Mais uma vez, lembremo-nos da frase de T. S. Eliot.

Em relação às pulsões de morte – manifestadas como auto e heterodestrutividade – e seu impacto sobre os humanos e o ambiente natural, esta é a minha proposta: (1) acompanhar o fluxo das ideias e conceitos; (2) compará-los com o que se tem visto no curso da história e se continua a ver no cotidiano; (3) tirar nossas próprias conclusões. Em suma, suspender ao máximo os juízos de valor, as ideologias e os sectarismos, observar o que acontece e, em que pesem nossas convicções anteriores, tentar aprender alguma coisa.

Parece fácil, mas na verdade não é assim, pois o que se quer fazer é diferente do que é possível fazer. Essa é uma frase óbvia, mas, como mostra a prática, sua obviedade não tem sido suficiente para nos ensinar a ser mais realistas, em especial quando se trata de reconhecer nossas limitações. Seja como for, é sempre útil pôr um pouco de realidade em nossas idealizações, que com frequência são fruto de uma mistura de arrogância com excesso de otimismo.

Para Akhtar,[7] o conceito de pulsões de morte é um ponto de mutação no pensamento freudiano. Há quem o aceite e quem o rejeite logo de saída. Há quem encontre correlações clínicas e quem afirme que não consegue encontrá-las. Meu propósito não é convencer o leitor a tomar partido sobre se a teoria dos instintos (Eros *versus* pulsões de morte) tem ou não importância ou utilidade na clínica psicanalítica. Mesmo sem o auxílio da autoridade freudiana, a simples observação da vida diária mostra que nós, humanos, somos auto e heterodestrutivos em graus que variam de pessoa a pessoa e de cultura a cultura. É o que mostra o cotidiano, aceitemos ou não a teoria dos instintos. Não há necessidade da ajuda de Freud para percebermos algo que é tão evidente – mas com certeza precisamos de sua autoridade, e das teorias que dela emanam, para nos ajudar a dar algum sentido a essa característica da natureza humana.

É claro que no que se refere à agressividade e à destrutividade humanas – e de resto a qualquer outra questão controversa – sempre haverá argumentos e contra-argumentos de todos os tipos, tendências e origens. Sabemos, por experiência, que a atitude mais comum é agrupar as tendências em dois polos e aplicar-lhes a lógica do concordo-discordo. No caso em pauta, porém, polarizar é apenas uma

90 Complexidade e Sustentabilidade • Mariotti

forma de fugir ao assunto e suas implicações, pois enquanto as discussões vão e vêm, os problemas se prolongam e se complicam e o mesmo acontece com suas consequências. Todos sabemos disso, mas ainda assim continuamos a nos autoenganar. Ademais, o fato de Freud haver ressalvado que suas considerações e propostas eram especulativas e provisórias não mudou o que a experiência vivida insiste em mostrar: que a destrutividade e a agressividade humanas não se modificaram com o passar do tempo.

Ainda assim, tudo depende do contexto. De um lado estão os cartesianos, que se propõem analíticos e "duros" como as ciências pelas quais se orientam. De outra parte estão os "não cartesianos", em teoria não ortodoxos, qualitativos, libertários e *soft minded*. Assim definidos, os dois lados não passam de estereótipos, embora ambos sejam manifestações de posturas observáveis no cotidiano. Mas prender-se a um único polo, seja ele qual for, é tentar instituir ortodoxias cujo principal efeito é transformar as experiências vividas em fragmentos não representativos do mundo real.

Apesar de suas ressalvas iniciais à teoria dual dos instintos, Freud continuou a falar sobre ela em seus ensaios "O ego e o id"[8] e "Novas lições sobre a psicanálise",[9] que figuram entre seus últimos trabalhos. Ele não propôs (nem tal atitude seria condizente com sua postura de pesquisador) certezas sobre as pulsões de morte, mas deu ênfase à necessidade de acompanhar esse conceito por meio de seu cotejo repetido com os fatos empíricos. Em outros termos: prosseguir com a busca de elementos confirmatórios, na clínica e na observação do cotidiano.

Os psicanalistas que conhecem as bases das considerações que faço nesta parte do meu livro decerto entenderão que elas se destinam a um público não especializado e, por isso, incluem certo grau de didatismo. Porém, a meu ver o mais importante é estimular a necessidade da leitura de "Além do princípio do prazer". Na opinião de Gilles Deleuze, por exemplo, esse ensaio é a obra-prima de Freud, pois com ela o autor mais do que nunca se aproximou da filosofia.

Sugiro que ele não seja lido uma única vez. Não é um texto fácil e, portanto, é necessário mais de uma leitura para captar suas sutilezas e sobretudo sua profundidade, no sentido filosófico do termo. Não fosse isso bastante, o leitor terá a oportunidade de acompanhar os movimentos de um intelecto capaz de se expressar num estilo claro e elegante sem perda da profundidade. Será uma experiência inesquecível. O leitor também deve ter presente que, apesar das cautelosas advertências de Freud em contrário, as considerações contidas em seu ensaio emergiram do trabalho clínico meticuloso que alimentou suas ideias durante toda a vida.

É espantoso verificar como tantas pessoas só veem o que querem ver, mesmo quando sabem que ignorar um determinado fenômeno não impede que ele continue a existir. É o que John Gray chama de "o hábito inato humano de negar o perigo até que seu impacto seja iminente".[10] Mas aqui não se trata de negar o perigo e sim de cortejá-lo, convidá-lo a vir e esperar por sua chegada. Parece haver pouca dúvida de que essa é uma manifestação das pulsões de morte. A julgar por essa e inúmeras outras evidências, é como se as pessoas quisessem apressar ao máximo a sua volta à condição mineral, e para tanto aproveitassem todas as oportunidades imagináveis.

Parece claro que os humanos têm de conviver com Eros e as pulsões de morte. São duas dimensões que a lógica binária classificaria como mutuamente excludentes, mas que na verdade são opostos a um só tempo antagônicos e complementares. De todo modo, dado o invariável triunfo final das pulsões de morte, a vida é apenas um pequeno oásis na vastidão do mundo inorgânico. Na condição de médico, Freud sabia que ela se sustenta enquanto a fase anabólica ou construtiva do metabolismo predomina sobre a fase catabólica ou destrutiva. Nos termos da segunda lei da termodinâmica, essa noção equivale a dizer que ela se mantém enquanto o sistema vivo consegue adiar a entropia – a degradação de sua energia interna que o levará à dissolução final. Enquanto o sistema estiver vivo, o anabolismo e o catabolismo, apesar de antagônicos, estão em constante relação.

Nessa ordem de ideias, nos seres humanos Eros e as pulsões de morte costumam conviver em uma relação mais ou menos pacífica. Contudo, a experiência histórica e clínica mostra que ao longo da vida em muitos momentos as pulsões de morte predominam, e é nesses instantes que os humanos se tornam mais auto e heterodestrutivos. Não se pode dizer que Eros e as pulsões de morte estão em equilíbrio, pois essa condição não faz parte da natureza dos sistemas complexos, os quais estão em constante dinâmica adaptativa. Da infância à velhice, episódios de crueldade e destrutividade permeiam a vida de todos nós, seja no plano individual ou no coletivo. As pulsões autoagressivas se manifestam em fenômenos como o masoquismo e o suicídio. As heteroagressivas aparecem no sadismo, no homicídio e nas guerras e, no plano ambiental, surgem sob a forma de predação da natureza.

Entre os antecedentes filosóficos das pulsões de morte destaca-se a obra de Schopenhauer, *O mundo como vontade e representação*.[11] Para esse filósofo alemão a vida produz mais sofrimento do que felicidade, e portanto as pulsões de morte seriam uma negação da vontade. O próprio Freud reconheceu ter sido influenciado por Schopenhauer nesse particular. O motivo pelo qual, já depois dos sessenta anos de idade, ele resolveu se debruçar sobre esse assunto foi semelhante à motivação da historiadora Barbara Tuchman, de quem falarei no próximo capítulo: a necessidade de entender por que os humanos muitas vezes pensam e agem contra seus próprios interesses. Tuchman concluiu que o autoengano e a autodestrutividade aumentam nas pessoas que assumem posições de mando. Quanto mais elevado o cargo e maior o poder, maior a falta de consciência do que acontece no mundo. O modo de pensar de muitos altos governantes os impede de perceber que as decisões por eles tomadas muitas vezes vão contra os interesses de seus próprios países.

Vimos que para Freud o real objetivo da vida é a morte. Heidegger também vê o homem como um ser para a morte. Em seus ensaios recém-mencionados, "O mal estar da civilização" e "Novas lições sobre a psicanálise", Freud reafirmou sua crença nas pulsões de morte e notou que elas também se voltam contra o meio ambiente. Por isso, afirmou que a inclinação para a agressão é um obstáculo à civilização. Eros nos orienta para a vida, a procriação e a aquisição de capacitação pessoal ou cultural. As pulsões de morte nos arrastam para comportamentos arriscados e autodestrutivos. É difícil para qualquer pessoa aceitar que está em processo de autodestruição, mesmo quando isso é evidente. Qualquer um que tenha convivido com dependentes químicos pode comprovar isso: os indivíduos não conseguem perceber o óbvio e, mesmo quando o percebem ou quando ele lhes é mostrado, não gostam do que veem.

Os exemplos de manifestações das pulsões de morte são inúmeros: dirigir em alta velocidade; beber demais; comer em excesso; fazer sexo com parceiros desconhecidos; arriscar-se demais nos negócios; gastar em demasia; usar drogas; exceder-se em esportes radicais; agredir para receber o revide; fumar; fazer apostas arriscadas; autodepreciar-se; automutilar-se; e muitas outras práticas semelhantes. Detalhemos um desses exemplos. Em um artigo, o médico Ryad Younes fala de sua participação em um congresso mundial sobre câncer de pulmão em Amsterdã, na Holanda,[12] no qual tomou conhecimento dos resultados de pesquisas recentes em uma palestra do professor Richard Peto.

Younes assinala que o câncer de pulmão é uma doença que, como inúmeras outras, tem conotações políticas. Com isso, quer dizer que o número de casos está em proporção direta ao uso do tabaco, o que levou a políticas governamentais para restringir o uso dessa substância. O resultado tem sido uma diminuição expressiva do número de casos da doença. Taxar com rigor o preço dos cigarros diminui o número de fumantes e, em consequência, o número de casos. Tais medidas, aliadas a exames de rastreamento (*screening tests*), fizeram diminuir a incidência de novos casos.

Até aí vai o artigo de Younes. Tudo o que ele diz é importante, mas não é menos importante cotejar esses dados com outros de natureza diferente. Por exemplo, a lógica mais ingênua, mais singela, nos diz que bastaria que as pessoas fossem informadas com clareza e entendessem que fumar tem relação causal com câncer do pulmão. O mesmo raciocínio vale para a relação entre o uso do álcool e a incidência de casos de cirrose hepática e pancreatite.

Seria de supor que essa lógica levasse ao abandono do hábito de fumar em nome da autopreservação, mas na prática isso não acontece, ao menos não com a frequência que deveria. A experiência tem mostrado que, para diminuir a incidência de câncer do pulmão e outras doenças, as pessoas precisariam ser *obrigadas por lei* a afastar-se do tabaco e de outras substâncias. Por outro lado, essa mesma experiência permite inferir que mesmo se tais medidas fossem adotadas não seriam suficientes, porque sempre surgiriam novos modos de burlá-las, como já acontece com a proibição de outras drogas. É como se as pessoas precisassem ser coagidas a cuidar de sua própria saúde. E também como se a doença, os sofrimentos e por fim a morte constituíssem algo muito sedutor – como se fossem poderosos atratores que transformassem a saúde em uma condição indesejável.

Fica-se então em uma situação na qual as pessoas são impelidas a buscar a doença e o sofrimento com tal empenho que para tanto passam por cima de quaisquer obstáculos, inclusive o alto preço dos cigarros, a proibição de fumar em determinados lugares e outras sanções sociais. No caso das substâncias ilegais, fazem muito mais: são atraídas pelo sofrimento, como se as pulsões de morte tivessem uma força que supera o princípio do prazer e vai além do entendimento. Foi a isso que Freud se referiu. O mesmo se dá com a heterodestrutividade. No caso da agressão ao meio ambiente, tudo indica que os seres humanos em algum momento precisarão ser *obrigados* a atuar em seu próprio favor, já que para agir contra si mesmos não há necessidade de estímulos. Além disso, tudo parece indicar que, mesmo se adotadas, tais medidas coercitivas não teriam muitas possibilidades de êxito.

As pulsões de morte não são um conceito por meio do qual é possível explicar tudo, o que aliás é óbvio. Mas também não podem ser ignoradas só porque não podem ser reduzidas a números, inseridas em planilhas e analisadas por meio do raciocínio de causalidade simples ou modelos sistêmicos de computador. Também não podem ser descartadas em nome do amor à vida, que aliás existe e é saudável. Nem sequer se trata de dar atenção a Freud como psicoterapeuta, mas sim de aprender com sua condição de pensador da condição humana. Por outro lado, também é saudável não tentar negar as evidências das quais discordamos.

Uma pergunta que sempre se faz em relação às consequências da devastação do ambiente natural é por que não se consegue fazer, em escala importante, quase nada de eficaz para evitá-las ou ao menos mitigá-las. Tudo se passa como se no fundo não acreditássemos no provável desfecho catastrófico que temos à frente. Já falei sobre esse aspecto, quando me referi ao "paradoxo de Giddens". Se pensarmos de maneira mais radical, poderíamos até dizer que tudo se passa como se desejássemos esse desfecho.

Há mais. No começo do século XX, Albert Einstein chegou à conclusão de que a explicação de nossas tendências destrutivas estava fora do alcance das ciências "duras". Convenceu-se de que possíveis soluções não viriam desse âmbito, mas talvez pudessem vir dos estudos sobre a natureza humana. Esse fato deu início a uma correspondência entre ele e Freud, publicada em forma de um livreto que hoje é parte das obras completas deste último.[13] O psiquiatra Mark Leith[14] é um dos que contam a história dessa correspondência, cujo tema principal foi a existência de fatores psicológicos poderosos que se opõem às iniciativas de promoção e manutenção da paz entre os países.

Na resposta à carta inicial de Einstein, Freud usou o conceito de pulsões de morte para explicar os comportamentos destrutivos recorrentes dos humanos. Daí a ineficácia de medidas preventivas e/ou resolutivas. Em sua resposta a Einstein, ele a descreveu com uma metáfora que se tornou famosa: a lentíssima progressão das iniciativas destinadas a evitar as guerras seria comparável ao trabalho de velhos moinhos que triturariam tão vagarosamente que, quando a farinha enfim ficasse pronta, os homens já teriam morrido de fome.[15]

O PRINCÍPIO DE PRECAUÇÃO (I)

O princípio de precaução estabelece que se uma ação pode causar danos públicos ou ambientais graves e/ou irreversíveis ela deve ser evitada, mesmo sem que haja consenso científico para tanto. A aplicação desse princípio às questões do meio ambiente busca prevenir consequências de ações humanas de potencial destrutivo, mesmo que não esteja "cientificamente provado" que estas possam provocar tais consequências.

A política, a economia e quaisquer outras iniciativas da cultura são manifestações da natureza humana. Logo, queiramos ou não, é necessário levá-la em conta em todas as questões que examinamos. Isso se aplica, claro, ao princípio de precaução. Adotar a seu respeito uma atitude agnóstica, ou mesmo imaginar que se trata de uma questão "sob controle" é um equívoco que tem gerado consequências funestas ao longo da história – e a sustentabilidade não é uma exceção. Uma boa maneira de incluir no princípio de precaução o que sabemos sobre a natureza humana é reconhecer que negar ou tentar descartar a existência das pulsões de morte não é, para dizer o mínimo, uma atitude realista.

A noção de pulsões de morte pode ter um efeito moderador do excesso de entusiasmo, deslumbramento e cupidez, que nos têm induzido a continuar a destruir o ambiente natural com a falsa justificativa de que no futuro a tecnologia resolverá o problema – como se fosse o *deus ex-machina* das tragédias gregas. No entanto, mesmo diante de todos os nossos esforços de racionalização/negação, os acontecimentos parecem indicar que há sérias dúvidas sobre se algo aparecerá para nos salvar. Vejamos o exemplo do Painel Intergovernamental Sobre Mudanças Climáticas, órgão das Nações Unidas fundado em 1988. Entre seus objetivos estavam a produção e divulgação de informações científicas sobre as mudanças climáticas no mundo. Em 2007, seu relatório deu credibilidade à hipótese de que as atividades humanas são responsáveis por boa parte do aquecimento global. Cientistas que colaboraram nesse estudo e dele discordaram logo reagiram, porque em sua opinião o relatório não havia dado suficiente ênfase ao que ainda não se sabia sobre o aquecimento global. Foi uma reação de autoengano típica da ideia de progresso: não sabemos como resolver o problema agora mas no futuro saberemos, porque o progresso da ciência é linear e inexorável. Hoje, a maioria dos cientistas concorda com o relatório do Painel.

A resolução – até onde é possível – dos nossos problemas de sustentabilidade não é apenas uma questão de investimentos e tecnologia, como imaginam as pessoas de mente instrumental. Não se trata de colocar ordem em um sistema desordenado, por meio de iniciativas de fora para dentro e de cima para baixo. Isso não pode ser feito, pois todo sistema complexo inclui ordem e desordem – do contrário não poderia ser complexo. Para Neil Johnson, os sistemas complexos movem-se entre a desordem e a ordem, e esta última surge sob a forma de bolsões ou ilhas.[16] Por isso os sistemas complexos não podem ser controlados, e sim influenciados dentro de certos limites. Para tanto, porém, é preciso consumir energia, mas também é preciso pensar – eis por que, queiramos ou não, a resolução de nossos problemas passa pela geração de ideias e conceitos, isto é, pela filosofia. Voltarei ao tema.

A AUTODESTRUIÇÃO DE MASUD KHAN

Salman Akhtar observa que a história de Masud Khan e sua clara associação com as pulsões de morte é um marco importante na história da psicanálise.[17] Sobre ela e seus desdobramentos ainda há muito o que aprender. As considerações seguintes são baseadas na biografia de Khan, escrita por Linda Hopkins,[18] e nos artigos de Robert Boynton[19] e David Mann.[20]

Mohammed Masud Raza Khan foi um psicanalista indiano que passou toda a sua vida profissional em Londres. Sua história pode ser tomada como um exemplo típico da ação das pulsões de morte – o "instinto" que, segundo já vimos, tende a fazer com que tudo o que está vivo faça o caminho de volta à sua primitiva condição inanimada. É uma história controversa, perturbadora, repleta de incidentes insólitos e até mesmo inacreditáveis, que serão mencionados aqui de forma breve. Como diz Akhtar, na época em que ocorreu esse caso foi traumático para a comunidade psicanalítica e seus reflexos continuam até hoje.

Khan nasceu em 1924 na região indiana do Punjab, um ano antes que ela passasse a ser o que hoje é o Paquistão. Sua família era muito rica e ele foi o segundo dos três filhos da quarta esposa de seu pai, um poderoso latifundiário. Havia outros sete meio-irmãos mais velhos, mas após a morte de seu pai Khan tornou-se o único herdeiro de uma grande fortuna. Sua infância transcorrera em meio a uma série de problemas, a começar pela rejeição de sua mãe, que era muito mais jovem do que seu pai e usuária de ópio. Muitas vezes o jovem Masud se viu obrigado a fornecer-lhe a droga. Khan formou-se em literatura pela universidade do Punjab, em Lahore, e se transferiu para Londres em 1946. Seu plano era fazer um doutorado em literatura na universidade de Oxford e também um tratamento psicanalítico. Um mal entendido, porém, o levou a ser inscrito para uma formação psicanalítica.

Assim começou sua primeira análise, com Ella Sharpe. Khan tinha 22 anos. Além de jovem era alto, charmoso e tinha uma inteligência privilegiada. Em 1950, aos 26 anos, já estava qualificado como psicanalista de adultos. Dois anos depois, qualificou-se também como analista de crianças e a seguir, em 1959, foi certificado como supervisor e analista didata. A biografia de Khan contém evidências de que essa formação tão precoce não contou com a aprovação unânime da direção da Sociedade Britânica de Psicanálise, o que não deixou de ser um sinal dos problemas futuros que viriam a ocorrer.

Ao longo dessa trajetória ele viu falecer, vítimas de ataques cardíacos, sua primeira analista e seu sucessor, John Rickman. Em 1951 começou mais uma análise, dessa vez com Donald W. Winnicott, pediatra que se tornou psicanalista e conseguiu muito sucesso, em especial na psicanálise de crianças. Esse período se estendeu até 1966. Ao longo desses quinze anos Khan exerceu a psicanálise, atividade na qual foi ao mesmo tempo muito bem-sucedido e criou muitos problemas para seus clientes, familiares de clientes, outros psicanalistas, a Sociedade Britânica de Psicanálise e, por fim, para ele próprio. Nesse sentido, pode-se dizer que entrou em um processo de autodestruição ou aprofundou o que já se desenvolvia antes. Desde o início de década de 1960, por exemplo, seu hábito de beber em eventos sociais se transformou em um quadro clínico evidente de alcoolismo, sempre acompanhado pelo tabagismo, que na época era visto como algo elegante e sofisticado.

Durante a formação e prática como psicanalista, a fortuna de Khan permitiu-lhe acesso ao que havia de melhor em termos de didatas e supervisores. Esse grupo incluiu nomes famosos na história da psicanálise como Melanie Klein, Anna Freud e o próprio Winnicott. A análise com este último terminou em 1966, mas Khan continuou ligado a ele na condição de editor de seus trabalhos. Em 1959, casou--se com uma famosa bailarina do Royal Ballet, Svetlana Beriosova, de quem viria a se separar em 1974.

O casamento abriu-lhe as portas de um universo elegante, repleto de festas concorridas e pessoas famosas e brilhantes. Nesse mundo, durante os anos 1960, ele conviveu e fez amizade com Julie Andrews, Rudolf Nureyev, Michael Redgrave e Mike Nichols. Ao mesmo tempo, afundava-se cada vez mais em outro universo, este nada brilhante e pontuado pelo alcoolismo. Em 1971, a morte de Winnicott havia marcado a entrada de Khan em uma trilha ainda mais nefasta de seu processo de autodestruição, no qual vieram à tona escândalos em série, passados e presentes. Tornou-se cada vez mais evidente o seu comportamento arrogante e muitas vezes brutal, no consultório e fora dele. Por outro lado, escreveu vários livros e ocupou cargos importantes em instituições psicanalíticas.

Ao longo de boa parte de sua vida, em especial nos últimos quinze a vinte anos, Khan exibiu um comportamento cada vez mais autodestrutivo e heterodestrutivo. Expunha seus orientandos e pacientes ao ridículo, torturava-os mentalmente e abusava deles. Atribuiu-se a condição de príncipe ariano. Fez sexo com muitas de suas pacientes e abusou delas. Roubou um relógio em uma loja de Genebra e só foi solto sob fiança. De repente surgia, bêbado, nas casas de seus pacientes para atormentá-los. Um deles chamou-o de *serial killer*. Em 1976, recebeu o diagnóstico de câncer de pulmão, com um prognóstico de no máximo seis meses de vida. Foi operado e o órgão em parte retirado. Em 1986, o tumor se espalhou e Khan teve a laringe, um segmento da traqueia removidos. Ainda assim viveu mais três anos. Entre as patologias que desenvolveu estavam, além do câncer, hepatite (em 1985), narcisismo patológico e sadismo. Teve um rim removido (1987), crises de depressão, transtorno bipolar e catarata.

Durante todo esse tempo, surgiram evidências de que a Sociedade Britânica de Psicanálise não desconhecia as consequências de seus distúrbios de comportamento, mas ainda assim nenhuma atitude foi tomada. Por fim, já nos anos 1970, a Sociedade retirou-lhe a condição de analista didata, mas não a de continuar a clinicar. Ao perder seu *status*, mesmo confinado ao leito, Khan adotou atitudes terroristas contra a Sociedade (ameaças de bomba), o que levou à contratação de um serviço de segurança pela entidade.

E assim foi. Era capaz de atos tanto de sadismo quanto de generosidade. Era bom para uns, mau para outros e péssimo para si mesmo. Um homem paradoxal. Existe a suspeita de que em um de seus livros, *The long wait*, os casos descritos foram forjados e havia textos antissemitas. Muitos se espantaram com seu comportamento autodestrutivo. Outros, como Boynton, falaram em autossabotagem. Para este último autor, no fim das contas Khan foi incapaz de salvar-se de si mesmo.

Masud Khan faleceu em junho de 1989. Assim se encerrou a trajetória de vida de um homem rico, elegante, talentoso e, com justas razões, considerado um dos maiores conhecedores da teoria psicanalítica em sua época, com muitos artigos, ensaios e livros publicados, inclusive com tradução no Brasil. Essa trajetória autodestrutiva não tem nada de fora do comum. Todos sabem com que frequência pessoas talentosas de muitas as áreas – em especial nas artes – têm histórias de vida em que há comportamentos dessa espécie, nos quais muitas vezes está presente o uso de álcool e outras substâncias. Creio que é desnecessário citar mais exemplos.

Aceite-se ou não a teoria das pulsões de morte, o caso de Masud Khan é uma saga de autodestruição. Foi trazido para o contexto deste livro para ilustrar como, no próprio seio da comunidade psicanalítica, surgem casos se não de todo explicáveis, ao menos não incompatíveis com essa teoria. O fato de a auto e a heterodestrutividade humana terem sido pouco levadas em conta fora do contexto médico e psiquiátrico se deve à nossa visão de mundo parcelar. Ela nos leva a separar as pessoas e os eventos de seus contextos, e isso empobrece nossa percepção e dificulta a sua inserção em âmbitos maiores e mais esclarecedores.

No caso de Khan, por exemplo, a tendência mais comum é dizer que se trata de uma questão psicanalítica que só interessa a psicanalistas. A realidade é bem outra: trata-se de um problema humano, que nessa condição interessa a todos os humanos, sejam eles psicanalistas, engenheiros, políticos, empresários, executivos, ambientalistas ou o que for. Masud Khan tinha tudo para ter levado uma vida de bem-estar e benefícios para ele mesmo, seus clientes e a comunidade. É difícil acreditar que desejasse, de modo consciente, viver como viveu. Algo mais primitivo e mais profundo do que sua vontade consciente fez com que ele desejasse uma vida e vivesse outra.

POR QUE A GUERRA?

Depois de "Além do princípio do prazer" Freud escreveu, em 1921, um ensaio sobre a psicologia das massas[21] e, em 1923, "O ego e o id".[22] São trabalhos de maturidade, e a partir daí ele firmou posições das quais não mais se afastaria até o fim da vida. O fato de esses ensaios, em especial o primeiro, terem sido escritos em uma época em que o tumor maligno de seu autor estava em fase adiantada – e também de terem sido escritos logo depois da Primeira Guerra Mundial – é sem dúvida significativo. Mas, como nota Peter Gay, um de seus melhores biógrafos, esses textos apenas confirmaram o que já vinha em observação e análise por Freud e outros.[23] Quanto à resistência de vários de seus discípulos e psicanalistas posteriores aos argumentos de "Além do princípio do prazer", o próprio Freud deixou claro que ele próprio não sabia até que ponto acreditava no que propunha em seu texto.[24] Ainda assim, jamais deixou de reafirmar que se baseara no que havia observado na clínica e no cotidiano.

Em que pesem todas as ressalvas, a observação do dia a dia e da história humana, antes e depois de Freud, parece indicar a existência das pulsões de morte (ou que outros nomes tenham), gostemos disso ou não e contra a nossa tendência tradicional a ignorar e resistir a tudo o que nos irrita ou perturba. Costumo repetir que não devemos esquecer o antigo conselho de dar muita atenção a tudo aquilo que nos incomoda e desafia – e também ao que questiona nossas crenças mais arraigadas porém menos examinadas.

Como sempre acontece em nossa cultura, as opiniões se dividiram de modo binário em relação ao conceito de pulsões de morte. De um lado, ficaram os que o aceitaram e continuam a aceitá-lo – o grupo do "Freud explica". Do lado oposto, estão os que não o aceitam – o grupo do "Freud explica, mas não convence". Neste último se colocam alguns psicanalistas e profissionais de outras escolas terapêuticas, inclusive alguns dos bem próximos a Freud em sua época. A polêmica continua até hoje e há quem adote uma postura curiosa: declarar-se não convencidos da necessidade do conceito de pulsões de morte e dispostos a fingir que elas não existem.

Mas há quem as aceite e apresente evidências. As conexões entre sexualidade e destrutividade, ainda obscuras mas verificáveis na atividade clínica, estão entre elas. Em seu já citado opúsculo *Por que a guerra?*,[25] Albert Einstein havia concluído, independentemente de Freud, que "o homem tem dentro de si a necessidade de odiar e destruir". Entre os psicanalistas que aceitam as pulsões de morte está Jon Mills,[26] que faz parte da corrente para a qual a posição freudiana sobre as pulsões de retorno ao estado inanimado é detectável no trabalho clínico. Na condição de psicoterapeuta, também sustento que as pulsões de morte não só são ocorrência frequente em terapia, mas são também observáveis no dia a dia sem necessidade de metodologias específicas.

Como fiz linhas acima, Mills também menciona o conceito de Heidegger de que o homem é um ser para a morte. Segundo Freud – continua ele –, a morte não é algo que está fora de nós: está em nosso interior, sob a forma de impulsos de autoaniquilação. Mills assegura que os que não aceitam o conceito de pulsões de morte talvez não tenham percebido que ao desenvolvê-lo Freud pensava de maneira não reducionista e não linear, característica que, acrescento, tornou-se mais evidente na maturidade. Uma das observações de Mills é que a afirmação freudiana de que o objetivo da vida é a morte seria depois ecoada pela física moderna, que postula que o universo está em entropia. Mills também se refere ao que chama de "êxtase da dor": seja a ânsia de um dependente por uma bebida, um cigarro, ou uma dose de qualquer droga, toda busca de prazer inclui um certo grau de destrutividade.

Por fim, repito que nenhuma dessas observações significa que sejamos obrigados a ficar de braços cruzados e aguardar o fim inevitável. Bem ao contrário, é preciso que nos adaptemos, o que na linguagem da teoria da complexidade significa que é necessário ir o mais longe possível com o retardamento da entropia. Pois não é só o fim da viagem que importa: desde que aprendamos a ser mais realistas, o trajeto pode incluir momentos agradáveis e compensadores – e o primeiro passo para tanto é aceitar a incerteza a ele inerente.

Freud afirma que no ser humano as pulsões de vida (Eros) e as de morte são inseparáveis, embora do ponto de vista da lógica binária elas sejam apresentadas como apenas antagônicas. A dificuldade de aceitar essa convivência de opostos que se supõem serem mutuamente excludentes – mas que na prática não o são, embora permaneçam opostos –, é um desafio à nossa tendência a ver o mundo em termos binários. Em nossa cultura a convivência de opostos é quase impensável. Daí a insistência de muitos em pensar em termos de vida *ou* morte e não de vida *e* morte. Seja como for, o certo é que a morte está sempre presente e nossas vidas, dentro e fora de nós, como é fácil perceber pela observação do processo de envelhecimento ou, talvez de modo mais convincente, nos noticiários e conversações do cotidiano.[27]

PULSÕES DE MORTE E SUSTENTABILIDADE

Sabemos que a área do chamado *business as usual* tem prestígio entre muitas (talvez a maioria) das pessoas em nossa cultura. Por outro lado, a dimensão "ecológica" com certa frequência é vista como algo a não ser levado muito a sério, "alternativo", "utópico", "não pragmático" e "coisa de *hippie*", quando não "catastrofista". A razão disso não é difícil de entender e em geral recai em um aspecto familiar: a área "verde" trabalha mais com ideias, enquanto a do *business as usual* ama os números e o cálculo – o que John Gray chama de "fetichismo da calculabilidade". Sabemos que os números e métricas transmitem, em especial aos mais crédulos, as sensações de certeza, regularidade, equilíbrio e "rigor científico". São coisas que em geral veneramos, pois atenuam nossa insegurança ontológica e o medo do desconhecido. Se isso é correto, não é menos certo que também atuam como instrumentos de autoengano, e o fazem por meio da subvalorização do humano e suas ambiguidades e incertezas. Nesses casos, como em muitos outros, ao atuar como instrumento autoenganador os números também são indutores da ilusão de controle.

Em um de meus livros, falo sobre as ilusões necessárias e as ilusões desnecessárias.[28] Há quem proponha que a fé exagerada nos números e cálculos ligados ao desenvolvimento sustentável deve ser incluída no rol das ilusões necessárias. Creio que isso não é aconselhável, pois ela nos dá a falsa ideia de que nossa auto e heterodestrutividade estão de algum modo "em tratamento" ou "controladas", quando as evidências disponíveis mostram o oposto: apesar de todos os discursos em contrário, veiculados por meio de um emaranhado de estatísticas, planilhas, diagramas e racionalizações diversas, os recursos naturais continuam a minguar e o sofrimento de parte dos seres humanos persiste, a começar pela desigualdade de renda que, ao que tudo indica, está em crescimento.[29]

Existem organizações e culturas predatórias e organizações e culturas sustentáveis. A diferença é que as sustentáveis aprendem e evoluem. Aprendem por meio de suas interações com o ambiente e assim sabem que precisam preservá-lo, o que é condição fundamental para sua sustentabilidade/longevidade. As organizações predatórias destroem o meio ambiente e com isso destroem também suas possibilidades de sustentabilidade. A sustentabilidade é um fenômeno do mundo natural. O desenvolvimento sustentável é um fenômeno cultural. A natureza não precisa do homem para ser sustentável. Mas as práticas ditas sustentáveis precisam, pois são uma forma humana de continuar a explorar a natureza, que deveriam incluir a preocupação de até quando isso pode ser feito sem gerar prejuízos de parte a parte.

Não são poucas as evidências de que em algum momento do futuro a natureza continuará a se sustentar sem a nossa presença, como acontecia antes de nossa chegada, daí o ridículo de expressões como "precisamos salvar o planeta" e similares. Com efeito, sabemos que nossa condição de seres locais nos leva a pensar quase sempre em termos de curto prazo e resultados imediatos. A ideia de sustentabilidade propõe o oposto: requer que pensemos em termos de globalidade, diversidade, diferença, qualidade e prazos longos.

Por outro lado, a experiência nos tem levado a concluir que, sejam quais forem as razões para tanto, quaisquer iniciativas em prol da sustentabilidade só serão viáveis se nelas forem percebidas vantagens econômicas e financeiras, em especial no curto prazo. Tudo tem nos levado a crer que nessa área, como em quase todas as demais, os valores principais são e continuarão a ser os econômicos. Apesar da costumeira retórica em contrário, a ética e a política têm sido consideradas secundárias, simples artefatos culturais. É o que sustenta o filósofo John Gray, de quem transcrevo aqui três frases curtas: (1) "Uma sociedade na qual os avanços da ciência pudessem ser orientados para melhorar a qualidade de vida, e não para assegurar o aumento da produção ou da população, poderia ser mais humanamente satisfatória do que qualquer sociedade hoje existente";[30] (2) "A crença de que o conhecimento é inerentemente benigno talvez seja o mito moderno definitivo. [...] O conhecimento progride, mas o ser humano continua o mesmo";[31] (3) "A política é só uma pequena parte da existência humana, e o animal humano é só uma fração muito pequena do mundo. A ciência e a tecnologia nos deram forças e poderes que jamais tivemos antes, mas não nos deram a capacidade de refazer nossa existência como desejamos."[32]

Ainda assim, nada do que foi até agora exposto pretende desvalorizar as iniciativas "verdes". Ao contrário, sustento que elas devem ser estimuladas e valorizadas, desde que não percamos de vista a sua natureza frágil. É também importante não esquecer que essa fragilidade resulta do fato de elas serem iniciativas humanas, isto é, comportam nossos desejos de sobrevivência, mas também nossas pulsões de morte. É claro que fenômenos como o efeito estufa e as ações destinadas a combatê-lo devem ser analisados e discutidos a partir do maior número possível de ângulos. Mas reafirmo que tais análises e discussões não terão valor algum se delas não fizer parte a variável natureza humana – em especial as pulsões de morte ou que outros nomes queiramos dar-lhes.

Não é expressivo, para dizer o mínimo, o número de interessados em sustentabilidade e desenvolvimento sustentável que têm noção do que sejam as pulsões de morte e como elas podem interferir em seus planos e iniciativas. Há pouco, escrevi que a sustentabilidade é um fenômeno da natureza e o desenvolvimento sustentável é um fenômeno humano. Se isso é correto, a ideia de desenvolvimento sustentável pode até certo ponto ser considerada incompatível com a natureza humana que, como se sabe, é ao mesmo tempo sustentável (inclui Eros, o instinto de vida) e insustentável (inclui as pulsões de morte).

Dada a ambivalência essencial do ser humano, o que há nele de mais sustentável é sua dimensão natural, e o que nele existe de menos sustentável é sua dimensão cultural, isto é, suas culturas/civilizações e respectivas intervenções sobre o mundo natural. Os humanos têm de conviver com essas duas polaridades, que são irremovíveis de sua condição. A história mostra que não raro o autoengano, a auto e heterodestrutividade e até a loucura estão presentes nas pessoas que assumem posições de mando. A experiência tem mostrado que quanto mais elevado o cargo e maior o poder de um determinado indivíduo, maior será o seu grau de dissociação da realidade. Há trabalhos bem fundamentados que mostram uma incidência elevada de distúrbios de comportamento, psicopatias e psicoses em reis, presidentes, primeiros-ministros ou autoridades equivalentes em muitos países e épocas.[33]

Em termos econômicos, tudo indica que, ao menos em termos de marketing, hoje em dia levantar a bandeira da sustentabilidade é um bom negócio para as empresas. Resta saber até que ponto tal negócio é também bom para o bem-estar coletivo e para a integridade dos ecossistemas. Não é necessário detalhar as ameaças que pairam sobre todos nós, em decorrência da agressão extrativista ao mundo natural, e como os desastres climáticos e outros tendem a ser subestimados e racionalizados: quem emite gases tóxicos são os carros dos outros, não os nossos; as devastações florestais acontecem longe de nossas cidades e países; as multidões de flagelados das secas e enchentes ou os refugiados das guerras são sempre de regiões e países longínquos. Aqui, como em muitos outros casos, as racionalizações mais do que nunca estão a serviço do autoengano.

A sustentabilidade pode ser considerada um bom negócio porque, como se costuma argumentar, se não houver sustentabilidade não haverá negócios. Esse raciocínio é análogo ao que se fazia na época da Guerra Fria entre os Estados Unidos e a antiga União Soviética. Essas duas potências se armaram a tal ponto – inclusive com artefatos nucleares –, que quanto mais armas houvesse menor seria o perigo de guerra, pois esta significaria a destruição total. Porém, se por um lado sem armamentos não haveria guerras, de outra parte em caso de destruição nuclear não haveria mais vida, e portanto os armamentos seriam inúteis. Em consequência, os armamentos não deveriam ser usados e o raciocínio passaria a ser: quanto mais armas, menos guerras.

A esse ponto chegamos: o valor sobrevivência humana visto como um subproduto do valor econômico. É claro que esse raciocínio deve ser sempre cotejado com o conceito de pulsões de morte. Se, como dizem Schopenhauer e Freud, o verdadeiro objetivo da vida é a morte, é necessário que exista um valor mais poderoso – tão poderoso que possa atenuar de maneira temporária o desejo inconsciente de morrer. Esse valor seria o econômico ou, em palavras mais rasas, o desejo de ganhar dinheiro – pois só podemos ganhá-lo se estivermos vivos. Nessa linha de ideias, o valor econômico se contraporia às pulsões de morte e as transformaria em desejos de sobrevivência ou algo equivalente.

No entanto, para dar plausibilidade a esse raciocínio seria preciso que as seguintes premissas fossem aceitas: (1) as pulsões de morte são reais, mas podem até certo ponto ser atenuadas e retardadas; (2) todas as empresas, ou ao menos a maioria delas, adotariam políticas de preservação ambiental e responsabilidade social, e com isso se tornariam agentes de sustentabilidade; (3) se a sustentabilidade e o desenvolvimento sustentável são políticas/valores voltados para o futuro nós, humanos, deveríamos entender que de algum modo precisamos contrariar nossa natureza de seres locais e imediatistas.

Dessas três premissas, a terceira parece ser a mais problemática, pois, como se sabe, ao longo da história nossa natureza paroquial não tem se modificado. Não é necessário citar autores além de Freud para apoiar esse ponto, pois a simples observação do cotidiano o comprova. Portanto, para que a expressão "gerar valor" (tão usada em relação aos negócios) não se transforme em mais um *slogan* vazio, precisa ter sua viabilidade demonstrada na prática. Pois nunca é demais lembrar que expressões desse tipo tendem a ser aceitas de imediato e a seguir repetidas *ad nauseam*, o que cedo ou tarde as banaliza e as transforma em instrumentos de autoengano e atenuação de culpa.

Daí a pergunta se o máximo de sustentabilidade que podemos conseguir virá como subproduto de vantagens econômicas – de modo análogo ao da paz na Guerra Fria. A questão pode ser colocada de outra maneira: trata-se de saber qual é o custo real da sustentabilidade. Na Guerra Fria, a resposta foi mais ou menos óbvia: para que ela terminasse, muitas coisas tiveram de acontecer, entre as quais dar uma destinação ao imenso arsenal de armas convencionais, em parte sucateado, mas ainda com potencial de letalidade. Essa solução foi encontrada de uma forma quase "natural": o mercado de armamentos se auto-organizou e a guerra se pulverizou. Hoje, seus segmentos estão distribuídos em várias regiões do planeta como a África, o Oriente Médio e a América Latina. A ameaça global "fria" assumiu a forma de escaramuças locais, ações terroristas e guerras civis, todas elas "quentes" mas, até o momento e com exceção do Oriente Médio, não o bastante para se transformar em ameaças globais.

Por outro lado, por meio de sua vertente econômica o valor sustentabilidade tem contribuído para um certo abrandamento da miopia espacial e do imediatismo de muitas pessoas. Isso é fato, embora ainda esteja muito no início. Tudo se passa como se resistir às pulsões de morte seja justificável se isso resultar em ganhos econômicos e financeiros. De certa forma, a pulverização dos conflitos armados tem feito parte dessa iniciativa. Enquanto os mais pobres se matam entre si e exercem suas pulsões de morte de maneira diluída, os ricos ou menos pobres (estes agora chamados de "emergentes") tentam manter essa diluição sob controle, por meio da seleção do tipo de armas que fornecem a esse mercado. Produz-se assim uma sustentabilidade perversa: é como desmantelar uma bomba colossal, transformá-la em infinitas bombas menores, vendê-las e financiar seu uso (por meio de mercenários e apoio logístico), com a condição de que sejam explodidas o mais longe possível dos domínios dos fornecedores. Os ricos ou menos pobres vivenciam Eros, e os mais pobres experienciam as pulsões de morte. Um lado consome mais a vida e o outro consome mais a morte, mas a relação consumidor-fornecedor se mantém.

Tudo isso dito, continua a ser necessário um discurso autoenganador que ao menos atenue essas duras realidades. Ao que parece, tal discurso é composto por conversações e *slogans* repletos de eufemismos como "simplicidade", "inclusão", "responsabilidade", "pragmatismo" e coisas parecidas. É óbvio que essas considerações não se aplicam a todas as pessoas e países. Sabemos que há, no mundo inteiro, um número significativo de indivíduos e comunidades que acreditam nos princípios da sustentabilidade e os põem em prática de maneira realista, não importam os valores que estão por trás deles. Para essas pessoas e grupos, o valor sustentabilidade é mais humano e menos econômico.

Ainda assim, é preciso ter sempre presente que a sustentabilidade vista como valor econômico gera subprodutos para o bem e para o mal, porém em muitos casos o saldo tende a ser positivo, às vezes até mais do que se imagina. Alguns dos avanços nessa área incluem diminuir o risco de viver, ao menos para quem não está nos locais errados nos momentos errados. É como acontece com a medicina e a educação: são fantásticas e animadoras, mas seriam ainda mais fantásticas e animadoras se estivessem ao alcance de todos.

Uma compreensão melhor do valor sustentabilidade pressupõe o entendimento e a aceitação de três outros. Já conhecemos dois deles. O primeiro é o valor longo prazo (visão de futuro). O segundo é o valor amplitude (visão ampliada em termos de espaço). O terceiro é o valor qualidade. Este último é fundamental, mesmo que não possa ser redutível a números e talvez por isso mesmo. É um ponto delicado,

104   Complexidade e Sustentabilidade • Mariotti

pois não devemos esquecer que vivemos em uma cultura de mente mecanicista e fascinada pelo cálculo, que tende a subvalorizar argumentos e evidências qualitativas.

A poluição ambiental anda de mãos dadas com a morte e com a pobreza, inclusive com a pobreza de espírito. Nas cidades dos países ditos "em desenvolvimento", pesquisas mostram que a emissão de poluentes por veículos automotores, em especial o dióxido de carbono, é maior do que nos países ricos.[34] Na Ásia ela é da ordem de 37 kg/ano *per capita*, na China é de 86 e na América Latina é de 119. As causas são as de sempre: falta de catalisadores adequados, a idade avançada de muitos dos veículos e, por último, mas talvez mais importante, as motocicletas, que além de poluidoras são barulhentas e mortíferas. Estatísticas conservadoras mostram que na cidade de São Paulo morrem cerca de três motociclistas por dia. Ainda assim, como ressalta Dupas, a profissão de *motoboy* está entre as que mais crescem no Brasil e nos EUA.

As pulsões de morte encontram um campo fértil no trânsito pesado das metrópoles. Sabe-se que andar de motocicleta nesses ambientes é ao menos cinco vezes mais perigoso do que andar de automóvel, mas nada disso demove as pessoas de usá-las como meio de transporte, instrumento de trabalho ou de lazer. Aqui, como em muitos outros casos, funciona o mecanismo segundo o qual as pessoas, em especial os jovens, parecem estar convencidos de que, como disse Aristóteles, nosso narcisismo nos leva a acreditar que ter sorte é quando as flechas do inimigo só atingem os soldados que combatem ao nosso lado.[35] É como se esse fenômeno, de ordem inconsciente, fosse uma das manifestações mais eficazes das pulsões de morte – talvez a mais disseminada de todas.

KARL MENNINGER: O HOMEM CONTRA SI MESMO

O livro de Karl Menninger (1893-1990), *O homem contra si mesmo*,[36] se propõe a confirmar a realidade das pulsões de morte. Menninger foi um dos mais ilustres e influentes psiquiatras americanos. Além de uma vasta obra, da qual *O homem contra si mesmo* é o segundo livro, ele fundou a Clínica Menninger em Topeka, Kansas, que ainda hoje é um centro psiquiátrico importante nos EUA.

Sua proposta é ousada, mas nem por isso tão estranha quanto parece, e a noção de que todos nós temos um inimigo interno há muito tempo é de domínio público. *O homem contra si mesmo* foi publicado em 1938, um ano antes da morte de Freud. Ainda hoje é muito citado, e pode ser considerado um dos textos mais influentes da literatura psiquiátrica americana. Como foi dito, seu intento básico é explicar os impulsos humanos de autodestruição. Menninger não chega a afirmar que suas ideias estão provadas, mas apresenta numerosos exemplos, estudos de caso, material de literatura e dos meios de comunicação. Seus exemplos e argumentos são detalhados e bem estruturados.

A teoria de Menninger, baseada em Freud, propõe que a vida é uma luta constante entre o desejo de viver e o desejo de morrer, ao fim da qual este último sempre triunfa. Ao longo da vida, as múltiplas facetas do comportamento humano são manifestações do predomínio relativo de uma dessas duas tendências em constante conflito. A princípio, o livro de Menninger parece tratar apenas do suicídio, em sua acepção clássica de ato agudo e definitivo. Com a continuação da leitura, porém, torna-se claro que o autor cria a categoria do suicídio lento, "crônico", na qual inclui toda uma gama de comportamentos humanos de autodestruição.

A partir da teoria freudiana das pulsões de morte, Menninger sugere que o pior inimigo do homem é ele mesmo. Vimos que seu ponto de partida é o suicídio, que ele amplia até muitos outros tipos de autoagressão e autodestruição, dos quais dá como exemplos comportamentos como o martírio e o ascetismo. E também os mais abertamente autodestrutivos, como o alcoolismo e demais dependências químicas, além de outras condutas antissociais. Todos esses fenômenos são manifestações das pulsões de morte. Menninger menciona ainda a procrastinação, a tendência a se submeter a múltiplas cirurgias (tomomania), a automutilação, as pessoas propensas a acidentes (*accident-prone people*) e os acidentes propositais, fenômenos que voltarei a abordar logo mais. A todos esses pode-se acrescentar a compulsão a se submeter à hipermedicalização, de que uma das manifestações mais evidentes é a autoscopia compulsiva, isto é, a tendência a fazer reiterados e múltiplos exames médicos, alguns deles invasivos e não desprovidos de risco.

Vejamos dois trechos do livro de Menninger: (1) "No fim das contas, cada homem mata a si mesmo de uma forma que cada um escolhe, rápida ou lenta, precoce ou tardia. Todos nós sentimos isso, embora vagamente; há muitas oportunidades de testemunhá-las com nossos próprios olhos";[37] (2) "Nossa conclusão final deve considerar a guerra e os crimes, não menos do que a doença e o suicídio, que nos levam a reiterar e reafirmar a hipótese de Freud de que o homem é uma criatura dominada por um instinto orientado para a morte e, por outro lado, abençoado por um instinto oposto, que combate heroicamente e com graus variados de sucesso o seu conquistador final."[38]

O livro se encerra com a seguinte frase: "Diante da resistência temporária da malignidade do impulso autodestrutivo, e para prevenir uma capitulação prematura diante da Morte, algumas vezes teremos, por meio de extraordinários esforços, de proporcionar uma ajuda eficaz."[39] Nos termos da teoria da complexidade e das ações de sustentabilidade, essa "ajuda eficaz" deve ser entendida como os esforços destinados ao retardamento da entropia.

A experiência tem mostrado que a aceitação ou mesmo a busca de comportamentos e situações de risco, como a prática de esportes radicais, é função da idade. Tais condutas em geral começam no início da adolescência, atingem a incidência máxima na idade adulta e depois decrescem e se estabilizam na meia-idade. A partir desse ponto, os comportamentos de autossabotagem e autoagressão são substituídos por outros menos óbvios, mas nem por isso menos autodestrutivos. Em especial, a autossabotagem agora se dá por meio de abusos alimentares, do fumo, do álcool e do sedentarismo.

Alguns comentadores de Menninger, e também de Freud, afirmam que as argumentações de um e do outro são convincentes apenas para os que já estão convencidos, isto é, os "convertidos". Em geral, tais comentadores alegam que não há evidências "científicas" nessas teorias, o que equivale a dizer que elas não podem ser reduzidas ao raciocínio mecanicista de causalidade imediata (uma causa, um efeito; um efeito, uma causa). Também argumentam que Freud e Menninger usam uma linguagem "poética" e "filosófica". Mas aqui há dois pontos que convém realçar. O primeiro é que Freud e Menninger se referem a seres humanos e não a máquinas. O segundo mostra o bem conhecido preconceito contra as humanidades, das quais a filosofia e a literatura são vítimas destacadas. Seja como for, a simples observação do dia a dia continua a ser a melhor forma de confirmar a existência e a atuação da auto e heterodestrutividade dos humanos. Lá proliferam fatos que falam por si mesmos e não podem ser negados ou racionalizados. Não se trata, portanto, de ser ou não convincente, de ser ou não "científico" (no sentido mecanicista da palavra), mas de observar a realidade sem tentar fugir dela.

Para Menninger, já na época da publicação de seu livro tornava-se cada vez mais claro que parte da destruição que existe na Terra tinha origem em nossa própria tendência autodestrutiva. Mas ele não é o pessimista em que alguns tentaram transformá-lo, pois afirma que há muitas formas pelas quais a vontade de viver pode triunfar sobre a vontade de morrer. Ainda assim, ressalva que antes de tudo devemos ser realistas e entender que brincar de avestruz não ajuda em nada. Em sua opinião, se a natureza humana é como a observamos, seria melhor que nos conscientizássemos dela com a maior amplitude e profundidade possível, e para isso as teorias podem ser úteis. De fato, como Freud já havia dito, não importa se uma determinada teoria é ou não correta: sua importância vem da oportunidade que ela nos dá de acompanhar uma ideia até onde for possível. O que na realidade importa é o que se aprende durante essa trajetória.

Desde a publicação do livro de Menninger, a literatura sobre a autoagressão humana tem tido um crescimento impressionante.[40] Não é o caso de revisá-la aqui, mas é importante citar alguns exemplos. Ao comentar em editorial o trabalho de Elizabeth Jeglic, Holly Vanderhof e Peter Donovic,[41] Ralph Slovenko[42] faz algumas considerações de interesse, que passo a apresentar e comentar. O artigo de Jeglic e colaboradores se refere a pessoas que, devido a esses mesmos comportamentos, foram parar em delegacias de polícia e instituições semelhantes. Slovenko começa com uma afirmativa que para o público pode parecer insólita, mas que para psiquiatras, psicoterapeutas e todos os que trabalham em pronto-socorros não o é: diz que os comportamentos autodestrutivos são muito mais comuns do que se imagina.

Para os quatro autores acima citados, as condutas de autoagressão têm quatro propósitos ou funções: (1) intenções suicidas; (2) tentativas de manipular o entorno; (3) regulação emocional; (4) responder a ilusões ou alucinações psicóticas.

A Natureza Humana II. De Freud a Menninger   107

Para eles, essas funções são encontráveis em graus variáveis na população geral, e a automutilação talvez atenda a mais de uma delas. Minha experiência atual como psicoterapeuta, e também a anterior, como plantonista em hospitais de pronto--atendimento, no Brasil e nos EUA, sustenta essa afirmação.

Slovenko assegura que hoje há outras formas, além da freudiana, de explicar os comportamentos autoagressivos/autodestrutivos. Um deles é a regulação afetiva: raiva de si mesmo e de outros e alívio de tensões. Slovenko também se refere, de maneira um tanto crítica, à atual tendência de explicar tudo pelos genes, segundo a qual, entre muitas outras manifestações, a constituição genética das pessoas também pode levar à depressão e a comportamentos autoagressivos. Como assinalam Kaplan e Rogers, o que antes era explicado em termos de instintos hoje se procura explicar por meio da genética.[43]

Entretanto, sejam quais forem as tentativas e modos de elucidação, os fenômenos de autoagressão e autodestruição humana continuam presentes e são de fácil observação. E podem chegar a extremos: "Acredite-se ou não", diz Slovenko, "existem centros de terapia aos quais os clientes comparecem para ser maltratados". Os sádicos obtêm prazer em maltratar e os masoquistas sentem prazer em ser maltratados – e uns e outros pagam para isso. Tudo acontece em instituições com endereço conhecido, *newsletters* e *websites*, sem que faltem as indefectíveis correntes, os chicotes, as roupas de couro e coisas do gênero.

Vimos que a automutilação em graus variados é um fenômeno frequente. Os psiquiatras a consideram um tipo localizado de autodestruição. Os exemplos são múltiplos. Um dos mais comuns são as pessoas que cortam a si mesmas, em geral nos braços e tórax (são os chamados *cutters,* dos quais atendi vários casos em consultório e hospitais), as quais manifestam comportamentos que quase sempre incluem fantasias masoquistas. O comportamento ritual dos *cutters* (que eles em geral alegam ser indolor) busca aliviar tensões ou descarregar raiva e ódio contra si mesmos e outros. Há também, como relatam Slovenko e muitos outros autores, casos de amputação de membros (com ou sem a ajuda de médicos) e enucleação de olhos, muitos deles com o objetivo de produzir oferendas de cunho religioso. Acidentes de automóvel, e mesmo de avião, podem ter por trás suicídios ou tentativas de suicídio. O chamado *suicide by cop* consiste em provocar policiais para que eles atirem em seus autores. Há também o ato de oferecer-se para pesquisas médicas, algumas delas invasivas e perigosas em potencial. Alguns tipos de *piercing* têm sido incluídos entre as manifestações menos graves desses comportamentos.

Em um de seus ensaios,[44] o escritor americano David Foster Wallace assinala que, segundo a American Academy of Emergency Medicine, todos os anos entre uma e duas dúzias de adultos americanos do sexo masculino são atendidos em pronto-socorros, depois de terem castrado a si mesmos com facas de cozinha, torqueses de cortar arame e instrumentos semelhantes. Quando indagados sobre o porquê de suas ações, em geral relatam que seus impulsos sexuais haviam se tornado uma fonte intolerável de conflitos e ansiedade. A vontade de libertar-se deles "de uma maneira perfeita", em contraste com a ausência de perfeição no mundo real, produz uma tensão insuportável.

A tentação de transformar comportamentos como os acima mencionados em exceções ou recortes da realidade – que é o mesmo que restringi-los ao âmbito das patologias – acontece com muita frequência. Um exemplo comum é o dos políticos que tentam justificar para o público desastres resultantes de falta de medidas de prevenção ou manutenção, ao chamá-los de "fatos isolados". A tentação redutivista se origina, como sempre, de nossa tão arraigada lógica binária, que nos leva a pensar o mundo sempre em termos de certo-errado e normal-anormal.

Acontece, porém, que na vida real as coisas não se passam dessa forma. Entre os extremos ausência de mutilação (o "normal") e presença de automutilação (o "anormal") há muitas gradações, variações, manifestações de maior ou menor gravidade – das mais discretas às mais chocantes, que em geral são classificadas como patológicas. Recortar ou isolar algo de seu contexto é simplificar, focar, tentar diminuir a complexidade em benefício do entendimento. É o que fazemos e até devemos fazer em certos casos, desde que de modo temporário. Mas imaginar que o foco e o recorte serão sempre representativos do contexto é supersimplificar, tentar reduzir a complexidade da realidade ao nosso entendimento.

Por isso, quando se afirma que fenômenos como a automutilação são muito mais comuns do que se imagina, o que se quer dizer é que eles ora são mais discretos (menos chocantes), ora menos discretos (mais chocantes). Todos os casos, desde os mais aos menos gritantes, e mais toda a gama de variantes que existe entre eles, são manifestações de uma mesma complexidade. Portanto, considerá-los recortes ou exceções (seja no sentido de minimizá-los ou de maximizá-los) equivale a tentar negar essa complexidade por meio de sua fragmentação. Parece desnecessário ter de mais uma vez explicar isso, mas minha experiência de psicoterapeuta tem mostrado o quão fortes podem ser as resistências que se manifestam por meio da negação e do autoengano.

Na área da saúde, há muitas evidências que mostram como o organismo se volta contra si mesmo. Sabemos que nosso sistema imunológico se defende dos invasores de ao menos duas maneiras. Uma é por meio dos linfócitos T, células que atacam tais invasores. Outra defesa é posta em prática por meio de anticorpos contidos nos linfócitos B. Mas o organismo também pode se autoagredir e produzir lesões em alguns de seus tecidos. São as chamadas doenças autoimunes ou de autoagressão. Entre muitas outras estão a artrite reumatoide, a esclerose múltipla, a esclerodermia, o diabetes *mellitus* tipo 1, a tireoidite de Hashimoto, o lúpus eritematoso, a dermatite atópica, a psoríase e o vitiligo.

A existência dessas patologias se insere no conjunto das evidências que contrariam as opiniões dos que pretendem negar as pulsões de morte, mediante o argumento de que esse conceito freudiano não se apoia em bases científicas suficientes. Porém, a exemplo do que o ocorreu em vários outros casos, descobertas posteriores viriam a confirmar as ideias e conceitos de Freud.

NOTAS

[1] FREUD, Sigmund. *Beyond the pleasure principle and other writings*. Londres: Nova York: Penguin, 2003, p. 45-102.

[2] Traduzir *Trieb* como instinto é errado. É melhor usar o termo "pulsão" (*drive*, em inglês). A dicotomia instinto de vida (Eros) – pulsões de morte já havia sido apresentada desde 1911 por Wilhelm Stekel, e por outros em 1912. Freud não usou o termo "Tanatos" nesse contexto, mas seus predecessores o fizeram.

[3] FREUD, *Beyond the pleasure principle*, p. 81.

[4] AKHTAR, Salman. Introduction. In: AKHTAR, Salman; O'NEIL, Mary (Ed.). *On Freud's beyond the pleasure principle*. Londres: Karnac Books, 2011, pos. 165-327.

[5] SANTO AGOSTINHO. *Confissões*, IV, 10.

[6] MARIOTTI, Humberto. *Pensando diferente*: para lidar com a complexidade, a incerteza e a ilusão. São Paulo: Atlas, 2010, p. 152 ss.

[7] AKHTAR, *On Freud's beyond the leasure principle*, pos. 177.

[8] FREUD, Sigmund. The ego and the id. In: FREUD, Sigmund. *Beyond the pleasure principle and other writings*. Londres: Nova York: Penguin Books, 2003, p. 102-148.

[9] FREUD, Sigmund. Nuevas aportaciones al psicoanalisis. In: FREUD, Sigmund. *Obras completas*. Madrid: Biblioteca Nueva, 1948, v. 2, p. 836-839.

[10] GRAY, John. *Gray's anatomy*: selected writings. Londres: Penguin, 2010, p. 398.

[11] SCHOPENHAUER, Arthur. *The world as will and representation*. Lexicon, 2011.

[12] YOUNES, Ryad. Doença política: congresso na Holanda revela que as medidas antitabagismo adotadas por países europeus reduziram os casos de câncer de pulmão. *CartaCapital*, 13 jul. 2011.

[13] FREUD, Sigmund. *Standard edition of the complete works of Sigmund Freud*. Londres: Hogarth Press, 1964, v. 22.

[14] LEITH, Mark. Instinct and survival: an exchange of letters between Einstein and Freud. *Canadian Medical Association Journal*, 163 (9): 1178-1179, 2000.

[15] EINSTEIN, Albert; FREUD, Sigmund. *Why war?* Chicago: Chicago Institute for Psychoanalysis, 1933. Detalhes da citação: "As condições ideais seriam obviamente encontradas em uma comunidade na qual todos os homens subordinassem sua vida instintiva aos ditames da razão. Somente isso seria capaz de proporcionar uma união completa e durável entre os homens. [...] Mas tal esperança é seguramente utópica se considerarmos as coisas como elas são. Outros métodos indiretos de prevenir a guerra são certamente mais viáveis, mas não proporcionam resultados rápidos. E nos levam a imaginar um cenário horrível, de moinhos que trituram tão vagarosamente que antes que a farinha esteja pronta os homens terão morrido de fome."

[16] JOHNSON, Neil. *Simple complexity*: a clear guide to complexity theory. Oxford: Oneworld, 2011, pos. 473.

[17] AKHTAR, *On Freud's beyond the pleasure principle*, pos. 168.

[18] HOPKINS, Linda. *False self*: the life of Masud Khan. Londres: Karnac, 2008.

[19] BOYNTON, Robert S. The strange case of Masud Khan. *Boston Review*, Dec. 2002/Jan. 2003. Disponível em: <bostonreview.net/BR27.6/boynton.html>.

[20] MANN, David W. Masud and Mr. Khan. Disponível em: <www.bostonneuropsa.net/PDF%Files/Mann/David%20M>.

110 Complexidade e Sustentabilidade • Mariotti

21 FREUD, Sigmund. Psicologia de las masas. In: FREUD, Sigmund. *Obras completas*, op. cit., v. 2, p. 1141-1174.

22 FREUD, Sigmund. The ego and the id. In: *Beyond the pleasure principle and other writings*. Londres: Penguin, 2003, p. 104-148.

23 GAY, Peter. *Freud*: a life for our time. Nova York: Norton, 1988, pos. 9310.

24 Id., ibid., pos. 9354.

25 EINSTEIN; FREUD, *Why war?* Chicago: Chicago Institute for Psychoanalysis, 1933.

26 MILLS, Jon (Ed.). *Rereading Freud*: psychoanalysis through philosophy. Albany: State University of New York Press, 2004. Ver também: MILLS, Jon. Reflections on the death drive. *Psychoanalytic Psychology*, 23(2): 373-382, 2006.

27 Para um estudo profundo, realista e bem fundamentado sobre o envelhecimento ver: BEAUVOIR, Simone de. *A velhice*. Rio de janeiro: Nova Fronteira, 1990.

28 MARIOTTI, Humberto. *Pensando diferente*: para lidar com a complexidade, a incerteza e a ilusão. São Paulo: Atlas, 2010, p. 157 ss.

29 A esse respeito, ver o relatório especial da revista *The Economist* (13 Oct. 2012) sobre a economia mundial. Sua primeira parte ("For richer, for poorer") começa assim: "A crescente desigualdade é um dos maiores desafios sociais, econômicos e políticos de nosso tempo. Mas não é inevitável, diz Zanny Minton Beddoes."

30 GRAY, *Gray's anatomy*, op. cit., p. 14.

31 Id., ibid., p. 15.

32 Id., ibid., p. 16.

33 A esse respeito, ver os seguintes estudos: DURSCHMIED, Erik. *Fora de controle*: como o acaso e a estupidez mudaram a história do mundo. Rio de Janeiro: Ediouro, 2003; GHIRELLI, Antonio. *Tiranos: de Hitler a Pol Pot*: os homens que ensanguentaram o século 20. Rio de Janeiro: Difel, 2003; GREEN, Vivian. *A loucura dos reis*: história de poder e destruição, de Calígula a Saddam Hussein. Rio de Janeiro: Ediouro, 2006.

34 DUPAS, Gilberto. *O mito do progresso*: ou progresso como ideologia. São Paulo: Editora UNESP, 2006, p. 245-246.

35 BECKER, Ernest. *The denial of death*. Nova York: Free Press, 1973, p. 2. Eis a citação completa: "Dois mil e quinhentos anos de história não mudaram o narcisismo humano básico; na maioria das vezes, para a maioria de nós essa ainda é uma definição adequada de sorte. [...] Achamos que praticamente todos são descartáveis, menos nós."

36 MENNINGER, Karl A. *Man against himself*. Nova York: Harcourt, Brace & World, 1938.

37 Id., ibid., p. vii.

38 Id., ibid., p. 470.

39 Id., ibid., p. 471.

40 Ver, a título de exemplos, as seguintes referências: ELLIOTT, C. A new way to be mad. *Atlantic Monthly*, 286 (6): 72-84, 2000; SUYEMOTO, K. L. The function of self-destruction. *Psychology Review*, 18: 531-554, 1998; APPELBAUM, Kenneth L.; SAVAGEAU, Judith A.; TRESTMAN, Robert L.; METZNER, Jeffrey L.; BAILLARGEON, Jacques. A national survey of self-injurious behavior in American prisons. *Psychiatric Services*, 62: 2850290, 2011.

[41] JEGLIC, Elizabeth L.; VANDERHOF, Holly A.; DONOVIC, Peter J. The function of self-harm behavior on a forensic population. *International Journal of Offender Therapy and Comparative Criminology*, 49 (2) 131-142, 2005.

[42] SLOVENKO, Ralph. Self-destructive behavior and the thereafter. *International Journal of Offender Therapy and Comparative Criminology*, 49 (2) 125-130, 2005.

[43] KAPLAN, G.; ROGERS, L. J. *Gene worship*. Nova York: Other Press, 2003.

[44] WALLACE, David Foster. Big red son. In: *Consider the lobster*. Londres: Hachette Digital, 2006, pos. 37.

5

A Natureza Humana III.
De Fromm a Gray

"O homem é uma corda entre a besta e o
Super-homem – uma corda sobre o abismo."

(FRIEDRICH NIETZSCHE)

ERICH FROMM

Em *Anatomia da destrutividade humana*,[1] Fromm (1900-1980) discute em profundidade a agressividade humana e se refere de modo crítico às posições de Konrad Lorenz, expostas em obra famosa sobre o mesmo assunto.[2] Muitos dos conceitos de Lorenz são de natureza evolucionária, e nessa linha de raciocínio a função da agressividade seria garantir a sobrevivência dos indivíduos e a da espécie. Até aí Fromm tende a concordar. Sua discordância começa quando ele assinala que Lorenz vê a agressão, associada à crueldade e aos impulsos homicidas humanos, como a origem do prazer de matar.

Lorenz vê a agressividade humana como um fenômeno único, que funciona em termos de defesa ou ataque de acordo com as circunstâncias. Com base nessa suposição, afirma que as guerras são causadas por esse impulso destrutivo, que considera inerente à natureza humana.[3] Fromm procura refutá-lo com uma argumentação semelhante à que usa para questionar Freud em relação às pulsões de morte. Argumenta que Lorenz não estava capacitado a analisar o comportamento humano, pois havia trabalhado muito mais com o dos animais. No entanto, as ideias de Lorenz acabaram por ser aceitas por intelectuais fora da área da psicologia e da neurociência. Pode-se imaginar, com razoável margem de acerto, que o fato de ele ter recebido o prêmio Nobel de fisiologia e medicina, em 1973, tenha contribuído para essa acolhida. Mas há quem diga que suas conclusões não parecem exageradas, sobretudo quando são cotejadas com os acontecimentos do dia a dia.

Seja como for, Fromm tenta negar ou racionalizar os resultados de estudos como os de Lorenz, e já havia feito o mesmo com os de Freud.[4] Fromm pode ser colocado entre os que não aceitam a ideia da existência de uma natureza humana, a qual inclui características que parecem não ter mudado de modo significativo ao longo dos séculos e milênios. Nesse particular, ele segue uma linha de pensamento semelhante à de Rousseau, marcada pela dicotomia "homem naturalmente bom *versus* homem culturalmente mau". Por isso, de certa maneira nesse particular o pensamento de Fromm se aproxima da ideia rousseauniana do "bom selvagem", embora um pensador de seu porte não chegue a descambar para o raciocínio binário. O que no entanto não impede que ele acredite que é a "irracionalidade" das estruturas sociais que torna agressivos os seres humanos. Em consequência, a análise e a eventual desconstrução de tais estruturas poderia criar condições para a diminuição da agressividade.

Tal análise começa com um estratagema engenhoso: Fromm distingue nos humanos dois tipos de agressão. A primeira resulta de uma programação filogenética para atacar ou fugir.[5] Em outros termos, ele argumenta que os mamíferos, em especial os primatas, têm em si uma dimensão de agressão "boa", mas em sua grande maioria não são assassinos nem torturadores.[6] É a agressão biologicamente adaptativa, que ele chama de defensiva ou "benigna". A segunda é a "agressão maligna", que inclui uma crueldade e destrutividade que só existe nos humanos e quase nunca se vê nos demais mamíferos. A seu ver, esse segundo tipo de agressividade não é filogeneticamente programado nem biologicamente adaptativo.

Vemos, portanto, que ao adjetivar e dicotomizar a agressividade Fromm atribui juízos de valor aos polos assim criados e a questão adquire um viés maniqueísta: agressão "benigna" *versus* agressão "maligna". No primeiro caso ela é saudável, e no segundo é uma patologia que pode ser "tratada e curada". Fromm argumenta – de modo semelhante ao de Rousseau – que a destrutividade humana aumenta com o progresso e o avanço do processo civilizatório, e por isso conclui que a destrutividade humana inata é mais coerente com a história do que com a pré-história. Entretanto, já vimos que Steven Pinker verificou que a prazos muito longos o processo civilizatório parece diminuir, e não aumentar, a agressividade e a destrutividade dos homens. Mas fez duas ressalvas: primeiro, esse processo de diminuição é muito lento; segundo, não há nenhuma garantia de sua continuidade.

Fromm admite que o homem é diferente dos animais porque é um matador. É o único primata que tortura e dizima membros de sua própria espécie, faz isso sem motivação biológica ou econômica e muitas vezes sente prazer em fazê-lo. Essa observação suscita outra, que julgo útil para o contexto deste livro. A obra de Fromm, *Anatomia da destrutividade humana*, foi publicada pela primeira vez em 1973, época em que as preocupações em relação ao meio ambiente eram menores do que hoje em dia. Talvez por isso ele não tenha dado ênfase à extrema destrutividade humana em relação ao mundo natural (a qual não se pode dizer que existe nos animais) e suas consequências. Estas têm sido escamoteadas como de costume, porque, como quase sempre acontece, é simples constatar que tais iniciativas vêm de fontes cujas ligações com interesses políticos e econômicos são fáceis de identificar.

Fromm também fala sobre as relações entre os instintos e as paixões. Os instintos são de natureza biológica e servem à satisfação das nossas necessidades fisiológicas. As paixões fazem parte do caráter das pessoas e atendem às suas necessidades existenciais. As paixões humanas podem se orientar para o amor e para a destrutividade, e isso depende das circunstâncias da vida social – mas atuam em coerência com as necessidades biológicas. No que se refere à "agressão maligna", Fromm distingue o sadismo – o impulso de exercer poder sobre os outros – e a necrofilia, o impulso de matar e a atração pelo que está morto, em decomposição ou é mecânico. Dessa maneira, a predileção pelas máquinas em detrimento dos seres humanos, tão disseminada em nossa cultura atual, faria parte dos impulsos necrofílicos.

Como Lacan, Fromm aborda a condição humana a partir da releitura da psicanálise freudiana clássica. Em especial, afasta-se dos conceitos de Freud relativos aos instintos. No capítulo anterior vimos que, em termos de natureza humana, Freud abrira as portas para o estudo da destrutividade humana quando reconheceu, já no fim de sua vida (e para alguns, como Ernest Becker, quando de certa maneira se aproximou do pensamento existencial), que o ser humano tem sua vida balizada por opostos antagônicos, mas também complementares: as pulsões de vida (Eros) e as pulsões de morte. Fromm insiste em que os instintos (pulsões) são de ordem natural e as paixões que se arraigam em nosso caráter são de natureza cultural, isto é, social e histórica.

Vimos que Fromm divide de modo binário a agressividade humana em biologicamente adaptativa e filogeneticamente programada e, de outra parte, biologicamente não adaptativa e filogeneticamente não programada. Com isso ele leva esta última para o terreno da patologia social. Esse fato sugere que é preciso levar em conta o fenômeno da psicopatia/sociopatia e o que ela significa para as relações entre os homens e entre estes e o mundo natural.[7] É o que será feito a seguir.

A PSICOPATIA E OS PSICOPATAS

A psicopatia é um fenômeno que tem merecido crescente atenção e é objeto de apreciável bibliografia. As considerações a seguir são baseadas em especial (mas não só) no livro editado por Ellsworth Fersch.[8] O primeiro autor a descrever o que na época chamou de personalidades psicopáticas foi Hervey Cleckley, em 1942.[9] Em 1980, seus estudos foram complementados por Robert Hare,[10] que criou uma *checklist* denominada *Psychopathy Check List* (PCL), depois modificada e consolidada com o nome de *Psychopathy Check List Revised* (PCL-R). O objetivo de Hare foi

116 Complexidade e Sustentabilidade • Mariotti

ampliar as observações e descrições de Cleckley, e dar-lhes um formato que as tornasse mais úteis como instrumento de diagnóstico.

A PCL-R é hoje de uso corrente em psiquiatria clínica e forense e também em psicologia social. Compõe-se de vinte traços de personalidade, todos citados no livro de Fersch: loquacidade e charme superficial; sentimento grandioso de autovalorização e autoestima; necessidade de ser sempre estimulado e tendência ao enfado; mentir de maneira patológica; astúcia e capacidade de manipulação; ausência de remorso ou culpa; sentimentos (afetos) sem profundidade; insensibilidade e falta de empatia; estilo de vida parasitário; controle deficiente do próprio comportamento; comportamento sexual promíscuo; história de distúrbios de conduta em idade precoce; falta de objetivos realistas de longo prazo; impulsividade; irresponsabilidade; deficiência em aceitar a responsabilidade pelas próprias ações; história de muitas relações maritais de curta duração; história de delinquência juvenil; história de revogação de liberdade condicional; versatilidade criminal.

O diagnóstico de psicopatia inclui dois comportamentos principais: (1) prejudicar outras pessoas de modo egoísta e insensível; (2) estilo de vida instável e antissocial. Cada um dos vinte itens da PCL-R vale de zero a dois pontos. O psicopata típico tem um escore de 40 pontos, mas um escore acima de 30 já é suficiente para o diagnóstico. É claro que este não se baseia apenas nas informações fornecidas pelos que respondem às perguntas, pois sabe-se que os psicopatas mentem com muita facilidade. Por isso é também necessário um estudo detalhado da história pregressa dessas pessoas, o que inclui registros médicos e, se houver, dados de processos judiciais e prontuários policiais. A esse respeito, convém lembrar que os psicopatas são impermeáveis a apelos e exortações, não se abalam diante de ameaças, não aparentam ter medo de punições e portanto não se podem esperar resultados corretivos das que lhes são aplicadas.

As vinte características ou traços de PCL-R revelam que há um espectro, um *continuum* que vai de manifestações mínimas a máximas da personalidade psicopática. Esse fato permite o diagnóstico de nuanças, graus intermediários e casos limítrofes ou subclínicos *(borderline)*. Estes últimos têm sido observados em pessoas denominadas de "quase psicopatas", e há um estudo de Ronald Schouten, professor de psiquiatria da Harvard Medical School, e seu colaborador James Silver, dedicado a eles.[11] Esse livro contém dois apêndices operacionais, estudos de caso, e elucida uma diferença importante entre as psicopatias e as personalidades antissociais: estas últimas são caracterizadas e reconhecíveis por comportamentos. A psicopatia se baseia em comportamentos e traços de personalidade.[12]

Uma das características mais evidentes dos psicopatas é o chamado charme superficial que, associado à loquacidade, muitas vezes tem sido confundido com um alto grau de simpatia e bom humor. Na verdade não se trata disso, pois sabe-se que os psicopatas têm inteira consciência de sua maneira de ser e esses traços são por eles usados como instrumentos de manipulação. Na realidade, o charme superficial serve para esconder um dos traços marcantes dos psicopatas, que é a indiferenciação dos relacionamentos: eles tratam todos da mesma maneira – como se estivessem diante de um único indivíduo. O resultado é que os interlocutores mais crédulos podem se sentir distinguidos por um tratamento que lhes parece empático e positivo, mas que na verdade é impessoal, frio e padronizado. Qualquer tentativa de aprofundar relações é desencorajada, quando não rechaçada pelo psicopata.

A impessoalidade e o falso charme com frequência são traídos pela imutabilidade do olhar. Os olhos dos psicopatas em geral não mudam com o sorriso. Esse fenômeno faz parte de um relato muito comum entre as pessoas que convivem com eles: estão presentes num determinado ambiente, mas é como se não estivessem. A superficialidade dá a impressão de que estão sempre de saída. Sua atenção e comprometimento não estão ali. Na realidade, estão no único lugar que lhes interessa – eles mesmos. A ideia de que todos os psicopatas ou quase psicopatas são criminosos vem do fato de que essas pessoas com frequência têm problemas com a polícia ou a justiça. Mas a experiência tem mostrado que a psicopatia, em seus vários graus e manifestações, está distribuída na população geral. Hoje, porém, sabe-se que há algumas áreas de concentração.

Os psicopatas veem as pessoas e o mundo natural de modo binário: ou como obstáculos a serem contornados ou eliminados, ou como instrumentos e fontes de recursos a serem aproveitados. Esse traço é problemático quando se trata de iniciativas de sustentabilidade: conceitos altruístas como o princípio de responsabilidade, proposto por Hans Jonas, nada significam para eles. É difícil imaginar que essas pessoas se comprometam com algo mais do que com elas próprias. A sensação de estar fora do mundo natural é muito forte nas personalidades psicopáticas.

Estudos têm revelado que há uma incidência aumentada de psicopatas e quase psicopatas entre os políticos, empresários e executivos, em relação à população geral. Nessa ordem de ideias, se considerarmos que entre as responsabilidades desses líderes está a de traçar e acompanhar políticas públicas de sustentabilidade, justifica-se que esse aspecto mereça especial atenção. Mas é preciso cautela, pois, como já foi dito, o diagnóstico de psicopatia se estende em um *continuum*. Isso quer dizer que todos nós somos um pouco psicopatas, do mesmo modo que, como disse certa vez Gilles Deleuze, somos todos um pouco dementes. Ainda assim, é preciso não esquecer que é real a existência dos quase psicopatas e dos psicopatas plenos, "de livro", como costumam dizer os médicos – o que de modo algum os exclui da participação maior ou menor nesse espectro.

Antes da publicação de seu já mencionado trabalho *Quase um psicopata*, Schouten e Silver já haviam escrito artigos e *posts* sobre os resultados de seus estudos sobre a psicopatia. Em um deles,[13] Silver observa que muitas das características clínicas que definem os psicopatas são as mesmas que caracterizam muitos líderes de destaque. Quando se leem os traços que constam da PCL-R, não é de admirar que ele tenha identificado psicopatas egrégios como Hitler e Stalin. Silver também cita o neurocientista Paul Brok, que chegou à conclusão de que Tony Blair, ex-primeiro ministro inglês, seria um "psicopata plausível". Refere também que o psicólogo

David Likken identificou traços psicopáticos no ex-presidente americano Lyndon Johnson que, em suas palavras, era "audacioso, sem pudor, tinha um comportamento abusivo em relação à sua esposa e subalternos, e era capaz de qualquer coisa para atingir seus objetivos".

Entre os traços encontráveis nos psicopatas, Silver destaca a mente calculista e o já mencionado charme fácil e superficial. A questão, pergunta ele, é até que ponto há personalidades psicopáticas entre as pessoas que costumam se candidatar e ser eleitas a altos cargos públicos com poder de mando. Goste-se ou não, a resposta é afirmativa, como tem mostrado a experiência. E é compreensível que assim seja, pois, como ressalta ele, a busca do poder e do prestígio, tão comum entre os psicopatas, não o é menos entre os políticos. Neste ponto, o leitor talvez queira parar um pouco e relembrar alguns dos políticos e outras pessoas que conhece, e cotejar seus traços de personalidade com os do PCL-R. Com certeza terá uma experiência instrutiva. Contudo, é evidente que esse exercício não deve ter por objetivo despertar preconceitos nem execrar pessoas. Trata-se apenas de observar como é o mundo real, em especial quando se está diante de casos específicos.

De mais a mais, é claro que ter psicopatas entre as suas fileiras não é exclusividade da política. O autor recém-citado refere-se a um texto que afirma que uma em dez pessoas que trabalham nas empresas de serviços financeiros de Wall Street é psicopata.[14] E logo acrescenta que é provável que essa estimativa seja exagerada, mas sugere que os leitores, com base nos dados que conhecem – em especial os divulgados sobre as crises financeiras e os escândalos a elas associados, acrescento – façam suas próprias avaliações.

Silver acrescenta que, por meio dos critérios da PCL-R, pesquisadores nos EUA chegaram à estimativa de que 3 milhões de americanos (cerca de 1% da população do país) são psicopatas. E conclui que se isso acontece na população geral também ocorre em Wall Street. Mas lá a especificidade é maior, se levarmos em conta que traços como objetividade, quantitativismo, baixa capacidade de empatia e a propensão a assumir riscos são desejáveis para quem trabalha no mercado financeiro. Para ele, "uma pessoa cautelosa e muito preocupada com os sentimentos dos outros não teria um perfil adequado para trabalhar em uma firma de investimentos".

Sempre segundo Silver, pesquisadores da Universidade de Surrey descobriram que gestores seniores de negócios são mais propensos a apresentar três distúrbios de personalidade: histrionismo (teatralidade), narcisismo e temperamento obsessivo-compulsivo. Convém lembrar que a indústria cinematográfica americana tem produzido filmes interessantes sobre psicopatias e outros distúrbios de personalidade, alguns dos quais têm Wall Street e seus executivos como foco. Segundo Silver, em 2003 um estudo examinou 203 participantes de um programa de desenvolvimento gerencial em sete empresas nos EUA. O resultado mostrou que cerca de 4% se enquadraram no diagnóstico de psicopatia. Esse estudo não foi específico para executivos da área financeira, mas seus resultados apoiam a ideia de que a ocorrência de personalidades psicopáticas no universo das finanças e nas corporações é mais significativa do que na população geral.

Tudo isso visto, é prudente não tentar avaliar dados como esses por meio do raciocínio binário, mas sempre em termos de um espectro e suas nuanças. Como já foi dito, não é o caso de pensar em termos dicotômicos, pois isso não se aplica às psicopatias, como aliás acontece em muitas outras circunstâncias da vida real.

Silver assinala que a principal diferença entre os psicopatas e os quase psicopatas é o grau de falta de remorso. Acrescenta que 15% da população geral dos EUA (o que corresponde a cerca de 45 milhões de americanos) podem ser considerados quase psicopatas. Sabemos que, ao contratar seus colaboradores, as organizações financeiras de todo o mundo costumam escolhê-los segundo características que, como no caso dos políticos, correspondem aos traços das personalidades psicopáticas (calculismo, mais preocupação com os números do que com as pessoas, tendência a relacionamentos superficiais e de curta duração e assim por diante). Tudo isso dá margem a que se pense que, nessa indústria, ao menos 15% das pessoas são quase psicopatas, e assim propensas a manipulações em proveito próprio com as consequências previsíveis. Mas, é claro, elas não são as únicas em nossas sociedades.

Ainda assim, é indispensável ter presente a necessidade de suspender, ao menos por alguns momentos, nossos preconceitos diante de situações como essas. Nunca é demais reafirmar que é preciso ter muito cuidado ao lidar com números e estatísticas – ter presente que, a não ser em casos bem específicos, eles podem nos proporcionar uma segurança falsa e indutora de erros. Convém sempre confiar na observação participativa, na experiência vivida e discutida com o maior número possível de interlocutores. Afinal, conclui Silver, se de cada 100 pessoas uma é psicopata, e se de cada 100 indivíduos 15 são quase psicopatas, é óbvio que esse fenômeno não se limita à área financeira. Por outro lado, o bom-senso nos faz lembrar que a mente mecanicista, quantitativa, "pragmática" e "objetiva" é bem mais frequente nessa área, e esse dado deve ser levado em conta.

EDWARD O. WILSON E O HOMEM LOCAL

Em muitas discussões sobre a natureza humana, surgem com frequência tentativas de explicar nossa tendência a pensar em termos restritos de espaço e tempo. Somos imediatistas em termos de tempo e, em termos de espaço, pensamos quase sempre em nosso entorno imediato. Nesse particular é essencial entender dois pontos: (1) não há dúvidas da existência dessa propensão; (2) ela permite a compreensão de várias de nossas deficiências e limitações. Uma das explicações bem conhecidas é a do biólogo americano Edward O. Wilson,[15] que passo a descrever e comentar.

Segundo Wilson, o cérebro humano evoluiu para se tornar ligado e comprometido com um entorno limitado, tanto em termos de espaço quanto de tempo, o

120 Complexidade e Sustentabilidade • Mariotti

que neste último caso inclui no máximo duas ou três gerações para a frente. O que está muito longe de nós em termos de espaço e tempo não nos interessa. Wilson explica essas constatações por meio de nossa ancestralidade paleolítica. Ao longo dos milênios, a vida seguiu assim circunscrita porque essa mostrou-se a maneira mais eficaz de interagirmos com o ambiente e procriarmos em relativa segurança. Para ele, essas particularidades ainda hoje respondem por nossa tendência a pensar em prazos curtos e não nos aventurarmos em contextos amplos.

Na mesma linha de pensamento, Morin diz que dispomos de um sistema nervoso que é útil para nos ambientarmos em nosso entorno imediato, mas nem tanto para conceber o macro e o microcosmo.[16] Por sua vez, a filósofa Mary Midgley advertiu que, durante ao menos os últimos 200 anos, a dominância do pensamento atomista/fragmentador/cartesiano e redutivista na ciência produziu uma visão "paroquial" da Terra.[17] Também levou, com toda probabilidade, à hegemonia da lógica binária em nossa cultura.

É por tudo isso que temos tanta dificuldade de pensar e agir fora de nosso contexto têmporo-espacial imediato. Daí nosso imediatismo, nossa necessidade de satisfação instantânea. Somos imediatistas e paroquiais. Tudo o que está além do aqui e agora nos assusta porque desafia o nosso localismo, e nem mesmo mentes privilegiadas escapam disso. Claude Lévi-Strauss, por exemplo, assim começa o seu livro *Tristes trópicos*: "Odeio as viagens e os exploradores. E aqui estou eu disposto a relatar as minhas expedições. Mas quanto tempo para me decidir!"[18] Esse modo de pensar pode até mesmo tê-lo ajudado a desenvolver a camisa de força intelectual do estruturalismo que, como escreveu François Dosse, apagou, em nome "da regra, do código e da estrutura", o sujeito e a consciência. Esse foi o núcleo da aventura anti-humanista do estruturalismo. Outro exemplo é o de Gilles Deleuze que, apesar da internacionalidade de sua obra, tinha muita dificuldade para sair da França. Mas nem por isso deixou de ser introdutor de novas formas de pensar caracterizadas pela diferença e pela multiplicidade.

Mas voltemos a Wilson, para quem a evolução do cérebro humano nos destinou a valorizar o entorno têmporo-espacial imediato. Mesmo nas circunstâncias em que nossa visão periférica é privilegiada em relação à focal, esse privilégio se limita a não muitos metros. O suficiente para que o homem primitivo – bem como os demais mamíferos – pudesse se abaixar para matar a sede diante de um rio ou lago, sem perder de vista o possível aparecimento de predadores. Mas nada muito além disso. Em termos de tempo, nosso horizonte também não vai muito longe – no máximo duas ou três gerações, segundo Wilson, para quem "não olhar longe demais para o futuro nem longe demais de nossa casa" é uma determinante natural indelével.

Portanto, nosso imediatismo é muito mais profundo do que costumamos imaginar. Para Wilson, ele vem de nossa herança paleolítica e está ligado à preservação da espécie. Quando nos limitamos ao curto prazo e ao entorno próximo o nível de incerteza diminui, e com ele a nossa insegurança em relação à distância e ao futuro. Nossas constantes tentativas de prever o futuro têm o mesmo propósito. Eis por que, milênio após milênio, os homens que buscaram ganhos de curto prazo e trabalharam em círculos limitados a seus familiares e pessoas conhecidas viveram mais tempo e deixaram mais descendentes. Por outro lado, essa postura revela pouca preocupação com as gerações futuras – o que tende a dificultar as iniciativas de sustentabilidade.

Em épocas nas quais a expectativa de vida humana era muito baixa, tudo isso parecia fazer muito sentido. Afinal, não eram muitas as pessoas que podiam esperar conhecer seus netos, menos ainda os bisnetos. E os meios de comunicação e transporte também não permitiam que se pensasse em termos de longas distâncias. Se deixarmos de lado as exceções de praxe (as grandes navegações dos séculos XVI e XVII, por exemplo), é fácil observar, a título de ilustração, que na época em que foram escritos os famosos romances da escritora inglesa Jane Austen (1775-1817), a distância média percorrida pelos personagens era de cerca de 80 km.

A visão paroquial nasce da lógica binária e a ela retorna e a realimenta. Também encoraja nosso ânimo separatista, que nos leva a imaginar que estamos fora de contextos mais amplos. Por isso, ela pode ser descrita como uma visão de temporalidade restrita e territorialização mínima, que requer pouco pensamento e, portanto, dificulta a percepção de contextos mais amplos. Assim, em épocas primevas a postura localista e imediatista era suficiente para que as pessoas satisfizessem suas necessidades vitais e existenciais. Hoje as coisas mudaram muito. Mas o mesmo não ocorreu com o nosso cérebro, e sob esse aspecto continuamos no período paleolítico. Não importa o quão amiúde esse fenômeno nos seja explicado, não o entendemos, ou só o compreendemos com dificuldade e de modo superficial.

Mudanças que ocorreram e ainda ocorrem de modo lento e a prazo muito longo também não são percebidas e entendidas com facilidade. Talvez só o longuíssimo prazo da evolução seja capaz de operar tais mudanças – e aqui não se trata de aprender algo no sentido cultural de aprendizagem, mas sim de adaptar-se para sobreviver. Continuamos imediatistas, paroquialistas, simplistas e centrados em nossos egos. Quanto mais necessitamos da aprendizagem adaptativa para aumentar nossa capacidade de adaptação, mais caminhamos no sentido contrário. Em termos das iniciativas de desenvolvimento sustentável as implicações de tudo isso são óbvias: como escreveu o economista Nicholas Georgescu-Roegen, "O homem não se desviou um milímetro da lei da selva. [...] Buscou abertamente exterminar quaisquer espécies que tentaram roubar-lhe a comida ou alimentar-se dele – lobos, coelhos, ervas daninhas, insetos, micróbios, et cetera."[19]

NORBERT ELIAS, SOCIÓLOGO E PSICOTERAPEUTA

A condição humana, um pequeno livro do pensador alemão Norbert Elias (1897-1990),[20] é o resultado da transcrição de uma série de palestras. Trata-se, em essência, de suas reflexões sobre a violência nas relações internacionais. Elias foi um pensador de ampla e profunda influência na área das humanidades: sociólogo, filósofo e médico (psiquiatra, terapeuta de grupo). Nessa obra, seu questionamento principal pode ser assim resumido: os homens não cessam de se ameaçar entre si com guerras, assassinatos e extermínios e é preciso questioná-los por isso. Dessa maneira, ele faz a mesma pergunta que Einstein e Freud haviam feito em 1931: por que a guerra?

Na mesma linha de T. S. Eliot, Elias chegou à conclusão de que, ao tomar consciência de como é o mundo em que vivem, as pessoas se assustam porque constatam que ele nem de longe é como gostariam que fosse. Daí a recusa de muitos a se aprofundar no conhecimento do real e o recurso a várias estratégias de autoengano. Tais manobras, no entanto, dão resultados apenas temporários e não conseguem esconder ou reprimir por muito tempo a realidade e as consequências de sua percepção. E, como mostra a experiência, o que reprimimos cedo ou tarde costuma retornar, com uma força que pode ser maior do que a intensidade da energia repressora e o tempo de duração da repressão.

Uma das manifestações mais comuns do retorno de experiências reprimidas são as constantes irrupções de percepção da incerteza e da complexidade, tanto em relação ao mundo natural quanto ao cultural. Elas podem assumir muitas formas e, nos últimos tempos, têm se manifestado ao longo das crises econômicas e seus componentes políticos e sociais.[21] Dizer incerteza e suas manifestações é o mesmo que dizer complexidade e suas manifestações. As manifestações da complexidade têm emergido com frequência e intensidade crescentes, como se com isso pretendessem mostrar nosso equívoco de imaginar que seria possível "domá-la", ou de alguma forma aprisioná-la na jaula determinista do pensamento binário e/ou sistêmico.

A esse respeito, Elias diz que "o mais importante no mundo não é o processo físico, o processo pré-humano da natureza. Para os homens, o mais importante são os próprios homens. Eles podem domesticar e embelezar a natureza, ou também estropiá-la".[22] Em outras palavras, agimos como se os seres humanos fossem um "problema" mais importante do que o "problema" da totalidade do mundo.

Essa frase de Elias contém um viés antropocêntrico, que por sua vez inclui o pressuposto de que nós, humanos, estamos fora do mundo natural. Mesmo assim esse autor não deixa de se interrogar por que o homem, sempre tão disposto a usar a razão para lidar com os fenômenos da natureza, se mostra relutante em fazer o mesmo em relação à natureza humana. E quando o faz, como já foi dito, muitas vezes usa artifícios de autoengano. Um dos mais tradicionais, como já sabemos, é afirmar que a mente humana é uma *tabula rasa*, uma página em branco sobre a qual a cultura e a civilização inscrevem os dados que, com o passar do tempo, formatam a psique e o comportamento das pessoas.

Nessa hipótese não existiria natureza humana: tudo o que nos molda viria de fora. É o que propõe Ortega y Gasset, ao afirmar que os humanos não têm uma natureza, mas sim uma história. Essa é uma forma engenhosa de isentar o homem da responsabilidade de se autoexaminar e, assim, poder atribuir seus problemas a causas externas. Em outros termos, se o homem não tem uma natureza, sua agressividade contra ele mesmo e contra o mundo natural vem de causas "externas", que sempre poderia identificar e corrigir. Daí a crença de que é possível resolver os problemas do mundo natural apenas por meio da ciência e da tecnologia.

Ou seja: quando se trata de enfrentar perigos e ameaças externos, os humanos se revelam dispostos e são com frequência competentes. Mas em geral se colocam na posição de que o autoquestionamento não é necessário, e para tanto, como sabemos, o autoengano é sempre um repositório de saídas muito utilizadas. Assim, em termos gerais concordo com a argumentação de Elias, mas não com a parte em que ele fala sobre a "domesticação" da natureza. Em suas palavras: "A ameaça que os homens representam uns para os outros surge, com particular acuidade, como o maior perigo ainda não debelado e que urge conjurar."[23] O que é verdadeiro, mas só em parte, pois a expressão "urge conjurar" não questiona nossa capacidade (e mesmo nossa vontade real) de fazer isso.

Nessa ordem de ideias, o homem continuaria a se considerar fora do ambiente natural e a imaginar que pode controlá-lo a partir de lá. Não haveria necessidade de vê-lo como ator importante no drama da devastação ambiental. Se isso fosse feito com o rigor necessário, talvez daí surgisse uma luz que nos permitisse perceber, com mais clareza, até que ponto estamos imersos nas ilusões iluministas de que devemos "lutar" contra a natureza.

BARBARA TUCHMAN: A MARCHA DA INSENSATEZ

Já mencionei que, em seu livro *The march of folly* (no Brasil, *A marcha da insensatez*), a historiadora americana Barbara Tuchman (1912-1989) examinou conflitos desde a guerra de Troia até a do Vietnã. Chegou à conclusão de que uma das características mais insólitas dos mandatários de muitos países é agir contra seus próprios interesses. Em outros termos, costumam tomar decisões que resultam em atitudes autodestrutivas. Em seu livro *Sustentabilidade: a legitimação de um valor*, José Ely da Veiga faz referência a essa obra de Tuchman e diz que "é bem frequente que os homens com poder de decisão política ajam contra a razão e até contra seus próprios interesses".[24] Veiga menciona outros fatos históricos ocorridos depois da morte dessa autora: a invasão americana do Iraque, o conclave do qual surgiu o protocolo de Kyoto e a fracassada Conferência do Clima na ONU, em dezembro de 2009, por ele analisados nesse mesmo livro.[25]

A menção de Veiga à obra de Tuchman é pertinente, mas o fenômeno em si é bem mais amplo e profundo. Primeiro, não só os homens que têm poder de decisão política (de resto eleitos pelos que não a têm, quando não ditadores) costumam agir contra os interesses dos países que governam. Segundo, esse comportamento auto e heterodestrutivo não é apenas bem frequente: é *muito* frequente e, claro, não se restringe a mandatários. No começo deste capítulo já vimos a posição de Freud e diversos outros autores a esse respeito.

Volto ao ponto de partida: a sustentabilidade é um fenômeno natural e o desenvolvimento sustentável é um construto da psique humana. Se isso é correto, nos termos da lógica binária a ideia de desenvolvimento sustentável pode ser considerada até certo ponto incompatível com a natureza humana que, segundo Freud, é ao mesmo tempo sustentável (inclui Eros, a pulsão de vida) e insustentável (inclui as pulsões de morte). Mas não é isso que acontece na vida real, na qual esses dois opostos podem conviver sem se excluir entre si. Dada a ambivalência típica do ser humano, o que nele há de sustentável é sua dimensão natural. E o que há nele de pouco sustentável, ou mesmo insustentável, é sua dimensão cultural: as culturas que cria e suas intervenções sobre o ambiente natural.

A primeira história do livro de Tuchman é exemplar. Fala da guerra de Troia e conta como os troianos fizeram entrar em sua cidade um cavalo de madeira repleto de soldados gregos armados. Ou seja, agiram de modo autodestrutivo, contra seus próprios interesses. E o fizeram de modo deliberado, mesmo contra a opinião de pessoas que, com veemência, apontaram os perigos envolvidos. Foi o caso do sacerdote que levantou a hipótese de que o cavalo de fato continha os tais soldados. Mais do que apenas falar, ele sugeriu que o ventre do cavalo deveria ser perfurado com uma lança, para verificar se havia alguém em seu interior – o que foi feito e provocou um gemido de dor. Mas nada disso foi suficiente para evitar que os troianos deixassem entrar em sua cidade aqueles que haveriam de provocar a sua queda.

Não é muito diferente do que fazemos nos dias atuais, quando atravancamos nossas cidades com automóveis, que na prática produzem o oposto do que se propõem a atenuar: a poluição, a lentidão dos deslocamentos e a consequente deterioração ambiental e da qualidade de vida. A multiplicação dos automóveis tem levado, como se sabe, ao aumento de mortes e da incapacitação de muitas de pessoas, em razão do aumento crescente dos acidentes.

O mesmo vale para a construção de edifícios enormes, em bairros cujas ruas estreitas são insuficientes para dar vazão ao tráfego resultante de sua ocupação. O tráfego se tornou tão frenético e predatório que a expressão "guerra do trânsito" é hoje corriqueira. E faz lembrar a expressão hobbesiana "guerra de todos contra todos", com a diferença de que é fomentada pelos Estados com o argumento de que é preciso estimular o crescimento econômico. Na realidade, a proliferação da violência no trânsito tem se revelado uma feroz produtora de gastos, sofrimentos e mortes – condições que com certeza não podem ser apontadas como de interesse da sociedade. Ainda assim, proliferam as justificativas e racionalizações. Uma delas procura convencer as pessoas de que tudo isso é o preço a pagar pelo progresso.

Tuchman fala de outras guerras, conquistas e situações nas quais os líderes dos reinos ou países derrotados o foram porque agiram contra seus próprios interesses. Foi o caso dos danos causados à imagem da Igreja Católica pela corrupção dos papas, com destaque para os do Renascimento. E isso vale também para os de hoje, com sua insistência absurda em acobertar os inúmeros casos de pedofilia, em que padres e outros prelados de hierarquias mais altas têm sido envolvidos. Outro exemplo dado por Tuchman é a série de acontecimentos em que Montezuma entregou o império asteca ao conquistador espanhol Cortez. Outros foram as condutas de vários presidentes americanos durante a guerra do Vietnã.

A lista é longa e tediosa. A seguir, mais alguns exemplos de Tuchman, aos quais acrescento outros. O rei da Inglaterra George III insistiu em lutar contra os colonos na América, apesar de aconselhado de que isso de nada adiantaria e seria lesivo aos interesses de seu país. Em sequência, Carlos XII, Napoleão e, por fim, Hitler tentaram conquistar a Rússia e fracassaram – ao custo da vida de milhares de soldados – apesar de avisados do potencial desastroso das tempestades de neve do inverno russo. Ditadores de diversos países (da África, por exemplo) insistem em se manter no poder via expedientes corruptos e prejudiciais aos seus países, mesmo ao saber que cedo ou tarde serão derrubados e exilados ou assassinados.

Há mais. As seguidas constatações de que o PIB não é um indicador adequado do desenvolvimento econômico têm sido e continuam e ser ignoradas – contra os interesses das populações de muitos países –, o que não impede que seu uso prossiga, ano após ano. Em relação ao chamado crescimento econômico, os contínuos alertas e verificações do aumento da poluição do planeta e suas manifestações – o aquecimento global, por exemplo – têm sido ignorados, quando não negados por "ambientalistas céticos", mediante a apresentação de "evidências científicas" segundo as quais se trata de fenômenos ditos "normais e cíclicos". As incessantes e abundantes evidências de que a medicina mercantilizada e voltada para a doença (apesar das alegações em contrário) é mais iatrogênica do que benéfica têm sido ignoradas por empresários que se apegam ao modelo do *managed care*.

Também tem sido subvalorizada a constatação de que a educação voltada para o adestramento e para uma visão de mundo tecnocrática, mecanicista e supersimplificadora está na base de muitos dos fenômenos acima apontados, com o consequente prejuízo da qualidade de vida das gerações presentes e futuras. A educação que privilegiamos nos torna cada vez mais ignorantes de nossa ignorância e, no fim das contas, todos pagamos por isso.

E assim por diante. A lista é interminável. O leitor está convidado a ampliá-la, e ficará surpreso com a quantidade de exemplos que poderá acrescentar. Como observei há pouco, não é expressivo o número de interessados em sustentabilidade e desenvolvimento sustentável que conhecem o conceito das pulsões de morte e como elas podem interferir em suas iniciativas. Esse é o motivo pelo qual reafirmo

126 Complexidade e Sustentabilidade • Mariotti

que essa questão deve ser examinada em qualquer texto que fale sobre o assunto, e incluída em qualquer projeto ou programa que se proponha a lidar com ele.

JOHN GRAY: OS CACHORROS DE PALHA

O filósofo inglês John Gray, de quem já falei em meu livro anterior e em várias passagens deste, é um dos pensadores mais importantes da atualidade. Foi um dos primeiros, talvez o primeiro, a prever o declínio do neoliberalismo, e afirmou em entrevista que os tradicionais impérios do Ocidente, em especial o francês e o britânico, não recuperarão seu prestígio e posição.[26] Admirador de Freud, John Maynard Keynes e James Lovelock, no entanto divide com este último a crença de que a energia nuclear é uma solução "limpa" – posição que não é compartilhada por muitos, entre o quais me situo. De Keynes, Gray louva a disposição de mudar suas teorias sempre que elas não lhe permitiram uma compreensão satisfatória da realidade. Acrescento que Freud sempre fez a mesma coisa, o que o levou a ter algumas de suas posições questionadas até mesmo por vários de seus seguidores mais próximos.

Uma das posições mais importantes de Gray é, apesar de seu agnosticismo, o reconhecimento de que a necessidade de credos religiosos está entre as características irremovíveis da condição humana. Nesse ponto ele discorda de autores como Richard Dawkins e Christopher Hitchens, que afirmam que as religiões são nocivas e não deveriam existir. Gray limita-se a notar a necessidade que os humanos têm das religiões como um fato consumado, mas acredita que nem sempre elas contribuem para o que costuma chamar de uma vida satisfatória.

Como Keynes, ele está convencido de que muitos economistas elaboram suas teorias e modelos sem levar em conta o lado irracional da natureza humana (que Keynes chamava de "espírito animal"),[27] e que, claro, se estende aos mercados e conflita com a modelagem sistêmica que se tem aplicado a esse âmbito da atividade. Gray tampouco acredita na ideia de modelos de uso universal como o comunismo e o capitalismo. Com efeito, classifica-os como "ideias do século XIX".

Como Freud – um de seus influenciadores –, ele não tem ilusões sobre a natureza humana, a qual em sua opinião não pode ser mudada pela tecnologia. Essas posições são encontráveis ao longo de quase toda a sua obra, em especial nos livros *Black mass* (*Missa negra*) [28], *Straw dogs* (*Cachorros de palha*) [29] e *Gray's anatomy* (*Anatomia de Gray*). [30] No primeiro, ele examina as relações entre os pensamentos utópicos e as religiões. Em *Gray's anatomy* são estudados e comentados temas políticos e econômicos, o pensamento de filósofos importantes e vários modos de ver a natureza humana. A quinta parte do livro é importante para os propósitos deste meu estudo, e nela são abordados o movimento "verde" e a ideia de sustentabilidade.

Cachorros de palha é um texto mais orientado para a natureza humana. Para Gray, o *Tao Te King*, de Lao Tzu, tradicional livro da sabedoria oriental, é "um manual de prática política e sobrevivência pessoal em tempos difíceis".[31] A começar pela epígrafe que escolheu ("O céu e a terra são implacáveis e tratam a miríade das criaturas como cachorros de palha"), inspirado em Lao Tzu, Gray deixa claro que, a exemplo de Freud, Darwin e muitos outros, considera os humanos animais como os demais. Na entrevista acima citada, ele afirma que Freud não é mais popular porque não se dispôs a louvar a humanidade e mostrou sem reservas os conflitos internos dos humanos, muitos deles de origem inconsciente. Por fim, deixa claro que quem quiser encontrar um ânimo salvacionista não deve procurá-lo nem em Freud nem em Darwin.

Para Gray, a chamada sabedoria convencional é um conjunto de dogmas não questionados que domina a mente da maioria das pessoas na época atual. É com base nesse modo de pensar que muitos têm proposto "salvar o planeta", como se este precisasse de salvação. Gray observa que não se deve culpar o capitalismo global pela destruição do ambiente natural: a depredação decorre da própria evolução da espécie humana, cuja rapacidade é bem conhecida. Com efeito, ao longo da história e da pré-história, a evolução humana tem coincidido com a devastação dos ecossistemas. Na famosa frase de Chateaubriand, escritor francês do século XIX, *les fôrets prècedent les peuples, et les deserts les suivent* (as florestas precedem os povos e os desertos os seguem).

Quanto ao controle da população, Gray acredita que os próprios mecanismos de autorregulação da Terra a tornarão cada vez menos habitável para os seres humanos. Diante da atividade predatória humana, os recursos necessários à sobrevivência escassearão. As mudanças climáticas também podem ser incluídas nos mecanismos pelos quais a Terra aos poucos se livrará dos humanos. O estresse causado por essas mudanças fará com o homem o que costuma fazer com os outros animais: resultará em uma taxa de reprodução diminuída e, no limite, quase nula.

Já vimos que, a exemplo de Heidegger, Gray também assegura que não há solução tecnológica para os resultados da auto e heterodestruição humana. Qualquer tecnologia, por mais inocente que possa parecer (a engenharia genética é um exemplo), pode ser usada para a guerra, por mais que os altos mandatários das nações proclamem o contrário. É apenas uma questão de tempo. Para ele, essa questão está ligada à fraqueza moral da natureza humana, problema que até agora tem se mostrado insolúvel. Tudo isso, acrescento, está ligado à noção de que os seres humanos não fazem parte do mundo natural. Essa é uma crença antiga que, como esclarece Gray, vem do platonismo e do cristianismo. No século XIX, os positivistas Saint-Simon e Auguste Comte também a adotaram, pois acreditavam que no futuro a tecnologia seria utilizada para consolidar nosso domínio e controle sobre o planeta. Karl Marx também seguiu por essa trilha e passou a ideia aos seus seguidores, em especial os bolchevistas.

Como se vê, a crença de que não fazemos parte do mundo natural vem de longe e tem, durante esse tempo, permeado ideologias de esquerda, de direita e suas variantes. No fundo tudo isso teve, tem e terá como objetivo a busca de certezas,

128 Complexidade e Sustentabilidade • Mariotti

segurança e a pretensão de prever o futuro. Os resultados têm sido a constatação de que a cada dia criamos mais problemas para nós mesmos e para o mundo em que vivemos, o qual imaginamos dominar mas na verdade estamos a destruir. Nesse contexto, Gray cita uma dura frase de Bertrand Russell: "Eu havia imaginado que a maior parte das pessoas gostava mais de dinheiro do que de qualquer outra coisa, mas descobri que elas gostavam ainda mais de destruição."[32]

Embora em outros de seus escritos ele não seja tão incisivo, em *Cachorros de palha* Gray se mostra cético em relação às chamadas iniciativas verdes: "Uma utopia verde *high-tech*, na qual uns poucos humanos vivem felizes e em equilíbrio com o resto da vida, é cientificamente factível, mas humanamente inimaginável."[33] Em termos econômicos, ele observa que a tentativa de manter legítimas as atuais instituições de mercado e assegurar um crescimento ininterrupto está cada vez mais em choque com a realidade. Ao que parece os políticos não a percebem ou, nos raros casos em que isso acontece, fingem não tê-la percebido, porque se trata de uma evidência de como é ilusória a ideia de progresso que costuma ornamentar suas promessas eleitorais.

Esse é o problema da maioria dos políticos: montar uma plataforma eleitoral e conseguir votos sem incluir entre as promessas de campanha histórias da carochinha que falam de mudanças sempre para melhor. De modo semelhante, a mídia dita "séria" – já com problemas para manter seus leitores e anunciantes e acionistas – teme falar em outro tipo de desenvolvimento que não o prometido pela ideia de progresso – o chamado crescimento econômico. Além de não ser nada bom para os negócios, há também a inevitável associação com a ideia de que quem duvida do crescimento econômico ininterrupto mudou de lado e se tornou "contracultural".

Por isso a prudência manda optar pela ideia de "crescimento", mesmo com a desconfiança de que a visão contrária pode não estar tão equivocada assim. No fim das contas, porém, a prudência se impõe: convém manter as aparências e conservar a opção ortodoxa. De mais a mais, a história tem mostrado que as viúvas das ortodoxias sabem como consolar-se mutuamente. É assim que as coisas funcionam nesse mundo de ficções que insistimos em chamar de real.

Outro problema é como entender e internalizar algo para o qual nossa estrutura mental não está preparada, dado que é condicionada pela lógica binária. Na opinião de Gray, as ameaças reais ao meio ambiente não vêm do meio urbano e industrial que concebemos, construímos e no qual muitos de nós vivemos. Vêm das "tecnologias de destruição em massa que não param de proliferar, da agricultura e, acima de tudo, do peso morto ao aumento da população mundial".[34] Apesar de estar convencido de que os problemas humanos não podem ser resolvidos apenas por meio de iniciativas tecnológicas, ele afirma que a proteção do ambiente contra a ação predatória humana exigirá novas tecnologias. Por isso, diz que a postura neoludita, antitecnológica, é ingênua e irrealista. Acrescento, porém, que cabe indagar até que ponto essa saída tecnológica será suficiente, pois as evidências disponíveis parecem indicar que ela pode não ser suficiente para proteger o homem contra ele próprio.

Ainda assim, Gray indaga se pode haver mudanças significativas na natureza humana. A seu ver, um dos principais obstáculos é a crença de que os avanços alcançados pela ciência podem não ser replicados na ética e na política. Já vimos que ele sustenta que, enquanto o conhecimento científico se amplia, nada igual ou ao menos semelhante acontece nos âmbitos ético e político. Por exemplo, a escravidão foi abolida na maior parte do mundo durante o século XX, mas retornou com o nazismo e o comunismo, e o trabalho escravo ou semiescravo existe até hoje em muitas partes do mundo. A tortura foi proibida depois da Segunda Guerra Mundial, mas ainda é utilizada. A riqueza aumentou, mas tem sido dilapidada em guerras, revoluções e na violência urbana. As pessoas vivem mais, porém ao mesmo tempo se matam sem cessar. O conhecimento se amplia, mas os seres humanos não mudam.[35]

A partir dessas observações, convém examinar fatos que mostram que a ideia de sustentabilidade continua a ser boicotada de muitas maneiras, explícitas ou não. Precisamos entender por que essa ideia é sempre desafiada pela natureza humana. Falamos cada vez mais em preservar o mundo natural, e ao mesmo tempo o destruímos sem cessar. Os exemplos dados por Gray e muitos outros são todos manifestações do mito de Sísifo: com esforço e sacrifício levamos a enorme pedra morro acima, e ao chegar ao topo vemos que ela rola de volta até a planície, o que nos faz descer e voltar a empurrá-la para cima, apenas para vê-la rolar de novo e assim indefinidamente.

Constrói-se de um lado, destrói-se do outro. A ciência posta a serviço do desenvolvimento sustentável é a mesma que é colocada a serviço da destruição sustentável. Há, porém, o argumento que muitos consideram irrespondível: se não for por outras razões, a sustentabilidade se tornará viável por meio de interesses econômicos. Se não for por idealismo, será porque dela se podem tirar lucros. Esse argumento parece fazer algum sentido, em especial quando é cotejado com o que se sabe sobre a natureza humana e como ela tem se manifestado na história.

Ainda assim, cabe perguntar se a avidez pelos ganhos será suficiente para conter as pulsões de morte. Se, como observa Gray, considerarmos que a riqueza aumenta mas ao mesmo tempo é destruída por guerras e revoluções – ou apropriada por fraudes e pelo crime organizado –, há razões para temer que não. Em termos de saúde, por exemplo, a experiência tem mostrado que a mercantilização da medicina a tem conduzido mais para o lado da patologia do que para o lado da saúde. As iniciativas das instituições médicas contra esse estado de coisas têm sido tratadas como atividades antiliberais, antimercado e, portanto, antiprogresso.

Voltemos mais uma vez ao nosso ponto central. Há pouco escrevi que as iniciativas de desenvolvimento sustentável têm sido apresentadas como estratégias de sobrevivência. Subjacente a isso está, claro, o argumento de que ou cuidamos da sustentabilidade ou cedo ou tarde nosso comportamento predatório criará problemas para nós mesmos. Faz sentido – desde que estejamos convencidos de que os humanos querem mesmo sobreviver. Porém, como já vimos por meio de múltiplos exemplos, há dúvidas sobre se queremos sobreviver ou, em outros termos, se somos sustentáveis.

Por tudo isso, fenômenos como o efeito estufa e as medidas tomadas para combatê-lo devem ser analisados e discutidos a partir do maior número possível de ângulos. Mas tais análises e discussões não terão valor algum se não incluírem o impulso humano para a autodestruição e suas múltiplas manifestações. Na opinião de Gray, "o ser humano é uma criatura feroz e destruidora, mas sua capacidade de autodestruição é ainda maior".[36] Essa frase mostra que ele concorda com o conceito de pulsões de morte. Mesmo antes de Freud essa tendência da natureza humana já havia sido notada e discutida, mas continua atuante e indiferente a todas as tentativas de negá-la.

SUSTENTABILIDADE E NATUREZA HUMANA

As pulsões de morte podem ser mascaradas pela alienação induzida por crenças, idealizações, pelo misticismo, pelos esoterismos e pelas promessas de "desenvolvimento" da autoajuda, que se baseiam, claro, na ideia de progresso. Nessa ordem de ideias, o homem seria o resultado da soma dos fatores que formatam seu comportamento, aí incluídas a educação doméstica (a "criação" pela família), a institucional (a escola) e a ação dos dispositivos políticos/ideológicos de Estado. Cada um de nós nasceria "puro", e o que seríamos no futuro dependeria de fatores vindos de fora. Dessa maneira, se mudarem os fatores externos mudam as pessoas.

É claro que esse tipo de crença justifica todas as estratégias de manipulação imagináveis. Serve também para excluir socialmente (como se vê nas várias formas de *apartheid*) e mesmo fisicamente (como acontece nos genocídios) os inconformados, os dissidentes e até mesmo os que se transformam em fontes de custo. Esse conceito de *tabula rasa* é também uma justificativa para que os governos tomem decisões sem consultar as populações, o que o torna útil às ditaduras de todos os matizes. Numa palavra: adotar o já mencionado e discutido conceito de *tabula rasa* – e a necessidade de preenchê-la com o que for mais conveniente aos poderes dominantes – corresponde a evitar, ou ao menos dificultar, que as pessoas pensem com suas próprias cabeças. É uma estratégia de padronização e supressão da diversidade (e portanto da complexidade) – de eliminação dos próprios fundamentos da condição humana .

Por outro lado, acreditar, como parece estar em moda, que todos os nossos comportamentos, predileções e valores, que toda a essência do humano está "programada", nos genes, também é uma estratégia redutivista de dominação e manipulação. Sai de cena a *tabula rasa* (a página em branco) e entra em campo o manual de instruções. Em ambos os casos, a dominação e a manipulação continuam a arbitrar o jogo. No caso da *tabula rasa*, os principais agenciadores eram a educação e a política. No caso do manual de instruções, os agenciadores mais óbvios são a ciência e a tecnologia. Em ambas as circunstâncias, porém, os interesses econômicos continuam a desempenhar o papel principal. Voltaremos várias vezes a ambos os temas, embora em contextos diferentes, ao longo deste livro.

Como notou Pinker, a afirmação de que a psique tem uma organização inata é vista por muitos não só como uma hipótese, mas como uma espécie de ofensa. E não apenas isso: a adoção do conceito de *tabula rasa* tem, entre outras consequências, a de excluir a ideia de natureza humana, pois esta abre as portas ao autoexame e à autocrítica. Estas, por sua vez, conduzem ao questionamento da atual visão por meio da qual o homem se vê como o centro de tudo e, portanto, senhor" e "domador" da natureza.

Essa reação é até certo ponto compreensível, porque o conceito de *tabula rasa* é confortável e serve às mil maravilhas como estratégia de autoengano. Justifica a passividade do receptor de ideias e conhecimentos pelos quais ele não se sente responsável, pois vieram já prontos de cima e de fora. É uma clara forma de acomodação à separação sujeito-objeto, ao modelo professor-aluno e ao esquema médico-paciente, sobre os quais falarei no capítulo apropriado. Adotar a ideia de que não existe natureza humana (isto é, de que o comportamento das pessoas é determinado apenas por influências externas) é uma das muitas variedades de um jogo muito usado – brincar de avestruz. A ciência tem mostrado isso, e o mesmo têm feito a experiência cotidiana e a história, de modo que não querer ver esse fenômeno equivale a se autoenganar.

Tudo visto, agora é possível avançar uma definição tentativa de natureza humana. Defino-a como o conjunto de atributos que nos tornam capazes de sermos aquilo que somos e fazer o que desejamos – mas também nos proporciona autocrítica suficiente para entender que nem sempre somos capazes de fazer tudo aquilo que queremos. Uma parte desses atributos é inata, está nos genes. Outra parte resulta de nossas interações com o meio ambiente. O patrimônio genético de um dado indivíduo não varia, mas as influências do ambiente mudam segundo os momentos, os contextos e as circunstâncias. O modo como esses dois domínios interagem – e que faz com que ora um ora outro predomine – faz parte da nossa condição de sistemas complexos adaptativos.

Segundo Pinker, pequenas diferenças nos genes podem resultar em diferenças no comportamento de uma pessoa (esse é um bom exemplo do efeito borboleta). Tais diferenças podem afetar diversas partes do cérebro, suas interligações e seu funcionamento.[37] Ele também assinala que tempos atrás as teorias predominantes sobre a esquizofrenia falavam da influência do estresse da vida em sociedade, de "mães esquizofrenogênicas" (como queria Ronald Laing), da teoria do "duplo vínculo" (desenvolvida por Gregory Bateson) e outras experiências vividas. Na opinião do mesmo Pinker, todas essas influências se revelaram de pouca ou nenhuma importância. Em sua época, quase não se pensava no poder determinante dos genes.[38]

132 Complexidade e Sustentabilidade • Mariotti

Hoje poucos duvidam das bases genéticas da esquizofrenia e de muitas outras condições. Mas isso não justifica uma guinada binária do tipo "ou-ou" como a de Pinker, e que se passe a atribuir tudo aos genes e nada às influências experienciais/ ambientais. Essa postura de "explicação única" é newtoniana demais e, por isso mesmo, inadequada para o entendimento da complexidade do mundo real. É aceitável dizer que os fatores da vida social e ambiental podem desempenhar um papel menor do que se imaginava na gênese de condições como a esquizofrenia. Mas daí a afirmar que tudo deve ser atribuído aos genes é imaginar que o ser humano pode ser extraído do mundo e examinado à parte, como se não tivesse nenhuma conexão com ele. Da mesma forma que é equivocado dizer que o corpo e a mente são separados, é errado afirmar que o ser humano está separado da natureza.

No entanto, duas páginas adiante desse mesmo livro, Pinker reconhece que "os genes não são tudo, e seus feitos podem variar de acordo com o ambiente".[39] E menciona um exemplo simples, porém convincente: diferentes espécies de milho plantadas em um único campo darão produtos que variarão segundo os seus genes. Uma espécie única de milho plantada em dois campos diferentes – um árido, o outro irrigado – variarão em crescimento em função das condições do ambiente.

Resta questionar se a noção de que o ser humano é auto e heterodestrutivo pode ser útil para que ele ao menos possa atenuar essas características de sua natureza, e tentar entender até que ponto é possível acreditar na possibilidade dessa atenuação. Se considerarmos as ideias discutidas neste e nos dois capítulos anteriores, vindas de autores de várias épocas e culturas, logo se torna claro que eles compartilham uma característica: pensaram com suas próprias cabeças e, não poucas vezes, disseram às pessoas o que elas não queriam ouvir. O chamado homem comum está acomodado a visões de mundo simplistas, nas quais polaridades como bem e mal, vantagem e desvantagem, prazer e dor são nítidas e não deixam margem a muitas dúvidas. De acordo com essa postura, se nos comportarmos bem e fizermos "as coisas certas" tudo correrá bem, haverá progresso material e todos serão felizes.

A experiência vivida, porém, mostra que as coisas muitas vezes se passam assim, mas nem sempre. Nada é tão esquemático como gostaríamos que fosse. Somos seres complexos, que vivem em um mundo complexo e em meio à incerteza – e o fato de tudo fazermos para tentar negar essa condição não muda nada. Foi o que a maioria dos autores que acabamos de examinar disseram sem hesitar e por isso foram e ainda são contestados. Em alguns casos, como o de Espinosa, a punição foi a excomunhão. Mas um fato é indiscutível: as ideias desses homens atravessaram os séculos e, seja para concordar ou discordar, continuamos a falar neles e a ler o que escreveram. Por isso, convém reunir algumas das conclusões por elas inspiradas em um quadro sinóptico:

AS IDEIAS	A REALIDADE
• Preservação do mundo natural no longo prazo e em escala global e local	• O ser humano é espacialmente local e temporalmente imediatista
• Necessidade de cooperatividade e competição não predatória	• A competição predatória é muito frequente, apesar do discurso em contrário
• Necessidade de persistência, concentração e de pensar em termos de coletividade.	• Os seres humanos são superficiais, não gostam de pensar e são individualistas.
• Necessidade de amizade, solidariedade e acolhimento.	• Tendência à xenofobia, racismo, conflitos, guerras e nacionalismos.
• Necessidade de aprender a conviver com opostos complementares ou paradoxos ("e-e").	• Tendência a pensar em termos de opostos mutuamente excludentes ("ou-ou").
• O que não sabemos nos prejudica e é melhor saber. Necessidade de sair da alienação.	• O que não sabemos não nos prejudica e é melhor não saber. Tendência à alienação.
• Necessidade de mudar de modos de pensar.	• Resistência a mudar de modos de pensar.
• Os líderes precisam ir além do raciocínio binário.	• A política e a economia dificultam ou impedem que os líderes vão além do raciocínio binário.
• O homem é racional e age sempre em favor de seus próprios interesses.	• O homem nem sempre é racional e muitas vezes age contra seus próprios interesses.
• Necessidade de aceitar as pulsões de morte e conviver com elas.	• Negação das pulsões de morte e entrega ao princípio do prazer.
• É possível adiar indefinidamente a entropia por meio de novas tecnologias.	• Não é possível adiar indefinidamente a entropia.
• É possível prever com exatidão o futuro com base em dados do passado.	• Não é possível prever com exatidão o futuro com base em dados do passado.
• Os problemas criados pelas tecnologias até certo ponto podem ser resolvidos por novas tecnologias, desde que inspiradas em modos diferentes de pensar.	• Os problemas criados pelas tecnologias podem ser resolvidos por novas tecnologias, sem que sejam necessários novos modos de pensar.
• Os humanos podem diminuir seu egoísmo e ser convencidos da necessidade do desenvolvimento sustentável.	• Os humanos continuam egoístas. Só vantagens materiais quantificáveis podem fazê-los interessar-se pelo desenvolvimento sustentável.

O quadro anterior parece simples, como tudo o que é apresentado de forma dicotômica. Quando recusamos esse simplismo e examinamos as coisas não de modo isolado, mas por meio de suas relações, percebemos que na realidade não é assim.

A supersimplificação tenta "explicar" o humano por meio de lógicas de desumanização. Trata-se de negar sua condição essencial. A resistência ao conceito de pulsões de morte, por exemplo, baseia-se na recusa a ver opostos que se supunha serem excludentes entre si por meio de um viés em que eles são antagônicos, porém complementares.

Foi o que disse Menninger, numa frase em que afirma que o homem é, por um lado, dominado por um instinto de morte, mas, de outra parte, é abençoado por um instinto contrário, que a ele se opõe enquanto houver vida. A morte é inevitável e não precisamos de teorias para saber disso. Nossa capacidade de prolongar a vida (longevidade, sustentabilidade) é que determina o quão cedo ou tarde as pulsões de morte triunfarão. A sustentabilidade depende da capacidade de adaptação dos sistemas complexos vivos – o que é o mesmo que dizer que sustentabilidade e complexidade estão relacionadas. Esse é um ponto de convergência entre a teoria da complexidade e o desenvolvimento sustentável.

É claro que nunca vivemos o tanto que desejaríamos viver, mas sim o tanto que podemos viver. Vivemos o quanto conseguirmos adiar a entropia, isto é, manter nossa sustentabilidade. Do mesmo modo, em termos de meio ambiente não teremos o desenvolvimento sustentável que quisermos, mas o que conseguirmos promover. Para isso é indispensável aceitar como um fator irremovível a incerteza (a complexidade) da condição humana e a dos demais sistemas vivos. Se levarmos em conta nossa natureza auto e heterodestrutiva, seremos mais realistas em relação ao conceito de desenvolvimento sustentável. Mas isso não significa jogar a toalha: deve levar-nos a estabelecer referenciais e atitudes consistentes.

É indispensável que o ser humano se autoquestione antes de tomar como garantido que o desenvolvimento sustentável é só uma questão de tecnologia e recursos financeiros. Se quisermos que ele seja pensado com um mínimo de realismo, dois fatores principais devem ser considerados: (1) a auto e a heterodestrutividade humana; (2) a ideia de separação sujeito-objeto. A partir de Sócrates, começou-se a pensar em termos de separação entre o sujeito que percebe e o objeto percebido. É a chamada primeira ruptura epistemológica, segundo a qual o sujeito se imagina separado de um determinado contexto para pensar "objetivamente" sobre ele – dar um passo atrás e observar a totalidade, como se costuma dizer. Supõe-se que distanciamento geraria imparcialidade, e assim produziria um conhecimento "objetivo" da realidade externa. Em termos ambientais, o sujeito observador se veria separado do mundo natural e o observaria como se este fosse algo a ser explorado e dominado. Com Platão e Aristóteles essa separação se acentuou e atingiu o auge na filosofia de Descartes, que marca o começo do Iluminismo.

Essa atitude separatista produz a mentalidade de recorte e de não responsabilidade pelo todo. Propõe que uma coisa pode ser retirada de seu contexto, examinada como se fosse independente dele e, mais ainda, que esse conhecimento "objetivo" é útil para lidar com a totalidade. O materialismo é um corolário óbvio dos itens 1 e 2 acima mencionados. Segundo a formatação da nossa cultura pela lógica binária, ou fazemos parte do mundo ou não fazemos; ou estamos dentro dele ou estamos fora. Logo, a matéria de que é composto o mundo não faz parte de nós. Daí surgiram os conceitos de matéria-prima e indústria de transformação: usar a matéria de que é o mundo é feito e transformá-la sem preocupações com as consequências, pois ela vem de um âmbito do qual não fazemos parte. Tudo isso foi e continua a ser reforçado pelo projeto iluminista e pela ideia de progresso da modernidade.

O processo civilizatório pode mudar o comportamento humano, mas não a natureza humana. A esse respeito, convém lembrar dois autores antes mencionados, Jim Collins e Jerry Porras, para quem é possível mudar de conduta sem perder certas características de base. Isso implica aprender a conviver com paradoxos – contradições impossíveis de resolver. Significa mudar e permanecer o mesmo – mudar e não mudar. É o que diz a conhecida metáfora de Espinosa: não importa o número de fatias que cortarmos, o resultado final terá sempre duas faces.

Com o advento da psicanálise, tornou-se claro que a simples observação do comportamento das pessoas não era suficiente para conhecer a totalidade da psique. Assim, alterações comportamentais não requerem mudanças nos fundamentos da natureza humana. Mas para que isso seja possível é necessário não negar a existência dessa natureza, como faz a psicologia comportamental, que dá primazia ao "como funciona" em prejuízo do "que é".

Negar a existência da natureza humana não é sem consequências, pois implica que os homens não precisam se preocupar com eles mesmos e devem voltar a sua atenção para o que lhes é externo – para os contextos "objetivos", dos quais passam a acreditar que não fazem parte: se não existe uma natureza humana, não preciso me preocupar com nenhuma outra. Por trás dessa atitude está a resistência a descer abaixo da superfície. O autoconhecimento sempre foi considerado algo problemático. A resistência a penetrar nos subterrâneos tem raízes mitológicas: a descida aos infernos, contada por Dante na *Divina Comédia*, o mergulho nas profundezas, a exploração de tudo o que é obscuro – o medo do desconhecido, enfim. Ainda assim, o desconhecido e o arriscado sempre foram poderosos atratores, e são eles que nos fazem conviver com mais um paradoxo: o que mais nos amedronta é também o que mais nos fascina.

As mudanças conseguidas pelo processo civilizatório são lentíssimas, contam-se por séculos e milênios. Essa extrema lentidão faz com que sua percepção e compreensão sejam também muito vagarosas. Não fosse isso bastante, a progressão do processo civilizatório não é linear: é incerta, está sujeita a longos períodos de estagnação nos quais reina a barbárie. Também pode sofrer retrocessos imprevisíveis. Ainda assim, mesmo que nada garanta a sua continuidade, ele até agora tem sido perceptível para quem quiser estudá-lo. Não se trata, portanto, de sermos

136 Complexidade e Sustentabilidade • Mariotti

pessimistas, mas sim realistas: reconhecer o tamanho de nossas dificuldades de modo algum implica que devemos nos render a elas.

É, por exemplo, irrealista resistir às evidências das pulsões de morte. A volta ao mineral é necessária para abrir espaço para os que virão depois de nós. Os seres individuais morrem, a vida persiste. O que precisa ser conservado é o ambiente, o *Oikos* (a casa), o contexto da vida. Mas o fato de a vida individual durar pouco não quer dizer que não devamos cuidar dela e valorizá-la, pois ela é uma ponte entre os que já se foram e os que ainda não chegaram. O rumo que o processo civilizatório tomou, no decurso dos séculos e milênios, nos levou a pensar mais nas partes (os indivíduos) do que no todo (a natureza, os outros e o mundo). Esse fato nos fez privilegiar as vidas individuais como se elas fossem alheias à vida do todo.

Nosso condicionamento pela lógica binária tem feito com que aqueles que perceberam essa distorção tentassem remediá-la por meio da passagem para o polo oposto: privilegiar o todo em prejuízo das partes. A teoria da complexidade mostra a necessidade de pensar ao mesmo tempo no todo e nas partes, mas ela ainda permanece incompreensível para a maioria das pessoas em nossa cultura. Mudar esse estado de coisas exige toda uma reformulação do que entendemos por cultura e processo civilizatório.

NOTAS

[1] FROMM, Erich. *Anatomia da destrutividade humana*. Rio de Janeiro: Zahar, 1975.

[2] LORENZ, Konrad. *On aggression*. Londres: Nova York: Routledge, 2005.

[3] FROMM, op. cit., p. 17.

[4] Ver FROMM, Erich. *Greatness and limitations of Freud's thought*. Londres: Jonathan Cape, 1980, em especial as páginas 122 a 132.

[5] Id., ibid., p. 24.

[6] Id., ibid., p. 25.

[7] O termo "sociopatia" tem sido usado como sinônimo de psicopatia, mas está em crescente desuso.

[8] FERSCH, Ellsworth L. (Ed.). *Thinking about psychopaths and psychopathy*: answers to frequently asked questions with case examples. Lincoln, NE: iUniverse Books, 2006, em especial a pos. 657 e seguintes.

[9] CLECKLEY, Hervey. *The mask of sanity*: an attempt to clarify some issues about the so-called psychopathic personality. St. Louis, MO: V.C Mosby, 1988. Também disponível em: <www.cassiopaea.org/cass/sanity_1.PDF>.

[10] HARE, R. D. *Without conscience*: the disturbing world of psychopaths around us. Nova York: Guilford Press, 1993.

[11] SCHOUTEN, Ronald; SILVER, James. *Almost a psychopath*: do I (or does someone I know) have a problem with manipulation and lack of empathy? Center City, Minnesota: Heldezen, 2012.

[12] Id., ibid., pos. 679.

A Natureza Humana III. De Fromm a Gray   137

[13] SILVER, James. The startling accuracy of referring to politicians as psychopaths. Disponível em: <www.theatlantic.com/health/archive/2012/07/the-startling-accuracy-of-referring-to-politicians-as-psychopaths/26017/>. Acesso em: 5 nov. 2012.

[14] SILVER, James. Is Wall Street full of psychopaths? Disponível em: <www.theatlantic.com/health/archive/2012/03/is-wall-street-full-ofpsychopaths/254944/>. Acesso em: 5 nov. 2012.

[15] WILSON, Edward O. *Sociobiology*: the new synthesis. Cambridge, Massachusetts: Cambridge University Press, 2000.

[16] MORIN, Edgar. *O método*: a natureza da natureza. Porto Alegre: Sulina, 2002, v. 1, p. 116.

[17] Ver LOVELOCK, James. *The revenge of Gaia*: why the Earth is fighting back – and how we can still save humanity. Londres: Penguin, 2007, pos. 318.

[18] LÉVI-STRAUSS, Claude. *Tristes trópicos*. Lisboa: Edições 70, 1979, p. 11.

[19] GEORGESCU-ROEGEN, Nicholas. Energy and economic myths. *Southern Economic Journal*, 41 (3): 347-381, 1975.

[20] ELIAS, Norbert. *A condição humana*. Lisboa: Rio de Janeiro: Difel/Bertrand Brasil, 1991.

[21] Para duas abordagens didáticas a esse tema, ver: DELFIM NETTO, Antonio. Incerteza essencial. *Carta Capital*, 28 nov. 2012; ANDRADE, Rogerio P. de. A construção do conceito de incerteza: uma comparação das contribuições de Knight, Keynes, Shackley e Davidson. *Nova Economia Belo Horizonte*, 21 (2): 171-195, maio/ago. 2011.

[22] ELIAS, *A condição humana*, p. 17.

[23] Id., ibid., p. 26.

[24] VEIGA, José E. da. *Sustentabilidade*: a legitimação de um valor. São Paulo: Editora Senac São Paulo, 2010, p. 65.

[25] Id., ibid., p. 87 ss.

[26] GRAY, John. Poder fragmentado. Entrevista. *Carta Capital*, 3 out. 2012.

[27] Para um estudo interessante a esse respeito, ver: AKERLOF, George A.; SHILLER, Robert J. *Animal spirits*: how human psychology drives the economy, and why it matters for global capitalism. Princeton, NJ: Princeton University Press, 2009.

[28] GRAY, John. *Black mass*: apocalyptic religion and the death of utopia. Londres: Penguin, 2008.

[29] GRAY, John. *Straw dogs*: thoughts on humans and other animals. Nova York: Farrar, Straus and Giroux, 2003.

[30] GRAY, John. *Gray's anatomy*: selected writings. Londres: Penguin, 2010.

[31] GRAY, *Straw dogs*, p. 79.

[32] Id., ibid., p. 182.

[33] Id., ibid., p. 184.

[34] Id., ibid., 380.

[35] Id., ibid., 299.

[36] Id., ibid., 409.

[37] PINKER, Steven. *The blank state*: the modern denial of human nature. Nova York: Penguin Books, 2003, p. 45.

[38] Id., ibid., p. 46.

[39] Id., ibid., p. 48.

6

A Complexidade da Sociedade I

"Toda realidade é uma unidade complexa."
(ALFRED NORTH WHITEHEAD)

A IDEIA DE PROGRESSO

Comecemos por lembrar um pronunciamento do presidente americano John F. Kennedy em 1963, na American University: "Nossos problemas são criados pelo homem. Portanto, podem ser resolvidos pelo homem. E o homem pode ser tão grande quanto quiser. Nenhum problema do destino humano está além do alcance dos seres humanos." Esse discurso é uma síntese exemplar da principal suposição da modernidade: as mudanças são constantes e são sempre para melhor, graças às ações humanas instrumentalizadas pela ciência e pela tecnologia. É também um bom exemplo da ilusão de controle. Ambos os pressupostos fazem parte da ideia de progresso. Esta, também chamada de mito do progresso, é um discurso determinista e historicista – uma enunciação de pretensas certezas.

É fácil deduzir que a ideia de progresso, em sua linearidade e determinismo, é incompatível com a noção de complexidade. Seu questionamento surgiu da observação da realidade cotidiana, que tem demonstrado com clareza que as mudanças são constantes, mas nem sempre acontecem para melhor, como mostraram os fracassos de narrativas deterministas como o marxismo. Ou, pior ainda, o fato de que as conquistas da ciência e da tecnologia podem ser – e têm sido – usadas para causar morte e destruição. A primeira evidência surgiu com o lançamento da bomba atômica sobre Hiroshima. O que tem sido observado é que a ciência e a tecnologia resolvem muitas dificuldades, mas criam outras tantas. Talvez o maior problema da ideia de progresso seja que ainda é muito pequeno o número de pessoas que têm consciência de que ela não passa de um equívoco.

Tem sido assim com o passar do tempo, em especial a partir do século XVIII. Sabemos que no transcurso da história humana houve equívocos, que custaram a vida de milhões de pessoas. Mas bem poucos foram – e continuam a ser – tão profundos e tão perniciosos quanto a ideia de progresso, que inclui uma variante da crença determinista de que é possível prever o futuro com base em dados do passado. Muitos são os enganos e armadilhas nela contidos. Um deles é que as pessoas que tentam mostrar que ela não passa de um colossal engodo são tachadas de retrógradas.

Em nossa cultura, a ciência tem sido vista como a validadora das ideias deterministas. O marxismo-leninismo, por exemplo, se autoproclamou "científico", em seu afã de proporcionar "certezas" que a experiência vivida revelou serem simples ficções. A própria história – que a "ciência" marxista-leninista julgou que a confirmaria – acabou por mostrar que na verdade tudo não passou de um conjunto de quimeras. Mas foi real o sofrimento e a morte de milhões de pessoas, nos *gulags* soviéticos e seus equivalentes espalhados pelo mundo. No campo oposto, o nazismo e o fascismo, também baseados na ideia de progresso, levaram a consequências semelhantes e trágicas.

Com o passar dos séculos, a ciência e os cientistas têm sido encorajadores e benéficos e, ao mesmo tempo, prejudiciais e desapontadores. A transformação das opiniões dos cientistas em dogmas e números – estes últimos muito poderosos como instrumento de alienação, pois venerados como algo quase mágico em nossa cultura – nos tem "autorizado" a pensar e agir dessa ou daquela maneira, muitas vezes em nosso próprio prejuízo. Quando não utilizada para atenuar a culpa e a responsabilidade pelos resultados de nossas ações. Sentimo-nos menos culpados e menos responsáveis quando podemos alegar que estamos "cumprindo ordens" oriundas da ciência, de cientistas ou de pessoas poderosas. Assim fizeram, por exemplo, os oficiais nazistas empenhados na dita "solução final", com a qual Hitler pretendeu exterminar o povo judeu.

Em sintonia com o discurso da modernidade, a ideia de progresso inclui um pressuposto bem conhecido: o ser humano pensa e se comporta de modo quase sempre racional, e isso o capacita a controlar ao máximo o erro, a incerteza e a ilusão. Por isso, em termos econômicos ainda vigora a hipótese de que os mercados são "perfeitos". No entanto, sabemos que estamos longe de pensar e comportar--nos de modo apenas racional. Também tem sido questionada a visão quantitativa e utilitarista de mundo, e hoje se dá crescente valor ao aprendizado pela experiência. Hoje, uma das principais tendências é criticar a modernidade no que ela tem de criticável e complementá-la com outras ideias, o que inclui não perder de vista os resultados dos usos da ciência e da tecnologia – para o bem ou para o mal.

Mas muitos têm dificuldade de lidar com ideias, pois acreditam que só vale a pena o que consideram "sólido". Como estamos convencidos de que só tem valor o que pode ser medido, pesado e contado, tornamo-nos reféns de processos e operações, em especial os que produzem resultados mensuráveis e de curto prazo. Esse mecanismo pode ser assim resumido: (1) desprezamos as ideias, porque não são "concretas"; (2) em consequência, desprezamos a filosofia, porque imaginamos que ela não contribui para nosso universo imediatista e utilitário; (3) ignoramos, ou fingimos ignorar, que as ideias evoluem e se transformam em práticas, as quais nem sempre dão os resultados que esperamos; (4) nesses casos, porém, é tarde para reverter os fracassos: isso deveria ter sido feito quando as práticas ainda eram ideias – se tivéssemos sido capazes de repensá-las com a profundidade necessária. Em outras palavras: se estivéssemos capacitados a produzir novas ideias, em vez de ter continuado a repetir sempre os mesmos procedimentos.

Foi assim que os ideais do Iluminismo – em especial a ideia de progresso – se transformaram em mitos e passaram a ser repetidos de modo automático, como mantras. As ideias de Descartes, por exemplo, tornaram-se cláusulas pétreas, com influência na vida e nas práticas de milhões de pessoas – e a maioria delas, claro, jamais leram nem lerão os escritos desse filósofo ou sequer ouviram falar dele. Como não bastasse, foram (e serão) essas as pessoas que mais se deixaram (e se deixarão) condicionar por tais ideias, e se sentiram (e se sentirão) seguras com isso.

Descartes nos deixou há mais de três séculos, mas suas ideias permanecem, para o bem e para o mal. Para o bem, quando são empregadas nos contextos e momentos em que podem levar a resultados satisfatórios. Para o mal, quando insistimos em utilizá-las também fora desses contextos e momentos – casos em que se transformam em fatores limitantes de nossa visão de mundo e, desse modo, produzem consequências danosas para as pessoas e o ambiente natural. Em muitos casos, esse viés de religião secular transformou a mente cartesiana – sempre associada ao imediatismo, ao quantitativismo e ao utilitarismo – em mais uma fonte de problemas. Condicionou as pessoas ao ponto de levá-las a agir sem perceber por que pensam, como pensam e o que fazem. Levou-as a adotar comportamentos padronizados, e por isso dificultou-lhes a percepção e compreensão da diversidade.

Os homens passam, algumas de suas ideias ficam e muitas vezes se tornam mais conhecidas do que eles. Foi assim que o método cartesiano se tornou mais conhecido do que Descartes; que Alice se tornou mais famosa do que Lewis Carroll; que Dom Quixote hoje é mais notório do que Cervantes; que Romeu e Julieta são mais populares do que Shakespeare e assim por diante. Com exceção do método cartesiano, as demais criações são personagens de ficção, mas ainda assim têm mais força e perenidade do que muitas realizações humanas materiais.

A força das ideias pode ser observada em muitas situações. Vejamos alguns exemplos:[1] as práticas prisionais dos campos de concentração nazistas, na Segunda Guerra Mundial, depois estudadas por Foucault, em especial em sua obra *Vigiar e punir*; a racionalização e a burocratização da gestão, examinadas por Max Weber; as técnicas de linha de montagem do fordismo; a "administração científica" do taylorismo, e assim por adiante. Por trás de tudo isso não é difícil identificar os conceitos cartesianos, que ainda vigoram no capitalismo e também foram adotados pelo chamado "socialismo real". Sua base mais evidente é a lógica binária, que se manifesta com clareza na clássica dicotomia mocinhos-bandidos. No caso do socialismo, por exemplo, os mocinhos são as "classes oprimidas", e os bandidos os "opressores dominantes".

Porém, como todos sabem, a experiência tem mostrado que quando os mocinhos conseguem chegar ao poder logo se transformam em opressores e, portanto, em bandidos. Essa é uma obviedade que se repete com a mesma monotonia com que muita gente insiste em fingir que ela não existe. O mundo é heterogêneo, não linear e sujeito à incerteza, mas insistimos em querer tratar esses fenômenos por meio de racionalizações e matematizações – o que é até possível, mas só até certo ponto. Na modernidade tardia, por exemplo, a ideia básica do estruturalismo era a existência de quadros de referência fundamentais – as estruturas –, cujo desenvolvimento se daria sem levar em conta as pessoas (os sujeitos humanos) e as determinaria por serem mais significativas do que estas. O problema do estruturalismo foi pretender reduzir tudo à linguística, quando na verdade Ferdinand de Saussure, um de seus fundadores, já havia advertido que as coisas não poderiam ser tão supersimplificadas.

Como costuma acontecer em todas as áreas do conhecimento, o fato de o redutivismo linguístico ter-se tornado um pretenso remédio contra todos os males acabou por ser o mal que esvaziou as pretensões estruturalistas. O próprio Lévi--Strauss, outro estruturalista egrégio, acabou por reconhecer isso. Na verdade, o estruturalismo foi uma tentativa de proporcionar credibilidade às ciências humanas, uma forma de tentar aproximá-las das ciências ditas exatas ou "duras". Essa tentativa de "endurecimento" acabou por ameaçar transformar as ciências humanas em discursos esquemáticos sem criatividade. Fenômenos assim são manifestações do confronto entre razão e emoção, que é desnecessário mas ainda assim recorrente, dada a prevalência da lógica binária em nossa cultura.

Parece razoável afirmar, como fazem muitos autores, inclusive o recém-citado Dupas, que a ideia de progresso está a serviço da acumulação dos que detêm o poder (acumulação hegemônica). Sabemos que o pensamento da maioria das pessoas em nossa cultura é mecanicista, quantitativo e utilitarista. Para elas, melhor é sinônimo de mais e, portanto, mais progresso (em especial o econômico) significa uma vida melhor. No entanto, esse ponto de vista não resiste nem mesmo a uma breve análise. Se mais equivalesse a melhor, daí se deveria concluir que mais progresso material deveria corresponder a uma vida melhor para o maior número possível de pessoas. Deveria também significar que, à medida que o progresso se amplia, um número cada vez maior de indivíduos viveria mais e melhor. Mas a experiência tem demonstrado que isso está longe de ser verdadeiro. Mesmo se não considerarmos que os benefícios do progresso não estão à disposição de parte das populações do mundo, é preciso reconhecer que os efeitos colaterais indesejáveis das tecnologias, que são parte desse mesmo progresso, não poucas vezes têm ameaçado a qualidade de vida até mesmo dos que mais se beneficiam delas.

Ao que parece, tudo tende a continuar como sempre: a acumulação de bens e serviços se dará cada vez mais em benefício de uma minoria, e o discurso que tenta convencer os excluídos a esperar a sua vez, num futuro sempre adiado, será cada vez menos ouvido. Daí se conclui que o discurso hegemônico da acumulação tem força decrescente, o que, longe de demover os que o pronunciam, os faz continuar a proferi-lo, só que com alguns ajustes táticos: para compensar sua falta de consistência e credibilidade, ele se tornou mais bombástico e, claro, cada vez mais recheado de números. Para distrair as pessoas, e aproveitar-se de sua condição humana de seres limitados, em termos de espaço e tempo, muita ênfase é posta no hedonismo da boa vida no aqui e agora. Não há preocupações com o que pode ocorrer além do curto prazo e do entorno imediato, seja em termos de cuidados com a saúde, poupança financeira e preservação do ambiente. Basta que cuidemos do entorno imediato, pois o que não vemos não pode nos preocupar. Ao que parece, tudo isso tem aliviado nossas responsabilidades diante da preparação do cenário de terra arrasada que, ao que tudo indica, legaremos às gerações futuras.

O mais importante – e também aproveitado pela postura dominante de acumulação – é nossa dificuldade de lidar com o raciocínio inclusivo "e/e" (uma coisa *e* outra). Preferimos a lógica do "ou/ou" (uma coisa *ou* outra) porque não sabemos conviver com paradoxos – o que equivale à dificuldade de conviver com nossa condição humana e com o mundo natural. Como somos seres ambíguos, paradoxais – e o mesmo vale para a natureza e as culturas que construímos –, aprender a conviver com paradoxos é fundamental. Sem um mínimo de compreensão deles é inútil pensar em desenvolvimento sustentável.

A ideia de progresso está patente no tom eufórico da maioria das revistas de negócios atuais, embora haja exceções. A noção de que as mudanças serão sempre para melhor tem sido "validada" por um bom número dessas publicações, em especial as que veem o mundo por um viés quase de todo quantitativo, mecanicista e econômico-financeiro (mais financeiro do que econômico). Nessa linha de raciocínio, quanto mais resultados financeiros proporcionarem aos acionistas, mais otimistas, "progressistas" e "inovadoras" serão consideradas as iniciativas que os geraram.

É óbvio que não tenho nenhuma intenção de diminuir a importância dos confortos e conveniências que o progresso e as tecnologias podem proporcionar aos que a eles têm acesso. Por outro lado, seria bem melhor – e mais pedagógico – para o nosso senso de realidade que seus efeitos colaterais danosos fossem bem conhecidos por esses beneficiários, até mesmo para que tomem consciência dos riscos. Um desses riscos é a possibilidade de perda de tais privilégios. A experiência tem mostrado que esse dado não pode ser negligenciado. Basta observar as crises econômico-financeiras recorrentes e suas consequências. Nessas situações, como tem mostrado a história, é provável que as providências oficiais de austeridade econômica devolvam muitas pessoas ao estado de pobreza do qual haviam saído e do qual se haviam esquecido. Essa possibilidade existe em especial nos países periféricos, inclusive os contemplados por seus pares mais afortunados com o rótulo de "emergentes".

A "certezas" de que nada disso jamais ocorrerá vem da nossa ilusão de controle. Acontece, porém, que não estamos no mundo para prevê-lo e controlá-lo como quer o projeto iluminista. Estamos aqui para conhecer-nos e conhecer o mundo, o que acontece por meio da adaptação, que no fundo é um processo de conhecimento. Sabemos que muitos de nossos problemas vêm do nosso modo básico de pensar. Insistimos em entender a complexidade e a diversidade do mundo por meio de um modo de pensar supersimplificador e reducionista. Apesar de tão óbvia, para muitos essa nossa dificuldade se tornou muito difícil de perceber e entender.

Questionar quem se propõe a fazer desenvolvimento sustentável apenas por meio da ciência e da tecnologia em certa medida equivale a falar sobre a ilusão de controle. Se formos racionalistas e nos propusermos a fazer seja o que for, essa postura nos fará acreditar que estamos preparados para fazê-lo. Todas as dificuldades que viermos a encontrar para pôr em prática o nosso projeto serão vistas como vindas de fora, pois em nós mesmos não percebemos nenhum obstáculo. Para pensar dessa forma é preciso que, como Descartes, estejamos convencidos de que corpo e mente são entidade separadas e, em consequência, que nossa psique é transparente para ela própria. Isso implica a suposição de que podemos saber tudo o que quisermos sobre o nosso conteúdo mental por meio da introspecção. Mas é aí que começam os equívocos. Primeiro, porque existe o inconsciente, o que significa que a totalidade da nossa psique não pode ser abordada pela introspecção. Segundo, porque, como mostram descobertas recentes da neurociência, não existe separação corpo-mente,[2] e portanto não podemos observar nossa psique como se ela fosse um objeto. É ilusória a suposição de que temos controle total sobre nossa psique e do que queremos fazer com ela. Essa é mais uma das manifestações da ilusão de controle.[3] Nada garante que conseguiremos realizar cem por cento do que planejamos. Acreditar que basta controlar os fatores externos para assegurar o sucesso do que pretendemos é um equívoco: existem fatores inconscientes que estão fora de nosso controle e devem ser sempre levados em consideração.

A proposta da ideia de progresso é que este é linear e interminável, daí o empenho de avançar sempre, sejam quais forem os obstáculos. Tal empenho pressupõe que os recursos naturais estarão sempre disponíveis e que a ciência e a tecnologia se encarregarão de assegurar boa parte dessa disponibilidade. No entanto, já no século XIX o filósofo e economista John Stuart Mill (1806-1873) advertia que o crescimento econômico infinito – que é uma das manifestações da ideia de progresso – não é viável: em algum momento ele terá de parar, dada a ausência de recursos naturais para alimentá-lo. Mill é um dos precursores do reconhecimento de que em algum ponto a escassez de recursos haveria de determinar a contenção do crescimento econômico em benefício da sustentabilidade. Para ele, uma situação estacionária do capital e da população não conduz de modo inevitável à estagnação do desenvolvimento humano.

Não é difícil inferir que a insistência com a qual muitos defendem a ideia de crescimento econômico infinito é uma das manifestações mais sutis das pulsões de morte. Também parece não haver dúvida de que a proposta de crescimento inin-

A Complexidade da Sociedade I   145

terrupto é outra forma de dizer que o progresso é inexorável e indefinido. Essas racionalizações têm servido de justificativa para um crescimento autossabotador, para usar a expressão de Gray. Na modernidade, e ainda hoje, o modo predominante de pensar era que o progresso avançaria sem falhas, hesitações ou erros. Esse otimismo foi e ainda é alimentado por um aluvião de certezas, previsibilidades e regularidades imaginárias. A experiência tem mostrado – em especial depois da dissolução da União Soviética e do avanço da globalização – que as evidências de que as mudanças são contínuas são indiscutíveis. Por outro lado, a suposição de que elas acontecem sempre para melhor é uma fantasia, que tem sido desfeita por fatos como os efeitos colaterais da prospecção, extração, transformação e utilização dos combustíveis fósseis.

O que temos pela frente não é um futuro permeado de certezas e embalado pelo ritmo das melhorias contínuas: é um porvir que tanto trará boas como más notícias. Essa é a principal diferença entre a visão de mundo simplista e a complexa: a aceitação da incerteza. No primeiro caso recorre-se à escamoteação de tudo que é incerto: tentar negar a incerteza por meio de racionalizações, fingir que o mundo é simples, linear e previsível. Na segunda hipótese, há o reconhecimento da complexidade, da incerteza e da não linearidade do mundo e a disposição de enfrentá-las e "gerenciá-las". No primeiro caso, a crença é de que haverá progresso e só progresso. No segundo, as evidências mostram que haverá progresso mas também poderá haver retrocessos. A renúncia à ficção de um mundo padronizado e cor-de-rosa precisa ceder lugar à experiência de um mundo diversificado, multifacetado e incerto. É o que mostram a teoria do caos e a experiência vivida: as certezas não são de modo algum garantidas.

É comum que alguns autores que escrevem sobre desenvolvimento sustentável recorram à ideia de progresso. Costumam afirmar que os avanços da ciência e da tecnologia proporcionam esperanças de atenuação, ou mesmo interrupção, de nossa marcha rumo à devastação da natureza. É o que Gray chama de "soluções técnicas", que funcionariam como tranquilizantes para nossa civilização amedrontada. Esse autor acrescenta que os avanços tecnológicos estão condicionados ao desenvolvimento de instituições humanas como universidades, centros de pesquisa e similares. Mas são instáveis e incertos, ao contrário do que muitos querem fazer crer. Nada garante que os avanços da tecnologia serão tão perenes e lineares como quer o discurso da modernidade, e menos ainda que serão sempre benéficos. Como mostra a experiência, muitos dos efeitos colaterais desses progressos têm se revelado ameaçadores, como é o caso das alterações climáticas.

De acordo com Gray, a ideia de progresso, tal como expressa por filósofos como Daniel Dennett, é equivocada quando pretende obscurecer a consciência de que tecnologias como a Internet serão capazes de mudar o modo de pensar dos seres humanos – em especial que serão capazes de substituir as religiões como fornecedoras de "certezas".[4] Mesmo na condição de ateu, Dennett seria, na expressão de Gray, um ardente evangelizador. A ideia de que amanhã as coisas serão sempre melhores está na origem do chamado "pensamento positivo" e da espetacularização que dele fazem as iniciativas de autoajuda, as quais fazem parte das estratégias tipo pão-e-circo com as quais se busca alienar as pessoas. A ideia de "melhoria contínua", ou "melhorismo", não confere com nossas experiências do dia a dia. E pode induzir, como em geral faz, a atitudes irresponsáveis: se tudo mudará sempre para melhor, por que devo me preocupar em ser cuidadoso com seja o que for, inclusive com o meio ambiente? Quando aplicada à vida humana, a noção de "melhoria contínua" artificializa nossa existência, porque expurga dela a incerteza e com isso nos torna irresponsáveis em relação ao risco.

O que Neil Johnson[5] chama de "santo Graal da ciência da complexidade" é o desejo de controle próprio de todos os humanos. Até certo ponto ele é razoável e deve ser aceito, desde que inclua a consciência da incerteza, que aqui equivale ao reconhecimento de nossas limitações. Precisamos da consciência de que a incerteza é um ingrediente essencial da vida, que atiça em nós o gosto pela aventura, pela pesquisa, pela exploração do desconhecido. Quando tomada nesse contexto, a frase "gosto de viver perigosamente" nem sempre implica irresponsabilidade. Denota a vontade de conhecer o que está por trás dos empreendimentos da ciência, da filosofia – enfim, de todas as áreas da atividade.

Nesse sentido a incerteza é uma dádiva, não uma maldição. Sem ela a vida seria algo monótono e tedioso. Com efeito, a repetição é mecânica e monocórdica. Por outro lado, a diferença busca as sutilezas que existem entre os extremos das pendularidades. Sem a sua presença a vida seria um passo a passo de repetição e mediocridade – o que, aliás, é como muita gente a imagina e até prefere: uma sucessão de causalidades simples, mecânicas e previsíveis. Ou seja: tudo aquilo que o mundo real não é, apesar de muitas vezes aparentar sê-lo. Henri Bergson intuiu a necessidade de sair da repetição e buscar a diferença, quando escreveu que "a atualização tem como regras não mais a semelhança e a limitação, mas a diferença ou a divergência e a criação".[6] Bergson foi um dos principais influenciadores de Gilles Deleuze em sua filosofia da busca da diferença e do novo – justo aquilo por que mais se empenha a teoria da complexidade.

Gray assinala que marxistas e neoliberais adotaram o mesmo determinismo, ao acreditar que o progresso é alimentado pelos avanços da ciência e da tecnologia. A política e a cultura e a ética em geral são considerados fenômenos secundários, que em certos casos podem até mesmo retardá-lo.[7] Diante dessa constatação, ele adverte que os riscos da utilização de tecnologias militares de destruição em massa por terroristas têm sido negligenciados – inclusive por pensadores e militantes do movimento verde –, mas nem por isso deixa de ser real. Por essa razão, acredita que é imperativo incluir esse tópico em todas as discussões de projetos de preservação ambiental. Estou de pleno acordo. Nossa tendência a dar pouca atenção ao que chamamos de cenários impensáveis é uma das muitas manifestações de nossa natureza localista. Ainda assim tais cenários podem se tornar realidade, como se comprovou nos EUA, em 11 de setembro de 2001, com os ataques terroristas. Vejamos alguns detalhes desse exemplo, apresentados por George Day e Paul Schoemaker.[8]

Durante os cinco meses que precederam os ataques terroristas de 11 de setembro de 2011 nos EUA, a Administração Federal de Aviação (FAA) recebeu um total de 105 relatórios oriundos de serviços de inteligência, nos quais Osama bin Laden era citado nada menos de 52 vezes. Esses relatórios vieram de várias agências governamentais, entre elas a CIA, o FBI e o Departamento de Estado, as quais não se comunicaram entre si de maneira eficaz. Dessa forma, os dados recebidos pela FAA não foram interligados e analisados com antecedência, e por isso não geraram uma ampla conscientização do potencial das ações terroristas. Além disso, a possibilidade de ataques desse tipo contra os EUA – inclusive com a precipitação de aviões de passageiros contra edifícios altos – já era conhecida há tempos por várias autoridades americanas. No entanto, para realizar seus desígnios, os terroristas foram capazes de usar, de modo intuitivo, vários dos princípios do pensamento complexo, como colaboração global, pensamento de longo prazo e uso de tecnologias de ponta.

Tudo isso visto, convém ponderar que a convicção de que a ideia de progresso está superada está longe de ser unânime. Há quem acredite que as sociedades e culturas humanas podem mudar por meio do aprendizado com a experiência e os conhecimentos acumulados. Estes seriam transmitidos às gerações posteriores, e as mudanças positivas por eles causadas impulsionariam o progresso. Entre esses autores está Morin, para quem "o mito do progresso está morto, mas a ideia de progresso torna-se revivificada quando nela se introduzem a incerteza e a complexidade".[9] Dessa maneira, seria lícito pensar em um tipo de progresso não orientado por e para valores só materiais e econômicos. É o que, na mesma linha de Morin, propõe Veiga, que admite a possibilidade de que tal movimento deve se originar de uma arregimentação de "todos os anseios por um progresso que continue a avançar o processo de expansão da liberdade humana".[10] São dois autores respeitáveis, e suas propostas contêm uma carga significativa de esperança em possíveis mudanças para melhor no ser humano, suas sociedades e culturas.

Todas essas considerações requerem o cotejo de dois conjuntos de fenômenos: (1) as mudanças desejáveis no comportamento de nossas culturas e sociedades, conseguidas via aprendizagem pela experiência; (2) as mudanças no comportamento humano no curso da história. Trata-se de tentar identificar o âmbito em que houve modificações mais perceptíveis: o das culturas/sociedades humanas (mudanças circunstanciais) ou o do comportamento humano (mudanças essenciais). Os dois conjuntos estão interligados, e parece não haver dúvida de que alterações no item 2 são cruciais para que aconteça algo de positivo para nossa felicidade e liberdade. Seja como for, é importante entender que não se trata de fazer uma escolha binária – decidir se a ideia de progresso é ou não real e inquestionável. Não é o caso de escolher se existe ou não progresso. Com a possível exceção de algumas características da natureza humana que têm se mostrado irremovíveis, é óbvio que ele existe. Portanto, o que está em jogo não é a sua presença ou ausência. As mudanças são um fato, e se muitas delas são superficiais e temporárias, algumas são de fato profundas e duradouras.

148 Complexidade e Sustentabilidade • Mariotti

De tudo isso, porém, o que importa mesmo é saber até que ponto os efeitos colaterais e indesejáveis por elas produzidos ao longo do tempo são ou não prejudiciais ao bem-estar, à liberdade e à felicidade dos indivíduos, das comunidades e do ambiente natural. É também necessário entender que a desconstrução da ideia de progresso – ou de qualquer outro conceito – não pressupõe sua substituição imediata e/ou compulsória por uma alternativa. Tal obrigatoriedade configuraria uma alternativa binária – o que seria um redutivismo elementar e portanto inadequado à compreensão dos sistemas complexos. Por exemplo, questionar o discurso da modernidade por meio da indagação se os resultados do progresso valeram ou não a pena é uma atitude binária, elementar e até ingênua. A pergunta a ser feita não é essa, mas sim o que fazer para incentivar as mudanças desejáveis e diminuir tanto quanto possível as indesejáveis. Por isso, tal questionamento não pode ser feito nos termos lineares e binários do discurso newtoniano-cartesiano. Ele deve acontecer por meio da desconstrução desse discurso e das tentativas de reconstruí-lo pelo exame da complexidade das culturas/sociedades humanas e do mundo natural.

Quando se fala em ideia de progresso, é importante compreender três pontos cruciais: (1) duvidar de seus efeitos positivos, em especial os proporcionados pela ciência e tecnologia seria um misto de ingenuidade e ignorância; (2) duvidar de suas consequências negativas seria um misto de ingenuidade e irresponsabilidade; (3) negar que os resultados positivos estão fora do alcance de parte da humanidade – e que os negativos atingem a todos – não é ingenuidade, ignorância ou irresponsabilidade: é algo inqualificável. Para Freud, com a ideia de civilização, o homem se elevou acima de sua condição animal. Porém, embora reconhecesse esse avanço, ele não via nele provas de que um progresso semelhante tivesse sido alcançado no trato dos assuntos humanos. O mesmo dizem muitos outros: no que se refere a modificações substanciais em sua natureza, os humanos continuam imutáveis. Para Einstein, por exemplo, tudo mudou menos o nosso modo de pensar.

A DIMENSÃO ECONÔMICA

Hoje fala-se muito em "capitalismo ecológico", o qual pode ser visto como uma tentativa de entender e fazer negócios por meio de alguns dos conceitos do pensamento complexo, entre eles a coexistência de opostos ao mesmo tempo antagônicos e complementares. Ao que parece, começa a emergir uma compreensão importante: as culturas humanas não são naturais, mas isso não significa que o homem esteja separado da natureza. Esse entendimento leva a outro: as coisas não têm apenas valor utilitário/mercantil. Contudo, como assinala Gray, tanto os economistas marxistas quanto os do dito "livre-mercado" não aceitam essa ideia.[11] A seu ver, as outras espécies vivas são apenas um meio para a satisfação das necessidades humanas, e isso vale para a própria Terra. Vista por esse ângulo, a vida se transforma em um *business*: não existem valores intrínsecos, mas sim valores de mercado.

A Complexidade da Sociedade I   149

Na linha desse raciocínio antropocêntrico, os humanos também acabam por se comportar como se não tivessem valor intrínseco: veem uns aos outros de modo psicopático, como objetos, ferramentas de produção e portanto fontes de custo. Nas empresas, quando é necessário melhorar a curto prazo as finanças, a primeira providência é cortar pessoas. Os resultados positivos logo surgem, mas duram pouco. Para negar esse fato, é sempre posta em prática uma série de artifícios racionalizadores, os quais por sua vez também têm efeitos efêmeros. O próximo passo é atribuir os maus resultados a fatores externos. Tudo isso é um conjunto de manifestações da lógica binária. Essa forma de pensar está no rol dos obstáculos mais fortes ao conceito e prática do desenvolvimento sustentável: o avião que cai é o do outro; o carro que bate é o do outro; quem contrai câncer é o outro; a empresa que vai mal é a do outro; os mercados que vão mal são aqueles dos quais minha empresa não faz parte. Pouco importa que num mundo globalizado seja ridículo pensar e agir assim: as racionalizações continuam, indiferentes às evidências. Em uma entrevista, Morin deixa as coisas claras a esse respeito: "Depois do fim dos totalitarismos no século 20, novos monstros surgiram: o capitalismo financeiro desconectado da produção e os fanatismos nacionalistas, étnicos e religiosos."[12]

Em seu núcleo, as ideias de Marx constituíam uma visão humanista, compassiva e incluíam a busca de justiça social. Entretanto, ao passarem à prática foram utilizadas contra os interesses das pessoas, em especial a classe proletária. Em seu nome foram praticados crimes contra a humanidade – massacres coletivos, *pogroms*, execuções em massa de dissidentes, imposição da fome a milhões de pessoas – como aconteceu sob Mao Tse Tung no "Grande Salto para a Frente" e ainda ocorre na Coreia do Norte. Hoje se sabe que, já nos anos 1920, Trotsky havia denunciado a crueldade da ditadura de Stalin. Mas muitas pessoas, agarradas a seus processos de racionalização, preferiram – e ainda preferem – fingir que nada disso existiu. Nem mesmo intelectuais brilhantes escaparam desses esquecimentos de conveniência. Tudo isso contribuiu para que pouco ou quase nada se aprendesse com o chamado socialismo real, que reproduziu o mesmo de sempre: os homens criam utopias humanitárias e em teoria socialmente justas; na prática, porém, essa visão se degrada e se volta contra eles próprios.

Desde o fim da Segunda Guerra Mundial, acreditava-se que o crescimento econômico por si só promoveria o desenvolvimento global. Pensava-se então – e ainda se pensa – em termos de causalidade simples/direta: mais dinheiro, mais desenvolvimento. Mesmo depois de termos testemunhado, nas duas Guerras Mundiais, as consequências de ignorar a complexidade do mundo, quase nada foi aprendido e continuamos a pensar de modo simplista. Mas o raciocínio de causalidade simples continuou a não funcionar, em especial em países pouco desenvolvidos como os da América Latina. Não houve desenvolvimento satisfatório – em muitos casos, nem sequer houve melhorias significativas. Ao contrário, o sucateamento resultante dos baixos investimentos governamentais criou condições para a mercantilização da saúde, da educação e, nos últimos tempos, da segurança pública. O sucateamento das escolas e universidades públicas transformou a educação e a saúde em *businesses*.

A mercantilização da educação e da saúde deveu-se em especial à generalização da mentalidade quantitativa e utilitarista, segundo a qual as pessoas devem permanecer saudáveis não por terem um valor intrínseco, mas porque são vistas como máquinas que precisam de manutenção por meio de técnicos especializados. Ao atingir idades mais avançadas, tais máquinas já estariam obsoletas e deveriam ser descartadas, pois já não justificavam os investimentos em manutenção. Vejamos um exemplo que se tornou famoso. Nos EUA, durante a campanha de reeleição do presidente Barack Obama, surgiu o que ficou conhecido como "o incidente dos 47%". O adversário de Obama, Mitt Romney, foi filmado em um jantar com correligionários e doadores de campanha. Nesse evento, afirmou que 47% dos americanos votariam no partido Democrata porque eram dependentes da generosidade do governo, não pagavam imposto de renda e por isso não eram capazes de assumir responsabilidades pessoais.[13] Esse fato tem gerado entre alguns republicanos reflexões sobre certas posições tradicionais do partido, inclusive políticas de imigração e bem-estar social.

Num contexto como esse, o que se costuma chamar de desenvolvimento nada mais é do que uma das múltiplas manifestações da ideia de progresso. Essa crença tem alimentado o equívoco, denunciado por Windham Lewis,[14] de que o valor das coisas é o que elas terão ao se transformarem no futuro, isto é, um valor apenas utilitário. Mediante a promessa de que no futuro tudo melhorará, a minoria esperta continua a explorar política e economicamente uma maioria ingênua. Essa tática tem sido adotada por não poucos políticos, nas campanhas eleitorais e em muitos outros contextos. Em especial nos países pouco desenvolvidos, o baixo investimento em educação costuma correr paralelo aos altos índices de aprovação pública de seus mandatários populistas.

Para o economista americano Herman E. Daly, é inócuo o argumento de que o desenvolvimento econômico infinito é incompatível com as reservas disponíveis de recursos naturais e, por isso, deve ser descontinuado. Tal atitude deriva do raciocínio binário e equivale a "jogar fora o bebê junto com a água do banho", como diz a metáfora. Ciente do poder das metáforas, Daly também criou uma para ilustrar a sua proposta. Propõe o exemplo de uma biblioteca na qual as estantes já não comportam mais livros, e assim a entrada de novas obras só poderia acontecer quando saíssem algumas das antigas. Cada livro só passaria a compor o acervo em substituição a outro. É o que fazem os organismos vivos: a cada dia, nosso corpo perde milhões de células cujo desgaste tornou inúteis. Tais células são substituídas na mesma proporção em que são eliminadas, o que permite que o organismo continue vivo. Esse também é o princípio de substituição de fontes de energia poluentes por outras consideradas "limpas" ou "renováveis".

Como sempre acontece quando se trabalha com a complexidade, o objetivo é chegar a propostas de ações simplificadoras, porém nunca simplistas e, menos ainda, supersimplificadoras. Mas é preciso entender que as simplificações nem sempre conseguem resolver os problemas que se propõem a solucionar. Quando dizemos que um sistema é complexo, queremos significar que os elementos que o compõem estão tecidos juntos, e por isso é impossível intervir em cada um sem que os demais sejam afetados. Isso quer dizer que iniciativas que se propõem ao controle "equitativo" da economia, como a de Daly, repercutirão na economia de todos os países do mundo.

Assim, é razoável pensar que os países mais desenvolvidos, que já têm parte de suas necessidades satisfeita, poderiam aceitar a sua proposta – embora o que se conhece sobre a natureza humana deixe dúvidas a respeito. Por exemplo, os que pretendem continuar a lucrar com atividades poluidoras tenderão a desqualificar os argumentos e práticas em contrário – e repetirão o conhecido bordão de que eles não têm "comprovação científica". Não é difícil imaginar o que acontecerá a seguir: começará uma interminável discussão e, enquanto ela se desenrola (é sempre possível prolongar discussões por meio de infinitos argumentos e volteios teóricos), o *status quo* será mantido.

A *steady state economy* (economia de estado estacionário) de Daly poderia até ser adotada pelos países mais desenvolvidos. Mas seria difícil esperar o mesmo dos países pouco desenvolvidos e dos chamados emergentes, entre os quais muitas necessidades ainda não estão satisfeitas. O que proporciona aos países ricos um argumento binário: ou todos aceitam a economia de estado estacionário ou ninguém deve aceitá-la. Já vimos que a economia de estado estacionário tem seus antecedentes na obra de Stuart Mill. Uma das frases mais conhecidas desse autor diz que se a dilapidação dos recursos da Terra tiver como objetivo sustentar uma população maior, porém menos feliz, seria preferível que as sociedades humanas estagnassem antes que a necessidade as obrigasse a fazê-lo.[15]

Ao contrário do que parece, essa afirmação não é livre de questionamentos. Em nossa cultura, parar é visto como sinal de fraqueza, indecisão ou as duas coisas. E também de indolência, incompetência e desmotivação. No Brasil, *slogans* como "ninguém segura este país" ou "São Paulo não pode parar" marcaram época como emblemas de um positivismo ingênuo. Entre suas consequências, deve-se anotar a deterioração da vida na capital paulista e em outras metrópoles, no país e fora dele.

Tais *slogans* foram e em boa medida ainda são usados como emblemas da ideia de progresso, à qual se associaram outros chavões de autoajuda e assemelhados. A recém-mencionada citação de Mill revela uma sabedoria que a observação do nosso cotidiano não autoriza a crer que se tornou ampla o suficiente para nos levar a uma vida melhor. Tal conclusão parece correta, em especial quando vemos não poucos líderes políticos, economistas e outros cidadãos importantes lamentar que o crescimento econômico, conforme "medido" pelo PIB, está atrasado, isto é, não acompanha o dos países ditos desenvolvidos.

Tais observações em geral são feitas com base em critérios quase por completo quantitativos. O próprio crescimento da economia é considerado um valor absoluto, e portanto isento de análises fora dessa ortodoxia. Nesse contexto, países como a China são apresentados como modelos a seguir e admirar. Os que acreditam em crescimento econômico ilimitado são tidos como "progressistas", e os que creem que o crescimento populacional deve ser também sem limites (na linha do "crescei e multiplicai-vos") são considerados "humanitários". Mas sempre surge um desconforto, quando se trata de explicar como obter crescimento econômico e populacional infinitos com recursos naturais finitos.

Parece não haver dúvidas de que em teoria é possível um crescimento econômico continuado. Mas para tanto é preciso adequar o crescimento da população aos recursos naturais, numa contabilidade simples que prevê que a produção deve acompanhar o consumo sem pressionar de modo predatório as fontes de recursos. A dificuldade surge quando percebemos que nesse caso fala-se de sistemas complexos e não de sistemas complicados (isto é, mecânicos, tecnológicos), cujo estado ideal é o equilíbrio estático e previsível. Numa balança, por exemplo, quando há um quilo em um dos pratos, é certo que o equilíbrio será atingido se pusermos o equivalente em mercadorias no outro. Uma balança é um sistema complicado, que está perto do equilíbrio e o atinge em circunstâncias que podem ser antecipadas. Um sistema complexo é diferente, pois está afastado do equilíbrio e inclui um grau de incerteza que o torna pouco previsível, quando não de todo imprevisível.

Para psiques tão condicionadas pelo pensamento linear-binário, é difícil entender que o equilíbrio dos sistemas mecânicos/complicados é diferente da dinâmica dos sistemas complexos adaptativos. Por essa razão, uma economia que concilie a dinâmica dos crescimentos econômico e populacional com a finitude dos recursos naturais não pode ser pensada por meio de critérios apenas quantitativos e lineares. Para tanto, serão necessários modos de pensar ainda incipientes no *mainstream* das ideias econômicas. Adotá-los em uma escala ampla não é tão simples como parece, pois isso implica profundos ajustes nos jogos de poder, dos quais se originam os discursos hegemônicos que permeiam nossas sociedades e suas instituições. Digamos o mesmo de outra forma. Gray argumenta que não é inevitável que um estado estacionário do capitalismo e da população mundial levem à estagnação do desenvolvimento. Para isso, porém, deveria acontecer uma mudança importante de nossa visão quantitativa de mundo, o que ele classifica como uma utopia. Por outro lado, acrescenta que o crescimento econômico infinito, conseguido por meio de recursos finitos, não é menos utópico. Seja como for, ele mantém como condição essencial o imperativo – que chama de "neomalthusiano" – do controle populacional.

Em nossa cultura, uma forma comum de provocar ou mesmo ofender alguém é chamá-lo de "utópico", que nesse sentido designa não um sonhador ou visionário, mas alguém ingênuo ou fora da realidade. Sabemos que a realidade das empresas é a busca do lucro, e para tanto elas empenham e empenharão todos os seus esforços. Em consequência, na medida em que a preservação do ambiente representa um fator de restrição ou diminuição de lucros, ela será sempre vista como algo a ser tratado com no mínimo muita "correção política", pois qualquer deslize pode causar os tão temidos "problemas de imagem". Essa é a questão: enquanto prevalecer em nosso contexto a mentalidade extrativista/quantitativa/utilitarista, nada indica que esse estado de coisas mudará e, nesse sentido, a questão ambiental continuará a ser vista como um inconveniente a ser contornado e gerenciado. Um cenário assim não é compatível com aquilo que Gray e muitos outros entendem por desenvolvimento sustentável. É um tema difícil de discutir e avaliar, e ainda mais difícil de ser entendido sem o habitual recurso aos *slogans* e frases de efeito.

É nesse estágio que se encontra a linguagem do desenvolvimento sustentável. Enquanto se pensar em crescimento econômico, sobretudo o avaliado pelo PIB ou métricas equivalentes, que excluem o humano e o qualitativo nos fenômenos naturais e sociais, nada mudará. E a retórica redutivista continuará a ser a tônica dos discursos hegemônicos.

Os países em que houve melhoria significativa na qualidade de vida – quase todos localizados no hemisfério norte – têm experimentado esse efeito: o aumento da migração de pessoas do Terceiro Mundo pressiona os serviços públicos, em especial os ligados à saúde e ao bem-estar social, e leva a uma certa deterioração da qualidade de vida. Mas é um equívoco culpar os imigrantes pobres por isso. Eles se mudam em busca do que não têm em seus próprios países.[16] Não se deve esquecer que séculos de colonialismo e extrativismo pouco ou nada contribuíram para desenvolvê-los, e em muitos casos foram fatores decisivos para a sua deterioração, com a criação de ciclos autoalimentados de pobreza, violência e ignorância.

Acrescente-se a isso o desinteresse em investir em educação, em especial nos países menos desenvolvidos. Em termos de lideranças populistas, todos conhecem os benefícios de manter um baixo nível educacional nas populações, ao mesmo tempo em que se proclama o contrário. Nesses contextos, a ignorância foi transformada em valor, argumento de autocomiseração ou as duas coisas. Outro fator é a mercantilização da educação e a comoditização dos saberes, que levou a abordagens educacionais quase que só técnicas e quantitativas. Os exemplos contam-se às centenas e seguiram a mercantilização da medicina, que começou um pouco antes mas está em pleno vigor.

A mentalidade tecno-quantitativa como abordagem exclusiva é um obstáculo ao desenvolvimento sustentável, porque retira das pessoas a percepção de que a vida não é um *business*. Em vários de seus escritos, de modo direto ou indireto, Gray alerta para o perigo da educação total ou majoritariamente técnica – que costumo chamar de educação de resultados. Esse perigo, continua ele, inclui a transformação das universidades em auxiliares das políticas econômicas dos governos. É uma educação voltada para a produção de resultados fragmentados, sem a visão do todo. E, sobretudo, sem o entendimento de que a vida é um processo de aprendizagem que inclui bem-estar e dignidade, e não apenas uma luta para cumprir metas econômicas e financeiras. A educação técnica é necessária, mas isso não quer dizer que deva ser a única. Não há possibilidade de desenvolvimento sustentável, quando a vida das pessoas e ecossistemas é considerada como um meio de produção e não como um fim em si.

Todas essas considerações mostram que a educação para a sustentabilidade requer a compreensão da teoria da complexidade. Embora para muitos seja muito difícil de entender, existe um amplo domínio da vida que não se submete ao cálculo e às métricas. Há também uma diferença entre a educação para a sustentabilidade e a educação que apenas fala em sustentabilidade e a utiliza como material de anúncios e chavões. Do mesmo modo, há políticas de saúde para a sustentabilidade e políticas de saúde que não passam de arengas propagandísticas. A mesma linha de raciocínio se aplica às políticas públicas de segurança e as de muitas outras áreas. A educação apenas tecno-quantitativa prepara as pessoas para funcionar, executar tarefas padronizadas e repetitivas. A complexidade do mundo exige bem mais do que isso.

A expressão "sustentabilidade" foi usada pela primeira vez em 1979, em um simpósio das Nações Unidas sobre as relações entre o meio ambiente, o desenvolvimento e os recursos naturais. Mas só depois do relatório Brundtland, publicado em 1987, ela se tornou mais conhecida e adquiriu conotações políticas. Na vida real, a sustentabilidade é muitas vezes explicada por meio da velha e eficaz metáfora da galinha dos ovos de ouro: para continuar a obter os ovos, a ave precisa ser bem tratada, pois sua morte interromperia os ganhos. Mas não é o que se vê na prática: ao que parece, a maioria das pessoas alimenta a fantasia de que a galinha é imortal, ou pelo menos tem uma resistência infinita a toda espécie de abusos. Como disse Karl Menninger,[17] não é novidade que o ódio sempre permeou o mundo, que os seres humanos destroem uns aos outros há milênios, que essa destruição se estende à natureza e que nossa civilização foi construída sobre as cinzas de populações espoliadas e recursos naturais destruídos. Diante dessas evidências, é claro que os questionamentos devem ser dirigidos não apenas ao ato de matar a galinha, mas também aos agentes dessa ação.

O PODER

As considerações acima, em especial as do último parágrafo, sugerem que é importante tentar saber que grau de consciência os governantes têm de tudo isso. O tema é antigo. Ao se referir ao ex-presidente americano Ronald Reagan, o historiador William Irwin Thompson[18] classificou-o como uma pessoa quase inconsciente. O que, por outro lado, levanta a questão de se o poder econômico, que financia parte das campanhas eleitorais, colocaria no poder governantes conscientes. O próprio Thompson responde: o ideal seria que os governantes fossem homens pragmáticos, legítimos representantes da categoria do *Homo faber*. Mas a prática mostra que a maioria deles pertence aos domínios do *Homo ludens*, isto é, desempenham papéis que lhes foram atribuídos por outros: "Na era da mídia global", diz Thompson, "não há mais espaço para o teórico e o programático, mas sim para o artista e o ator".

Assim, ao que parece e ressalvadas as exceções de praxe, as coisas se passam como se fosse preciso manter inconscientes/ignorantes tanto governantes quanto governados. Daí se segue que uma mudança no sistema de pensamento que predomina em nossa cultura não é apenas uma questão de educação: também é uma questão política e econômica nos princípios e meios – mas deve ser educacional nos fins. É um assunto complexo, e por isso precisa do pensamento complexo para ser examinado. Uma comunidade consciente não deveria eleger um presidente inconsciente, e a recíproca é verdadeira. Porém, ao que mostra a realidade cotidiana, nem sempre esse requisito tem sido satisfeito.

Há um exemplo literário famoso de como o poder pode ser exercido pela mudança forçada do sentido das palavras. Em uma passagem da continuação de *Alice no país das maravilhas*, de Lewis Carroll, o gnomo Humpty Dumpty diz a Alice: "Quando uso uma palavra, ela significa o que quero que ela signifique. Sem mais nem menos." Alice argumenta que "o problema está em saber se é possível fazer com que uma palavra signifique montes de palavras diferentes". Ao que Humpty Dumpty replica com altivez: "O problema está em saber quem é que manda."[19]

É possível exercer o poder de muitas maneiras. Uma delas é ter condições de dizer aos outros o que eles devem fazer e ser obedecido. Outra é dizer-lhes o que eles querem ouvir e assim trazê-las para o seu âmbito de influência. Ainda outra maneira é fazer pronunciamentos que contenham algo que os ouvintes interpretem como instruções do tipo passo a passo, baseadas em pretensas certezas. É uma fórmula eficaz, pois a maioria das pessoas está sempre ávida por certezas, conselhos, instruções e coisas assim. Nesse sentido, as promessas são instrumentos perenes de manutenção do poder, porque podem ser refeitas sempre e da mesma forma. Pouco importa que elas não sejam cumpridas. Basta observar os processos eleitorais para verificar que as promessas são feitas apenas para ser refeitas sem cessar. Refaça-as tantas vezes quantas forem necessárias e as pessoas acreditarão sempre, porque precisam delas como um fim em si. Necessitam delas não como algo que será cumprido, mas como uma fonte de segurança ontológica. Mas para tanto é preciso que quem promete demonstre ser capaz de manter o poder que conquistou, caso contrário suas promessas não serão aceitas e as pessoas passarão a buscar outro prometedor. Quanto às promessas em si, continuarão sempre as mesmas, pois para a maioria das pessoas o que importa é continuar a acreditar, não nas promessas, mas na possibilidade de se submeter ao poder de quem as faz.

No curso da história, têm surgido infinitos discursos dominantes (o do capitalismo, o do socialismo ou o do que for). Muitos deles têm sido impostos à força. Todos são formatados como sequências positivas, características da lógica binária e da ideia de progresso. Da forma como as coisas estão hoje, a ideia de progresso está associada a algo positivo. A percepção de sua influência perniciosa se restringe a grupos que o público em geral, e a comunidade dos negócios em especial, costumam rotular de "intelectuais", "teóricos" e "filósofos", sempre no sentido depreciativo. A desconstrução dos discursos dominantes não deve ser vista como uma iniciativa de desfazê-los pelo simples prazer de questionar. Ao contrário, as desconstruções com frequência levam à descoberta dos processos empregados nas construções – e estes, como mostra a experiência, são muitas vezes equivocados.

A desconstrução pode ser vista como uma espécie de engenharia reversa, que permite a compreensão de motivações e conveniências as mais diversas.

O culto aos líderes autoritários e demagógicos (uma combinação frequente) tem se acentuado cada vez mais nos últimos tempos. Nas escola de negócios e instituições afins, à medida que o tempo passa cresce a ênfase nos cursos sobre liderança e preparação de líderes. Em muitos casos, esse fenômeno é uma ampliação do desejo de obedecer, tão enraizado nas pessoas. Trata-se da servidão voluntária bem estudada por Etiénne de La Boétie, no século XVI,[20] mas de modo algum inexistente antes e depois dele. Hoje em dia, a compulsão a obedecer vem da crescente tendência da maioria das sociedades a consolidar a opção de transformar em valores o consumo, a superficialidade e o apego às aparências. No Brasil, por exemplo, desde os tempos coloniais sempre foi costumeira a estratégia de manter em estado de ignorância os nativos, os escravos e demais membros das classes pobres.

Ainda assim, é preciso não esquecer que muitas vezes os dominados querem permanecer nessa condição porque isso lhes convém. Para tanto, precisam dos dominadores. Nesse *yin-yang* não há tréguas, embora às vezes possa haver oscilações. Nas revoluções, não importa tanto quem é o dominado e quem é o dominador, mas na verdade quem domina sempre o poder, que troca de personagens sem mudar de estrutura. Esses traços culturais, ao lado da superficialidade, do imediatismo e do individualismo, são muito pouco compatíveis com a ideia de sustentabilidade. As pessoas e as culturas precisam de líderes, como tem mostrado a experiência. Mas é também fácil observar que, em todas as latitudes, elas têm certa propensão a se colocar sob o domínio de líderes despreparados, histriônicos e até grotescos – mas nem por isso menos autoritários. É como se desejassem, de maneira consciente ou não, viver sob a autoridade de líderes que lhes criam problemas de toda sorte. Como comentado antes, essa é uma das manifestações da servidão voluntária, condição que parece ser um traço irremovível da natureza humana. E o fato de muitos desses governantes serem portadores de graus variáveis de insânia não tem sido um empecilho a que sejam não apenas aceitos, mas muitas vezes idolatrados por seus governados.[21]

O marxismo propôs um determinismo cuja base era, no fim das contas, uma aposta do tipo rousseaniano combinada com a lógica binária, bem ao estilo mocinhos *versus* bandidos. Os bandidos seriam os burgueses/capitalistas e os mocinhos, o proletariado. A própria história, em cujo determinismo Hegel, depois Marx, depois tantos outros acreditaram, encarregou-se de mostrar como todos eles e seus seguidores estavam enganados. Nunca é demais relembrar uma frase do pensador político russo Mikhail Bakunin (1814-1876): "As massas são conduzidas por governos cujo núcleo é composto por uma minoria privilegiada que, dizem os marxistas, será composta de operários. Sim, com certeza, de antigos operários, mas que tão logo se tornarem governantes ou representantes do povo cessarão de ser operários e se porão a observar o mundo proletário de cima do Estado; não mais representarão o povo, mas a si mesmos e suas pretensões de governá-lo. Quem duvida disso não conhece a natureza humana."[22] Em todos os países nos quais foi implantado, o socialismo dito real se mostrou um poderoso repressor das liberdades individuais e direitos humanos, quando não o responsável pelo assassinato de milhões de pessoas. Além disso, revelou-se também um predador implacável do meio ambiente, como ainda hoje ocorre na China e na Rússia.

Mas os líderes do socialismo real não foram os primeiros nem serão os últimos. É o que procuro apontar neste livro: é indispensável levar em conta a natureza humana quando se fala em sustentabilidade e desenvolvimento sustentável. Não fazer isso equivale a ignorar a incerteza e portanto a complexidade. Essa atitude leva as pessoas a reduzir a realidade e os seres humanos a modelos e acreditar que essa é uma forma adequada de "controlá-los". Entre vários outros exemplos, Gray[23] lembra o projeto de totalitarismo inaugurado por Lênin em 1917, que estava implícito em sua famosa frase: "Devemos ser engenheiros de almas." É o que hoje chamaríamos de especialistas em lavagem cerebral. Seu objetivo era apagar a identidade das pessoas e construir o "novo homem" do socialismo. O projeto incluía outros toques iluministas, como o expurgo das formas de arte não "revolucionárias", das religiões e até de nacionalidades, e para colocá-lo em prática a violência e o assassinato coletivo foram instrumentos de destaque. A experiência vivida, porém, mostrou que todos esses planos fracassaram.

O ETERNO PIB

Segundo o relatório *The people and the planet*, publicado pela Royal Society,[24] os ativos de capital podem ser assim classificados: (1) capital natural. Inclui as espécies vivas, os habitats, os ecossistemas locais, os biomas, os recursos do subsolo, inclusive terras cultivadas, os ciclos biogeoquímicos, a atmosfera, os oceanos, os alimentos, as fibras e os serviços de ecossistemas, o que comporta os valores estéticos, espirituais e recreacionais; (2) capital manufaturado ou reprodutível – inclui infraestruturas como estradas, prédios, portos, maquinarias, equipamentos, habitações, transportes pessoais e comerciais; (3) capital humano – educação, capacitações (*skills*), conhecimento tácito, saúde; (4) capital intelectual – ciência e tecnologia, artes e as humanidades; (5) capital social ou institucional – toda a gama de acertos formais e informais entre as pessoas, o que inclui legislações, normas sociais de comportamento, práticas sociais habituais, mercados econômicos, tradições e governanças em todos os níveis.

Segundo esse relatório, o consumo material nem sempre conduz ao desenvolvimento positivo, e também nem sempre é necessário ao desenvolvimento humano. Por outro lado, o consumo de bens e serviços (consumo econômico) pode contribuir para a degradação ambiental. O consumo material refere-se em essência a água, alimentos, energia e minerais. Quando há níveis altos desse tipo de consumo, como acontece hoje em muitas partes do mundo, o resultado final é a perda do bem-estar dos consumidores, pois em um mundo desigual e de recursos finitos o alto consumo de uns equivale à privação de outros. A água potável é um exemplo muito claro, dado que constitui a ligação fundamental entre as sociedades humanas, os sistemas climáticos e o ambiente.

O consumo predatório aumenta a competição entre os indivíduos e gera ansiedade, com a consequente diminuição da qualidade de vida. É um fator decisivo nas crises econômicas. Um indicador adequado de atividades econômicas deveria incluir todos os capitais acima mencionados e outros parâmetros da realidade humana e material, mas não é assim que as coisas são. O PIB (Produto Interno Bruto) é a soma monetária de todos os bens e serviços finais gerados em uma dada região durante certo período de tempo, com o objetivo de mensurar a atividade econômica. A visão de mundo quantitativa hoje dominante fez com ele se consolidasse como indicador macroeconômico, embora sua inadequação seja notória. Esse fato tem contribuído para transformar a vida em um *business* e o crescimento econômico em um fim, quando deveria ser um meio.

Por ser não inclusivo o PIB é limitado, pois nem de longe avalia a complexidade do ambiente natural. Não inclui, por exemplo, a economia informal, os serviços voluntários e a depreciação dos ativos ambientais. Mesmo assim, continua a ser utilizado. Em 1990, depois de muitas críticas ao PIB surgiu o IDH (Índice de Desenvolvimento Humano), que é a média aritmética de três outros indicadores: a renda por habitante, a saúde e a educação. Os três seriam indispensáveis ao desenvolvimento de um país. Ainda assim, o PIB continua a ser o indicador dominante, embora não se refira às consequências do desenvolvimento a longo prazo sobre o ambiente natural (o IDH também não o faz). Se o desenvolvimento crescente, aliado à população também em ascensão, pressionam a biosfera, a longo prazo quanto mais desenvolvimento menos recursos naturais. Portanto – como é a praxe em nossa cultura –, se forem usados parâmetros apenas quantitativos, no limite teremos que quanto mais desenvolvimento menos desenvolvimento. Tudo isso resulta de ações orientadas só pela lógica binária e apresentadas em termos numéricos. São frutos de nossa visão paroquial do mundo.

O entendimento de que as coisas não podem continuar assim levou ao conceito de desenvolvimento sustentável. Em vez da opção binária de "uma coisa ou a outra", a proposta seria pensar e agir em termos de "uma coisa e a outra". Esse raciocínio parece simples de entender e de fato é, mas é muito difícil de praticar. A principal dificuldade é a nossa natureza humana que, entre outras características, costuma nos levar a afirmar uma coisa e fazer outra. Por exemplo, nenhum político se imaginaria a prometer algo diferente de um futuro melhor, com abundância de recursos e assim por diante. É o que sempre consta de todas as promessas, mesmo que não faça sentido diante da realidade. Nos países em que há eleições, e também naqueles em que não as há, o mecanismo é o mesmo: no fundo, ninguém acredita em nada do que é prometido, mas a maioria age como se acreditasse, levada pela euforia dos comícios, passeatas e eventos semelhantes. A mentalidade paroquial aliada ao modo de pensar quantitativo e fragmentador continuam a ser os maiores obstáculos para que os empresários, os altos executivos e os políticos se convençam ao menos em parte de que, se o desenvolvimento econômico é necessário, por outro lado não é suficiente para o desenvolvimento da totalidade do ser humano.

Há uma confusão muito comum entre desenvolvimento econômico e crescimento econômico. Ela vem de algo mais amplo em nossa cultura – a crença muito disseminada de que só tem valor "científico" o que tem viés quantitativo (como o PIB), e que tudo o que não puder ser expresso em números não tem valor ou é secundário. Essa inclinação dita "objetiva" vem da crença de que o conhecimento de um determinado objeto pode ser dissociado da estrutura cognitiva do observador/conhecedor. Dessa forma, o conhecimento humano é separado do ser humano e se torna externo a ele: transforma-se em algo que se supõe ser "imparcial", que acaba por ser utilizado para subvalorizar a subjetividade e, com ela, as próprias pessoas.

Não nos esqueçamos de que os números não têm existência real: são entidades abstratas, essências. Em nossa cultura, porém, eles parecem controlar as pessoas e não o contrário. Estatísticas são utilizadas para manipular comportamentos. Resultados numéricos adquirem o *status* de "dados concretos". Já foi dito e repetido que a redução a números é útil para facilitar o entendimento de determinadas questões e situações. No entanto, a partir do instante em que os resultados desse esforço redutivista passam ser considerados "definitivos" e "inquestionáveis", a simplificação se transforma em supersimplificação. E da psique supersimplificadora à mente simplória a distância é mínima e muitas vezes nenhuma.

Todos sabem que o PIB não é representativo da totalidade da economia real. Mesmo assim, continua a ser usado. Quanto mais injustiça social produz, mais ele se consolida. A economia continua a ser "medida" por um indicador ficcional – e nada muda, como se esse fato não tivesse nenhuma importância. Parece evidente que estamos diante de mais uma manifestação das pulsões de morte. Os humanos criaram os números, as mensurações e o cálculo porque sem dúvida são necessários. Mas também parece fora de dúvida que eles têm sido usados como instrumentos da destruição do ambiente natural. Nesses casos, como em tantos outros, essa utilização tem sido encoberta por uma série de artifícios de racionalização. Fica difícil encontrar outra explicação para o fato de indicadores como o PIB continuarem em pleno uso, apesar das críticas vindas de todos os lados.

O mecanismo é sempre o mesmo: o conhecimento é separado da estrutura mental de quem o produziu e utilizado contra esse mesmo produtor e o ambiente em que ele vive. Por isso o PIB continua – e persistirá enquanto predominar em nossa cultura o modo de pensar quantitativo, analítico, mecanicista e dito "objetivo". Isso pode significar que não devemos ter ilusões: por muito tempo ainda continuaremos a prejudicar a nós mesmos em benefício dos números – a ignorar a economia real em benefício das finanças. Essa conduta desvia a nossa atenção do processo de destruição do ambiente, no qual continuamos a desempenhar o papel principal. Essa forma de violência não tem sido levada em conta nos estudos que mostram que, no curso dos séculos e milênios, o processo civilizatório tem levado à diminuição do número de mortes humanas violentas. É dessa maneira que a

160   Complexidade e Sustentabilidade • Mariotti

separação sujeito-objeto se manifesta: desvaloriza o sujeito por meio da supervalorização do objeto. Na psicologia behaviorista, por exemplo, o que importa é o comportamento visível, não o ser humano em sua totalidade.

É possível provar que há casos em que o aumento do PIB produz empobrecimento das populações em vez de seu enriquecimento.[25] Ao que tudo indica, porém, nada disso tem sido suficiente para evitar que ele continue a ser apresentado como indicador efetivo de riqueza e desenvolvimento – e dessa forma alardeado por governantes e políticos de variadas latitudes e ideologias. O próprio PIB acabou por se transformar em um dispositivo ideológico de Estado. É o que costumo chamar de "pibismo". Nesses casos, ele tem sido usado para disfarçar um fato bem conhecido: quanto mais pobres as populações, mais ignorados são seus passivos ambientais, sua economia informal e suas necessidades educacionais, de segurança e saúde. Mas nada disso impede que as declarações bombásticas e promessas de um futuro melhor (isto é, de um PIB mais alto) continuem a proliferar.

O extrativismo predatório devastou florestas na Indonésia, enquanto ao mesmo tempo o PIB desse país aumentava. Nos casos cada vez mais frequentes de vazamento de grandes quantidades de petróleo em áreas litorâneas, o aumento dos gastos com a tecnologia necessária à recuperação do ambiente natural tem sido registrado como elevação do PIB, que assim, além de não contabilizar a depreciação de ativos naturais, ainda aumenta em consequência de sua destruição.

Quanto mais desastres, mais mortes, mais despesas médicas e hospitalares, mais cresce o PIB. Quanto mais desastres no ambiente natural e nas comunidades humanas, mais ele se amplia. É o caso então de perguntar por que, se essas relações são tão conhecidas, ele continua a ser usado e revalidado. A resposta pode surgir se pensarmos que esse indicador pode representar um dos muitos meios pelos quais os humanos se autoagridem. O PIB é, por ironia, uma medida involuntária de como o ser humano se autossabota. Porém, como sempre acontece, nada disso parece bastar para convencer a maioria das pessoas e instituições pois, como nota Veiga,[26] "persistem inúmeras dificuldades, tanto conceituais como práticas, para repensar o sentido da riqueza". Acrescento que o modo de pensar dominante em nossa cultura também precisa ser repensado.

O PIB é uma das infinitas manifestações da lógica binária e do jogo de soma zero que está na base do capitalismo financeiro. Em nossa cultura, o raciocínio da maioria das pessoas – inclusive economistas, médicos e legisladores – tem os seguintes fundamentos: (1) o modelo linear/cartesiano e o determinismo/mecanicismo de Newton (causalidade simples: uma causa, um efeito); (2) a ciência positivista (o que não puder ser expresso em números e "objetivamente" observado não conta); (3) a concretude (tudo o que for intangível, inclusive as emoções e a intuição, deve ser desqualificado, pois não se submete às mensurações e ao cálculo); (4) o mecanicismo (quase tudo obedece às leis da física newtoniana, e por isso acredita-se que o futuro pode ser previsto com base em dados do passado). Em um contexto como esse, não é de admirar que indicadores como o PIB tenham sido criados e continuem e ser usados, apesar das críticas, questionamentos e propostas de alternativas. Nosso modo dominante de pensar é um obstáculo ao entendimento da complexidade, o que por sua vez nos impede de valorizar muitas das dimensões da vida.

Desde que a frase "tudo foi reduzido à economia e a própria economia foi reduzida à finança" se tornou cada vez mais observável na prática, esse tema tem estado com frequência em pauta. O economista Luiz Gonzaga Belluzzo é um dos que têm escrito a esse respeito. Em um de seus artigos,[27] ele comenta que a desregulamentação das finanças, combinada com as novas regras de governança corporativa, continua a reforçar o poder dos acionistas. Com o lucro financeiro transformado em um fim em si, seu predomínio sobre os lucros operacionais foi apenas um passo. As decisões que na verdade contam são as relativas aos investimentos. Por exemplo, em muitas das universidades privadas de todo o mundo, pouco ou quase nada se fala em didática, conteúdos e qualidade de ensino. O que interessa mesmo é o número de alunos e o lucro que eles podem proporcionar.

Esse modelo se reproduz ponto a ponto nas ações de saúde. Para as empresas que as gerenciam, os pacientes deixaram de ser os personagens principais e passaram ao papel de "usuários". Tudo isso sob a ótica do imediatismo, da quantificação e do mecanicismo. Pouco se fala em saneamento básico e medicina preventiva – que, desde Pasteur, foram os parâmetros que fizeram a diferença em termos da saúde das sociedades humanas. Hoje, são áreas vistas como geradoras de custo.

No artigo recém-citado, Belluzzo assinala que a concorrência entre instituições financeiras produziu práticas predatórias e criminosas. A desregulamentação dos mercados é parte de um lento e progressivo processo de afrouxamento ético em todos os setores da convivência social. Por outro lado, a ampliação das informações além da palavra escrita – primeiro com o rádio e depois com e televisão e a Internet – tem levado à percepção de que os crimes praticados por pessoas poderosas tendem a ficar impunes ou, no máximo, as punições se restringem à prisão de alguns bodes expiatórios.

Na maior parte das vezes, as sucessivas crises financeiras atingem as classes médias. Todos esses fatores criam um ambiente de ansiedade e estresse, que faz com que o mecanismo binário de luta ou fuga se generalize. O que, por sua vez, é um obstáculo ao exame da complexidade dos fenômenos envolvidos. A percepção cada vez mais clara da impunidade tende a levar ao um afrouxamento e, no limite, ao esgarçamento das redes de relacionamentos humanos. Estas, que foram estabelecidas ao longo de séculos, permitiram que bem ou mal saíssemos do "estado de natureza" hobbesiano de guerra de todos contra todos. Nos últimos tempos, porém, tudo parece indicar que essa guerra voltou a ser uma ameaça. Em certas partes da África, ela já é bem visível como uma crescente evidência do que Hobbes metaforizou com a frase "o homem é o lobo do homem" – aliás injusta para com os lobos. O progressivo desmantelamento das redes de conversação e solidariedade humana, próprias das instituições do Estado de bem-estar social, é um sinal do que pode acontecer quando se ignora a complexidade dos seres humanos e do mundo. Desnecessário dizer que esse cenário contém todos os ingredientes do drama de sempre: o homem contra si mesmo. Enquanto isso, as exortações à criatividade e à inovação continuam a alimentar nossas fantasias. Ou seja: quanto mais se fala em produzir diferença, mais se fabrica repetição.

A DESCARBONIZAÇÃO DAS MATRIZES ENERGÉTICAS

Essa expressão, talvez um tanto pomposa, significa, em essência, tornar mais caro para as indústrias a emissão dos gases ligados ao efeito estufa, o que se faz pela taxação do direito de emiti-los. É uma variedade do que se conhece como taxação de fluxos. Deleuze e Guattari mostraram que essa é uma manobra clássica do capitalismo: a lentificação ou bloqueio de determinados processos por meio de sua taxação. É uma forma de codificá-los para controlá-los, de restringir a circulação "de propriedades vendidas, de dinheiro circulante, dos fluxos e meios de produção".[28] A taxação em geral é feita pela distribuição, pelos governos, de cotas que dão direito à compra dos chamados "créditos de carbono" ou por sua aquisição em leilões. Como outros mecanismos semelhantes, o objetivo é apelar aos humanos por meio de sua parte mais sensível: o bolso. Se nenhum outro argumento for suficiente, recorre-se ao econômico-financeiro. Essa providência e outras similares procuram levar o problema para oura arena, na qual se trava o embate entre o desejo de ganhar dinheiro (Eros) e o impulso autoagressivo de perdê-lo (pulsões de morte).

O aumento do efeito estufa se deve não só às atividades da produção industrial mas, em muitos casos, à ignorância pura e simples. É o que acontece no Brasil, por exemplo, com as queimadas. Devastam-se florestas diversificadas (sistemas complexos adaptativos), e em seu lugar surgem pastagens (monoculturas, sistemas de baixa adaptabilidade). Faz parte dos argumentos em favor da "descarbonização de matrizes energéticas" a exibição de documentários em que hospitais, fábricas e instalações congêneres são alimentados por fontes "limpas" de energia (solar, eólica, os movimentos das marés). Todos sabem que essas iniciativas são úteis para conquistar a simpatia das populações. Mostram possíveis saídas, mas é frustrante verificar que, em termos mundiais, elas só estão à disposição de uma parcela muito pequena das pessoas. O mesmo acontece com outros avanços tecnológicos. O crescimento econômico produz, ou deveria produzir, recursos para o desenvolvimento. Nessa mesma linha, o crescimento econômico das nações mais ricas deveria produzir (mas nem sempre ou quase nunca o faz) recursos para o desenvolvimento de suas populações marginalizadas. Esse ritornelo (para usar a expressão de Félix Guattari) mais uma vez nos traz de volta ao mesmo ponto: modificações positivas em situações como as mencionadas poderiam acontecer minoradas se mudássemos nossos valores.

A Complexidade da Sociedade I 163

Para Gray, as instituições de mercado são limitadas do ponto de vista ecológico, e isso fica claro em relação ao aquecimento global, que é determinado por uma infinidade de causas que agem em sinergia. Esse é um os princípios da teoria da complexidade: o todo é maior do que a soma de suas partes. Eis por que Gray conclui que recortar uma ou algumas dessas causas e precificá-las não impede que a sinergia entre as causas continue a produzir os mesmos fenômenos. Em outras palavras, a mercadização de determinados componentes do aquecimento global, como as emissões de CO_2, pode produzir efeitos simbólicos em termos de segurança ontológica e render algum dinheiro. Porém, em termos significativos para a diminuição do aquecimento global, seu resultado é bem menos poderoso do que a ideia. Em geral, essa particularidade não é entendida pelos que se deixam entusiasmar por esse tipo de atividade, mas não percebem que ela é só um fragmento de uma realidade mais complexa.

A política dos créditos de carbono e o mercado dela resultante incluem um aspecto revelador da natureza humana. É análogo ao mercado de indulgências criado pela Igreja Católica e por isso o tema merece uma breve digressão. Por terem um suposto acesso a instâncias divinas, os papas teriam o poder de diminuir ou mesmo suprimir as penas pelos pecados cometidos. A venda de indulgências começou no século XIII, mas já estava prevista em éditos papais desde o século XII. A ideia inicial era receber clemência, ou mesmo perdão, por pecados cometidos mediante algum tipo de sacrifício, como mortificações, peregrinações e outras penitências.

No começo, a questão das indulgências não ia muito além disso, mas aos poucos acabou por se transformar em um negócio de grandes proporções. Daí à venda pura e simples de clemência e misericórdia foi apenas um passo: comprava-se na terra um salvo-conduto para o céu. Já no século XVI havia vultosas somas de dinheiro envolvidas, e a Igreja contava com essas entradas para reforçar seus orçamentos. Em 1510, o papa Júlio II lançou uma campanha de venda de indulgências para cobrir gastos com a construção da nova basílica de São Pedro. Os lucros dessas transações eram divididos com os banqueiros que as financiavam. Durante o reinado de Leão X (1513-1521), a venda de indulgência tornou-se pública e notória. Tudo se perdoava em troca de dinheiro. Havia uma frase famosa: "Quando uma moeda tilinta no fundo do gazofilácio (lugar das igrejas onde se recolhiam as oferendas), uma alma se livra do purgatório."

Mas voltemos às matrizes energéticas. Até o momento, as providências propostas ou tomadas (mais propostas do que tomadas) têm enfrentado resistências. O esvaziamento do protocolo de Kyoto (e as posteriores promessas de sua retomada) é um bom exemplo. Ainda assim, têm surgido propostas interessantes e realistas, em especial em relação ao gás natural.[29]

NOTAS

[1] Para mais detalhes e exemplos, ver: DUPAS, Gilberto. *A ideia de progresso*: ou o progresso como ideologia. São Paulo: Editora UNESP, 2006, p. 64 ss.

[2] LAKOFF, George; JOHNSON, Mark. *Philosophy in the flesh*: the embodied mind and its challenge to Western thought. Nova York: Basic Books, p. 3.

[3] MARIOTTI, Humberto. The illusion of control: its manifestations in the context of economics, business, and administration. *BSP Journal* (1): 1, July/Nov. 2010. Disponível em: <www.revistabsp.com.br>.

[4] GRAY, John. *Gray's anatomy*, op. cit., p. 295.

[5] JOHNSON, Neil. *Simply complexity*: a clear guide to complexity theory. Oxford: Oneworld Publications, 2011, pos. 211.

[6] BERGSON, Henri. Essai sur les donées imédiates de La conscience. Paris: PUF, 1889, cit. por DOSSE, François. *Gilles Deleuze e Félix Guattari*: biografia cruzada. Porto Alegre: Artmed, 2010, p. 122.

[7] *Gray's anatomy*, op. cit., p. 250.

[8] DAY, George; SCHOEMAKER, Paul H. J. *Peripheral vision*: detecting the weak signals that will make or break your company. Boston, Massachusetts: Harvard Business School Press, 2006, p. 74-76.

[9] MORIN, Edgar. *A minha esquerda*. Porto Alegre: Sulina, 2011, p. 78.

[10] VEIGA, José E. da. *A emergência socioambiental*. São Paulo: Editora Senac São Paulo, 2007, p. 81.

[11] *Gray's anatomy*, op. cit., p. 399.

[12] MORIN, Edgar. Pela rebelião sustentável. Entrevista. *Carta Capital*, nº 697, 16 maio 2012.

[13] MITT ROMNEY'S LEGACY: trashing their defeated candidate is doing Republicans a power of good. *The Economist*, 9 Dec. 2012.

[14] *Gray's anatomy*, op. cit., p. 455.

[15] STUART MILL, John. Principles of political economy, v. 2, Londres: J. W. Parker & Sons, 1848, p. 320-326. Cit. por DALY, *Towards a steady-state economy*, op. cit., p. 12-13.

[16] MARIOTTI, Humberto; ZAUHY, Cristina. Managing complexity: conceptual and practical tools. Analysis of examples. *Cuadernos de Investigación*, Peru, Escuela de Postgrado, año 3 nº 8, sept. 2009. Disponível em: <http://postgrado.upc.edu.pe/cuaderno-epg>.

[17] MENNINGER, Karl A. *Man against himself*. Nova York: Harcourt, Brace & World, 1938, p. vii.

[18] THOMPSON, William Irwin (Ed.). *Gaia*: uma teoria do conhecimento. São Paulo: Gaia, 2000, p. 166.

[19] CARROLL, Lewis. *Alice's adventures in wonderland & Through the looking glass*. Illustrated edition. Loc. 2133, p. 128.

[20] LA BOÉTIE, Etienne de. *Discurso da servidão voluntária*. Comentado por Laymert Garcia dos Santos, Pierre Clastres e Marilena Chauí. São Paulo: Brasiliense, 1986. Este volume contém o texto original de La Boétie, em português e francês, precedido de uma introdução e seguido de comentários. É um livro indispensável para o conhecimeto do fenômeno da servidão voluntária.

[21] Para dois estudos detalhados sobre a loucura dos governantes, ver: GHIRELLI, Antônio. *Tiranos*: de Hitler a Pol Pot: os homens que ensanguentaram o século XX. Rio de Janeiro: Difel, 2003; GREEEN, Vivian. *A loucura dos reis*. Rio de Janeiro: Ediouro, 2006

A Complexidade da Sociedade I   165

[22] BAKUNIN, Mikhail. Disponível em: <pt.wikipedia.org/wiki/Mikhail_Bakunin>.

[23] *Gray's anatomy*, op. cit., 247.

[24] ROYAL SOCIETY. People and the planet. *The Royal Society Policy Centre Report* 01/12, Apr. 2012.

[25] A esse respeito, ver VEIGA, José E. da. *A emergência socioambiental*. São Paulo: Editora Senac São Paulo, p. 33.

[26] VEIGA. *A emergência socioambiental*, op. cit., p. 38.

[27] BELLUZZO, Luis G. Maddof é só um bode. *Carta Capital*, nº 700, 6 jun. 2012.

[28] DELEUZE; GUATTARI. *Anti-Édipo*, op. cit., p. 265.

[29] A esse respeito, recomendo a leitura dos seguintes trabalhos: MARQUES, Fernando R. Natural gas, innovation, and low carbon economy. *Revista BSP*, v. 3, nº 1, Mar. 2012. Disponível em: <www.revistabsp.com.br>; MARQUES, Fernando R. Natural gas and the decarbonization of Brazilian economy. *Revista BSP*, v. 3, nº 2, July 2012. Disponível em: <www.revista.bsp.com.br>; MARQUES, Fernando R.; MARCOVITCH, Jacques; PARENTE, Virgínia. Value creation for Brazilian natural gas pipeline distribution companies in a low carbon economy. In: ELAEE, 4., Montevidéu, Uruguai, 2013.

7

A Complexidade da Sociedade (II)

"É um milagre que a curiosidade sobreviva à educação formal."

(ALBERT EINSTEIN)

A saúde e a educação jamais deveriam ser entendidas apenas por meio de referenciais lineares, sistêmicos e quantitativos. Mas é o que acontece nos dias atuais. Tanto uma quanto a outra passaram a ser tratadas como algo abstrato, exterior aos seres humanos – enfim, como um produto/serviço a ser vendido.

"A gripe me pegou" é uma expressão que ilustra essa condição. É como se a doença estivesse de tocaia, à espera de nossa passagem para nos "pegar". Essa forma simplista de tratar os fenômenos complexos busca retirá-los de seu contexto e "controlá-los". É uma variante do conceito de separação sujeito-objeto, que pretende que acreditemos que o mundo é uma coisa que está "lá fora" e da qual não fazemos parte: um âmbito de onde extraímos benefícios e de que também somos vítimas. Daí a ideia de que devemos lutar contra a natureza. A separação homem-mundo é o principal obstáculo à sustentabilidade e suas práticas. Ao contrário do que muitos imaginam, não é possível pensar em sustentabilidade sem pensar em educação, saúde e justiça social. São componentes culturais da complexidade da condição humana, que por sua vez faz parte da complexidade do ambiente natural.

A doença não é algo que "pegamos" ou que "nos pega". A aprendizagem e o conhecimento não são objetos que transmitimos ou recebemos. São inerentes à condição adaptativa de todos os sistemas complexos. Querer isolar seja o que for desse âmbito e tratá-lo como um objeto ou evento separado é uma ilusão, que nem por isso deixa de estar presente e produzir seus efeitos danosos no dia a dia. Vejamos um exemplo – uma história contada por Donald Norman em seu livro *Living with complexity* (*Viver com a complexidade*).[1] Um médico caminha pelos corredores de um hospital dos EUA. Faz a visita diária aos pacientes internados e é acompanhado por profissionais mais jovens: residentes, enfermeiras, estagiários e

168 Complexidade e Sustentabilidade • Mariotti

estudantes. Cinco dos médicos residentes empurram carrinhos com prateleiras: na superior há um monitor de computador conectado a um teclado e na inferior está o computador, sua bateria e papéis diversos. Esses pequenos carros se tornaram conhecidos como "COWs", sigla para *Computer On Wheels* (Computadores Sobre Rodas). Mas essa sigla, que também significa "vaca" em inglês, foi mudada para "WOW" (*Workstation On Wheels*, ou Estação de Trabalho Sobre Rodas), em razão de um fato pitoresco que será contado logo mais.

Os computadores dos COWs ou WOWs contêm os resultados dos exames complementares de muitos pacientes. Ao chegar à beira do leito de cada um, o médico residente abre a tela respectiva e os lê em voz alta. Como é frequente que tais resultados venham de laboratórios diferentes e estejam em computadores diversos, dados de várias partes do organismo dos pacientes são apresentados de modos diferentes e por médicos diferentes. E assim – relata Norman – as pessoas são transformadas em "feixes de números", que os médicos tentam conectar entre si para com eles compor "sistemas-pacientes" que façam sentido para todos. É como se os indivíduos deixassem de existir e cedessem lugar a uma algaravia de cifras, percentagens, miligramas, mililitros e miliequivalentes.

A troca da sigla COW para WOW foi devida ao seguinte fato: de seu leito, uma paciente ouviu médicos no corredor que discutiam o seu caso e se referiam "ao COW do leito x". Indignou-se porque pensou que a chamavam de vaca. Daí a mudança. Deixo os comentários para os leitores.

Voltemos ao tema da transformação da medicina em um negócio, cujos produtos e serviços são vendidos no mercado da saúde. Esse fenômeno começou em escala significativa na década de 1960. Para compreendê-lo melhor, convém falar de dois autores entre os muitos que o estudaram: Michel Foucault e Ivan Illich. Suas respectivas obras são bem conhecidas, de modo que para os propósitos deste livro não é necessário falar sobre elas em detalhe. Neste capítulo, meu objetivo é procurar mostrar como a complexidade tem sido aos poucos identificada na área da medicina (embora nem sempre com esse nome) e ressaltar o muito que ainda precisa ser feito.

Foucault e Illich desenvolveram o melhor de suas competências entre as décadas de 1960 e 1980, e em seus trabalhos é possível identificar os seguintes pontos: (1) desde essa época eles já se preocupavam com problemas que hoje continuam em essência os mesmos; (2) as críticas e soluções por eles propostas (em especial por Illich) eram quase idênticas às hoje sugeridas por muitos outros. O que revela que pouco ou nada mudou: ao contrário, em muitos aspectos a situação se agravou, apesar do "progresso" ou até como consequência dele.

FOUCAULT, O PODER E A CLÍNICA

Michel Foucault denunciou o controle social pretendido e muitas vezes conseguido pela medicina e outras instâncias sociais sobre a biologia dos indivíduos. É o que chamou de "poder sobre a vida".[2] Além de *História da loucura na idade clássi-ca*[3], que está fora do escopo deste livro, a obra mais específica de Foucault sobre a medicina é *O nascimento da clínica*, de 1963,[4] a cujo respeito há dois estudos de autores brasileiros que tomarei com base.[5] Nesse livro, ele examinou a medicina francesa do último terço do século XVIII e foi até 1830. Identificou três visões ou paradigmas: a "medicina das espécies", a "medicina clínica" e a "medicina dos tecidos". A "medicina das espécies" tinha por objetivo classificar as doenças como as ciências naturais classificam as espécies vivas. As patologias eram vistas como algo externo ao organismo. Era a medicina dos cientistas médicos, seu objeto era a doença e seu alvo a saúde. Por volta de 1770, ela foi substituída pela "medicina clínica", centrada nos sintomas. As doenças não tinham quadros clínicos definidos, eram combinações de sintomas.

No fim do século XVIII, a medicina clínica se centrou no corpo dos doentes e assim cedeu lugar à "medicina dos tecidos" – a anátomo-clínica. As doenças passaram a ser vistas como lesões teciduais, daí a busca de suas causas orgânicas e a valorização do cadáver, da autópsia e da anatomia patológica como fontes de aprendizado. Como no fragmento de Heráclito de Éfeso: "Viver de morte, morrer de vida." Na "medicina dos tecidos" o corpo passou a ser, como disse Foucault, o domínio do olhar médico que observa a concretude das lesões e o organicismo das patologias. É a medicina da estrutura e da espacialidade.

Ao descrever esses três paradigmas médicos quero realçar que, ao que tudo indica, hoje estamos cada vez mais de volta à "medicina das espécies". Como na época da botânica de Lineu, as patologias são classificadas em espécies e o mesmo é feito com os atos médicos. Só que agora o objetivo principal é inseri-los em tabelas de preços e planilhas de custos. É claro que até certo ponto essas inserções são necessárias – mas torná-las o centro das atenções tem muito pouco a ver com a medicina em si e menos ainda com o sofrimento dos pacientes. Em compensação, as planilhas e tabelas são as personagens principais do *managed care*, que define a prática médica como um *business*, separa os pacientes dos médicos e preenche a lacuna assim gerada com um complexo financeiro e tecnoburocrático. Este, por sua vez, impõe a todos e de modo crescente os seus efeitos desumanizadores.

O início do século XIX marca o alvorecer da medicina moderna. A década de 1960 assinala o princípio da transformação da medicina em um *business*, por meio do qual o saber e a tecnologia foram aos poucos expropriados dos pacientes e dos médicos e postos a serviço do capital. Para a realização de certos procedimentos, em especial os mais sofisticados, já não bastam as necessidades dos pacientes nem as indicações dos médicos: é indispensável a autorização de burocratas – e o fato de alguns deles serem formados em medicina não os retira dessa condição. Esse é mais um exemplo de como as ações humanas se voltam contra os próprios homens. O começo dos anos 1960 marca o surgimento das primeiras denúncias desses fatos, que apareceram também na área da educação.

IVAN ILLICH: MAIS ATUAL DO QUE NUNCA

Ivan Illich (1926-2002) foi um pensador austríaco que dedicou sua vida à crítica das instituições, e não raro o fez com excesso de radicalismo. Poliglota e muito culto, viveu em vários países. A parte mais conhecida de seu trabalho foi feita no México e nos EUA. Seu livro mais famoso é *Deschooling society* (*Desescolarização da sociedade*), de 1971,[6] no qual propõe nada menos que o fim das escolas institucionalizadas e a adoção da aprendizagem por meio de grupos informais ou de baixa formalização. Illich foi um dos primeiros a falar em redes de aprendizagem, e com isso prenunciou o que depois se tornaria possível por meio da Internet. Além de ser considerado por seus críticos um autor da contracultura – no sentido pejorativo do termo –, também foi criticado porque nem sempre levava em conta as condições políticas e econômicas necessárias à implementação de suas ideias.

Em que pesem essas restrições, ele passou à história das ideias como um pensador original e criativo. A necessidade da crítica às instituições, que permeia toda a sua obra, pode ser assim resumida: a sociedade precisa de instituições; estas produzem benefícios, mas também geram efeitos colaterais indesejáveis; para solucionar estes últimos são criadas mais instituições; estas, por sua vez, produzem mais benefícios e também mais dificuldades; e assim por diante. Como se costuma dizer, quanto mais soluções mais problemas. Cada necessidade só é satisfeita de modo temporário, pois logo surgem novas carências e insatisfações. Como disse Aristóteles, é da natureza do desejo jamais ser satisfeito.

Segundo alguns de seus críticos, a atitude de Illich em relação às instituições com frequência é emocional e suas propostas de solução são simplistas e utópicas (no sentido pejorativo da palavra), pois às vezes ele parece imaginar que tudo pode ser reduzido a questões administrativas e à gestão.[7] Virar as instituições do avesso (por exemplo, substituir a escola pela antiescola ou, de modo ainda mais radical, pela não escola) é uma mudança pendular e sem dúvida baseada na lógica binária. É pretender resolver problemas complexos por meio de um modo simplista de pensar.

Não há dúvida de que Illich está correto ao criticar o excesso de institucionalização em nossas sociedades, mas isso não significa que a solução seja apenas a desinstitucionalização. Significa que a sociedade que criou as instituições deve ser questionada e examinada – e para tanto o ponto de partida deve ser o questionamento de seu modo dominante de pensar. Se a única solução possível for substituir a escola pela não escola, ou minimizar a importância da medicina praticada por profissionais e universalizar o amadorismo e a automedicação, pode-se chegar a becos sem saída. É uma situação comparável ao que há muito tempo se faz na política: dividir tudo em dois polos – a direita e a esquerda –, escolher um lado (com muita frequência em razão de interesses econômicos), entrincheirar-se nele e atirar contra todos os que pensarem diferente. Não há sustentabilidade que seja viável diante de tal rudimentarismo.

A Complexidade da Sociedade (II)   171

Em termos de crítica à instituição médica, o principal livro de Illich é *Limits to medicine. Medical nemesis: the expropriation of health* (*Limites da medicina. Nêmese médica: a expropriação da saúde*), publicado em 1975, no qual ele examina em especial a medicina praticada nos EUA. A edição que uso neste meu estudo é a de 1995. Ela inclui, a título de prefácio, uma palestra dada por Illich em 13 de junho de 1994 em Hershey, Pensilvânia, na Qualitative Health Research Conference.[8] Nesse evento, ele começa por dizer que não se preocupa com as questões de saúde em si. Seu foco principal é a história da amizade e do sofrimento, e sua atenção está mais voltada para o estudo dos efeitos simbólicos da técnica. Em termos de ações de saúde, realça a diferença entre serviços mais baratos, menos degradantes e postos à disposição de um número maior de pessoas e, de outro lado, o poder dos mitos e "certezas" oriundos dos rituais de saúde que dominam em nossa cultura.

Illich acredita que *Limites da medicina* é um esforço para justificar o que chamou de arte de viver, mesmo em uma cultura modelada pela ideia de progresso.[9] Com esse livro, chegou à conclusão de que, apesar de todo o seu aparato tecnológico, a medicina é contraproducente e iatrogênica nos âmbitos clínico, social e cultural. O principal problema que identificou foi o uso da medicina como arcabouço técnico, cujo propósito é transformar a condição humana e o sofrimento das pessoas em razões para a busca do bem-estar por meio da instrumentalização técnica. Esse movimento transformou a saúde e a busca da felicidade em sinônimos. Ser feliz passou a ser o mesmo que estar saudável.

O homem comum – explica ele – tem de lutar contra os elementos e também contra os seus semelhantes. Mas Prometeu não era um homem comum: roubou o fogo dos céus e como castigo teve de enfrentar Nêmese, a ira dos deuses. Hoje, ela é representada pelos efeitos colaterais adversos do progresso, no sentido de que em muitos casos os resultados das ações dos seres humanos se voltam contra eles mesmos – e a medicina não é exceção.

A Nêmese médica não pode ser mensurada, mas pode ser percebida pelas pessoas que se acostumam a pensar com suas próprias cabeças. É uma manifestação de nossa húbris – o resultado de não levarmos em conta as nossas limitações. No entender de Illich, a Nêmese médica é o poder que a medicina tem de negar a saúde, ao mesmo tempo em que proclama o contrário. Quanto maior for o progresso e o desenvolvimento econômico de qualquer comunidade humana, maiores serão seus efeitos colaterais adversos, isto é, maior será a ação da Nêmese e a produção de dificuldades, sofrimentos e morte. Nesse sentido ela é uma espécie de efeito-rebote do progresso, suas tecnologias e práticas. A relação desse argumento com as consequências da devastação ambiental pelos humanos é mais do que óbvia.

Com *Limites da medicina*, Illich acreditou ter trazido a medicina de volta ao âmbito da filosofia. Esse foi um de seus exageros, pois filosofar sobre a profissão médica é muito diferente de praticá-la, embora uma dimensão possa complementar a outra. Mas ele acerta quando afirma que um dos efeitos deletérios da medicina tecnologizada foi a transformação das pessoas em sistemas. Na palestra-prefácio há pouco mencionada, Illich reconhece que ao escrever esse livro ainda não estava ciente do que chamou de "efeito corruptor e analítico" do pensamento sistêmico sobre as percepções e concepções humanas.[10] E assegura que na época não havia percebido que a promoção da saúde por meio desse referencial cibernético havia levado as pessoas para ainda mais longe de seus corpos de carne e osso.[11]

Desde então a história do bem-estar passou a ser contada em novos termos, que incluíam os *feedbacks* e sua regulação. O homem de corpo e mente inseparáveis foi transformado em um sistema animado por sua cibernética. Por meio da gestão médica, o corpo vivido se transformou em corpo gerenciado: um sistema dividido em subsistemas e controlado a partir de fora por estruturas gestoras institucionalizadas. A crítica de Illich se estende à função simbólica das empresas médicas, que segundo ele se preocupam mais com nossa eficiência em buscar a saúde do que com quem somos.

Limites da medicina começa com uma frase incisiva: "O *establishment* médico tornou-se uma grande ameaça à saúde." Na palestra-prefácio há pouco mencionada, Illich assinala que essa frase causou espanto e mesmo raiva em 1975, mas em 1994 era apenas um lugar-comum. Para ele, o *managed care* "reclama o controle sobre a percepção e a tomada de decisão". Essa frase, como muitas outras de sua autoria, é mais atual do que nunca. Hoje fala-se muito em "medicina baseada em evidências". Nada a objetar, desde que não se perca de vista que são também claras as evidências de que, como disse Illich, a medicina tecnologizada transformou a doença e a morte em questões técnicas, e com isso tomou das pessoas parte de sua autonomia para cuidar de si próprias.

A seu ver, o que determina as melhores condições de saúde em uma sociedade é sua capacidade de reduzir a um mínimo as intervenções dos profissionais de saúde. Acrescento que, nos termos da teoria da complexidade, isso implica sociedades nas quais os indivíduos possam viver o paradoxo autonomia-dependência, tal como o define Morin: serem autônomos, mas ao mesmo tempo dependentes, pois a capacidade adaptativa de cada um depende de suas interações com os outros e com o ambiente natural e cultural. É óbvio que para chegar a tanto serão necessários investimentos em grande escala na área da educação. Mas também é evidente que tais investimentos são incompatíveis com as atuais estratégias políticas (sempre negadas com muita ênfase) de manter as populações em estado de ignorância para com isso iludi-las e manipulá-las.

Ainda na palestra-prefácio, Illich afirma que, "na era da gestão sistêmica, essa busca patogênica da saúde se tornaria universalmente imposta",[12] e esclarece que estava sob a influência de Gregory Bateson, então um dos gurus do pensamento sistêmico e seu introdutor na antropologia. Já aprendemos que o principal problema dos modelos sistêmicos é o mecanicismo, que induz os gestores a se imaginarem fora dos sistemas e por isso aptos a gerenciá-los segundo o estilo comando e controle. Não por acaso essa é a mesma postura dos que reduzem a Terra a um sistema (o chamado "sistema Terra") e propõem soluções apenas mecanicistas

A Complexidade da Sociedade (II) 173

para as práticas da sustentabilidade. Porém, como afirma Illich, "não se gerencia a doença. Ela deve ser sofrida, vivida, temida, aliviada ou curada".[13]

Ele também antecipou o conceito complexo de saúde e o explicou da seguinte maneira: a saúde é o resultado de um processo adaptativo que emerge da interação com o mundo. É a expressão da adaptação às mudanças do ambiente – ao crescimento, ao envelhecimento, às experiências com as lesões, com as doenças e sua cura nos casos em que é possível. É também o resultado do aprendizado com o sofrimento e a espera sábia da morte. Inclui ainda a expectativa do futuro, a angústia a ela associada e nossa capacidade de experienciá-la. Essa, aliás, é a essência da psicoterapia existencial. Com essas considerações, Illich descreveu o que hoje chamamos de auto-organização, autorregeneração e capacidade de buscar segurança ontológica.

Num artigo publicado em 1974 na revista médica inglesa *The Lancet* (1: 918-921, 1974) e reproduzido em 2003 entre outros textos em homenagem à sua memória,[14] Illich sustenta que as intervenções médicas não afetaram a taxa global de mortalidade. Na melhor das hipóteses, desviaram a sobrevivência de um segmento da população para outro. Esclarece que, nos últimos 100 anos, as alterações importantes na incidência das doenças nas sociedades ocidentais foram bem estudadas e documentadas e dá alguns exemplos. O início da industrialização coincidiu com um aumento da incidência das infecções, que depois se atenuou. Convém notar que na época não existiam os antibióticos. A incidência da tuberculose chegou ao seu pico e lá permaneceu durante 50 a 75 anos, e depois diminuiu. Isso aconteceu antes da descoberta do bacilo de Koch e de recursos terapêuticos como o ácido para-aminossalicílico e os antibióticos. Na Grã-Bretanha e nos EUA, a tuberculose em declínio foi substituída pelas síndromes de má nutrição (raquitismo e pelagra), que chegaram ao ápice e depois diminuíram e cederam lugar às doenças da primeira infância. Estas, por sua vez, foram substituídas pela úlcera duodenal em adultos jovens do sexo masculino. Quando esta entrou em declínio, chegou a vez das epidemias modernas: coronariopatias, hipertensão, câncer, artrites, diabetes e distúrbios mentais.

Na época, Illich acentuou que mesmo pesquisas aprofundadas não conseguiram estabelecer relações de causa e efeito entre a diminuição da incidência das patologias e as intervenções médicas, e afirmou que outras dimensões do processo civilizatório (as estradas de ferro e os fertilizantes, por exemplo) tiveram influência positiva observável. Para ele, a maioria das ações atuais de diagnóstico e tratamento utiliza recursos muito baratos, e por isso poderiam ser utilizadas pelos próprios pacientes, seus familiares e membros de suas comunidades. Essa observação antecipou em muitos anos o que hoje é realidade e deve se ampliar no futuro: a crescente realização por não médicos de procedimentos antes exclusivos dos profissionais da medicina, tema ao qual voltarei adiante.

Como praticadas nos dias atuais, a educação e a medicina continuam alinhadas com o projeto iluminista, que em si é razoável, pois produz certo grau de redução de nossa insegurança ontológica. Entretanto, ao serem transformadas em práticas acentuadamente mercantis, elas se dissociaram de seus propósitos iniciais. No caso da medicina, a teoria da complexidade aplicada aos cuidados e à gestão da saúde propõe a retomada desses propósitos, sem perda do pragmatismo inerente ao uso das tecnologias. Para tanto, é importante reconhecer que a incerteza não pode ser eliminada do homem, de seu ambiente natural e de suas culturas. Sobre esse assunto já existe uma bibliografia significativa, e alguns de seus títulos estão nas referências deste livro.[15]

Ao se negar a complexidade, criam-se obstáculos para a sustentabilidade. As mudanças nas práticas médicas dos últimos trinta a quarenta anos são exemplos inequívocos: pacientes e médicos, professores e alunos, governantes e governados, todos se tornaram em graus variados reféns do universo padronizado da medicina mecanicista, da educação positivista e da economia reduzida à finança. Como antes mencionado, a combinação dessas três distorções resultou na transformação do mundo em um mercado, e a vida em um processo de produção de resultados.

Já aprendemos que mudanças nesse estado de coisas só serão possíveis se modificarmos nosso modo dominante de pensar. Ainda assim, isso não quer dizer que conseguiremos tudo o que pretendemos. Para início de conversa, com certeza não o alcançaremos no curto e no médio prazo. Esse é um ponto de partida razoável, pois implica o reconhecimento de que as mudanças no comportamento humano são sempre muito lentas e, durante o seu curso, com frequência ocorre que ao mesmo tempo desejamos e não desejamos que elas aconteçam. Esse é um fato natural mas nem por isso fácil de aceitar, dada a nossa dificuldade de conviver com paradoxos.

Portanto, o primeiro passo é não ver a aceitação da incerteza e dos paradoxos como uma espécie de rendição ou derrota, mas sim como uma atitude realista. O segundo passo é deixar de pensar e falar em fatos isolados. Não existem fatos isolados. Não existem seres vivos isolados. Nada é isolado. Ortega y Gasset tem uma frase muito conhecida a esse respeito: "O homem é o homem e sua circunstância", que é uma variante do conceito de ser-no-mundo, de Heidegger. Outra etapa importante é reconhecer a coexistência, em nosso inconsciente, das pulsões de vida (Eros) e das pulsões de morte. No caso destas últimas, tal reconhecimento não é de modo algum um sinal de pessimismo, pois Eros e as pulsões de morte não são opostos que se excluem entre si. Há um antigo ditado latino que expressa com sabedoria essa condição: *media vita in morte summus* (no meio da vida, estamos na morte).

A COMPLEXIDADE E A NÊMESE MÉDICA

Costuma-se destacar que nos países socialistas a economia era regulada pelo planejamento centralizado e não pelo mercado. Com efeito, em sistemas complexos como as economias o planejamento centralizado e de longo prazo costuma ser inútil. Por isso, o dito "livre-mercado" assumiu em parte o seu lugar – o que não quer dizer que seja o modo ideal de conduzir a economia. A mercadização generalizada introduzida pelo neoliberalismo é um exemplo de como a economia sem um mínimo de controle pode levar a resultados problemáticos. Por exemplo, a visão neoliberal tem levado a medicina e a educação a sucessivos revezes. Mas daí não se deve concluir que proponho sua substituição automática pelo seu oposto, a medicina totalmente socializada. Essa solução seria interessante, se fosse possível livrá-la da demagogia assistencialista, que costuma apregoar resultados apenas quantitativos e manipular estatísticas. Mas a história tem mostrado que esse é um empreendimento de imensas proporções e resultados duvidosos, em especial nos países pouco desenvolvidos.

As considerações a seguir pretendem mostrar como a aplicação de alguns dos princípios do pensamento complexo podem levar a *insights* interessantes.

Na medicina, a "cura" não vem apenas dos tratamentos ditos resolutivos. Hoje, muitos acreditam que ela é construída ao longo de um processo que inclui o simbolismo e a ritualística dos exames complementares e tratamentos realizados em instalações de alta tecnologia. Na realidade não é sempre assim, pois toda essa parafernália tecnológica tende a transformar a complexidade humana em um aglomerado de supersimplificações quantificadas. De fato, o contexto *high-tech* científico costuma deslumbrar muitos pacientes e também não poucos médicos. Estes últimos muitas vezes parecem convencidos de que, na condição de devotos da tecnologia, fazem mais do que na verdade fazem para aliviar os sofrimentos e os temores (em especial os temores) individuais e coletivos – o que inclui os seus próprios. A mística dos exames complementares de alto custo e baixa inclusividade social apoia-se na ideia de progresso, produtora do fascínio tão comum entre as pessoas crédulas e admiradoras da tecnologia (essa, aliás, é uma combinação muito frequente).

Em graus variáveis, estamos todos medicalizados. Uma definição útil de medicalização é a de Frank Furedi, da Universidade de Kent: "É o processo por meio do qual os problemas encontrados na vida cotidiana são reinterpretados como 'problemas médicos'."[16] Um problema é médico quando um profissional da medicina o define como médico – e esse é um bom exemplo do saber usado como instrumento de poder. Nietzsche disse algo parecido: "Todo o aparato do conhecimento é um aparato para abstrair e simplificar – não voltado para o conhecimento das coisas, mas para o domínio das coisas."[17] O já mencionado diálogo entre Alice e o gnomo Humpty Dumpty é outro exemplo.

Na medicina mercadizada, apesar da retórica em contrário, a saúde é vista como um estado provisório, ou então um objeto que se perde e se recupera (ou não) com ajuda especializada. Na medicina em que dá pouca ou nenhuma importância às condições sanitárias das populações e privilegia a doença "pontual" e individual em prejuízo do bem-estar coletivo, a saúde passa a ser considerada uma condição a título precário. A medicalização é um modo de inserir a doença ou sua ameaça no contexto da vida das pessoas, como se fosse uma espada de Dâmocles. Há "prazos de validade" para determinados exames, que devem ser feitos de tantos em tantos meses ou anos. Nesse sentido, eles são medidas de prevenção e portanto legítimos. Porém, como mostra a própria prática médica, não há remédios sem efeitos colaterais.

Se alguém não aceitar submeter-se a determinados exames nos prazos prescritos pela "literatura", em teoria corre mais risco de contrair doenças que, do ponto de vista estatístico, se tratadas a tempo seriam curáveis. Essa lógica é poderosa. Mas não é menos poderoso o fato de que esses exames, tão úteis em potencial, não estão disponíveis para boa parte das populações do mundo com a abundância e a presteza necessárias. O argumento de que essa indisponibilidade não é um problema médico e sim sociopolítico é irrelevante, pois a saúde e a educação fazem parte do âmbito da sociedade, da política e da economia. O fato de determinados procedimentos preventivos ou "curativos" estarem fora do alcance dessas populações é um problema acima de tudo humano e portanto complexo, que requer soluções humanas e portanto complexas.

Do ponto de vista da medicina *business*, o cliente ideal é o indivíduo saudável e assintomático – mas sempre sob a vigilância institucional da medicalização. Ele faz parte do "público-alvo" ideal das "empresas de saúde", desde que pague as mensalidades e não onere muito o sistema. Por outro lado, não basta que ele pareça saudável, é preciso que o seja – mas sempre segundo os critérios da medicalização. Na prática, isso quer dizer que precisa submeter-se a checagens periódicas.

Mas para tanto não basta consultar-se de tempos em tempos com um médico em quem confie, o qual solicitará alguns exames complementares – o que é razoável. Essa postura comedida não é compatível com a medicina mercadizada, pois é necessário pedir o maior número possível de exames, para que as tecnologias – que fazem parte do sistema – se paguem e comecem a gerar lucros. Daí a desmesurada medicina diagnóstica, que com frequência é camuflada e vendida como estratégia de prevenção. Todo médico sabe, ou deveria saber, que a quantidade de exames solicitados não está em proporção direta à exatidão dos diagnósticos, à eficácia dos tratamentos nem ao bem-estar dos pacientes.

A medicina mercadizada não busca a saúde, como parece à primeira vista, pois além de tentar, por meio de cláusulas contratuais, excluir as patologias cujo tratamento implica custos elevados, suas propostas preventivas não incluem ações sanitárias. E existe o *marketing* da hiperdiagnose, cujo objetivo é levar as pessoas saudáveis a se sentir culpadas por não se submeter o tempo todo a exames que se propõem preventivos. Refiro-me a procedimentos excessivos e sobretudo caros. São caros porque essa dimensão é parte importante de sua existência: o que Dupas chama de "lógica do retorno do investimento da pujante indústria da saúde".[18]

Na ausência de sintomas e/ou sinais que justifiquem sua aplicação, deixar-se invadir por tecnologias agressivas só porque elas existem (mas não para todos, insisto) é uma atitude autoagressiva. Um argumento muito usado é que determinados exames são necessários porque o seu "público-alvo" é composto por pessoas inseridas nos chamados "grupos de risco". Os critérios segundo os quais um indivíduo está ou não incluído num desses grupos nem sempre são fixos. Podem ser redefinidos, em função de variáveis que nem sempre põem os interesses dos pacientes em primeiro lugar. Se assim não fosse, tais redefinições deveriam incluir os marginalizados da sociedade.

Existe a possibilidade de que, em função de um determinado critério, alguém saia de um grupo de risco e passe a outro. Ou que entre em outro – ou outros – sem sair do primeiro. Esse é um dos fatores da iatrogenia, isto é, dos efeitos colaterais danosos ou complicações das ações de saúde: as pessoas passam a ser definidas não por critérios ontológicos, mas por indicadores oriundos dos dados coletados a seu respeito. É muito provável, por exemplo, que um indivíduo de 65 anos e sem sintomas esteja incluído em um ou mais desses grupos. Em consequência, ele é pressionado a se submeter a exames periódicos – os chamados *screening tests* (testes de rastreamento ou detecção), entre cujos objetivos está a sua manutenção nesses grupos ou sua inclusão em mais outros. Os testes de rastreamento são exames complementares propostos para pessoas com risco ampliado de determinadas doenças, mesmo quando elas não têm sintomas. A mamografia, a colonoscopia e a dosagem de PSA são exemplos bem conhecidos.

Uma vez incluídas num grupo de risco, as pessoas aí permanecem. Para aí fixá-las é poderoso o argumento de que podem estar saudáveis num dado momento, mas nunca se sabe o que poderá acontecer no futuro. É uma ponderação razoável porque reconhece a inevitabilidade da incerteza, mas tem o efeito perverso de diminuí-la nos incluídos e aumentá-la nos marginalizados. A alegação (já a ouvi várias vezes) de que a medicina não tem nada a ver com questões sociais, políticas e econômicas revela uma insensibilidade que beira o inacreditável.

Estudos têm mostrado que os exames rastreadores nem sempre são interpretados de modo correto, o que pode levar a condutas equivocadas por parte dos médicos e, assim, levá-los a produzir resultados iatrogênicos. Refiro-me em especial à pesquisa de Odette Wegwarth e colaboradores,[19] comentada por Virginia Moyer.[20] Ambos os textos foram publicados na revista médica americana *Annals of Internal Medicine*. A investigação de Wegwarth e colaboradores, realizada com médicos de *primary care* (que realizam o atendimento inicial de um número elevado de pacientes), demonstrou que a maioria deles não estavam preparados para interpretar as estatísticas relativas aos testes rastreadores de câncer. Em consequência, viam o aumento da sobrevida da população como uma prova de que tais testes salvam vidas. Mas a interpretação correta, feita pela minoria dos médicos pesquisados, é que só a redução da mortalidade, aferida por meio de estudos aleatórios (*randomized trials*), é capaz de atestar os benefícios reais dos testes de rastreamento.

Em seu comentário ao trabalho de Wegwarth e associados, Moyer observa que a ampla divulgação dos *screening tests* fez com que os pacientes se convencessem de que o câncer é muito mais comum do que na verdade é, e além disso que detecção precoce é sinônimo de cura. Moyer realça o evidente: que essas duas crenças beneficiam as empresas que fabricam os equipamentos para tais testes e/ou têm interesses financeiros nos procedimentos deles resultantes. É claro que nesses casos, como em inúmeros outros, interpretações erradas podem levar a procedimentos errados. Isso acontece porque um número não pequeno de médicos não entende os conceitos estatísticos – o que também vale para outros dados veiculados pela literatura especializada.

Na investigação de Wegwarth e colaboradores, metade dos profissionais pesquisados acreditava que a detecção de um número maior de casos de câncer nos grupos de risco provava que os testes rastreadores salvam vidas. Por isso, muitos se recusaram a reconhecer que estavam enganados. O que mais uma vez torna clara a principal limitação da medicina positivista: quando têm de decidir com base em raciocínios próprios, não previstos nas "condutas" ou nas "diretrizes gerais", muitos profissionais se sentem desamparados. Em minha experiência, esse fato é o principal obstáculo às contribuições da teoria da complexidade à medicina: para mentes acostumadas a pensar de modo binário e sistêmico, é sempre difícil raciocinar em termos de nuanças, peculiaridades e diversidade.

A hipermedicalização e o hiperdiagnóstico produzem ao menos dois efeitos indesejáveis do ponto de vista dos pacientes: (1) aumentam os riscos de iatrogênese; (2) aumentam o risco dos investimentos dos produtores das tecnologias. Estas ponderações poderiam fazer parte de um debate sobre um aspecto pouco examinado: o significado prático da palavra "prevenção". Duas variáveis deveriam ser incluídas. A primeira é econômica e se destinaria a determinar quem ganha e quem perde. A segunda é psicológica, e se proporia a identificar o que não é dito ou é dito de forma obscura nos discursos medicalizadores.

Dado que o não dito e os interesses econômicos são um par frequente em muitas áreas da sociedade, não vejo por que não o seja também nas ações de saúde. Por isso, sua influência poderia ser incluída entre os obstáculos à medicina preventiva. Mas para tanto seria preciso fazer algo pouco comum em nossa cultura: (1) Deixar de lado ou ao menos atenuar o imediatismo e a superficialidade; (2) fazer o mesmo em relação ao nosso deslumbramento diante da tecnologia; (3) parar para pensar. Essa é a parte mais difícil, e nos faz lembrar as palavras de Bertrand Russell: *"Many people will sooner die than think; in fact, they do so"* (Muitas pessoas prefeririam morrer a pensar: na verdade é o que fazem).[21]

A primeira coisa a ser entendida é que questionar a medicalização e o hiperdiagnóstico não é uma atitude neoludita, pois seu propósito não é condenar a tecnologia mas sim sua mercadização. O objetivo é valorizá-la e atenuar suas aplicações espúrias. Parar para pensar é algo difícil em nossa cultura, mas já foi feito no âmbito da medicina por autores como Illich e Foucault entre muitos outros. Por isso eles foram trazidos para o contexto deste livro: para demonstrar que, passados tantos anos, suas conclusões continuam válidas. Mostram que a medicalização e a mercadização da medicina e seu uso como instrumentos de poder são cada vez mais atuais, estão em plena ampliação – e até o momento nada leva a crer que o processo se deterá.

Ao que parece, começamos a longa viagem de volta a antes de 1770, época em que os cientistas da "medicina das espécies" viam as doenças como algo externo aos doentes, em prejuízo destes. Hoje, no drama da medicina e da busca da saúde, o paciente volta a ser menos importante do que a doença, que agora divide o palco com a tecnoburocracia e a mercadização. Do mesmo modo que, em termos planetários, a biosfera hoje é vista como menos importante do que a tecnosfera e a plutosfera. A transformação dos cuidados médicos em um *business*, e de alguns médicos em empresários e executivos, é um dos muitos exemplos de como hoje tudo foi reduzido a números. É difícil imaginar um conjunto de atitudes mais autoagressivas e mais insustentáveis, mas é o que tem sido feito, ano após ano. É claro que tudo tem sido disfarçado pelo habitual discurso do progresso e pela retórica de que os benefícios ainda não disponíveis para todos o serão no futuro. Esse é um dos resultados da transformação dos números em fetiche em nossa cultura.

Uma das muitas ilusões da modernidade foi acreditar que a saúde é a ausência da doença. Em anos mais recentes, evoluiu-se para um conceito sistêmico de saúde, ainda insuficiente. Hoje dispomos do conceito complexo, segundo o qual a saúde inclui as dimensões política, econômica e o bem-estar individual, social e ambiental. E sobretudo inclui um grau de incerteza que, por maior que seja a quantidade de exames realizados, não pode ser removida. Mas deve ser compreendida e atenuada por meio de relações menos instrumentalizadas e impessoais entre os que estão doentes e seus cuidadores. Do ponto de vista da medicina *business*, porém, o viés da patologia ou seu potencial é mais lucrativo. Para mantê-lo é preciso regredir à modernidade e voltar ao modo binário: vender a ideia de que a saúde é a simples ausência da doença.

Quando se vê a doença como um negócio, é no mínimo ingênuo pensar em promoção da saúde como componente do desenvolvimento sustentável. O princípio de causalidade linear/newtoniana funciona em contextos restritos de espaço e tempo, mas está muito longe de ser válido para todos os momentos e contextos da vida real. A experiência nos mostra isso a cada passo, mas mesmo assim insistimos em nos apegar a esse determinismo, mais pelo alívio (temporário e sempre frustrante) que ele às vezes nos proporciona do que por seus resultados efetivos. Tal determinismo nos levou a crer, por exemplo, que quanto mais conhecimento, menos incerteza. Por extensão, muitos pensam que quanto mais medicina mais saúde, o que só é verdade até certo limite, que demarca o ponto em que a informação e o conhecimento esgotam sua capacidade de diminuir a incerteza. A partir daí, por mais que eles se ampliem, não mais conseguirão diminui-la: restará sempre a incerteza inerente à natureza complexa de todos os seres vivos.

É por isso que a partir desse limite, em que pesem a quantidade e a qualidade dos recursos empregados, a medicina dita curativa deixa de ser eficaz. Ainda assim, ela continuará a gerar custos e efeitos colaterais indesejáveis. É o que se chama de lei dos retornos decrescentes. É nesses momentos que, para usar a expressão de Gray (que aliás cita muito Illich), a medicina se transforma em uma subespecialidade da engenharia biológica, "cujo produto final é a sobrevivência sem alma".[22] Sabemos que nos países menos desenvolvidos, inclusive os ditos "emergentes", o acesso às ações de saúde é problemático para a maioria da população. Os governos constroem hospitais públicos, mas nem sempre alocam verbas que garantam a continuidade de seu funcionamento, de modo que eles se deterioram a ponto de não raro se transformarem em ameaças ao bem-estar da coletividade. Tudo isso configura um quadro de precariedade, escassez, falta de empenho, incompetência e subvalorizarão da vida. Por outro lado, virar tudo do avesso e promover a privatização total das ações de saúde comporta muitas armadilhas para os excluídos.

A medicina mais voltada para a doença que para o doente transforma-o em um simples porta-voz da patologia. E muitas vezes num estorvo, porque suas queixas pessoais e graus individuais de tolerância ao sofrimento às vezes o fazem mostrar sinais e sintomas diferentes dos descritos nos manuais. Com isso ela dificulta a adoção de condutas do tipo passo a passo, o que leva à necessidade de individualizar os atendimentos – atitude em geral vista como problemática pelos padrões da medicina *business*.

Todas essas considerações nos levam a concluir que a medicina mercadizada, em que pesem as habituais arengas em contrário, acaba por se voltar contra os pacientes e também contra os médicos. Apesar disso ela continua a prevalecer. A desqualificação da subjetividade é uma de suas características, que na prática resulta na despersonalização dos pacientes. A eles é negada a oportunidade de viver suas doenças e pronunciar-se sobre elas. Dada a pressa e a superficialidade reinantes em nossa cultura, uma determinada doença tem de ser a mesma para todas as pessoas. Daí a necessidade de uma linguagem "objetiva", que descreva "fatos" ou "evidências". A padronização evita que os cuidadores dos doentes percam tempo na tentativa de interpretar o que eles dizem: é preciso uniformizar os relatos e as descrições e evitar ao máximo as referências individuais em nome da eficácia dos tratamentos.

Parar para ouvir um paciente além de alguns poucos minutos é considerado algo que, além de não ajudar no tratamento, faz com que os cuidadores se tornem menos "eficazes" no desempenho de seu papéis no processo taylorista/fordista da medicina atual. Isso facilita a padronização das "condutas" e tratamentos e permite cortar custos com o tempo extra despendido com subjetividades que, como se supõe, nada acrescentam ao funcionamento dessas linhas de montagem. No entanto, a subjetividade das pessoas é uma expressão da complexidade da vida. Mas é também por isso que para a medicina positivista a subjetividade dos pacientes (e também a dos médicos) é considerada um estorvo que, caso se torne "resistente", deve ser de algum modo posto sob controle.

Já sabemos que ignorar a subjetividade significa não levar em conta a diversidade e portanto a complexidade e a sustentabilidade. Na mesma linha, afastar a capacidade de adaptação implica colocar-se contra a vida. Nesse sentido, a medicina voltada para a doença e para a técnica é mais uma manifestação de como os seres humanos tendem a agir contra seus próprios interesses e aumentar seus sofrimentos, enquanto ao mesmo tempo pronunciam um discurso oposto.

A medicina tanto pode ser considerada contrária às pulsões de morte quanto sua facilitadora. No primeiro caso, ao agir por meio de medidas de prevenção, saneamento e promoção da saúde coletiva, ela se opõe a essas pulsões. É a medicina que se preocupa mais com a qualidade da vida coletiva do que com a quantidade de anos que as pessoas viverão. Nela há um viés social, que de saída evita que certo número de pessoas fique fora dos benefícios das ações de saúde por falta de condições econômicas. Já a medicina que vê a doença como um inimigo a ser vencido, e tem como objetivo prolongar a vida sem se preocupar com sua qualidade (o que Gray chama de longevidade sem sentido), trabalha a favor das pulsões de morte. É instrumental, utilitarista, e está mais orientada para os valores da tecnologia do que para os valores humanos. Nesse caso, quanto mais doenças melhor, pois assim estarão garantidas as vendas de seus principais produtos: muito diagnóstico, pouco tratamento e, sobretudo, pouca inclusão social.

Ainda assim é um equívoco opor esses dois modelos de modo binário. Primeiro, porque a polarização "medicina humana, boa e justa" *versus* "medicina técnica, má e injusta" é uma supersimplificação. Segundo, porque o ideal seria que as duas formas se complementassem. Para tanto, ambas deveriam abandonar o excesso de idealização, o que não depende apenas dos médicos nem dos pacientes, mas sobretudo da criação de condições políticas e econômicas para que essa complementaridade seja praticada. O que nos conduz de volta às dificuldades que a lógica binária cria para nossas vidas, pois sabemos que o *mainstream* do pensamento político e econômico continua a ela atrelado. O fato de o PIB continuar a ser o indicador preferencial das principais economias do mundo é um exemplo entre muitos.

Enquanto prevalecer o predomínio da lógica binária, esses fenômenos não serão revertidos ou o serão de modo irrelevante. A medicina deveria estar à disposição de todos, até mesmo, como propõe Hans Jonas para o caso da sustentabilidade, dos que ainda não nasceram. Mas não é fácil conciliar tudo isso com uma cultura centrada em métricas, metas financeiras, modelos sistêmicos e coisas semelhantes. A complementaridade das duas medicinas seria uma forma de identificar, valorizar e incluir as nuanças que existem entre elas. Seria um modo de lidar com mais esse paradoxo. Para tanto, porém, é necessário um modo de pensar muito diferente do que orienta a atual medicina de mercado. Como acontece em tantos âmbitos da complexidade, os paradoxos surgem a cada passo e não se pode tentar resolvê-los como se fossem problemas.

Ainda assim, é o caso de lamentar que tantas pessoas sofram e percam a vida enquanto esperam pela realização desse entrelaçamento, que é uma mudança de cultura difícil de conseguir. Um exemplo é a hiperespecialização dos médicos, que resulta em um dos problemas dos países em desenvolvimento, o que inclui

182   Complexidade e Sustentabilidade • Mariotti

os chamados "emergentes". Esse fenômeno leva a uma diminuição acentuada da base de atendimento primário, na qual deveriam predominar os clínicos gerais e os médicos de família, que resolvem a maioria dos casos e evitam que os pacientes vão logo de saída a especialistas.

Ao interagir com os pacientes, o clínico geral vê o todo e as partes. O especialista vê segmentos separados do organismo: volta-se para focos, não para relações. Está confinado à sua área de especialização, pois sua formação o preparou para isso. A visão do clínico geral permite-lhe entrar com mais facilidade em contato com as individualidades dos pacientes, seus modos diversificados de comportar-se e expressar-se. Por isso ele tem mais facilidade para perceber a incerteza e incluí-la em seus atendimentos. Essa peculiaridade da formação do clínico geral e dos médicos de família proporciona-lhes mais oportunidades de sair dos habituais modelos sistêmicos e compreender e aceitar a incerteza inerente à complexidade de todos os seres vivos. Essa postura leva a uma diminuição importante da quantidade de exames complementares desnecessários, e à consequente utilização de tecnologias caras e também desnecessárias nos casos mais simples, que constituem a maior parte da base de cuidados primários. Países como o Canadá, a Inglaterra e a França já entenderam há muito tempo esse encadeamento de fenômenos: sem atendimento primário amplo e eficaz não há saúde coletiva de bom nível; sem esta não há equidade social; e sem esta última é muito difícil, talvez impossível, falar em sustentabilidade. É importante repetir: em que pese a sua importância, os especialistas estão mais longe da complexidade das questões de saúde do que os generalistas. Tudo isso se aplica, passo a passo, à educação.

O futuro da medicina inclui mudanças no poder dos médicos. Hoje, um dos grandes problemas é cuidar de uma população cada vez mais idosa. A incidência das doenças crônicas tem aumentado no mundo inteiro e assim, em termos de cuidados primários, os especialistas e em certos casos até os clínicos gerais são cada vez menos centrais nas ações de saúde. Segundo James Cawley, da George Washington University, nos EUA os *physicians assistents* podem fazer cerca de 85% do trabalho mecânico de um clínico geral. Isso significa que cada vez mais procedimentos que antes eram exclusivos dos médicos vêm sendo realizados por paramédicos. Por outro lado, a medicina a distância – a chamada *telehealth technology* – está em ascensão e pode ser útil em casos específicos. O objetivo geral é diminuir a necessidade das internações, sobretudo as prolongadas.[23]

EDUCAÇÃO: O DITO E O NÃO DITO

No bloco anterior, ficou claro que a maioria das considerações sobre a medicina e as ações de saúde se aplicam à educação, em especial a sua progressiva transformação em um *business*.

Nossa educação atual, em que predomina a visão quantitativa, tende a consolidar a ideia de que a realidade é apenas objetiva. Esse equívoco resulta de um longo processo, que se aprofundou a tal ponto que até mesmo indivíduos adultos e experientes acabaram por pensar de modo literal. A mente literal imagina que o mundo é tal como o vemos, e resiste a tudo o que possa mudar esse modo de pensar. Tornou-se concreta e estreita e só entende o jargão da sabedoria convencional – o que se costuma chamar de "regras claras" e "simples". Não existe a consciência de que é impossível negar a complexidade do mundo. A falta de leitura é um dos responsáveis por esse estado de coisas. Já expliquei, em outro lugar,[24] que um dos fatores que mais dificultam a compreensão do que não pode ser reduzido a regras "claras" e "simples" é a insuficiência de vocabulário. Enquanto muitos países investem em educação e produção de conhecimento (ensino, pesquisa e criação de conceitos e técnicas), muitos outros investem em educação tecnocientífica (treinamento e reprodução de conceitos e técnicas vindos de fora), o que é legítimo, em especial em termos de curto e médio prazo. No entanto, a educação que se limita à visão de mundo mecanicista tem tudo para se transformar em adestramento. Nenhum processo educacional é suficiente se não incluir – e valorizar – as humanidades.

Sobre a quantificação e a mercantilização da educação assim escreveu o professor Muniz Sodré: "A educação comparece no discurso oficial como uma reles peça orçamentária, mensurável apenas por estatísticas de matrículas, avaliações e recursos. [...] É essa subcultura, aliás, que alimenta as organizações internacionais (OCDE, Banco Mundial, Comissão Europeia) empenhadas na constituição de um mercado mundial da educação."[25] Vladimir Safatle acrescenta: "O ministro da fazenda [...] afirmou que a elevação dos gastos com a educação ao patamar de 10% do orçamento nacional poderia quebrar o país. Sua colocação vem em má hora. Ele deveria dizer, ao contrário, que a perpetuação dos gastos em educação no nível atual quebrará a nação."[26] O artigo de Safatle abre indagações importantes, como: entender o que leva as pessoas a resistir tanto às ideias favoráveis ao desenvolvimento humano; e o que as faz permanecer passivas diante das que beneficiam o poder econômico. Em suma, entender por que o homem está sempre contra ele mesmo. Diante disso, não há como deixar de pensar no título e no conteúdo do livro de Karl Menninger, discutido no Capítulo 4.

Tudo visto, é preciso esclarecer de que tipo de educação se fala. A que hoje se pratica, em especial nos EUA e países por eles influenciados, é voltada para a competição predatória, é cara, insuficiente e tende a estimular as pessoas a se voltarem contra si mesmas e contra o ambiente natural. E assim, apesar de na aparência estarmos em busca da autoafirmação e autovalorização, na verdade buscamos a autonegação e a autodesvalorização. No campo dos negócios e da administração, a educação tem encorajado a governança voltada para os lucros dos acionistas. Afasta-se da produção e se centra no capitalismo de engenharia financeira – o capitalismo de investimentos, e com isso as sociedades se tornam cada vez mais reféns do universo acionário.

184 Complexidade e Sustentabilidade • Mariotti

Afinal de contas, a quem pertencem o conhecimento e a educação? Existe uma expressão muito repetida e com a qual todos já nos acostumamos, sem perceber o que ela significa e suas consequências. Vejamos duas de suas variantes: (1) "Vou dar aula hoje"; (2) "O Professor X dá aulas na Escola Y". Por trás dessa aparente singeleza há todo um universo de problemas. Um deles, talvez o principal, assegura que "dar aula" implica que o professor possui algo e se dispõe a dá-lo a seus alunos. Há muito estabeleceu-se esse padrão, que até hoje subsiste na maioria das escolas. É um modelo de passividade, segundo o qual os alunos vão às aulas para receber dos professores algo já pronto. De fato, em muitas instituições a expressão "dar aula" e o que ela significa não só se mantêm como muitas vezes são reforçados pelo verbo "entregar". Costuma-se dizer que esse ou aquele professor "entrega bem as aulas" e por isso é bem avaliado pelos alunos. Essa é uma variante da expressão "cliente satisfeito", já consagrada pelo uso.

Esse modelo pedagógico parte do pressuposto de que os professores dispõem de um saber que transmitem aos seus alunos. A expressão "transmissão de conhecimento" parte do princípio de que a educação e a pedagogia se situam em dois polos: o dos que têm conhecimento e o dos que não o têm. Assim se pressupõe, ou se faz parecer, que a aula pertence ao professor, que a "dá" aos alunos e estes a recebem como um produto pelo qual pagaram de modo direto ou indireto. Essa é uma das manifestações da lógica binária, segundo a qual a realidade se divide em opostos inconciliáveis: um lado é o dos alunos e o outro é o dos professores; uma parte entrega e a outra recebe, e dessa maneira o conhecimento muda de lugar à medida que é "transmitido".

Assim tem ocorrido ano após ano, de modo quase invariável. No entanto, há muito tempo sabe-se que não é assim que as coisas acontecem. Desde ao menos as décadas de 1920/1930, com os trabalhos de George Herbert Mead[27, 28] e, mais recentemente, de Norbert Elias,[29] entre vários outros, começou a se consolidar a visão que explica como as sociedades humanas, com seus grupos, organizações e instituições constroem a realidade por meio das interações das pessoas. E também como nesse processo a linguagem (falada, escrita, gestual, simbólica) é fundamental. Construímos o mundo por meio de nossas atividades produtoras de símbolos – e a educação está entre as mais importantes. Só em tempos recentes essa abordagem começou a ser reconhecida como uma forma importante de explicar como é construída a realidade das comunidades humanas. O universo das empresas não faz exceção. Um dos textos sobre o assunto foi escrito por Ralph Stacey e seus associados, da universidade de Hertfordshire, na Inglaterra.[30]

Sabemos que na linguagem humana as narrativas e as metáforas têm especial importância. Eis por que as histórias, os exemplos e os estudos de caso são cada vez mais usados na pedagogia moderna. Nas escolas médicas seu uso talvez tenha antecedido o de muitas outras instituições, mas o fato é que hoje a utilização de estudos de caso em aulas e atividades semelhantes é indispensável. Todas essas considerações e evidências permitem concluir que não é mais admissível o conceito de "dar aulas", "entregar" ou "transmitir" conhecimento. É necessário dar outro formato à questão de a quem pertencem as aulas e os saberes. O conhecimento não é um objeto, uma mercadoria que é produzida e depois circula em vias de mão única. Por menos que pareça, ele é uma produção coletiva.

É por isso que uma aula pertence a todos os que dela participam. Para Mead, cada nova experiência é transformadora, porque leva os grupos humanos a reavaliar e reconstruir a base de experiências anteriores. É assim que construímos e reconstruímos de modo incessante a realidade social. É assim que aprendemos por meio da experiência vivida. A realidade que surge à nossa frente à medida que o tempo passa – a realidade emergente – muda o tempo todo e mudamos junto com ela. A educação e a saúde são experiências que vivemos, não mercadorias que se vendem, se entregam e se recebem. Quando estudamos um caso de empresa, por exemplo, é comum que venham à tona ideias ou aspectos inesperados tanto pelos professores quanto pelos alunos. Os fenômenos emergentes são o que há de mais importante na produção e compartilhamento do conhecimento.

Esses *insights* tornaram importantes os estudos de caso e exercícios com textos e metáforas. Não é novidade que a inteligência de um grupo não é a simples soma das inteligências dos indivíduos que o compõem: é muito maior. A existência da mente coletiva e sua capacidade de produzir conhecimento é uma das manifestações da auto-organização dos grupos. Sem que haja necessidade de explicações prévias ou detalhes sobre que deve ser feito os grupos interagem, se auto-organizam e produzem. Em casos específicos, bastam poucas indicações iniciais. É o que se chama de princípio das especificações mínimas, cuja importância para o entendimento do fenômeno da liderança precisa ser melhor estudado. Em circunstâncias assim, pode-se dizer que o conhecimento que emerge das interações humanas pertence a todos, não no sentido de propriedade mas no de experiências compartilhadas.

À medida que a experiência com essa metodologia aumenta, mais os modelos mecanicistas de ensino são questionados. Hoje as aulas devem ser entendidas como uma construção conjunta. Sabemos que essa ideia pode ser de compreensão difícil para muitos: não nos esqueçamos de que vivemos em uma cultura na qual os humanos, os demais seres vivos e o meio ambiente são tratados como coisas. É por isso que as metáforas mecanicistas e tecnológicas (o cérebro visto como um computador, os modelos sistêmicos) são sedutoras: dão a impressão de controle, objetividade e certeza.

A competição predatória da época atual se manifesta em todas as áreas. Na educação, vivemos a disputa professores *versus* alunos, que com frequência assume aspectos policialescos: um lado está sempre a preparar armadilhas para o outro. Uma delas é um *software* que permite que os professores identifiquem plágios. Essa ferramenta permite que o professor localize de onde o material foi plagiado na Internet e assim possa denunciar e punir os alunos. É um expediente mais aplicável quando se usam metodologias que "dão" a matéria aos alunos e depois, mediante provas ou equivalentes, a "tomam" de volta. Parte-se do pressuposto de que aquilo que o aluno deve "devolver" só é considerado certo, e portanto merecedor de boas notas, quando confere com o que o professor "deu" em aula. Daí a atitude de suspeita e a criação de mecanismos de vigilância e punição.

Por trás de tudo isso está a mesma ideia de sempre: o professor é o proprietário/fornecedor do conhecimento e os alunos são seus recebedores passivos. Esse conceito mantém e reforça a clássica separação sujeito-objeto. O professor precisa verificar se os conteúdos que "transmitiu" aos alunos foram percebidos de modo correto. Por "correto", claro, deve-se entender o modo do professor, suas palavras, suas interpretações, seus vieses e assim por diante. Como se sabe, essa verificação é feita por meio de provas em que o aluno em geral é vigiado para não consultar o material "dado". Supõe-se que ele deve memorizar tudo o que ouviu nas aulas e, ao chegar a sua vez de "devolver" a lição, seja fiel ao que recebeu. Esse fundamentalismo prescreve que os fiéis serão aprovados e os que não o forem serão punidos.

Tudo atrelado à lógica binária, portanto. São interações por meio das quais o saber e o poder mantêm sua autoridade e capacidade de manipulação. Do lado dos alunos, surge uma cultura de imitação/reprodução, que pavimenta a estrada para comportamentos de repetição e a aversão à diferença, tão característicos de nossas sociedades. Por incrível que pareça, muitos alunos gostam disso, porque é mais fácil, mais simplista e sobretudo mais ligado às dicotomias mestre-aprendiz, sabe-não sabe, aprovado-reprovado. Como se costuma dizer, "é isso que o mercado quer": pessoas que não ousem pensar fora do *mainstream*.

É o que observa Chris Hedges, ao citar um aluno da Universidade Berkeley, na Califórnia: "Compramos a ideia de que educação significa treinamento e 'sucesso' definido de modo monetário, em vez de aprender a questionar e pensar de maneira crítica."[31] Para Hedges, não devemos esquecer que o propósito da educação é formar pessoas, não gerenciar carreiras. Uma cultura que confunde técnicas gerenciais com sabedoria, que não entende que a medida de uma civilização não deve ser baseada no consumo amplo e rápido, está a caminho do suicídio.

A educação deveria ser para os humanos, não contra eles. É o que diz Safatle, no artigo citado há pouco. O mesmo vale para a medicina. No entanto, a maioria das evidências continua a mostrar que, como diz Herman Daly, os argumentos morais (vindos da preocupação com as gerações futuras e com a desigualdade social) não bastam. Não constituem um martelo forte o suficiente para quebrar a noz da obsessão com o crescimento econômico. A seu ver, a argumentação moral deve ser colocada sobre a solidez da bigorna das realidades biofísicas (a lei da entropia e a ecologia), e só depois deve-se buscar a quebra da noz do crescimento econômico infinito.[32] Mas é bom não esquecer que o livro em que Daly faz essa observação é de 1993, e assim houve tempo de sobra para aprendermos que a solidez da bigorna tem ajudado a ampliar a força dos golpes do martelo – mas a noz ainda resiste.

NOTAS

[1] NORMAN, Donald. *Living with complexity*. Cambridge, Massachusetts: Massachusetts Institute of Technology Press, 2011, p. 172-173.

[2] A esse respeito, ver: FOUCAULT, Michel. *Microfísica do poder*. São Paulo: Graal, 2008; _____. *Nascimento da biopolítica*. São Paulo: Martins Fontes, 2008.

[3] FOUCAULT, Michel. *História da loucura na idade clássica*. São Paulo: Perspectiva, 1978.

[4] FOUCAULT, Michel. *O nascimento da clínica*. Rio de Janeiro: Forense Universitária, 1980.

[5] Os dois livros mencionados são: MERQUIOR, José Guilherme. *Foucault ou o niilismo de cátedra*. Rio de Janeiro: Nova Fronteira, 1985, p. 43-48; MACHADO, Roberto. *Foucault, a ciência e saber*. Rio de Janeiro: Zahar, 2009, p. 87-109.

[6] ILLICH, Ivan. *Deschooling society*. Londres: Nova York: Marion Boyards, 1971.

[7] GENTIS, Herbert; NAVARRO, Vicente. *Sobre o pensamento de Ivan Illich*. Porto: Nova Crítica, 1979, p. 103.

[8] ILLICH, Ivan. *Limits to medicine. Medical nemesis*: the expropriation of health. Londres: Marion Boyars, 1995.

[9] Id., ibid., pos. 141.

[10] Id., ibid., pos. 73.

[11] Id., Ibid., pos. 73.

[12] Id., ibid., pos. 112.

[13] Id., ibid., pos. 121.

[14] ILLICH, Ivan. Medical nemesis. *Journal of Epidemiology & Community Health*, 57: 919-922, 2003.

[15] Ver, em especial, ZIMMERMAN, Brenda; LINDBERG; Curt; PLSEK, Paul. *Edgeware*: lessons from complexity science for health care leaders. Plexus Institute, 2008.

[16] FUREDI, Frank. Saúde ou obsessão pela doença? *Folha de S. Paulo*, 3 abr. 2005.

[17] NIETZSCHE, Friedrich. *Frammenti postumi estate-autunno*, 1884, 26 (61), p. 149.

[18] DUPAS, Gilberto. *O mito do progresso*: ou progresso como ideologia. São Paulo: Editora UNESP, 2006, p. 173.

[19] WEGWARTH, O.; SCHWARTZ, L. M.; WOLOSHIN, S.; GAISSMAIER, W. Do physicians understand cancer screening statistics? *Annals of Internal Medicine*, 156 (5): 340-349, 2012.

[20] MOYER, V. A. What we don't know can hurt our patients: physician innumeracy and overuse of screening tests. *Annals of Internal Medicine*, 156 (5): 392-393, 2012.

[21] Citação disponível em: <www.memorable-quotes.com/bertrand=russell, a68.html)>.

[22] GRAY, John. *Gray's anatomy*: collected writings. Londres: Penguin Books, 2010, p. 374.

[23] BRIEFING: THE FUTURE OF MEDICINE. Squeezing out the door: the role of physicians at the centre of health care is under pressure. *The Economist*, 2 June 2012.

[24] MARIOTTI, Humberto. A escalada da barbárie. Disponível em: <www.humbertomariotti.com.br>.

[25] MUNIZ SODRÉ. É a educação, ministro! *Carta Capital*,15 ago. 2012.

[26] SAFATLE, Vladimir. O que quebrará o país? *Carta Capital*, 11 jul. 2012.

[27] MEAD, George H. *Mind, self and society*. Chicago: The University of Chicago Press, 1967.

[28] MEAD, George H. *The philosophy of the present*. Amherst: Prometheus, 2002.

[29] ELIAS, Norbert. *The symbol theory*. Londres: Sage, 1989.

[30] STACEY, Ralph D.; GRIFFIN, Douglas; SHAW, Patricia. *Complexity and management*: fad or radical challenge to systems thinking? Londres: Routledge, 2006.

[31] HEDGES, Chris. *Empire of illusion*: the end of literacy and the triumph of spectacle. Nova York: Nation Books, 2009, p. 95.

[32] DALY, Herman E. Introduction to *Essays toward a seady-state economy*. In: DALY, Herman; TOWNSEND, Kenneth N. (Ed.). *Valuing the earth*: economics, ecology, ethics. Cambridge, Mass: Massachusetts Institute of Technology Press, 1993, p. 22.

8

Terra, Água e Ar I.
A Complexidade da Sustentabilidade

"A conquista do homem sobre a natureza se revela, no momento
de sua consumação, a conquista da natureza sobre o homem."

(C. S. LEWIS)

GAIA

O cientista inglês James Lovelock tornou-se famoso por sua hipótese de que a Terra – que ele chamou de Gaia, a deusa grega que representa o planeta – é um sistema complexo adaptativo e auto-organizado. Como sempre acontece, a hipótese de Gaia logo se tornou alvo de muitas resistências, críticas e questionamentos, mas hoje é aceita com *status* de teoria pela comunidade científica. Ela não pode ser entendida pelos pensamentos linear e sistêmico, como querem muitos, talvez a maioria dos cientistas e ecologistas atuais. A chave para entendê-la é o pensamento complexo, pois a Terra não pode ser pensada apenas por meio de modelos mecanicistas e simulações de computador, embora esses métodos façam parte do processo.

Lovelock criticou autores que, segundo ele, não perceberam que a evolução dos organismos e a de seu meio ambiente não são coisas separadas: são um processo no qual tudo está conectado. Por isso, não são apenas os organismos vivos ou a biosfera em si que evoluem: o que evolui é o sistema inteiro. Esse fenômeno tomou o nome de coevolução. Lovelock teve e valorizou a contribuição da microbiologista Lynn Margulis, que acrescentou a microbiologia à hipótese de Gaia, até então uma abordagem sistêmica que via a Terra como um sistema autorregulado, porém apenas do ponto de vista físico-químico. A contribuição de Margulis ajudou a tornar complexa a abordagem sistêmica de Lovelock.

Para Lovelock, Gaia contém o *What* e o *Who*. O *What* é a crosta de terra e água localizada entre o centro incandescente e a atmosfera circundante. O *Who* é a malha de organismos vivos que habitam a Terra há quatro bilhões de anos e o fazem em constante interação entre si e com ela. Daí a ideia de complexidade: tudo está ligado a tudo e compõe uma imensa rede. Tudo está tecido junto e evolui junto. A rede de constantes interações do *What* com o *Who* constitui o que Lovelock chama de Gaia. Seu argumento fundamental é que a Terra está doente e a humanidade não pode sobreviver a não ser em um ambiente sadio: "Se fracassarmos em cuidar da Terra ela certamente cuidará de si mesma, o que significará que nós, humanos, já não seremos benvindos."[1]

Depois de ter elaborado o seu primeiro modelo computacional, que chamou de Daisyworld, Lovelock desenvolveu modelos mais complexos que confirmaram suas descobertas. Para ele, os seres humanos são subsistemas dentro de um sistema muito maior – Gaia –, e por mais que tentem não podem controlá-lo. Essa posição é contrária ao pensamento positivista, que propõe que uma das "missões" do homem é lutar contra a natureza e dominá-la.

Mesmo quando todas as evidências mostram sua condição de parte integrante do mundo natural, os humanos insistem em se considerar separados dele, o que justificaria ver a Terra como um objeto do qual é preciso extrair a maior quantidade possível de recursos com finalidades econômicas. Esse ímpeto predatório continuado e indiscriminado tem criado muitos problemas para a auto-organização de Gaia. Mas nem todos o aceitam, e por isso emergiram conceitos como o princípio responsabilidade.

O PRINCÍPIO RESPONSABILIDADE

Proposto por Hans Jonas, que se inspirou no imperativo categórico de Kant,[2] esse princípio diz que o homem é definido pela responsabilidade que assume em benefício das gerações futuras. Se levarmos em consideração o que sabemos sobre a natureza humana – em especial as conclusões de pensadores como Maquiavel, Freud, Hobbes, Gray e outros estudados em capítulos anteriores deste livro –, surge um cenário no qual as propostas de Jonas se revelam ideais sensatos e bem--intencionados, a ser postos em prática por pessoas muitas vezes nem tão sensatas e bem-intencionadas.

Em seu ensaio *A abolição do homem*, Claude Staples Lewis, mais conhecido como C. S. Lewis, aborda o descompasso sempre presente entre o que se pretende e o que é possível fazer.[3] A seguir apresento e comento algumas de suas passagens. Lewis começa por observar que todas as gerações futuras são "pacientes e alvos" dos que estão vivos agora. No fim das contas, o que costumamos chamar de poder dos humanos sobre a natureza não passa do poder que alguns homens exercem sobre os outros, usando a natureza como instrumento. Cada geração recebe o meio ambiente que a geração anterior quis ou foi capaz de legar-lhe. Como os humanos costumam se rebelar contra as tradições, rebelam-se também contra esse legado e nele inserem suas próprias modificações.

Sempre segundo Lewis, o pretenso controle progressivo das gerações sobre a natureza, baseado na ideia de progresso, é apenas o resultado dos jogos de poder entre os homens. Se é correto que os humanos com frequência pensam e agem contra si mesmos, também é verdade que herdamos de outros os frutos dessa autodestrutividade e os repassaremos, em muitos casos piorados, aos nossos sucessores. Se os argumentos de Lewis são corretos, à medida que as gerações se sucedem seu poder de resolver os problemas ambientais deixados pelas anteriores tende a diminuir. Quando se acrescentam a esse raciocínio algumas das características da natureza humana, surge a conclusão de que em vários aspectos ela é um obstáculo à ideia de sustentabilidade.

No entanto, do mesmo modo que não se deve ter muitas ilusões também não são razoáveis o cinismo e o excesso de pessimismo: se existe um mínimo de abertura para pensar e agir em nosso benefício e do mundo que habitamos, devemos aproveitá-lo. Mas, como acabamos de ver, as dificuldades não são poucas. Jonas nos exorta a agir de maneira que as consequências de nossos atos não prejudiquem os que viverão depois de nós. Somos, portanto, encorajados a pensar e agir em termos de longo prazo e espaços muito amplos. A principal dificuldade aqui é conciliar esse estímulo com a ideia de homem paroquial de Edward O. Wilson. Além disso, o fato de um pensador como Jonas perceber o potencial dessa nova formulação do imperativo categórico kantiano não significa que todas as pessoas – talvez a maioria delas – sejam capazes de avaliar suas implicações.

A proposta iluminista garante que o conhecimento diminui o medo da incerteza. Nessa linha de pensamento, o que sabemos – em especial o que podemos mensurar – de certo modo passaria a ser controlável. Contudo, a ideia de que quanto mais conhecimentos e informações tivermos maior será nossa capacidade de diminuir a incerteza não é sempre verdadeira. A experiência tem mostrado que isso só acontece até um determinado ponto, a partir do qual mais conhecimentos não resultam em diminuição da incerteza. Isso acontece porque há dois planos de incerteza, o epistemológico e o ontológico. O primeiro é afetado pelo conhecimento e diminui à medida que ele aumenta. O segundo é relativo à existência humana e à incerteza que lhe é inerente e por isso irredutível. Esse fato levou à criação do princípio de precaução.

O PRINCÍPIO DE PRECAUÇÃO (II)

"Quando uma atividade ameaça danificar o meio ambiente ou a saúde humana devem ser adotadas medidas de precaução, mesmo nos casos em que algumas relações de causa e efeito não estejam científica e totalmente estabelecidas." Esse é o enunciado do princípio de precaução, que pode ser assim re-enunciado: sempre que a realidade insistir em não se adaptar à linearidade, ao determinismo e à causalidade simples das definições que chamamos de "científicas", a prudência nos aconselha a colocá-las em dúvida e tomar decisões de autoproteção sem levá-las em conta.

Esse princípio admite que não é apenas a causalidade simples/linear/determinista/newtoniana, tão valorizada pela ciência "objetiva", que deve ser considerada em nossas relações com o mundo real. Ao estabelecê-lo, seus propositores reconheceram que, ao menos quando se trata de ameaças graves à sobrevivência coletiva, não se pode confiar apenas nas conclusões dos cientistas. É claro que no geral devemos confiar neles, mas há situações em que essa confiança deve ser moderada. O princípio de precaução é análogo à aposta de Pascal, que descrevi em meu livro *Pensando diferente*[4] e agora resumo. Para Pascal, viver a partir do pressuposto de que Deus não existe é correr o risco de não conseguir a salvação depois da morte. Portanto, é melhor acreditar que Deus existe e viver de acordo com essa crença, pois na pior das hipóteses ela nos proporciona os confortos da fé durante a vida. Em que pesem as críticas que tem sofrido, a aposta pascaliana não deixa de ser pragmática.

O princípio de precaução consolidou-se na Conferência Rio 92. Na prática, como vimos, ele significa que em caso de dúvida é imprudente esperar que a ciência diga como devemos agir em relação ao ambiente natural. Por outro lado, se acreditarmos, como os pensadores da modernidade, que as mudanças são sempre para melhor graças aos progressos da ciência e da tecnologia, o princípio de precaução pode ser esvaziado. Mas a experiência vivida tem mostrado que não é tão simples assim. Sabemos que os piores cenários podem acontecer e não é raro que aconteçam, e por isso o sentido da antiga frase "espere pelo inesperado" justifica o princípio de precaução. O excesso de otimismo vem da ideia de progresso e é característico do comportamento de rebanho. Fugir do mundo real pela adesão a um "pensamento único" está longe de ser um comportamento adaptativo.

As afirmações de que os seres humanos vão acabar por destruir a Terra têm um viés antropocêntrico. É bem mais provável a destruição das culturas humanas, suas instituições e outras realizações. Quanto à Terra, o máximo que poderá acontecer é que ao desaparecerem os humanos deixem cicatrizes, que com o tempo serão fechadas pelo processo planetário de auto-organização. Um exemplo foi mostrado em um documentário de televisão, que registrou o ocorrido anos após o desastre de Chernobyl, na antiga União Soviética, hoje Ucrânia. Abandonada pelos humanos, e portanto livre deles, a natureza aos poucos invade os prédios, as escolas, os estádios esportivos, as fábricas e assim por diante. Eventos assim levaram à elaboração do princípio esperança.

O PRINCÍPIO ESPERANÇA

Interpreto esse princípio como a expectativa de que cedo ou tarde surgirá algo ou alguém vindo de fora ou do alto (como o *deus ex-machina* das tragédias gregas) que nos salvará. Essa é a base dos messianismos, e sem dúvida a ideia de progresso é um deles no plano secular. A revolução esperada por Marx, que daria início à ditadura do proletariado e à sequência que terminaria no comunismo utópico é outro exemplo. Outro é a expectativa de que a tecnologia resolverá nossas dificuldades diante das alterações climáticas. Mais um é a crença de que a medicina nos dará uma vida longa, produtiva e sem as mazelas da velhice. Tudo isso vem da crença de que nossos problemas, ou a maioria deles, são atribuíveis a fatores externos e sua solução deve vir do mesmo âmbito. Mas há pensadores como Walter Benjamin, que preferem se preocupar mais com as ameaças que temos pela frente. É o que tem sido chamado de pessimismo organizado.

Entretanto, a atitude de opor de modo binário o princípio esperança e o pessimismo organizado remete ao modelo "uma coisa ou o seu contrário". O próprio fato de as pessoas estarem condicionadas a pensar em termos binários torna-lhes difícil imaginar que existam outras formas de raciocinar. Por isso é necessário descobrir as nuanças entre as polaridades, o que pode ser feito de várias maneiras, e uma delas é examinar as questões e os fenômenos a partir do maior número possível de ângulos. Mas esse não é um empreendimento fácil, dada a nossa tendência a agarrar-nos a soluções do tipo "pensamento único" ou "problema resolvido". Um exemplo é a proposta neo-hegeliana de "fim da história", que seu próprio autor, o americano Francis Fukuyama, acabou por reconhecer como irreal e agora tenta remendar por meio de racionalizações diversas. Propostas do tipo "fim disso", "fim daquilo" são manifestações da mente sequencial, da idealização do *problem solving* por meio de regras do tipo passo a passo. Além de serem pouco mais que jogos de palavras, tais propostas infundem nas pessoas motivadas por interesses ideológicos ou econômicos uma série de pseudocertezas, que nada mais são do que o resultado da fé em ideologias transformadas em religiões seculares.

Com a atual prevalência da técnica e do conhecimento, parece fácil alimentar o princípio esperança. Os que detêm o poder não se cansam de dizer aos que não o têm: "Temos o poder e o dinheiro agora, mas se vocês tiverem paciência e não atrapalharem serão recompensados no futuro." "Chegar lá" é o principal produto vendido pelos que dizem ter chegado aos que imaginam estar a caminho. Essa é uma das razões pelas quais a expressão "países subdesenvolvidos" foi substituída por "países em desenvolvimento" ou, num plano mais eufemístico, "países emergentes". Mas não devemos esquecer que a promessa de "chegar lá" e a definição dessa condição quase sempre se baseiam em indicadores quantitativos como o PIB, e na manutenção de um sistema educacional que visa a evitar que as pessoas abracem a ideia de qualidade e valores não mecanicistas e não utilitaristas. A atitude de muitos diante do aquecimento global e suas consequências é um exemplo.

AQUECIMENTO GLOBAL

Os veículos automotores, em especial o automóvel e sua proliferação, talvez sejam as mais eficazes e disseminadas das ferramentas humanas de auto e heterodestruição. Ao mesmo tempo, são instrumentos de autoengano. O crescente aumento do número de automóveis os tem tornado cada vez menos úteis para suas finalidades originalmente propostas: transporte rápido, confortável e seguro. Quando se acompanham as estatísticas sobre o número de mortes em acidentes de trânsito – em especial durante feriados prolongados –, esse fato se revela óbvio: o automóvel se torna cada vez mais lento, desconfortável e perigoso. Em paralelo, amplia-se a retórica racionalizadora contrária.

Para quem gosta de números, eles podem ser obtidos nas polícias rodoviárias e outras agências governamentais. Também têm sido divulgados pela mídia. Nada disso, porém, parece ser eficaz para ao menos atenuar essa escalada. Indiferentes às advertências e orientações dos policiais rodoviários, muitas pessoas, em geral acompanhadas de suas famílias, comportam-se como se procurassem de modo deliberado expor-se a situações de risco. Reproduz-se aqui a tendência dos humanos a adotar comportamentos individuais e coletivos cujas consequências se voltam contra eles próprios. O fato de saber que agem contra seus próprios interesses, e até contra suas próprias vidas, não demove as pessoas de assumir esses comportamentos. O que mais uma vez levanta a suspeita de que está em jogo algo mais profundo e impermeável a quaisquer argumentos: as pulsões de morte.

Faz parte desse *drive* a resistência que os humanos costumam opor às medidas que eles mesmos instituem para proteger-se e aumentar sua segurança. Por exemplo, todos sabem que as conferências internacionais sobre meios de mitigar fenômenos como o efeito estufa levam a decisões cuja implementação sempre se defronta com muitos obstáculos. Para não falar na minoria de cientistas que ainda hoje nega a importância da participação humana da produção do aquecimento global. Seus argumentos têm sido adotados pelos defensores do crescimento econômico ilimitado com o apoio, é claro, de uma quantidade não pequena de líderes políticos e empresariais. O princípio fundamental do autoengano (aquilo em que não acredito não é real e portanto não pode me prejudicar) continua em pleno vigor.

De acordo com James Lovelock, ao se adaptar às alterações causadas pela predação humana Gaia tem produzido fenômenos de grande escala, que funcionam como uma espécie de vingança pelas agressões sofridas.[5] Como vários autores têm observado, não há dúvida de que essa é uma forma antropocêntrica de interpretar e descrever esse conjunto de eventos. No entanto, com ou sem metáforas antropocêntricas muitos deles já são realidade e sua essência e consequências desastrosas não mudarão, sejam quais forem as formas usadas para descrevê-los e interpretá-los.

Para Lovelock as consequências das alterações climáticas já não podem ser revertidas. Porém, ao contrário de Heidegger, que afirma que os problemas causados pela técnica não podem ser resolvidos por mais técnica, ele acredita que a tecnologia pode ser utilizada para atenuar os efeitos da predação humana sobre o planeta. Mas haverá necessidade de alta tecnologia, e não só das abordagens propostas pelo chamado movimento verde. Lovelock também crê que os estragos causados ao planeta pelas ações humanas já inviabilizaram as possibilidades de desenvolvimento sustentável. As tecnologias avançadas que ele propõe são destinadas apenas a mitigar esses efeitos. No fundo, representam o reconhecimento de que a "luta contra a natureza" é mais uma evidência da tese freudiana de que a luta real do homem é sempre contra ele mesmo.

O remédio proposto por muitos seria fazer de conta que nada disso é verdadeiro. Como sempre ocorre, não falta quem acredite que tudo não passa de teorias e se proponha a buscar uma saída honrosa mediada pela tecnologia. Como nota John Gray[6] ao falar sobre o livro de Lovelock acima citado, o uso de alta tecnologia nesse contexto pode suplementar a agricultura tradicional em seus esforços para atender a essa demanda. Acrescento que resta saber se os resultados, tal como não ocorreu no passado e não acontece agora, seriam acessíveis à maior parte da humanidade.

Vimos que para Lovelock Gaia é um sistema complexo que busca adaptar-se à vida: se os humanos se comportarem de modo a atrapalhar essa adaptação cedo ou tarde serão eliminados, com a mesma naturalidade que um sistema imunológico se livra de algo que o ataca. Num certo sentido, pode-se dizer que a Terra está sob o ataque dos humanos e, de acordo com Gray, não há possibilidade de uma visão ecológica que nos livre de nós mesmos: a melhoria dos ambientes locais sempre poderá ser atrapalhada pelo que ele chama de "países bandidos", pelo terrorismo ecológico ou pelo aumento populacional. Há sempre muito perigo, o que nos termos da teoria da complexidade significa que estamos sempre à margem do caos e longe do equilíbrio. Um dos problemas a isso relacionados é a questão populacional.

POPULAÇÃO

Não é novidade que a hostilidade entre as pessoas e os países, motivada pela vida em um mundo em que as populações crescem e os recursos escasseiam, tende a piorar com o tempo. Para o filósofo John Gray, o conhecimento aumenta mas os humanos continuam os mesmos predadores de sempre. Nos dias atuais, o "crescei e multiplicai-vos" é cada vez mais um convite à autodestruição. A incitação à multiplicação de pessoas em um mundo que não terá recursos suficientes para sustentá-las é um poderoso instrumento de atuação das pulsões de morte, embora seja sempre apresentada como exortação à vida.

Todos sabem que a boa literatura de ficção não é um simples meio de entretenimento: as narrativas em seus vários gêneros são uma forma eficaz de entendimento do mundo. Nesse sentido, o potencial de criação de problemas do aumento populacional não tem passado despercebido à sensibilidade dos escritores. Em seu conto *Tlön, Uqbar, Orbis Tertius*, Jorge Luís Borges escreveu que "os espelhos e a cópula são abomináveis, porque multiplicam o número dos homens".[7] Ainda assim, continuam a proliferar as evidências de que nós, humanos, não cessamos de produzir racionalizações de autoengano. Gray retoma o conto recém-citado de Borges e observa que, do mesmo modo que os habitantes da fictícia Tlön, muitas pessoas racionalistas acreditam que os modelos que construímos para o mundo real são um retrato fiel deste. Essa tática de autoengano é clássica: julgar que o mapa é o território que representa.

Nessa ordem de ideias, para ser eficaz diante da persistência da espada de Dâmocles representada pelas pulsões de morte, o desenvolvimento sustentável precisa se desvencilhar da ideia de progresso. Esta, como se sabe, nos tem levado a confiar nele como algo superior, construído por outros com uma competência quase divina que nos desobrigaria dos duros esforços cotidianos. A ideia de progresso convenceu a muitos de que é possível mudar nosso modo de vida no momento em que quisermos, mas a experiência tem mostrado que isso tem muito de retórica e pouco de realidade. Na hipótese de que um dia tais modificações se tornem possíveis, resta saber se incluiriam a moderação de nossa avidez pelo poder e ganhos econômicos, principalmente os de curto prazo. Se isso não for alcançado em um nível razoável, mesmo as tecnologias mais sofisticadas não conseguirão evitar os resultados de sempre: as mudanças servirão apenas para potencializar o controle e a dominação. E para tanto, é claro, privilegiarão os meios militares, políticos e econômicos habituais, encorajados pela costumeira retórica desenvolvimentista.

Se o que até agora aprendemos com nossa história permite algumas conclusões úteis, temos de admitir que as hipotéticas tecnologias de modificação da natureza humana não serão orientadas para a diversidade e para sustentabilidade, mas sim para o tradicional: o poder econômico continuará a sustentar o domínio dos de sempre sobre os dominados de sempre. Estou consciente de que esta assertiva parece contrariar outra, que assegura que não é possível usar conhecimentos do passado para prever o futuro. Mas não me refiro aos conhecimentos, e sim aos conhecedores. Não falo dos conhecimentos humanos, mas da natureza humana. E esta tem se revelado imutável, a despeito de nossos desejos e esperanças.

De acordo com Gray, a realidade mostra que os modos de vida das sociedades humanas seguiram o caminho da diversidade, não o da padronização. Não há, por exemplo, como imaginar que as economias da China e do Japão, para citar apenas duas, sigam o modelo dos Estados Unidos. Também não se pode pretender que exista um único padrão de desenvolvimento, aplicável a todas as partes do mundo. Se dogmas forem criados e impostos, logo se transformarão em ideologias e a seguir em fundamentalismos que são a própria negação da ideia de sustentabilidade. Por isso ela precisa se adaptar à diversidade dos modos de ver, interpretar e viver as características geopolíticas e culturais de cada região e país. A sustentabilidade é em essência uma ideia complexa, oriunda da observação dos fenômenos complexos que compõem o mundo natural e cultural.

Assim, a globalização não teve um efeito tão padronizador como muitos pensam. Em muitos aspectos o mundo continua diversificado, o que é o mesmo que dizer que a complexidade lhe é inerente. Por outro lado, toda iniciativa destinada a simplificá-lo para entendê-lo é válida, desde que seja temporária. E toda tentativa de manter essa simplificação por mais tempo que o necessário produzirá o resultado oposto: a simplificação se transformará em supersimplificação e, portanto, em desrespeito à complexidade e à ideia de sustentabilidade. Uma coisa é simplificar um determinado assunto ou fenômeno com o objetivo de entendê-lo, sem perda da noção de que ele é parte indissolúvel de uma totalidade. Esse movimento equivale a voltar temporariamente o foco para uma parte, sem no entanto separá-la de seu contexto. Outra coisa é dirigir o foco para a parte que se quer entender, separá-la do todo e imaginar que o fragmento ou recorte pode ser entendido sem considerar o contexto a que pertencia. Quando isso acontece perde-se a visão de ambiente, suporte e pertença. A supersimplificação empobrece o entendimento.

Parece incrível, mas muitas pessoas não entendem que boa parte dos males que infligimos a nós mesmos se estendem ao ambiente natural. Por isso é importante entender que o mal é, como mostrou Hannah Arendt,[8] banal, corriqueiro e acompanha passo a passo as atividades humanas. Por exemplo, muitos consideram Thomas Robert Malthus (1766-1834) um dos economistas menos compreendidos e mais mal interpretados da história. A exemplo de Freud (embora não com o mesmo brilhantismo e profundidade), Malthus revela como o homem pode adotar comportamentos auto e heterodestrutivos. Uma consideração que tem sido feita a respeito da obra malthusiana é que o fato de o suprimento de alimentos crescer em progressão aritmética e a população se ampliar de modo exponencial pode levar à conclusão de que não há nada a fazer. Nos dias atuais, porém, sabe-se que esse fenômeno não tem a mesma intensidade em todos os pontos do planeta. Esse é um ponto a ser considerado e dele muitas lições podem ser tiradas, o que no entanto não deve nos levar à conclusão de que o problema não existe. Ao contrário, devemos tomar consciência de que ele é bem mais complexo do que se imagina.

Há quem acredite que a adoção de políticas públicas pode controlar a explosão demográfica. Também há quem pense o contrário e quem adote posições intermediárias e fale em alternativas. Na Idade Média, por exemplo, as epidemias eram um mecanismo de controle populacional – um exemplo de auto-organização. É o que ainda acontece em alguns países do dito Terceiro Mundo, em associação com as guerras e a desnutrição. Mais população significa mais consumo, o que significa mais dejetos de alta entropia e mais danos ambientais. Ao que parece, essa progressão é imperceptível e incompreensível para muitas pessoas, não poucas pertencentes às chamadas elites políticas e econômicas. Uma das causas dessa incompreensão é a propensão ao imediatismo, oriunda de nossa condição de seres paroquiais. Ela se manifesta de muitas formas, entre as quais a pretensão de entender problemas como o aumento populacional e as migrações em massa apenas por meio do pensamento sistêmico e suas modelagens.

Um relatório recente da Royal Society[9] inclui duas questões críticas e por isso merece atenção. A primeira é a expansão da população humana que continua em algumas partes do mundo. A segunda é o aumento do consumo *per capita*. Para usar as palavras do relatório, cresce o número bocas para alimentar e a demanda de bens para satisfazer às aspirações das pessoas. Tudo isso junto leva a uma depleção ampliada do capital natural. Além do mais, os benefícios têm sido distribuídos de modo desigual. Nesse caso, a não linearidade que caracteriza todos os sistemas complexos surge como uma manifestação diante da qual convém lembrar o que já dizia Aristóteles: o grande problema humano é o nível de pobreza das sociedades, que é variável porém jamais ausente. Os impactos das catástrofes naturais e das ações humanas sobre o meio ambiente sempre atingiram os mais pobres e nada indica que será diferente no futuro, ao menos a curto e médio prazo.

Como acentua o relatório, o resgate de 1,3 bilhão de pessoas que vivem em pobreza absoluta implicará sua inclusão no universo do consumo. Ao menos no princípio, tal inclusão tenderá a aumentar a pressão sobre os recursos materiais disponíveis. A conclusão é que deveria haver uma renúncia dos que consomem mais do que o necessário em benefício dos que não consomem nem o mínimo de que precisam. É pouco provável, para dizer o mínimo, que o altruísmo humano atinja uma escala tão ampla. Essa situação é um exemplo, talvez o mais claro deles, da distância entre o que se quer fazer e o que pode ser feito. Também aqui se torna claro que em certos casos a natureza humana é um empecilho ao desenvolvimento humano. Trata-se de um desafio se não insuperável ao menos de imensas proporções, diante do qual as modelagens de computador e os modelos matemáticos nada podem fazer.

Em 1972, segundo o relatório da Royal Society, o Massachusetts Institute of Technology já tinha advertido para o óbvio: que o crescimento econômico indefinido é impossível em um mundo de recursos finitos. Há muito tempo se conhece a interconexão de questões como crescimento populacional, consumo de recursos materiais, desenvolvimento social e econômico e preservação ambiental. No geral, porém, esse conhecimento não levou à conclusão de que, por serem complexas, essas questões não podem ser resolvidas (nem mesmo estudadas de maneira adequada) pelos modos de pensar linear e sistêmico.

Esse fato tem sido aos poucos reconhecido, porém de modo mais lento e menos disseminado do que o desejável. Enquanto isso não acontece, há sinais de piora em vários âmbitos. O relatório da Royal Society observa que desde a Conferência Internacional sobre População e Desenvolvimento, realizada no Cairo em 1994, as conexões entre a demografia, o meio ambiente e o desenvolvimento têm sido negligenciadas nos debates internacionais sobre sustentabilidade e temas correlatos. O mesmo relatório, aliado a outras fontes, também reitera que o PIB – indicador apenas quantitativo do desenvolvimento econômico – não inclui dados importantes como a depreciação de ativos naturais, a economia informal, a liberdade humana, a segurança, a saúde, o bem-estar, o trabalho voluntário, as relações sociais e a segurança ontológica. Com a provável exceção da economia informal, trata-se de valores não redutíveis a números, mas nem por isso deixam de ser fundamentais para os seres humanos e suas relações com o ambiente natural. É verdade que outros indicadores, como o IDH (Índice de Desenvolvimento Humano), têm sido criados, mas o PIB continua a predominar. Ainda assim, de acordo com a Royal Society, o bem-estar pode melhorar sem o crescimento do PIB.

Em geral, as mudanças populacionais têm sido vistas como quantitativas, estruturais e relacionais. Considerá-las apenas do ponto de vista quantitativo é uma visão redutivista. Vê-las somente como estruturais (por exemplo: explicar como as diferentes faixas etárias se relacionam umas com as outras) equivale a usar só o pensamento sistêmico. Examiná-las ao mesmo tempo dos pontos de vista quantitativo (linear), estrutural (sistêmico) e relacional (as interações das populações humanas com o ambiente natural) já se aproxima da visão complexa. No entanto, esta ainda precisa se aprofundar em novas linhas de pesquisa, cujo propósito é entender de um modo mais amplo as relações da natureza planetária com a natureza humana. Esse é um empreendimento para o qual as ciências humanas, em especial a filosofia, têm muito a contribuir.

Grande parte do relatório da Royal Society agora em exame é baseado no pensamento sistêmico, mas já inclui vários *insights* do pensamento complexo. O que não é de admirar, pois, como mostra minha experiência com alunos de MBA, seminários e *workshops* ao longo dos últimos vinte anos, a ideia de complexidade é antes de mais nada intuitiva. De todo modo, esses *insights* constituem um avanço, dado que podem ser verificados em muitas outras publicações.

Sempre segundo o relatório, o desenvolvimento econômico não é um pré-requisito para a diminuição da fertilidade. Já a educação é um fator-chave para tanto, e por isso deveria fazer com que alguns pontos essenciais fossem entendidos: (1) População significa bem mais do que o número total de pessoas: nos termos do pensamento complexo, o todo é maior do que a soma de suas partes; (2) sabemos da grande diversidade demográfica nas diferentes regiões do globo: a não linearidade e a diversidade são inerentes aos sistemas complexos adaptativos; (3) também sabemos que em termos planetários a população ainda está em ascensão, embora o pico de fertilidade já tenha sido ultrapassado: nos sistemas complexos adaptativos a causalidade não é linear.

MIGRAÇÕES E AGRESSÕES

É óbvio que as alterações climáticas, o aumento da população e a escassez de alimentos e água são fenômenos interligados. Produzem tensões e conflitos e daí emergem multidões de refugiados, que por sua vez geram problemas para os países para onde eles se dirigem, entre os quais manifestações racistas. As migrações humanas são exemplos de territorialização, desterritorialização e reterritorialização. Esses conceitos de Gilles Deleuze e Félix Guattari, aliados a outros, como rizoma, agenciamento e ritornelo, permitem analisar e propor soluções para muitos dos problemas ligados à sustentabilidade e ao desenvolvimento sustentável. A contribuição desses dois autores e outros como John Protevi, Mark Bonta, Dianne Chisholm e Manuel de Landa, permite complementar as escolas de complexidade mais conhecidas. Esse aspecto será abordado no próximo capítulo.

De acordo com António Guterres, do Alto Comissariado das Nações Unidas para Refugiados (ACNUR), a Convenção de 1951 considera refugiado quem sai de um país devido a conflitos, perseguições políticas ou outras. Nos últimos tempos, as alterações climáticas têm sido um fator de importância crescente nessas movimentações. Diante das dificuldades para a elaboração da declaração final da conferência Rio + 20, Guterres não acredita que haja condições para elaborar uma nova convenção que ajude a solucionar esse problema.[10]

Do mesmo modo que a Rio + 20 foi incapaz de atender às expectativas dos seres humanos e às necessidades do mundo natural, nesse conclave foi nítido o predomínio dos interesses do capital sobre os da vida. O que, é claro, significa que os interesses do capital predominaram sobre os dos próprios capitalistas na condição de seres vivos. Como observou Guterres, mais uma vez a ONU não foi capaz de atender aos que se refugiaram devido a problemas ambientais. O mesmo minueto tem sido dançado em relação a fenômenos como o aquecimento global. Não faltam os inevitáveis "ambientalistas céticos", que de tempos em tempos publicam livros, artigos e dão entrevistas na televisão, nas quais afirmam que o papel dos humanos nesses fenômenos não tem comprovação científica, quando se sabe que já não há dúvidas a esse respeito.[11]

Um aspecto interessante e sintomático das atitudes humanas em relação às polaridades são os esforços para diferenciar o que é "científico" do que não é. Em relação ao aquecimento global, por exemplo, as duas facções – os céticos e os não céticos – têm usado essa diferenciação para se desqualificar mutuamente. Cada grupo proclama que os dados do outro não são "científicos". Porém, enquanto se discute o que é ou não "científico", os efeitos colaterais das ações humanas sobre a biosfera continuam a se manifestar – e são cumulativos.

Ao que tudo indica, o que mais temos a temer é a nós mesmos. Em meados do século XX surgiu outra obra de Hannah Arendt, *Origens do totalitarismo*, na qual entre muitas outras coisas ela escreveu sobre o conceito kantiano de mal radical. Kant havia tentado racionalizar esse conceito, mas Arendt foi adiante e mostrou que ele havia surgido como componente de "um sistema no qual todos os homens se tornaram igualmente supérfluos": mais um, menos um, não faz diferença. Foi ainda mais longe, e afirmou que mesmo os que têm poder para manipular tal sistema acabam por se tornar tão supérfluos quanto os demais, sem disso ter consciência. Já que hoje tudo se reduz a ser útil ou inútil em termos econômicos, com o aumento das populações e das massas de exilados e refugiados grandes massas têm se tornado supérfluas. E o fenômeno tende a se ampliar, se continuarmos a ver o mundo em termos utilitários.

Mesmo os que supõem que não fazem parte dessas ditas "massas economicamente supérfluas e socialmente sem raízes" compartilham essa superfluidade. São, por exemplo, as pessoas que declaram ter como objetivo de vida produzir resultados para acionistas. Esse rol inclui os que veem essa condição como um fim em si. Num mundo utilitarista e argentário, sua importância é efêmera e está na proporção direta do número de ações que possuem. Por isso, como está explicado com clareza em *O príncipe*, de Maquiavel, precisam mantê-las a todo custo. Quando por qualquer razão sua "posição acionária" é abalada ou perdida, essas pessoas se revelam tão supérfluas e descartáveis quanto as que costumam designar com esses adjetivos.[12]

Arendt acrescenta que mesmo na ausência de regimes totalitários as soluções totalitárias podem continuar.[13] Os totalitarismos estarão sempre presentes, e nesse sentido as ideologias, o "pensamento único", os modismos gerenciais e os modelos comportamentais serão, em grau maior ou menor, formas do que os cientistas sociais costumam chamar de princípios totalitários de ação. Nessa ordem de ideias, é possível dizer que hoje vivemos um princípio totalitário de ação – o capitalismo financeiro, desligado da produção e orientado pelos e para os investimentos. Sua natureza o faz dividir o mundo em dois grandes segmentos assimétricos: os acionistas e os que trabalham para produzir resultados para eles.

À medida que as pessoas se tornam céticas e utilitaristas, criam condutas céticas e utilitaristas das quais não conseguem escapar. Os problemas criados pelas migrações em massa dos países pobres para países ricos, que antes haviam sido seus colonizadores, são exemplos evidentes, e o fato de preferirmos ignorá-los ou racionalizá-los não faz a menor diferença. Brincar de avestruz sempre tem seu preço, embora nem todos o paguem em partes iguais. A questão central é sempre a mesma: saber até onde a nossa natureza humana permitirá que avancemos, em termos de desenvolvimento sustentável, e até onde muitos dos avanços até agora registrados não passam de impressões produzidas por nossas táticas de autoengano. Não devemos esquecer que a maioria das pessoas está ávida por boas notícias, esperanças para o futuro e são inclinadas a seguir as diretivas de líderes dos mais variados matizes. Essas ondas de credulidade, euforia e alienação são frequentes na história humana e a experiência tem mostrado a sua aparente inevitabilidade.

A auto-organização é um fenômeno do mundo natural. O desenvolvimento sustentável é um fenômeno da mente humana – um construto cultural. A natureza não precisa do homem para ser sustentável. Logo, o desenvolvimento sustentável pode ser visto como uma forma de continuar a explorá-la, agora com a preocupação de até quando isso poderá ser feito sem gerar consequências letais contra nós mesmos. Assim, quando alguém pergunta se uma determinada ação é sustentável, na maioria das vezes quer saber até que ponto poderá continuar a obter vantagens econômicas. Essa observação pode parecer exagerada, mas a prática cotidiana revela que a maioria das pessoas que falam em sustentabilidade e desenvolvimento sustentável não tem a mínima ideia do que sejam uma coisa e a outra.

Gilberto Dupas[14] se refere ao que tem acontecido em relação às grandes migrações humanas, em especial as dos países do norte da África para a Europa, em decorrência da miséria que tem aumentado desde que os colonizadores europeus se retiraram ou diminuíram sua influência. Também chama atenção para o episódio do furacão Katrina, no sul dos EUA, que lançou uma área do país considerado

202 Complexidade e Sustentabilidade • Mariotti

um dos mais civilizados do mundo em um cenário de miséria e luta pela sobrevivência como só se vê entre as populações mais pobres da África e Ásia. E observa que basta uma catástrofe natural para que, da noite para dia, os humanos percam o verniz civilizatório e saiam em busca de suas necessidades mais elementares. Essa procura inclui, é claro, a volta ao "estado de natureza" hobbesiano: a guerra de todos contra todos, que no caso americano incluiu invasões, saques, estupros e vandalismo, fenômenos costumeiros e observados em muitos outros contextos e épocas.

Mas também há exceções notáveis. Na tsunami de 2011, que assolou Fukushima, no Japão, o que se viu foi a reação disciplinada de uma população que entendeu ser esse o melhor modo de comportar-se diante da adversidade. Não nos esqueçamos de que a diversidade que caracteriza a complexidade humana nem sempre nos autoriza a pensar que povos de culturas diferentes reagirão da mesma maneira face a desafios semelhantes. Aliás, com frequência não reagem da mesma maneira em uma mesma cultura e em épocas diferentes.

É comum ouvir-se de habitantes de cidades europeias e de outros continentes que elas já não são as mesmas, que não se pode mais andar nas ruas sem o perigo de ser assaltado. Tudo isso é até certo ponto verdadeiro, mas é também sintoma de um quadro bem maior e mais profundo: a degradação progressiva do meio ambiente, que leva populações inteiras a deixar suas culturas de origem e buscar outras, nas quais são quase sempre recebidas como indesejáveis, embora "úteis" para fazer trabalhos que não exijam qualificação.

Outra forma de ver esses fenômenos é deixar de vê-los como recortes de um reducionismo esquemático e historicista e abordá-los em sua complexidade. Passar a considerá-los parte de uma globalidade, que inclui nossa natureza humana e suas relações com o mundo natural. Dessa totalidade fez e ainda faz parte o extrativismo colonialista e a deterioração de grandes áreas daí resultante, com a consequente migração/desterritorialização de parte de suas populações.

SUSTENTABILIDADE, EMPRESAS E MERCADOS

Por meio da diversidade, a complexidade dos sistemas vivos permite-lhes identificar as mudanças do ambiente. Na linguagem da complexidade, isso significa que eles têm capacidade de identificar padrões. A grande conectividade entre seus componentes confere-lhes a flexibilidade de que eles precisam para adaptar-se. No sistema empresa, essa conectividade se manifesta pela maior ou menor fluidez das comunicações entre seus setores ou áreas. A rapidez e a amplitude com a qual as informações permeiam a organização facilitam as tomadas de decisão, que são a base para a adaptação,

Para que as conexões se mantenham abertas e atuantes o sistema precisa se auto-organizar, isto é, trabalhar com um mínimo de comandos e controles externos e internos. Um grau acentuado de gestão do tipo comando e controle em uma empresa tende a atrapalhar seus processos de auto-organização e, em consequência, dificultar sua adaptabilidade ao mercado. As interações necessárias à auto-organização não são lineares. Isso significa que pequenas mudanças ou estímulos podem produzir grandes efeitos, ou que grandes mudanças ou estímulos podem levar a pequenos efeitos ou mesmo a efeito algum. A causalidade não linear é incompatível com o modelo comando e controle, do qual se esperam resultados lineares, isto é, efeitos proporcionais às causas. Apesar de todos saberem que na prática isso nem sempre acontece, a ilusão de controle continua.

Nada disso, porém, quer dizer que o comando e o controle devem estar de todo ausentes da gestão. Significa que devem ser moderados e aplicados quando e na medida do necessário. É o que na prática se chama de miniespecificações. A gestão baseada no pensamento complexo propõe a aplicação de miniespecificações, minicomandos e minicontroles: informe às pessoas o resultado esperado, dê-lhes os referenciais básicos e as condições adequadas e elas farão o resto. Se isso não acontecer, você contratou e treinou as pessoas erradas ou não as liderou como deveria.

A necessidade de algum grau de especificações é legítima em sistemas culturais como as empresas, já que nesse tipo de sistema a auto-organização não acontece com a mesma eficácia do mundo natural. Neste não há necessidade de comando e muito menos de controle. Por exemplo, não é preciso determinar as formações de voo nem as rotas seguidas pelos grandes bandos de aves migratórias. O mesmo vale para a formação e movimentação de grandes cardumes. Da mesma forma, não é necessário interferir na auto-organização de um ecossistema.

Em uma empresa as coisas são semelhantes, mas não iguais, e se o excesso de comando e controle é prejudicial a completa ausência deles também o é, pois não se pode esperar que a auto-organização dê conta de tudo. Nenhuma empresa consegue o grau de auto-organização e autorregulação dos sistemas naturais quando livres das intervenções humanas. Daí se conclui que o nível de complexidade alcançado por um sistema como uma empresa é sempre mais baixo do que o dos sistemas naturais, se pensarmos em termos de agilidade e flexibilidade adaptativa. Aqui a sustentabilidade depende do quanto o homem culturalizado pode se tornar naturalizado sem perda do valor econômico que tanto busca: até que ponto devo me preocupar com o ambiente e cuidar dele sem que isso prejudique o meu negócio. Sabemos que essa é a pergunta que no fundo todos fazem. A sustentabilidade tem custos, e seus benefícios exigem um prazo bem maior do que o determinado pelo imediatismo dos mercados.

Desde que não perturbados os sistemas naturais se auto-organizam se.. i nenhum esforço, pois essa condição lhes é inerente. Por outro lado, diminuir o nível de comando e controle em uma empresa implica mudanças de cultura custosas e demoradas. Tudo isso entra em choque com a necessidade de manter baixos os custos e, mais ainda, dançar conforme a música dos mercados. Em termos de sustentabilidade, a relação entre complexidade e entropia é inversa. Os sistemas mais

204   Complexidade e Sustentabilidade • Mariotti

complexos são os que têm mais capacidade de adaptação e, portanto, conseguem desacelerar mais a entropia. Alta complexidade implica baixa entropia. Os sistemas de menor complexidade têm menor capacidade de adaptação e por isso não conseguem desacelerar a entropia na mesma medida. Menos complexidade implica mais entropia. Por exemplo, uma floresta com ampla diversidade de flora e fauna é um sistema de alta complexidade e baixa entropia. Quando ela é devastada e transformada em pastagens ou monoculturas, o resultado é um sistema de baixa complexidade e alta entropia.

Com o passar do tempo, a ausência de diversidade das monoculturas (trigo, soja e cana-de-açúcar, por exemplo) tem transformado, com a "ajuda" de pesticidas e agrotóxicos, imensas áreas de terra em campos imprestáveis, como se observa em muitos países em todos os continentes. Nessa ordem de ideias, manter a diversidade e buscar fontes renováveis de energia significa manter o sistema tão aberto e diversificado quanto possível. Os modos de produção extrativistas fazem o contrário: diminuem a diversidade/complexidade e acentuam a entropia. Em termos de ideias acontece o mesmo. Sistemas fechados e xenofóbicos tendem a acelerar sua entropia. Em termos ideológicos, o chamado "pensamento único", seja de que matiz for, é o equivalente das monoculturas.

Por sua aversão à diversidade, e portanto à complexidade, as monoculturas seja do que for (de ideias, de ações, de espécies vegetais) tendem a linearizar os sistemas naturais com sua lógica excludente. Só trigo, apenas cana-de-açúcar, só café, um único modo de pensar. As monoculturas são a própria essência da insustentabilidade. Construímos ou destruímos o mundo em que vivemos segundo o nosso modo de pensar. A chave para a sustentabilidade é aprender a lidar com este paradoxo: os humanos querem, ao mesmo tempo, viver (Eros) e morrer (as pulsões de morte).

Contada dessa maneira a história parece trágica e sem saída, mas é preciso pensar em termos de horizonte de tempo. Se considerarmos a escala humana, as pulsões de morte triunfam cedo em termos de vidas individuais. Porém, se pensarmos em termos de uma escala maior veremos que os indivíduos morrem e a espécie continua. Para nós, indivíduos, isso não faz muito sentido, a não ser que consideremos que o fato de sermos finitos nos faz valorizar a vida em termos de qualidade e não apenas de quantidade. É nesse sentido que a sustentabilidade encontra a sua melhor justificativa: nessas condições vale a pena desacelerar a entropia. E aqui volta outra questão importante – saber quem se beneficia com os esforços do desenvolvimento sustentável. A resposta ou respostas possíveis nos encaminham para outra questão: o que o homem quer fazer dele próprio e do planeta em que habita. Já vimos que isso depende de como ele se situa em termos da relação sujeito-objeto. Se o homem continuar a se ver como separado da Terra, tudo o que se refere a sustentabilidade, desenvolvimento sustentável e temas correlatos deve ser esquecido, pois não passa de retórica. Se for esse o caso, a entropia aumentará em ritmo crescente e as pulsões de morte vencerão mais cedo do que se imagina. Na hipótese oposta, isto é, se o homem for capaz de mudar de modo de pensar e ver-se como participante não apenas de sua casa, empresa, cidade ou país, mas da totalidade do planeta, os benefícios não serão mais só dele, serão de tudo e de todos. Nessa hipótese, a complexidade do conjunto não diminuirá tão rápido e a entropia não se acelerará tanto.

O argumento de que o ser humano quando em situações-limite luta para sobreviver é válido. Mas a experiência mostra que isso só ocorre em grandes catástrofes, estados de crise que exigem ação imediata. Para isso somos eficazes – mas não o bastante para entender um processo lento e continuado como a progressão da entropia, que desafia nossa natureza local e imediatista. O problema se centra na possibilidade de seres locais, de visão curta em termos de espaço e tempo, conseguirem pensar e agir fora do curto prazo, do espaço limitado e do individualismo. Por exemplo, na opinião de muitos empresários suas indústrias já contribuem de modo efetivo para o desenvolvimento sustentável. Em muitos casos, porém, trata-se de retórica vazia, limitada à repetição de chavões e à apresentação de ações cosméticas a um mercado e a um público que querem ouvir esses discursos e apreciar a superficialidade dessas iniciativas.

Quando uma empresa (há exceções, claro) ou alguém diz "já faço a minha parte", essa frase, mesmo quando sincera, no fundo é um artifício de autoengano. Se quem a pronuncia usa a lógica de tomar a parte pelo todo, a interpretação pode ser a seguinte: "Cada um deve fazer a sua parte. Fiz a minha e isso me dá tranquilidade porque alivia minha culpa. Agora é com os outros." Esse enunciado é típico do raciocínio binário, que tem como certo que o todo é igual à soma de suas partes, o que pode ser verdadeiro no caso dos sistemas mecânicos, aos quais se aplicam a causalidade simples e o determinismo newtoniano. Mas não é verdadeiro no caso dos sistemas complexos, nos quais o nível de incerteza exclui a causalidade simples e não se aplica o raciocínio de que o todo é igual à soma de suas partes. Dessa forma, não é correto supor que pessoas poderosas e eficazes agirão de forma poderosa e eficaz e vice-versa. Um exemplo é o documento *Nosso futuro comum*, lançado pela ONU em 1987, por uma comissão sob a presidência de Gro Brundtland. A proposta dizia que era possível o crescimento sem agressão ao ambiente natural. Era uma ideia otimista, e hoje a própria Brundtland já não é tão entusiasta a esse respeito.

Esse é um de muitos casos em que é necessário diferenciar paradoxo e problema. Por exemplo, quando se trata de promover crescimento econômico sem preocupações com o meio ambiente estamos diante de um problema, que pode ser resolvido pela eliminação de um de seus polos, no caso a preservação ambiental. Mas se o objetivo for promover o crescimento econômico e ao mesmo tempo preservar o ambiente, estamos diante de um paradoxo. Não se pode eliminar um dos polos em prejuízo do outro, pois não se trata de um problema que não pode ser resolvido pelos pensamentos linear e sistêmico, mas de um paradoxo que deve ser entendido pelo pensamento complexo. É aí que começam as dificuldades, pois para lidar com paradoxos de nada vale a caixa de ferramentas da economia neoclássica nem a da gestão ambiental ecossistêmica. Além disso, nessa área ainda não há procedimentos suficientes baseados no pensamento complexo. Esse é um âmbito ainda carente de pesquisas e metodologias adequadas.

A contribuição das tecnologias é operacional, não chega ao ponto de entender a complexidade das políticas e as ações que as implementam. É por isso que o pensamento sistêmico com frequência não é suficiente para pensar o meio ambiente, em especial quando se trata de situações macro como as alterações climáticas. Em qualquer dos casos, porém, devemos estar cientes de que na condição de observadores fazemos sempre parte daquilo que observamos. Não somos externos e isentos, como supomos, o que dificulta a distinção entre problemas e paradoxos. Na verdade, o que encontramos no dia a dia são situações em que os dois fenômenos se mesclam. Por isso a distinção rígida entre eles deve ser vista mais como um auxílio didático do que como um conjunto de "regras claras", tão desejadas mas nem sempre disponíveis no mundo real, em especial nas empresas.

No caso do meio ambiente, o próprio fato de lidarmos com sistemas complexos, dos quais fazemos parte, requer uma atitude principal. Se considerarmos que não somos sujeitos separados dos objetos que observamos, o fato de buscarmos definições é sempre uma redução, que deve logo ser seguida de reampliação, como se faz na técnica do *zoom*.[15]

A postura objetiva é apenas um recurso que ajuda a percepção e o entendimento parcial de situações. Com ele é possível dar um passo atrás e examinar, sempre de modo provisório, uma situação como se estivéssemos fora dela. É um "como se", um "faz de conta" que quando usado com a noção de suas limitações pode ser de alguma utilidade. Mas só isso. No entanto, a "objetividade" é vista no dia a dia das organizações como algo natural, o que tem levado e continuará a levar inúmeros gestores a ver a realidade de modo distorcido.

Observações inadequadas proporcionam resultados inadequados. Até que isso seja compreendido, o preço a pagar pelos erros, avaliações fantasiosas e planos malsucedidos será sempre muito alto, pois continuaremos a ver soluções parciais (pois derivadas de observações e conceitos parciais) como se fossem de grande alcance. Foi o que aconteceu com o desenvolvimento sustentável, ainda hoje em certos casos mais usado como instrumento de marketing do que como um conceito do qual deveriam emergir reflexões e atitudes eficazes. Ao se referir ao desenvolvimento sustentável, Brundtland classificou-o como um conceito político e social, cuja prática deveria modificar as políticas energética e industrial e as regras de transporte, com o objetivo de evitar a poluição.

Essas palavras são pouco realistas. Não é possível mudar tantas coisas e em escala tão ampla sem levar em conta a condição do homem como animal político, como disse Aristóteles – o que implica contrariar interesses econômicos de grande porte. Ademais, para fazer tantas mudanças seria preciso mudar antes o modo de pensar que predomina em nossa cultura. Já falei sobre esse ponto em meus livros anteriores e em muitos artigos e ensaios. O que mais uma vez nos traz de volta ao título e subtítulo deste livro: há uma imensa lacuna entre o que queremos fazer (o que propõem as nossas intenções) e o que de fato podemos fazer (o que é determinado por nossa natureza humana).

AS CONFERÊNCIAS INTERNACIONAIS

Na linha newtoniana de causalidade simples, nossa cultura continua atrelada à ideia segundo a qual grandes iniciativas deveriam proporcionar grandes resultados. De pouco ou nada adiantou a teoria do caos ter mostrado que nos sistemas complexos como o meio ambiente as coisas não são lineares. A conferência Rio 92 é um exemplo. Como resultado dela a única ação efetiva que surgiu foi o protocolo de Kyoto, que deu origem ao mercado dos chamados créditos de carbono. Mas o compromisso de diminuir as emissões de CO_2 e outros poluentes não foi cumprido pelos EUA. A esse respeito tornou-se clássico o comentário de Lovelock: "O acordo de Kyoto foi misteriosamente igual ao de Munique, com os políticos tentando mostrar o que fariam, mas na realidade querendo ganhar tempo."[16]

Em outras conferências, promessas semelhantes não foram cumpridas ou o foram de maneira insuficiente. As reuniões de cúpula, "cimeiras" e equivalentes, nas quais se discutem temas como o ambiente natural e as alterações climáticas, têm em comum o fato de serem rituais nos quais há sempre um certo grau de boa-fé por parte de muitos dos participantes. Mas há também muito oportunismo, busca de vantagens econômicas, pantomimas e jogadas para a plateia por parte de outros, em especial os políticos. Esse foi e continua a ser um dos principais pontos de origem do chamado marketing ecológico.

É evidente que não se trata aqui de adotar uma postura moralista, condenar os oportunistas e exaltar os "sinceros". O que de resto seria uma atitude maniqueísta e inócua, que levaria a infinitas argumentações durante as quais o ponto essencial – a degradação do ambiente – continuaria intocado. Seria tratar o assunto apenas como um conjunto de problemas, quando na verdade ele é um universo de problemas e paradoxos – muito mais estes do que aqueles. A questão pode ser assim colocada: levados por Eros, os humanos querem viver – daí o empenho de evitar agredir a natureza. Mas impulsionados pelas pulsões de morte os humanos também querem morrer – daí as inumeráveis ações contra si mesmos e o ambiente natural. E a transformação das "cimeiras" sobre o meio ambiente em pantomimas, e o uso das boas intenções de muitos como material de marketing ecológico, oportunidades de negócio e bandeiras políticas oportunistas.

Aprender a distinguir problemas de paradoxos e aplicar a cada caso a maneira adequada de pensar e agir é o que deveria ser feito. É o que muitas pessoas querem, mas nem sempre podem fazer. Se e quando for possível criar em nossa cultura um modo de pensar que facilite esse empreendimento, a situação pode mudar. Esse é o desafio da complexidade e da sustentabilidade. Por mais que mudem os termos e conceitos, o conteúdo permanecerá. Não fosse isso bastante, trata-se de iniciativas de longo prazo, o que introduz no cenário uma dificuldade a mais, pois, como já sabemos, nosso apego ao local e ao imediato não nos deixa sequer percebê-la. Por outro lado, nossa memória seletiva (só nos lembramos do que nos convém) não permite que aprendamos tudo o que deveríamos com experiências anteriores.

Ademais, o histórico da participação da maioria dos políticos nesses eventos internacionais não nos permite grandes otimismos. A prática evidencia como é difícil para um político pensar fora do modo binário: contra-a-favor, situação-oposição, ganhar-perder e assim por diante. Por outro lado, esse modo de supersimplificar as coisas soa como música aos ouvidos dos eleitores e da população em geral. É o que se costuma chamar de "falar a linguagem do povo para ser bem entendido".

A julgar por experiências como o já mencionado protocolo de Kyoto, não é fácil ver a presença de líderes políticos nas conferências sobre o meio ambiente como um fator positivo. Como se sabe, esse protocolo gerou o mercado de compra a venda de certificados, créditos de carbono e todos os seus desdobramentos. Vendem-se direitos de poluir – e aqui é clara a analogia com a venda de indulgências pelo Vaticano em épocas passadas. Tanto se falou em créditos de carbono que muitas pessoas ficaram com a impressão de que eles são mais importantes e eficazes do que na verdade são.

O mecanismo é clássico: apresenta-se um problema e logo em seguida a solução. A apresentação insistente de males, reais ou não, cria oportunidades para que quem a faz apareça como figura salvadora. Isso por sua vez justifica as iniquidades cometidas em busca da salvação. Foi o que se fez no governo George W. Bush para "vender" a invasão do Iraque à opinião pública. Palavras e expressões foram repetidas *ad nauseam* na televisão pelo presidente dos EUA e seus auxiliares mais influentes: *freedom* (liberdade) e *weapons of mass destruction* (armas de destruição em massa) estavam entre as principais. A mensagem era: liberdade é livrar-se das armas de destruição em massa (que afinal não existiam) acumuladas por Saddam – o que justificaria a guerra e, portanto, o cerceamento dessa mesma liberdade para milhões de pessoas. Todos sabem que, quando algo é repetido pelos porta-vozes dos discursos dominantes, o objetivo implícito é esvaziá-lo de seus possíveis significados e usá-lo como instrumento de dominação. Foi assim que o conceito de liberdade acabou por se transformar em instrumento de sua supressão.

O esvaziamento dos significados de uma palavra ou conceito também pode ser feito por meio de sua universalização: trata-se, por exemplo, de convencer as pessoas de que "liberdade" significa aquilo que quem tem o poder deseja que signifique – como no já mencionado diálogo de Alice com Humpty Dumpty. Foi dessa maneira que o significado das palavras "filosofia" e "teoria" foi distorcido pelo discurso dominante do "mercado" e passou a ser pejorativo, sinônimo de atividades que não geram resultados imediatos, em especial financeiros, e assim não se deveria perder tempo com elas.

As declarações oriundas das conferências internacionais sobre meio ambiente, sustentabilidade e assuntos correlatos quase com frequência se referem a inten-

Terra, Água e Ar I. A Complexidade da Sustentabilidade 209

ções sobre o que se pretende fazer, mas quase nunca ao que pode ser feito. São variantes do paradoxo de Abilene, enunciado por Jerry Harvey, professor da George Washington University.[17] O paradoxo consiste no seguinte: mesmo em contrário à sua vontade ou crenças, um indivíduo faz uma escolha em relação a uma atividade de grupo certo de que os demais agirão da mesma forma. É uma forma de evitar a censura do grupo. Como reação, os demais membros fazem a mesma escolha.

Eis a história como contada por Harvey. Na cidade de Coleman, no Texas, uma família descansa na varanda de casa quando o sogro sugere um passeio à vizinha Abilene para lá jantarem. A esposa diz que é uma boa ideia. Apesar de reticente quanto ao calor e à distância, o marido concorda para não contrariar o que imagina ser o desejo do grupo. E vão. A viagem é tediosa, desconfortável e todos voltam para casa cansados e aborrecidos. Mesmo assim o genro tenta colocar panos quentes e observa que foi um bom passeio. Mas a sogra agora diz que na verdade preferiria não ter ido e só o fez para não contrariar o que julgou ser o entusiasmo geral. O marido age da mesma forma e acrescenta que só concordou em ir para agradar à família.

Uma variante desse paradoxo ocorre em muitas outras situações, inclusive nas conferências de que agora falamos. Muitos dos participantes, sobretudo políticos e diplomatas, têm dúvidas sobre se seus governos estão mesmo dispostos a investir em desenvolvimento sustentável, mas declaram-se favoráveis e até entusiastas. Com as exceções de praxe, os demais participantes fazem o mesmo, e assim todos pensam de uma forma mas falam de outra. A reunião é um sucesso em termos de retórica, mas um fracasso em termos de ações práticas. Mesmo assim, movidos por interesses diversos, um certo número de pessoas insiste em minimizar esse fato, mesmo diante de evidências incontestáveis.

Nessas conferências, como em muitas outras semelhantes, as declarações ditas oficiais quase sempre se referem a reuniões feitas para marcar mais reuniões e assim as soluções possíveis são sempre adiadas. Na prática, trata-se de manifestações coletivas de autoengano. Em essência, repetem-se os mesmos jogos de cena e as mesmas declarações, num quadro semelhante à compulsão à repetição descrita por Freud no ensaio "Além do princípio do prazer".

A Rio + 20, Conferência da ONU sobre Desenvolvimento Sustentável, que ocorreu de 12 a 22 de junho de 2012, é um exemplo entre vários outros. Com as honrosas e habituais exceções de sempre, o evento foi permeado pelo chamado "marketing ecológico", parte de uma pantomima mais ampla, o "capitalismo verde". Maurice Strong, ex-secretário geral da Eco 92, uma das mais notórias antecessoras da Rio + 20, assim se pronunciou logo no início: "A situação é muito diferente de 1992 e bem menos favorável à tomada de decisões. Há menos apoio político para as questões do meio ambiente e desenvolvimento do que há vinte anos. [...] Ao mesmo tempo, a necessidade de tomar decisões é muito mais urgente do que há vinte anos, pois os indicadores de que vivemos uma crise ambiental estão mais claros hoje."

210   Complexidade e Sustentabilidade • Mariotti

Decepcionados com o fracasso da conferência Rio + 20, vários dos participantes declararam que ela ao menos serviu para a conscientização sobre o ambiente. São pessoas talvez bem-intencionadas, talvez sinceras, mas desconhecedoras de que conscientizar-se de um problema requer apreciá-lo com um modo de pensar diferente do que o criou. Se o modo for o mesmo ou muito semelhante as ideias serão as mesmas e, em consequência, as providências de resolução adotadas no máximo acabarão por criar variantes do mesmo problema. É espantoso constatar que pessoas em geral inteligentes e bem-sucedidas não percebem esse fato tão banal, tão rudimentar. Talvez sua inteligência não seja suficiente para essa percepção. Ou talvez seja, mas as conscientizações podem ser desafiadoras demais e as pessoas podem preferir negá-las. Além de tudo isso, um fato importante tem passado despercebido: o modelo de economia que se tem nessas conferências é o neoclássico, que, como se sabe, vê o processo econômico como um fenômeno separado do mundo natural. Os ministérios da economia de quase os países, o FMI, o Banco Mundial e instituições congêneres pensam segundo o mesmo modelo. Não é de admirar, portanto, que o tempo passe e nada se modifique.

Mudanças significativas de modo de pensar – se e quando vierem a ocorrer – não serão conseguidas por meio de exortações, palavras de ordem e *slogans* baseados em bons propósitos. Se acontecerem, serão devidas a um imperativo de sobrevivência – na suposição de que este seja forte o bastante para superar as pulsões de morte. Ademais, se e quando tudo isso ocorrer, será ao custo de muitos milhões de vidas humanas e de boa parte da biosfera. Sejam quais forem os resultados alcançados, eles serão o resultado da atuação de duas forças que, como tem mostrado a história, têm sido as únicas capazes de mobilizar os humanos: os interesses econômicos e a violência. São duas linguagens brutais, que não têm mudado ao longo dos séculos.

Pagar por atitudes de defesa do ambiente, antes que se torne necessário recorrer à violência para impô-las, tem sido uma estratégia usada nos últimos tempos. Na China, por exemplo, recuperou-se uma grande área reduzida à condição de quase deserto ao pagar aos agricultores para reduzir a pecuária predatória e preservar as fontes naturais de água. É o chamado "crescimento verde" – mais uma tentativa de conter a destrutividade humana instrumentalizada pelo crescimento econômico.[18] O mesmo artigo citado menciona que nos EUA, no Estado de Ohio, o rio Cuyachoga tornou-se tão poluído que se incendiou em 1969. Esse fato levou à criação da Agência de Proteção ao Ambiente nesse país.

No mesmo texto está a afirmativa do ex-ministro do meio ambiente da Costa Rica, Carlos Manuel Rodriguez, para quem os políticos latino-americanos podem ter mau desempenho nas áreas de saúde, educação e meio ambiente. Isso não os desmerece diante dos eleitores, desde que prometam empregos e crescimento econômico, caso em que quase sempre são reeleitos. Portanto, o dinheiro vem antes de uma vida digna – mas, como mostra a experiência, em geral não é suficiente para comprá-la. Educação, saúde e meio ambiente são elementos secundários nesse jogo, cuja regra principal é não deixar para amanhã o que se pode ganhar hoje, mesmo ao custo da doença, da ignorância e da criação de um ambiente insalubre e hostil à vida.

Quando perdem a credibilidade as pessoas se tornam previsíveis e o mesmo acontece com as instituições. A seguir, alguns pontos presentes e ausentes da declaração final da conferência Rio + 20: (1) censura à expressão "direitos reprodutivos" (por interferência do Vaticano); (2) não se falou sobre governança global; (3) não se falou em comprometimento dos países ricos com a sustentabilidade; (4) não se falou sobre biodiversidade marinha; (5) não se falou sobre o Código Florestal brasileiro; (6) a sugestão, feita pelos países emergentes, da criação de um fundo mundial para a sustentabilidade foi rejeitada pelos países ricos.

Em suma: em meio a muita retórica diplomática e à falta de propostas realistas e claras, não se tratou da complexidade humana e ambiental e da necessidade de entendê-la e preservá-la. A ausência dos governantes das três maiores potências globais (EUA, China e Alemanha) foi um recado claro para quem esperava que a conferência fosse levada a sério. Vejamos por quê: (1) nos EUA, o carvão ainda é uma fonte de energia importante do ponto de vista econômico; (2) na China ele também é responsável mais de 70% do fornecimento de energia. Só na Alemanha é que a maior parte da energia vem da biomassa e da energia eólica.[19]

Nessas conferências internacionais, têm sido produzidas declarações que denotam preocupação e intenções (caracterizadas como compromissos) de reduzir a pobreza extrema no mundo, as quais têm incluído metas e prazos. Mas o problema persiste. Na melhor das hipóteses, tais declarações têm sido vistas com ceticismo, quando não com total indiferença, pelos cidadãos ditos comuns. Há sempre controvérsias, dúvidas e intermináveis discussões sobre população, planejamento familiar, consumo material e, por último mas não menos importante, o aquecimento global – tema favorito dos incansáveis "ambientalistas céticos" que, armados com gráficos, estatísticas e modelos computacionais, tentam a todo custo matematizar o não matematizável: a incerteza e complexidade das questões humanas e seu ambiente natural.

Alguns temas, como nota o relatório da Royal Society visto há pouco, são julgados "controversos demais" (*sic*) para serem discutidos nas conferências internacionais sobre meio ambiente, sustentabilidade e temas correlatos. O PNUMA (Programa das Nações Unidas para o Meio Ambiente), criado em 1972, na primeira Conferência da ONU sobre o meio ambiente, em Estocolmo não tem sido levado a sério. Ao que parece, faz parte dos eventos em que se produzem "intenções retóricas", que rendem notícias na mídia e discursos edificantes, mas na verdade são presa fácil dos argumentos de pessoas formatadas pela mentalidade *bottom line* e *next quarter*.

Em 2000, o *Millenium Summit* produziu as Metas de Desenvolvimento do Milênio, o que pode parecer estranho, mas também pode ser revelador da consciência de que a fixação de metas seja do que for pouco nada ajuda, dada a dificuldade de antes mensurar as condições iniciais, como a teoria do caos já tornou evidente e a prática confirmou. Dessa forma, como observa o citado relatório da Royal Society, "as projeções demográficas não são previsões e a demografia não é o destino", pois há evidências históricas de que o crescimento populacional pode desacelerar mesmo na ausência de medidas coercitivas.

Em outras palavras, a dinâmica populacional pode se auto-organizar. Há também uma conhecida relação triangular entre aumento populacional, desigualdade social e violência, tanto no campo quanto nas cidades. Do mesmo modo, há uma relação entre o aumento do consumo – e do consequente bem-estar de um número maior de pessoas – e a pressão extrativista sobre o meio ambiente. Isso mostra que o problema central do desenvolvimento sustentável é consumo, não por acaso ligado às mais profundas dimensões da natureza humana.

NOTAS

[1] LOVELOCK, James. *The revenge of Gaia*: why the Earth is fighting back – and how we can still save humanity. Londres: Penguin, 2007, pos. 230.

[2] O imperativo categórico foi apresentado por Kant em sua obra *A metafísica da moral*, de 1797. Eis o seu enunciado: "Existe só um imperativo categórico, que é este: aja apenas segundo a máxima que você gostaria de ver transformada em lei universal." Em outros termos, devemos agir sempre com base nos princípios que desejaríamos ver aplicados de modo universal.

[3] LEWIS, Clive S. *The abolition of man*. Harper Collins E-books, 2009, p. 53-81.

[4] MARIOTTI, Humberto. *Pensando diferente*: para lidar com a complexidade, a incerteza e a ilusão. São Paulo: Atlas, 2010, p. 238-240.

[5] LOVELOCK, *The revenge of Gaia*, op. cit.

[6] GRAY, John. *The revenge of Gaia*. Disponível em: <www.independent.co.uk>. Acesso em: 26 Jan. 2006.

[7] BORGES, Jorge Luís. Tlön, Uqbar, Orbis Tertius. In: BORGES, Jorge Luís. *O Jardim das veredas que se bifurcam*. São Paulo: Globo, 1999, p. 475. (Obras Completas, vol. I.)

[8] ARENDT, Hannah. *Eichmann em Jerusalém*: um relato sobre a banalidade do mal. São Paulo: Companhia das Letras, 1999.

[9] THE ROYAL SOCIETY. *People and the planet*. The Royal Society Policy Centre Report 01/12, Apr. 2012.

[10] GUTERRES, António. Entrevista. *Carta Capital*, 27 jun. 2012.

[11] BEATING A RETREAT: Artic sea ice is melting far faster than climate models predict. Why? *The Economist*, 24 Sept. 2011.

[12] GOODNESS HAS NOTHING TO DO WITH IT: utilitarians are not nice people. *The Economist*, 24 Sept. 2011.

[13] ARENDT, Hannah. *Origens do totalitarismo*. São Paulo: Companhia das Letras, 1998, p. 510-511.

[14] DUPAS, Gilberto. *O mito do progresso*: ou progresso como ideologia. São Paulo: Editora UNESP, 2006, p. 242-243.

[15] MARIOTTI, Humberto. Between the focus and the periphery: the zoom technique. *BSP Journal*, 3 (1): Mar. 2011. Disponível em: <www.revistabsp.com.br>.

[16] LOVELOCK, *The revenge of Gaia*, op. cit., pos. 355.

[17] HARVEY, Jerry B. The Abilene paradox: the management of agreement. *Organizational Dynamics*, Summer 1988, p. 17-43.

[18] ACABOU A FARRA. *Carta Capital*, 27 jun. 2012.

[19] DELFIM NETO, Antonio. Crescer, incluir e esperar. *Carta Capital*, 27 jun. 2012.

9

Terra, Água e Ar II.
O Tecido do Mundo

"Se você for preso na inextricável rede da infelicidade não será
por um golpe brusco e secreto, mas por sua própria estupidez."

(ÉSQUILO)

O PENSAMENTO COMPLEXO COMO FILOSOFIA DA DIFERENÇA

Esta apresentação do pensamento de Gilles Deleuze e suas convergências com a teoria da complexidade e a sustentabilidade inclui sua parceria autoral com Félix Guattari em três obras principais: *O anti-Édipo*, *Mil platôs* e *O que é a filosofia?*, que estão citadas na Bibliografia. *Mil platôs* é o segundo volume de *Capitalismo e esquizofrenia*. O primeiro é *O anti-Édipo*.

De saída, pode-se dizer que a filosofia de Deleuze é uma busca de novos modos de pensar. É uma filosofia do novo, da diferença. Para ele, o objetivo da filosofia é a criação de conceitos. Foi o que fez ao longo de seus escritos, em especial os acima citados. Deleuze propõe uma fundamentação ontológica cuja base é a multiplicidade, a heterogeneidade e a emergência do novo. Desde cedo foi influenciado pelo pensamento de Espinosa, e por isso acredita que os conceitos estão sempre interligados e formam um todo. Daí a afirmativa de Claire Colebrook, estudiosa de sua obra, para quem compreender um dos conceitos deleuzianos equivale a entender os demais. Portanto, a orientação-chave é estabelecer conexões, para que daí venham à tona novos modos de pensar e novas ideias. A noção do surgimento de propriedades novas – as emergências – é tão central ao pensamento deleuziano quanto à teoria da complexidade.

Deleuze não vê o ato de pensar como uma forma de interpretar o mundo e a vida, e com isso estabelecer julgamentos sobre eles. A seu ver, pensar faz parte do fluxo da própria vida e é uma forma de superar a separação sujeito-objeto. Essa visão dinâmica e inclusiva faz dele um filósofo da imanência. Com efeito, Deleuze tem sido visto por muitos como um pensador prático. É evidente que não se trata aqui de prática como definida pelo pensamento instrumental, mecanicista e de causalidade simples, mas sim vista como meio de construção de mundo.

A noção de causalidade complexa de Deleuze e Guattari pode ser assim expressa: vida é desejo, e este é um fluxo de forças múltiplas que produzem relacionamentos ou, para usar uma expressão de Espinosa, geram encontros. É um processo que comporta muitos vetores e seus entrecruzamentos, e por isso não é possível pensá-lo em termos de uma corrente unidirecional. Ao contrário, tudo está tecido junto. Em Deleuze e Guattari a expressão "desejo" não significa desejo por alguma coisa, pessoa ou sensação, como em geral se imagina quando se pensa em termos de separação sujeito-objeto. Para eles o desejo não precisa ter objeto, porque é o entrecruzamento dos fluxos complexos que caracterizam a vida. É algo semelhante à distinção entre ansiedade e angústia no pensamento existencial. A ansiedade tem objeto: estou ansioso devido a isso ou àquilo. A angústia não o tem, não é causada por nada em especial. É inerente ao ser.

Cabe mencionar aqui um trecho de Colebrook sobre Deleuze: "Uma teoria ou filosofia que só nos dá um quadro exato do mundo poderia se apresentar como um suplemento para a vida; mas uma filosofia que desafie a forma e a estrutura de nosso pensamento seria um acontecimento da vida."[1] Esse trecho mostra com clareza por que não se pode tentar entender a complexidade da sustentabilidade por meio de modos simplistas de pensar. Na opinião de Deleuze, autores como Marx, Nietzsche, Espinosa e Freud (e talvez Schopenhauer e Foucault mereçam um lugar nessa lista) contribuíram para o pensamento prático, pois adotaram, cada um a seu modo e com graus diferentes de clareza, o modo de pensar não representacionista. Este se afasta da pretensão de representar o mundo tal como é, e busca construí-lo por meio de suas interações com ele e assim tentar mudar o curso dos acontecimentos.[2]

Colebrook também sublinha que o ponto central do pensamento de Deleuze é seu empenho em destacar que nossa relação com o mundo é dinâmica e produtora de diferença, não só porque nossas ideias sobre o mundo mudam de modo incessante mas porque ele também muda da mesma maneira. Criamos o mundo por meio de nossas ações práticas, sociais e políticas. Dessa maneira, não é possível imaginar a existência de conceitos e valores imutáveis e atemporais.

Deleuze seguiu por essa trilha. Para ele, o objetivo da filosofia não era produzir teorias "corretas" sobre a vida, mas transformar nosso modo de pensá-la. É outra maneira de dizer que mudar o modo de pensar muda o modo de falar, que muda o modo de agir, que muda os resultados obtidos. Nesse sentido, Colebrook assinala que a força do pensamento deleuziano está em mostrar que muito de nossa insistência em adotar conceitos e considerá-los "definitivos" se deve a que os acolhemos sem pensar, por estarmos entorpecidos pela inércia do senso comum. Por isso Deleuze desenvolveu o conceito de ciências nômades, que têm as seguintes características: (1) falam mais de fluxos do que de estruturas sólidas; (2) falam mais em futuro e heterogeneidade do que no passado e em estabilidade; (3) falam de espaços abertos, nos quais não raro há turbulências e, por fim, são um modo investigativo, questionador e não apenas propositor de teoremas. Essas características também descrevem as ciências da complexidade e o pensamento complexo.

Deleuze se opõe ao conceito freudiano de pulsões de morte. Em uma aula em Vincennes, em 27 de maio de 1980, ele afirmou, com Espinosa, que a morte só pode vir do exterior e não pode ser pensada como um processo: "Quando ouço a ideia de que a morte pode ser um processo, é todo o meu coração, todos os meus afetos que sangram." Com essa posição, Deleuze se junta aos que questionam o conceito defendido por Freud, entre os quais estão não poucos psicanalistas. Trago-a para este livro para que o leitor possa conhecer ambos os lados. Meu objetivo, já declarado antes, é colocar lado a lado as ideias de dois pensadores a quem respeito e pelos quais meu próprio pensamento tem sido influenciado.

Tudo isso considerado, talvez o suicídio de Deleuze em 1995 não deva ser apresentado como um reforço do conceito de pulsões de morte. O filósofo pôs fim à sua vida porque sofria de grave insuficiência respiratória, que o levou a uma situação intolerável em termos de sofrimento. Por outro lado, pode-se argumentar que ele não desconhecia as consequências do uso continuado do tabaco, embora a posição da medicina e da sociedade de sua época contra o fumo, em especial na França, ainda não fosse tão clara como hoje. Para citar outra pessoa de minha admiração, também se suicidou, em 24 de novembro de 2001, o cientista americano Francis Daniels Moore, da universidade Harvard. Aos 88 anos, sofria de grave insuficiência cardíaca. Nem ele nem Deleuze eram pessimistas ou catastrofistas, bem ao contrário. Como diz Dosse sobre Deleuze, "a pulsão de morte lhe causava horror fisicamente, e tudo nele resistia a ela para fazer triunfarem as forças da vida e da criatividade".[3] Ainda assim, ambos escolheram esse caminho para abreviar seus sofrimentos.

MIL PLATÔS

O livro *Mil platôs*, de Deleuze e Guattari, tem sido considerado uma das obras mais importantes da história recente da filosofia francesa. Para os propósitos deste meu texto interessam vários dos conceitos nele expostos, em especial agenciamento, rizoma e territorialização/desterritorialização/reterritorialização. São noções importantes para o entendimento da teoria da complexidade e suas aplicações à sustentabilidade e ao desenvolvimento sustentável.

Quando se tenta relacionar o trabalho das diversas escolas de complexidade com a sustentabilidade, percebe-se que nenhuma é de todo omissa. Por outro lado, nota-se que nenhuma tem o potencial que os trabalhos de Deleuze e Guattari oferecem para o estudo e o entendimento da sustentabilidade. Embora esse potencial ainda não seja reconhecido como deveria, não se trata de nenhuma novidade. Mas ainda será necessário muito trabalho para que nos beneficiemos de tudo o que ele pode proporcionar. Na mesma linha de ideias, Deleuze e Guattari são pouco mencionados em relação à complexidade e à sustentabilidade. Os próprios estudiosos de sua obra pouco falam sobre esse aspecto. Ainda assim, sustento que das escolas de complexidade existentes nenhuma tem tanto potencial heurístico em relação à sustentabilidade e o desenvolvimento sustentável.

Mil platôs contém importantes observações e sugestões de aplicação da teoria da complexidade. Não é um texto fácil, longe disso, mas uma vez transposta sua densidade o esforço do leitor é bem recompensado. Já vimos que nessa obra Deleuze e Guattari apresentam a geofilosofia. Trata-se de uma filosofia da imanência, cujas implicações em relação à ecologia e à sustentabilidade não têm sido apreciadas como deveriam na literatura pertinente. A complexidade e a sustentabilidade precisam ser pensadas em termos de imanência, pois essa condição de pertença conscientiza os humanos de sua responsabilidade pelas ações predatórias sobre a natureza. Também torna claro que eles devem fazer algo a respeito, dada a inutilidade de esperar por intervenções transcendentais. O apego excessivo a ideias transcendentais acaba por gerar pseudocertezas, crenças reducionistas que se opõem à complexidade do mundo real. Eis por que uma leitura realista do tema sustentabilidade tem muito a ganhar se feita nos termos da teoria da complexidade, em especial quando enriquecida com as contribuições de Deleuze e Guattari.

Segundo a filósofa Manola Antonioli,[4] *Mil platôs* é uma espécie de caixa de ferramentas ainda muito pouco utilizada, que contém aspectos éticos e políticos importantes. Se é certo que, segundo John Gray, em nossa sociedade a defasagem da ética e da política é grande em relação ao conhecimento e à tecnologia, é também lícito concluir que *Mil platôs* tem muito a contribuir para a diminuição dessa lacuna. É claro que Antonioli não se refere a ferramentas no sentido mecanicista da palavra. A mente mecânica/instrumental só vê o mundo em seus próprios termos – um mundo do qual o ser humano deixou de fazer parte a não ser como uma máquina entre muitas outras. Ela oscila entre dois referenciais: as máquinas e os números que "medem" seu desempenho. O objetivo é garantir que a visão utilitarista seja mantida, e a principal razão disso é bem conhecida: ela precisa ser conservada a todo custo porque é produtora de repetição. Esta última, por sua vez, funciona como uma "vacina" contra a diferença, o novo, tudo o que é criativo. A repetição é uma poderosa indutora de conformismo – e é difícil imaginar um mecanismo autodestrutivo mais eficaz.

François Dosse sustenta que Deleuze e Guattari não pretenderam inaugurar uma ciência, mas sim mostrar uma "inflexão do olhar". Coisa semelhante acontece com o pensamento complexo que, apesar de ser um modo de aplicação das ciências da complexidade, é antes de mais nada uma atitude. Essa postura é difícil entender pela mente mecânica, segundo a qual estamos no mundo para usar ferramentas e obter "resultados concretos". Uma de suas versões atuais é ainda mais redutora: sustenta que em essência a função das empresas é gerar valor para seus acionistas. Mas há um detalhe sempre esquecido: para que seja possível fazer coisas por meio de ferramentas (inventadas por nós mesmos), é preciso antes existir. O esquecimento dessa verdade nos faz igualar o ser ao fazer, e com isso nos autorreduzimos ao utilitário e ao ferramental. Eis por que o pensamento complexo é antes de mais nada um modo de ser – uma atitude. Diferentes modos de ser levam a diferentes modos de pensar, daí a diferentes modos de fazer e, claro, a resultados diferentes.

Mas é preciso não polarizar e imaginar que o ser antecede o fazer de modo sequencial, como o número dois vem depois do um. Na prática o ser e o fazer estão sempre juntos. Um inclui o outro, e é por isso que tentar separá-los e privilegiar um deles é subvalorizar ambos. Minha experiência de psicoterapeuta me deu muitas oportunidades de testemunhar a incrível padronização do pensamento de muitas pessoas e todo o mal que isso lhes faz. Por exemplo, com algumas variações de ordem cultural, trabalhar em uma empresa é trabalhar na maioria delas. Muitos pensam que questionar essa padronização – que se estende à vida fora do ambiente de trabalho – equivale a questionar o universo das organizações, ser visto como um rebelde e, portanto, correr o risco de perder o emprego. O poder unilateralizador do pensamento instrumental/utilitarista é uma manifestação de submissão e conformismo e tende a voltar-se contra as pessoas que o adotam.

Outra influência de Deleuze são os filósofos estoicos, para o quais é na realidade imanente que os humanos devem buscar o que é importante. Para ele e Guattari, o mundo comporta um imenso conjunto de singularidades conectadas por meio de instâncias e fenômenos agenciadores/mediadores. Na metáfora deleuziana, essas conexões são frouxas como as pedras de um muro rústico não cimentado.[5] As pedras e as conexões entre elas são um recurso útil para a compreensão dos sistemas complexos adaptativos. As ligações não rígidas permitem que os elementos, ao mesmo tempo em que fazem parte da totalidade, mantenham suas individualidades.

Em *Mil platôs*, Deleuze e Guattari às vezes parecem propor enigmas, armadilhas e surpresas para o leitor. É como se a cada página, ou mesmo a cada parágrafo, surjam obstáculos. Esse modo de escrever é algumas vezes desafiador, mas também pode ser gratificante. No fim, fica-se com a impressão de que apesar de todas as dificuldades valeu a pena. Não é por outra razão que um livro como *Mil platôs*, por muitos considerado ilegível, continua a fazer parte da lista das obras mais importantes da filosofia francesa.

Em termos de dificuldade de leitura, a comparação de *Mil platôs* e outros livros de Deleuze com os escritos de Heidegger – *Ser e tempo*, por exemplo – é inevitável. São obras herméticas e difíceis, mas que ainda assim têm muito a dizer e por isso é proveitoso lê-las. Mas é preciso diferenciá-las de outros textos que só são herméticos porque não têm nada a dizer e desse modo disfarçam suas limitações. *Mil platôs* inclui um método, uma terminologia e um conjunto de conceitos. Nenhum estudioso da teoria da complexidade e suas aplicações deve deixar de lê-lo. É particularmente importante que o livro seja conhecido pelos interessados em ecologia, sustentabilidade e desenvolvimento sustentável.

Mil platôs faz parte do rol dos textos em que a ecologia e a sustentabilidade estão "em casa", por assim dizer. O reconhecimento de que ele inclui uma visão de mundo ecológica já é fato, mas ainda é necessário que se reconheça de um modo mais amplo que esse livro contém uma abordagem muito interessante à teoria da complexidade. A seguir, veremos alguns conceitos de Deleuze e Guattari que são importantes para o entendimento da sustentabilidade e do desenvolvimento sustentável.

AGENCIAMENTO

A definição de agenciamento se aplica a toda rede que produz propriedades emergentes, dada a sua capacidade de reunir materiais e forças heterogêneas e entrelaçá-los. As conexões definem os sistemas complexos, não o contrário. Um rizoma, por exemplo, é em si um agenciamento. Para Deleuze a vida é um processo de conexão e interação. Quando perguntado sobre o conceito de *Mil platôs* que considerava mais importante, ele respondeu que era o agenciamento, que substituiu a ideia de "máquinas desejantes" apresentado em *O anti-Édipo*. Agenciamento implica conectar, inter-relacionar todas as conexões e elementos no âmbito humano e não humano, por mais que eles pareçam heterogêneos. Essa palavra é o equivalente em português à expressão francesa *agencement* e corresponde, em inglês, a *assemblage*.

Para Deleuze e Guattari agenciamento também significa conexões entre conceitos – os arranjos entre eles ou, de maneira mais ampla, conexões entre coisas ou partes delas. Desses entrelaçamentos vêm à tona sentidos que não estavam explícitos nos elementos isolados. Os agenciamentos potencializam as propriedades dos elementos inter-relacionados e fazem surgir um grande número de "efeitos" ou "resultados", que podem ser estéticos, produtivos ou destrutivos. Nos termos de Deleuze e Guattari, toda organização é uma rede de agenciamentos. Na linguagem da complexidade, todo conjunto de agenciamentos é um sistema complexo adaptativo.

A noção de "roubo de ideias", de Deleuze e Guattari, e sua transposição entre disciplinas que aparentemente não têm nada em comum entre si corresponde também a agenciamentos, que facilitam os fluxos e mantêm a permeabilidade das conexões. Isso significa facilitar negociações, aplainar caminhos. No tecido cerebral e no restante do sistema nervoso essa função é exercida pelos neurotransmissores, substâncias que permeiam as conexões entre os neurônios. A frase "tudo está interconectado" é em si mesma uma definição de agenciamento. O conceito de *binding pattern* (padrão que liga), de Gregory Bateson – autor com o qual Deleuze e Guattari eram familiarizados –, é igualmente agenciador. A ideia de "religação dos saberes" (comunicação e/ou permeação entre disciplinas que haviam sido separadas), de Edgar Morin, segue a mesma trilha.

A ideia de agenciamento deveria fazer parte de todas as iniciativas de desenvolvimento sustentável. Refiro-me às empresas, aos mercados, às consultorias de gestão de ambiental e assim por diante. Porém, como mostra a experiência, isso só ocorre em uma minoria delas: faz falta a ideia de conexão vista como algo prático e operacional. A experiência tem mostrado que as diferentes ações de sustentabilidade não estão conectadas como seria desejável. Fala-se nas relações das empresas com o ambiente natural sem abandonar a ideia de separação sujeito-objeto, o que é uma contradição em termos. Por isso expressões como "cuidar da natureza", "preocupar-se com a natureza", "preservar a natureza", ou similares, em geral são apenas instrumentos retóricos e de marketing de "construção de imagem". Usada dessa forma, a expressão "cuidar da natureza" significa o mesmo que cuidar de um automóvel para que ele tenha um bom preço de revenda no momento de descartá-lo.

Em nossa cultura, a maioria das pessoas não é capaz de ver o ambiente natural como a *physis* de que falam Deleuze e Guattari em *Mil platôs*: a totalidade da vida e do mundo, a incomensurável rede de complexidade da qual tudo e todos são componentes. O que falta à maioria das iniciativas de sustentabilidade é a ideia de conexão, de agenciamento e, principalmente, pertença. Quando não existem ou são raros os conceitos de ligação (conceitos agenciadores), os discursos ecológicos e de sustentabilidade soam artificiais e deslocados, o que tem facilitado a sua transformação em chavões e modismos vazios. Basta verificar os resultados das sucessivas conferências internacionais sobre meio ambiente e sustentabilidade.

TERRITORIALIZAÇÃO, DESTERRITORIALIZAÇÃO E RETERRITORIALIZAÇÃO

Costuma-se dizer que, mesmo antes do início do terceiro milênio, das três grandes metanarrativas da chamada modernidade – a teoria da evolução de Darwin, o marxismo e a psicanálise –, só a primeira se mantém consistente. Nessa linha de raciocínio, o marxismo e a psicanálise ortodoxos estariam em decadência. Essa afirmação costuma causar polêmicas. Sem pretender entrar no *core* da questão, é possível fazer algumas considerações sobre o provável porquê de tudo isso.

Sabe-se que tanto o marxismo quanto a psicanálise ortodoxos são deterministas. São narrativas lineares, com começo, meio e fim. O marxismo propõe uma progressão que começa com a luta de classes e termina com o comunismo utópico. Na psicanálise, as fases do desenvolvimento da sexualidade são bem conhecidas. Trata-se de narrativas universalistas. O complexo de Édipo, por exemplo, foi apresentado como válido para qualquer local, época, cultura e período histórico. Da mesma forma, a sequência que terminaria no comunismo utópico foi por muito tempo considerada inelutável. A tal ponto que ainda hoje há quem espere a revolução do proletariado – um sebastianismo que nem as mais claras evidências em contrário conseguiram apagar por completo.

O desgaste dessas metanarrativas ocorreu à medida que se percebeu que a experiência cotidiana e os fatos históricos não as confirmavam, ao menos não tanto quanto se esperava. É interessante notar que o ambiente natural, com todas as suas complexidades, incertezas e aleatoriedades, não foi levado em conta como deveria, tanto no marxismo quanto na psicanálise (menos nesta do que naquele). Esse fato fez da teoria de Darwin uma visão de mundo realista e cada vez mais atual. Em nenhum momento ela deixou de considerar que a evolução das espécies e a seleção natural não são sequências lineares, deterministas e previsíveis. Ao contrário, o processo evolucionário de Darwin é sempre permeado pela incerteza e pela aleatoriedade. Essa característica fez com que a visão darwiniana sempre estivesse em congruência com a complexidade do mundo e a dos seres vivos.

Tudo isso é coerente com um dos princípios mais importantes da teoria da complexidade: a necessidade de se pensar nos seres, eventos e fenômenos em seus respectivos contextos e, mais ainda, como esses contextos influenciam outros contextos e são por eles influenciados. É o que Deleuze chama de conjuntos. Em seu *Abecedário*, ele deixa claro que jamais desejamos algo isolado: desejamos sempre conjuntos. Por exemplo, não se deseja apenas uma pessoa – ela é desejada na complexidade de seu contexto, de seu ambiente. Por isso, não devemos esquecer que o pensamento de Deleuze e Guattari tem duas posturas importantes em relação ao meio ambiente, que ocupam boa parte do livro *Mil platôs* e podem ser assim sumariadas: (1) jamais deixar de contextualizar seja o que for em termos de tempo e espaço; (2) considerar sempre a multiplicidade de ações, retroações e interações que se entrecruzam por meio de triangulações e com isso compõem uma imensa rede. Isto é: é preciso ter sempre em mente os rizomas.

Nessa ordem de ideias, Deleuze e Guattari propõem que todo ser vivo tem quatro "meios ambientes": uma zona interior de casa ou abrigo; uma zona exterior de domínio; limites ou membranas mais ou menos flexíveis; zonas intermediárias ou neutralizadas; e reservas ou anexos energéticos. É o que veremos a seguir.

1. O meio exterior. É o mundo natural, no qual estão a matéria e a energia indispensáveis à vida. É o território dos recursos.

2. O meio interno (*milieu intérieur*, como o chamou Claude Bernard). Para Deleuze e Guattari, é o território das "substâncias compostas". O meio interior é o lugar da autorregulação – o território da homeostase. No Capítulo 1, "Conceitos e bases", ao falar sobre Francis Moore descrevi os pontos essenciais à sua compreensão. Também mencionei as contribuições de Claude Bernard e Walter Cannon, além das do próprio Moore.

3. O terceiro é o meio intermediário – a área das fronteiras ou membranas. No organismo humano, como nem quase todos os outros animais, os órgãos e sistemas compõem um conjunto, mas ao mesmo tempo estão

individualizados por membranas: a pleura, o peritônio, as meninges, as fáscias musculares, as sinóvias das articulações e tendões, as camadas que compõem as paredes dos órgãos tubulares como as artérias, veias e vasos linfáticos, as bainhas de mielina dos nervos, o tecido conjuntivo, o próprio sistema imunológico e assim por diante. Essas fronteiras nunca são de todo impermeáveis. Sua permeabilidade seletiva permite que elas promovam e regulem as comunicações entre os diversos órgãos e sistemas. Toda essa dinâmica se realiza na homeostase.

4. O quarto meio é o dos nichos ecológicos – o resultado das territorializações que os seres vivos promovem para delimitar suas casas (do grego *oikos*) ou nichos, nos quais viverão em interação com o ambiente. A noção de nicho ecológico é secular (seus equivalentes no mundo dos negócios são os chamados "nichos de mercado"), mas voltou a ser útil, em especial para o estudo de questões ligadas à sustentabilidade. Os nichos ecológicos são os meios anexados ou incorporados ou os territórios demarcados. O conjunto de ações de um ser vivo sobre o seu ambiente modifica-o e transforma-o. É o que se chama de construir um nicho ecológico. Esse fenômeno pode alterar de tal modo o meio que pode torná-lo inviável para a vida das gerações futuras, isto é, para afastar as possibilidades de desenvolvimento sustentável.

Os nichos são contextos que não podem ser pensados sem a presença do seres que os habitam. As espécies fazem parte dos ecossistemas e estes fazem parte das espécies. É importante pensar os nichos ecológicos como casas ou endereços, pois o que neles se faz ou se deixa de fazer determina consequências para a sustentabilidade. Por isso é indispensável incluir nesses endereços a incerteza – o que os torna contextos complexos e não sistêmicos. Na prática, a forma mais eficaz de incluir a incerteza é levar sempre em conta a natureza humana. Para Deleuze e Guattari, "os meios nascem do caos" e estão em constante intercomunicação. Cada um se define por meio de um componente identificador. A repetição periódica dos componentes identificadores caracteriza um determinado meio.

Os quatro meios acima descritos são codificados, isto é, cada um se define por um código que se repete periodicamente com o objetivo de demarcar seus limites. Os códigos não são fixos, estão em constante transcodificação ou transdução. Essa é a forma pela qual um meio se apoia em outro ou lhe dá suporte. Ou a maneira pela qual um meio se dissipa e volta a se constituir em outro (desterritorialização seguida de reterritorialização). No âmbito interno – o domínio da homeostase – pode-se mencionar o exemplo dos edemas. São deslocamentos de líquidos orgânicos que deveriam estar nos vasos sanguíneos ou linfáticos e que, devido ao aumento da permeabilidade de suas paredes/membranas causado por traumatismos, inflamações ou lentidão de circulação, extravasam para o tecido conjuntivo e assim passam a ocupar outro território. De modo espontâneo ou por efeito de tratamentos o edema pode ser reabsorvido, isto é, reterritorializa-se em seu ambiente original.

Da mesma maneira, as enchentes ou o represamento dos rios pelas barragens fazem com que as águas saiam de seu território natural e passem a ocupar outros. As migrações humanas e animais também são exemplos de transdução de populações de um meio para outro. No caso dos nichos ecológicos, as intervenções humanas predatórias são causas comuns de desterritorialização, que não raro podem levar à extinção de espécies. Como os meios estão sempre abertos ao caos, sua complexidade natural pode ser submetida a um estresse tal que precipita estados de crise. O ritmo é o modo pelo qual os meios reagem ao caos. Sua alteração determina a passagem de um meio para outro. A pertença é a territorialização; a ida é a desterritorialização; e a volta é a reterritorialização.

Por tudo o que foi visto, torna-se claro que conceito complexo de meio ambiente está muito longe da supersimplificação de pensar que ele é apenas o que é externo aos seres vivos. A realidade complexa torna inócuas as tentativas de "gerenciamento ecológico" feitas por meio de modelos sistêmicos e efêmeros dos seus resultados. A chamada "visão ecossistêmica" do ambiente natural só é concebível quando o observador/gestor tem a ilusão de que é possível se colocar fora do sistema que observa e gerenciá-lo por meio de práticas de comando e controle.

Tudo o que está estruturado é uma forma de territorialização. Um organismo, um corpo humano, uma sociedade, tudo o que une e liga é uma forma de agenciamento. A vida é um processo de tornar-se. Não há observador fixo ou privilegiado. Tudo muda ao mesmo tempo. O que leva algo a tornar-se o que é, territorializa. O que leva algo a tornar-se o que não é, desterritorializa. As sociedades humanas são formas de territorialização. Quando elas são violentadas por ditaduras e há migrações e diásporas, fala-se em desterriorialização. Quando uma sociedade recupera a liberdade de decidir seus próprios destinos dá-se a reterritorialização. Nesse sentido, territorializar-se é exercer identidade. Em seu livro *Proust et les signes* (*Proust e os signos*), inspirado em um capítulo do livro *Sodoma e Gomorra*, de Marcel Proust, um dos sete volumes do romance *Em busca do tempo perdido*,[6] Deleuze fala das relações entre a vespa e a orquídea.[7] Todo o primeiro capítulo do livro de Proust é permeado por essa metáfora. Deleuze usa as idas e vindas da vespa em direção à orquídea como metáfora dos fenômenos de territorialização, desterritorialização e rizoma. Esses conceitos serão detalhados logo mais.

EMERGÊNCIA

Na definição de Morin, emergências ou fenômenos emergentes são qualidades ou propriedades de um sistema que são novas em relação às de seus elementos componentes quando isolados ou dispostos em outro tipo de sistema. A emergência não é um fenômeno linear no sentido de que as causas são proporcionais aos efeitos. Em termos de empresa, por exemplo, em geral o que os gestores fazem é proporcionar um ambiente propício à mudança e à aprendizagem e motivar seus liderados – os aprendizes. Porém, como o processo não é linear não se pode garantir que tudo ocorra como planejado. Nos sistemas complexos a não linearidade é uma manifestação da incerteza, que pode e deve ser mitigada mas não eliminada por completo.

A aprendizagem é um processo não linear. E a motivação dos discentes e sua participação efetiva é fundamental para a diminuição da incerteza e, portanto, da aquisição de níveis satisfatórios de interação e produção compartilhada de conhecimento. Segundo John Protevi,[8] emergência é a construção de estruturas funcionais em sistemas complexos, que alcançam um comportamento sistemático na medida em que o impõem a seus componentes individuais. Expliquemos. Há sistemas complexos pouco adaptativos e sistemas complexos muito adaptativos. Quando levados a condições extremas, os sistemas pouco adaptativos podem perder sua organização. Os sistemas complexos muito adaptativos resistem mais a condições extremas, as quais os levam a modificar-se para continuar organizados e sobreviver. Tais modificações são processos de aprendizagem adaptativa – a que muda o comportamento de um sistema. Quando um sistema se transforma de tal forma que nele aparecem comportamentos diferentes, diz-se que há evolução. É o que Protevi chama de "emergência diacrônica".[9]

De acordo com Manuel De Landa,[10] Deleuze e Guattari contribuíram muito para a teoria da complexidade, a qual permite que os sistemas sejam pensados em termos de sua concretude/imanência e capacidade de auto-organização – o que não é possível fazer por meio do pensamento sistêmico e seu mecanicismo. Também é importante observar, como fez De Landa, correspondências entre alguns dos conceitos de Deleuze e os da teoria da complexidade. Por exemplo, "singularidades" e "buracos negros" correspondem aos atratores, que são formas de auto-organização da matéria. "Evento" (acontecimento) e "linhas de fuga" correspondem às bifurcações descritas por Ilya Prigogine.

Para Protevi, há quatro benefícios principais no pensamento complexo: (1) permite criticar o hilomorfismo (pressuposto de que o mundo material é caótico e passivo, e deve ser "salvo" pelas leis e intenções divinas ou pelas descobertas da ciência); (2) permite sair do reducionismo do mundo natural gerado pela física clássica; (3) proporciona uma base ao conceito de emergência; (4) permite questionar a ideia de causalidade *top-down*. Sob esse ponto de vista, as obras de Deleuze *Diferença e repetição* e *A lógica do sentido* são fundamentais. Ambas estão citadas na Bibliografia deste livro.

Deleuze denomina de "eventos" ou "acontecimentos" a emergência de novos comportamentos. Já vimos que eles correspondem às bifurcações da teoria da complexidade. As pulsões de morte são fatores que dificultam essas manifestações de adaptabilidade. Assim, a diferença entre sistemas complexos pouco adaptáveis e muito adaptáveis pode ser seu grau de resistência ou capacidade de lidar com as pulsões de morte. Se considerarmos que a energia diacrônica equivale à criatividade na produção de novos modos de comportamento, a criatividade e a busca do novo podem ser vistas como opositoras das pulsões de morte.

Mas a experiência e a observação mostram que nem sempre é assim, pois todos sabem que as tendências autodestrutivas são frequentes em pessoas muito criativas, como é o caso dos artistas. Talvez essa autodestrutividade surja como reação ao ambiente racionalista e quantificador e rotineiro de nossa cultura, talvez a resposta não seja tão simples assim. De todo modo, convém ter em mente que a emergência diacrônica não é um processo isento de obstáculos, dificuldades e incertezas, o que a coloca como uma das características da complexidade dos sistemas vivos.

No sentido que Deleuze dá ao termo, um evento (acontecimento) é um ponto de mutação, um ponto de virada que torna real o que antes era virtual. Um indivíduo que fuma muito, mas sempre promete deixar esse hábito, depois de sofrer um infarto ou ter diagnosticado um tumor maligno de pulmão pode modificar seu comportamento e parar de fumar. Mas isso nem sempre acontece, e todos conhecem casos em que diagnósticos desse tipo só fazem perpetuar, quando não acentuar, os comportamentos autodestrutivos.

GEOFILOSOFIA

O termo "geofilosofia" não aparece em *Mil platôs*. Deleuze e Guattari só viriam a usá-lo dez anos depois, num ensaio do livro *O que é a filosofia?*, no qual falam, entre outras coisas, sobre desterritorialização e reterritorialização, fractais e a gênese e natureza dos conceitos em filosofia. Na verdade, a ideia de geofilosofia já estava contida em *O anti-Édipo* e, de modo mais detalhado, em *Mil platôs*. Deleuze e Guattari esclarecem que ela vem de Nietzsche, que "fundou a geofilosofia, ao procurar determinar os caracteres nacionais da filosofia francesa, inglesa e alemã".[11]

O conceito de geofilosofia foi estudado por vários autores, entre os quais Mark Bonta e John Protevi,[12] que mostram que Deleuze e Guattari o desenvolveram a partir dos textos de Espinosa, Marx, Nietzsche, Bergson e também da teoria da complexidade. A ideia central é mostrar como os sistemas complexos podem se auto-organizar sem diretivas e agentes externos. O propósito é fundar uma nova filosofia de cunho materialista, telúrica e espacial. Nessa linha, a filosofia deixaria de ser fundada na temporalidade e na historicidade e passaria a se concentrar mais na geografia e na espacialidade. Bonta e Protevi põem as coisas da seguinte maneira: por meio do pensamento de Deleuze e Guattari, a geografia e a filosofia encontram uma teoria da complexidade política e socialmente informada e produzem o que em *Mil platôs* aparece com o nome de "Geologia da moral", título de um dos capítulos. Esse aspecto, entre vários outros, revela o viés interdisciplinar do trabalho de Deleuze e Guattari.

Terra, Água e Ar II. O Tecido do Mundo   227

Bonta e Protevi veem *Mil platôs* como um facilitador da interdisciplinaridade filosofia-geografia. Essa obra inclui aportes de um grande número de ciências: biologia, matemática, etologia, física, antropologia e assim por diante. Para Protevi, *Mil platôs* desenvolve um neomaterialismo, do qual faz parte uma filosofia da diferença com fortes matizes políticos. Deleuze e Guattari falam em sistemas auto-organizados em sua própria imanência, isto é, auto-organizados a partir de seu interior. Dessa forma, dispensam intervenções e comandos externos, em especial os transcendentais. Essa rede auto-organizada é descrita por meio da metáfora do rizoma, sobre a qual falarei logo mais. A geofilosofia evoca a frase de Espinosa *Deus sive natura* ("Deus, isto é, a natureza"). Já sabemos que em *Mil platôs*, e também na Ética de Espinosa, há muitos pontos de contato com a complexidade. Em meu ensaio "O conhecimento do conhecimento", apresento as relações da filosofia espinosana com o pensamento complexo.[13]

Parte das considerações abaixo se baseiam em um texto da pesquisadora canadense Dianne Chisholm,[14] e também no já mencionado livro de Mark Bonta e John Protevi, *Deleuze and geophilosophy*. Chisholm mostra como Deleuze e Guattari repensam as questões ecológicas "para além dos impasses da exploração dos recursos naturais sancionada pelo Estado", vale dizer, para além do viés extrativista do *business as usual*. De *Mil platôs* ela examina em especial os capítulos "Rizoma", "Geologia da moral", "Tornar-se intenso, tornar-se animal" e "Ritornelo" (*Refrain*), que incluem aportes da ecologia, biologia, zoologia, etologia, geografia, meteorologia, teoria do caos e complexidade, entre outras disciplinas. Nessa obra está contida uma visão política e ontológica, que dá ênfase à vida na Terra e seu poder criativo. Seus autores usam o termo "geofilosofia" como uma forma de dirigir o pensamento para longe das ideias que vêm "de cima" e "de fora", isto é, de domínios exteriores à realidade da Terra. Como o de Espinosa, seu pensamento é imanente e portanto ligado à complexidade dos processos da vida em nosso planeta.

Chisholm enfatiza a perspectiva vertical, *top-down*, categorial e perfeccionista das ideias transcendentais. Ao propor a ampla interconectividade entre coisas das quais muitas parecem não ter nada a ver umas com as outras, Deleuze e Guattari põem em prática um dos princípios centrais da teoria da complexidade: tudo está ligado a tudo, tudo está tecido junto. Dessa maneira, observa Chisholm, os dois filósofos propõem e praticam um pensamento que mapeia uma rede não finalística e não previsível de entrelaçamentos simbióticos.

Para Chisholm, o livro *Mil platôs* expressa o que Gregory Bateson chamava de ecologia da mente. Ela também nota que a exploração extrativista dos recursos naturais é ativa e constante, mas as iniciativas dos ambientalistas, ligadas ou não aos governos, são reativas e pouco interligadas. É claro que essa situação prevalecerá enquanto persistir, em nossas sociedades, a predominância da visão de mundo quantitativa, mecanicista, financeira e utilitária.

228   Complexidade e Sustentabilidade • Mariotti

Já sabemos que, em *Mil platôs*, Deleuze e Guattari examinam a complexidade do mundo por meio de conceitos por eles desenvolvidos e outros vindos de muitas fontes, boa parte dos quais são análogos quando não idênticos aos da teoria da complexidade. Na expressão de Chisholm, o pensamento complexo desses dois autores é "horizontal, experimental, e articula conexões entre seres heterogêneos". A seu ver, a ecologia atual se restringe a analisar, modelar e tentar quantificar a dinâmica dos ecossistemas. É orientada pelo pensamento sistêmico, o que constitui a sua principal limitação, pois não é adequado tentar entender sistemas complexos adaptativos por meio de modelagens estáticas. Ao pensar a ecologia por meio dos conceitos da complexidade, isto é, ao estudá-la "com os pés no chão" da imanência, Deleuze e Guattari trouxeram uma mudança significativa para esse quadro.

A geofilosofia propõe uma visão na qual a Terra se move mediante fluxos e dobras. Nessa dinâmica ela se estratifica (se estrutura) e se desterritorializa (abandona essas estruturas) em um processo incessante de criatividade. Nas palavras de Chisholm, se por um lado a geofilosofia não se prende à ciência instrumental, de outra parte faz com que a filosofia "baixe" à Terra. A meu ver, essa também é a principal contribuição da teoria da complexidade: a criação de conceitos e de uma linguagem com a qual é possível tentar entender o mundo em termos não transcendentalizados. Um mundo com o qual é possível interagir de modos realistas. Se essa abordagem imanente poderá nos colocar diante de realidades desagradáveis, por outro lado evitará que nos afastemos de nós mesmos, dos outros e do ambiente natural. A visão imanente evita que idealizemos a ciência e a tecnologia em prejuízo da condição humana, isto é, impede que esperemos delas mais do que nos podem proporcionar.

Ainda segundo Chisholm, para Deleuze e Guattari o objetivo da geofilosofia é sintonizar-nos com os fluxos e as forças da Terra, a qual dessa forma passa a ser considerada o assunto real da filosofia. O prefixo "geo" não implica um ramo especializado da filosofia: apenas sinaliza o lugar, o aqui e agora da investigação filosófica que pretende substituir vieses abstratos e fragmentadores. Evoca a teoria de Gaia, que não poucos problemas trouxe a Lovelock em termos de resistências por parte dos cientistas ortodoxos. Ele próprio observou que esses cientistas perdiam muito tempo com argumentos contra a teoria. Não percebiam que seus argumentos não eram contra a teoria em si, mas sim uma reação à menção de uma deusa. Sem ter consciência disso, repetiam a tradição de rejeição do Iluminismo a tudo que lembrasse a visão mítica do mundo – que aliás não era a de Lovelock.

Com efeito, o que hoje se chama de ciência do sistema Terra é uma continuação da teoria de Gaia e seu objetivo é interdisciplinar: procura integrar diversas áreas de pesquisa (as interações entre a atmosfera, a hidrosfera, a biosfera, a heliosfera e a litosfera/geosfera). Nada muito diferente da geofilosofia de Deleuze e Guattari, portanto. Como nota Chisholm, o prefixo "geo" não se refere a nenhuma atividade isolada, seja ela geológica, biológica, hidrológica ou termodinâmica. Há uma multiplicidade de "geos" que se interconectam: geologia, geofísica, geopolítica e

Terra, Água e Ar II. O Tecido do Mundo   229

híbridos emergentes como geofisiologia, geomicrobiologia e assim por diante. Tudo está entrelaçado, como reza a definição de complexidade.

Essa atitude integradora e interativa deveria permear as iniciativas do desenvolvimento sustentável, mas em geral está ausente delas, principalmente no universo das empresas. Há exceções, é claro, mas não em número suficiente para produzir ações que façam diferença substancial na prática. Mais ainda, como nota Chisholm, os "geos" de Deleuze e Guattari não se resolvem em uma síntese: convivem em incessante interação. Por isso está fora de cogitações a possibilidade de um pensamento único. O pensamento sempre se desterritorializa, e assim escapa ao controle das ciências "oficiais", que ainda insistem em manter a separação das disciplinas do conhecimento.

O conceito de fluidez e interatividade não produtora de sínteses aprisionadoras está sempre presente. A geofilosofia leva em conta o primeiro princípio da ecologia: todas as coisas se juntam para formar compostos heterogêneos. Deleuze e Guattari propõem uma adição na qual a interconectividade, a multiplicidade e a diversidade se juntam à "dupla articulação" do molar e do molecular, em meio a um fluxo de afetos e intensidades. Por "molecular", eles entendem tudo o que pulveriza, fragmenta, desorganiza. Em termos do mundo natural, são os terremotos, as tsunamis, as crises financeiras e econômicas, os colapsos das bolsas de valores. "Molar" é o que reúne e estrutura, tudo o que disciplina, represa e retém: as barragens, os canais, os bancos centrais, o Banco Mundial, as ligas, o fórum de Davos, organismos como a ONU e assemelhados. Tudo o que é fixo e estável tende a territorializar. Tudo o que é nômade tende a desterritorializar: são as diásporas, as migrações, os fluxos de refugiados.

Como resultado de todos esses fluxos, refluxos, entrecruzamentos, territorializações, desterriorializações e reterritorializações, a geofilosofia vê a formação de uma imensa rede simbiótica de caudais de matéria e energia. A imagem que se forma é a de um rizoma: uma imensa rede sem começo nem fim. É ela que assegura a integridade dos sistemas vivos no horizonte do tempo ou, como se diz agora, a sustentabilidade. O rizoma pode ter sua integridade comprometida pelos danos ao meio ambiente e pode tê-la estimulada pelo aumento das conexões. Tudo o que diminui a conectividade entre os elementos componentes (os desmatamentos, por exemplo) diminui também a complexidade e portanto a adaptabilidade dos sistemas. Tudo o que preserva ou aumenta essas redes de conexões aumenta essa adaptabilidade e, portanto, a sustentabilidade.

A geofilosofia não se limita aos aspectos quantificadores e analíticos dos ecossistemas, pois entende que as tentativas de aprisionar a ecologia nos modelos restritivos do pensamento sistêmico limitam a compreensão de sua complexidade. Quando isso acontece, as coisas passam a ser vistas mais em termos de "como funciona" (como vistas por um observador externo) do que em termos de "como são" (como experienciadas por um observador participante).

RIZOMAS E ÁRVORES

Rizoma é um conceito criado por Deleuze e Guattari e originalmente exposto em um opúsculo separado, que depois passou a ser o primeiro capítulo de *Mil platôs*. Esses autores o criaram para ilustrar o funcionamento em rede, típico dos sistemas complexos adaptativos: quando um determinado ponto de uma rede exibe um funcionamento mais evidente, isso não significa que o restante do sistema esteja inativo. Ao contrário, ele é o pano de fundo, a base que dá suporte ao setor que se destaca.

O conceito de rizoma refere-se a modos de pensar. Deleuze e Guattari explicam a diferença entre o "rizomático" e o "arborescente". O arborescente designa a árvore, que é linear e unidirecional (raiz, tronco, ramos, folhas e frutos). O rizoma é multidirecional. É uma raiz fasciculada, e por isso qualquer de seus pontos está em conexão imediata ou mediata com todos os demais. Em *Mil platôs* há muitos exemplos de rizoma: os rios, os boatos, o inconsciente, as formigas e muitos outros insetos, os fungos, as florestas tropicais, as forças terroristas que mantêm células globais (de eliminação muito difícil ou impossível, dada a sua descentralização) e assim por diante.

Neste ponto, convém delinear os princípios identificadores do conceito de rizoma, que Deleuze e Guattari apresentam no primeiro capítulo de *Mil platôs* e descreverei brevemente a seguir.

1 e 2. *Princípio de conexão e heterogeneidade.* O rizoma não é linear. É multidirecional e nele tudo está interconectado. Todos os seus pontos são conectáveis. Não há um centro nem pontos fixos de entrada e saída. Uma árvore isolada é uma estrutura linear, mas as árvores em conjunto (as florestas) compõem um grande rizoma, ror isso não se deve imaginar que o rizoma seja sempre o oposto da árvore. Deleuze e Guattari aconselham: "Mate a árvore (que representa o pensamento linear) em sua cabeça e abra caminho para o conceito de floresta, que cultiva a complexidade rizomática."

3. *Princípio da multiplicidade.* Para Deleuze e Guattari, só quando a multiplicidade é vista como um substantivo ela deixa de ter relação com a unidade. Toda multiplicidade se conecta com outras multiplicidades e ao fazer isso elas se desterritorializam, deixam de ser centradas e limitadas.

4. *Princípio da ruptura assignificante.* Significa que um rizoma pode ser seccionado em um dado ponto, mas se regenerará em uma de suas linhas anteriores, ou mesmo nas que vierem a surgir. No exemplo de Deleuze e Guattari, é impossível exterminar as formigas porque em seu conjunto elas compõem um rizoma animal, que pode se regenerar mesmo depois de sua destruição quase completa. Ou seja, os rizomas são sistemas muito adaptáveis. Esse princípio também pode ser aplicado à evolução dos tumores malignos, o que aponta para as limitações dos tratamentos apenas locais dessas lesões, que devem ser vistas não como sistêmicas, mas como complexas.

Vimos que as árvores quando vistas de forma isolada têm uma configuração não rizomática. Mas quando consideradas em suas interações com o ambiente mostram configurações rizomáticas, pois estão em conexão com o ar, as chuvas e os ventos e com outras árvores (já aprendemos que as florestas naturais são rizomas). O mesmo vale para os animais (o caso das formigas e muitos outros insetos), e pessoas e suas sociedades.

5 e 6. *Princípios da cartografia e da decalcomania.* Com base nos princípios anteriores, não é difícil deduzir que os rizomas não se subordinam a modelos estruturais e generativos. E assim é porque eles são mapas e não traçados. Deleuze e Guattari se referem à metáfora acima mencionada e argumentam que uma orquídea não se limita a reproduzir o traçado de uma vespa. Sua relação é dialógica: o animal e a flor que ele frequenta compõem um rizoma. Aqui reside a diferença entre um mapa e um traçado. O mapa configura uma relação de experimentação, que é parte do mundo real. Isso o leva a ser aberto, acessível e sempre pronto a se modificar em função das novas conexões proporcionadas por sua abertura. Deleuze e Guattari não se cansam de repetir que graças à sua complexidade o rizoma tem múltiplos pontos de entrada. Já o traçado é esquemático, previsível e tende a voltar sempre ao mesmo ponto. O mapa é complexo e o traçado é no máximo sistêmico. Até que consigamos pensar em termos de rizoma seremos "indivíduos arbóreos" e, como diz outra conhecida metáfora, as árvores não permitirão que vejamos a floresta.

O conceito de geofilosofia tem sido aprofundado de várias maneiras e por vários autores, e por isso atingiu um grau de detalhamento que não pode ser trazido para este livro, que se destina a não especialistas. Mas permanece importante saber que a ecologia, a sustentabilidade e o desenvolvimento sustentável devem ser examinados e entendidos não apenas em seu aspecto utilitário, econômico e político. Restringir-se a essas áreas seria negar a complexidade do ambiente natural e culturalizá-lo, o que é uma forma unilateral e portanto rudimentar de lidar com ele. A culturalização é sem dúvida necessária, pois é útil à gestão. Mas não somos apenas gestores: somos seres humanos, e negar nossa condição é uma forma de autoagressão.

Quando nos entregamos à visão unilateral e utilitária ignoramos a imanência do mundo e o encerramos em simulações de computador, modelos matemáticos e tabelas estatísticas – isto é, nós o aprisionamos na gaiola da abstração e da ficção do "como funciona", e nos afastamos "do que é". No entanto, do ponto de vista do pensamento complexo as duas abordagens são necessárias. Saber "como funciona" a partir do entendimento do "como é" proporciona uma visão mais ampla e mais profunda, condizente com nossa realidade de seres ao mesmo tempo naturais e culturais. Por essa razão, tentar entender o que somos facilita a tarefa de reconhecer muitas das ficções que criamos em nome do conhecimento.

Vimos que as florestas são grandes rizomas. Mas a floresta homogênea, simétrica e silenciosa por falta de pássaros, insetos e outros animais é um conjunto de árvores desligadas umas das outras – um conjunto modelado pelo mecanicismo do pensamento sistêmico. Sua complexidade é baixa e portanto o mesmo pode ser dito de sua adaptabilidade. Por isso mesmo, sua entropia é alta. Uma plantação simétrica, artificial, ordenada a partir de fora por gestores que dela não participam não pode se auto-organizar a não ser que seja deixada à sua própria sorte, e nesse caso a rediversificação e a auto-organização levarão muito tempo para acontecer. Por outro lado, a experiência mostra que quanto mais esse arranjo simétrico estiver a serviço de interesses econômicos mais defensores "científicos" ele terá.

A floresta silenciosa e pouco diversificada e conectada não é um rizoma porque tem baixa complexidade. Sua simetria limita a sua diversidade e a torna previsível e controlável a partir de fora. Sistemas assim são úteis aos interesses econômicos humanos, mas não tão bons para os interesses biológicos humanos. Sua função econômica só se justifica na medida em que providências são tomadas para que seu impacto ambiental seja o mais possível reduzido. Porém, como todos sabem, tais providências muitas vezes são mais retóricas do que reais.

As florestas modeladas e estruturadas são produtos da matematização que os humanos impõem ao mundo natural. São artefatos comerciais que reduzem a complexidade do bioma à supersimplificação dos sistemas produtores de madeira e outros insumos. É como reduzir o solo à espécie e à quantidade de minérios que ele contém.

É óbvio que do ponto de vista econômico essa redução é necessária e, portanto, em uma certa medida justificável. Já que a economia convencional vê o homem separado da natureza o problema é determinar essa medida, para que ela inclua um grau aceitável de conciliação entre as necessidades humanas biológicas, sociais e econômicas. Tal determinação deveria incluir consultas à sociedade, as quais nem sempre são feitas com a mesma abrangência com que são proclamadas. Chisholm observa que o que chamamos de ambientalismo é uma postura reativa, porque a exploração dos recursos naturais é sancionada pelo Estado e pelos mercados. Nesse sentido, ela se pergunta se a geofilosofia de Deleuze e Guattari pode nos ajudar ao menos a compreender as principais dimensões desse problema.

Deleuze e Guattari propõem eliminar a ideia de árvore e abrir caminho para a de floresta, por meio da qual é possível entender melhor a ideia de rizoma. Até que a noção de rizoma/árvore substitua a de árvore isolada não seremos capazes de ver uma floresta como ela deve ser vista e entendida. Continuaremos a ver as árvores separadas ou no máximo a floresta como uma soma linear delas. Enquanto isso ocorrer a maioria das florestas continuará a ser devastada. No momento, autores como Protevi e Bonta fazem experimentos criativos com o conceito de rizoma, com o objetivo de melhorar a alfabetização ecológica das pessoas e fazê-las refletir sobre a devastação do ambiente natural e o comprometimento da saúde ecológica do planeta.

Tudo isso também se aplica à água. Para John Protevi, aquilo que chamamos de água não é apenas um composto decomponível em dois átomos de hidrogênio e um de oxigênio. Uma visão ampliada revela que ela é uma complexidade hidro-

-bio-lito-política. Protevi delineia uma geo-história da água, que questiona o modelo dominante e molar (unificado) da construção hidráulica de impérios, exemplificada pelo represamento de rios no oeste americano.

A história da água inclui uma multiplicidade de microrredes natureza-cultura, bem como os movimentos de desterritorialização e reterritorialização de forças nômades e sedentárias. A dinâmica da água é muito mais complexa do que se imagina. Os rios, por exemplo, não são apenas correntes que deslizam entre suas margens. Suas múltiplas interações com o contexto ambiental em que se situam fazem que tudo participe deles e vice-versa. Suas águas contêm fragmentos das terras que atravessa e sua composição muda à medida que ele corre, recebe afluentes, incorpora novos materiais minerais e biológicos, e assim por diante. Por isso, como dizem Deleuze e Guattari, os rios também são rizomas.

Dado que muitos cientistas estão limitados pela tecnocracia e estratificados demais para se permitirem pensar para além da divisão binária natureza-cultura, alguns autores têm procurado os artistas e os filósofos para remapear áreas fundamentais do conhecimento. Essa iniciativa está presente em *Mil platôs* e na obra de vários outros pensadores. De sua parte, alguns pedagogos têm argumentado que o processo de aprendizagem não deve ser visto como uma pirâmide, no sentido de que é preciso primeiro construir uma base sobre a qual conhecimentos mais refinados se acumulariam ao longo do tempo. O entendimento da estrutura do tecido cerebral como um sistema complexo demole essa visão de estruturas sucessivas e hierárquicas, o que não significa que ele não comporte fluxos muitas vezes paralelos. A aprendizagem pode começar em qualquer ponto do sistema, uma vez que ele não comporta hierarquias. O que a produz é a interação dessas múltiplas áreas.

Outros educadores têm notado que a ideia de rizoma tem a ver com as teorias sociais de aprendizagem de Lev Vygotsky, segundo as quais a aprendizagem não se dá na mente desse ou daquele aluno: é uma propriedade que emerge das interações entre eles. É o que, nos termos de Deleuze e Guattari, se chama aprendizagem rizomática. O processo é descentralizado, multidirecional, opõe-se à repetitividade e se movimenta em busca da diferença e do novo.

A COMPLEXIDADE DA SUSTENTABILIDADE

Nas iniciativas de sustentabilidade em que prevalece o chamado "argumento de negócios", a dimensão humana pouco é levada em conta, e quando isso é feito é segundo a perspectiva da separação sujeito-objeto. Segue pela mesma trilha a escola neoclássica para a qual a economia, como o homem, está separada da natureza. É por essa razão que o humano como parte indissociável de seu ambiente precisa ser incluído nos estudos, considerações e iniciativas de sustentabilidade e desenvolvimento sustentável. Mas essa inclusão não deve ser feita de maneira acrítica, como se os seres humanos fossem perfeitos e portanto capazes a fazer sempre o que querem do modo que planejam.

Se é certo que os humanos não estão fora da natureza, é também correto presumir que eles precisam se autoexaminar, autocriticar-se em relação ao que são, fazem e pretendem fazer. É preciso superar a divisão que vê o humano (o sujeito) separado do mundo natural (o objeto) e adicionar a integração sujeito-objeto aos nossos raciocínios e ações. Dessa maneira torna-se fácil entender que sustentabilidade significa continuidade, adaptabilidade e pertença mútua dos sistemas vivos e seu ambiente. Significa viver em interação constante com as modificações do ambiente. Em suma, a sustentabilidade é o resultado da adaptação continuada de um sistema ao seu meio. Não se trata de uma dinâmica unilateral, pois do mesmo modo que nos adaptamos ao ambiente este também se ajusta à nossa presença. Isso quer dizer que devemos ter cuidado para não serrar o galho em que estamos sentados. É um cuidado análogo ao que se deve ter para não confundir competitividade (convivência que inclui competição e cooperação) e competição predatória (que parte do princípio de que é preciso explorar o outro ao máximo até eliminá--lo do jogo).

Em termos predatórios, o ser humano não compete apenas com seus pares: compete com tudo o que existe no mundo natural, a começar com ele mesmo. Os exemplos são inúmeros e incluem a caça e pesca indiscriminadas, o desmatamento descontrolado, a queima de florestas para produzir carvão e abrir espaço para monoculturas e assim por diante. É o que se costuma chamar de tragédia dos comuns, fenômeno já mencionado e discutido neste livro. A origem da tragédia dos comuns pode ser identificada em alguns dos traços fundamentais da natureza humana, em especial o imediatismo e o egocentrismo.

O problema não está apenas na oposição ou no conflito de interesses entre o mundo dos negócios e o universo dos ambientalistas. É preciso dar um passo atrás e verificar que ele está encravado no predomínio do raciocínio binário da nossa cultura, que nos faz ver as coisas quase sempre em termos de opostos incompatíveis e foi decisivo na gênese da visão de mundo mecanicista, quantitativa e tecno-burocrática e suas formalizações e modelos "objetivos". Ainda assim, como disse Jared Diamond, as empresas estão entre as forças mais poderosas do mundo de hoje e se os ambientalistas não quiserem se envolver com elas não será possível ao menos atenuar os problemas ambientais.

Concordo com essa posição, mas ao mesmo tempo reconheço que se trata de um desafio de imensas proporções, análogo ao que surge quando alguém se envolve com o universo dos políticos e seus partidos. Diamond acrescenta que em termos de gastos os negócios bem-sucedidos não distinguem entre os necessários à sua permanência nos negócios e os voltados para as obrigações morais. Por outro lado, há mais de mil anos antes dele o poeta romano Horácio já havia dito em sua *Terceira Ode*: "*Leges sine moribus vanae* (sem moralidade as leis são inúteis)."

De acordo com Veiga,[15] para tornar realidade o desenvolvimento sustentável é preciso mudar de paradigma científico. Concordo, e acrescento que para tanto é preciso mudar antes de modo de pensar – e é aí que reside a grande dificuldade: como libertar-nos da prevalência da lógica binária. Mudar de modo de pensar muda o modo de falar, que muda o modo de agir. Não se trata de uma sequência linear pois, por sua vez, mudar o modo de agir muda o modo de falar, que muda o modo de pensar e assim cria-se uma recursividade incessante. Como disse Claire Colebrook, estudiosa da obra de Deleuze, a filosofia não é apenas algo que aplicamos à vida: ao pensar de modo diferente, recriamos a nós mesmos e já não aceitamos valores e pressupostos preestabelecidos. O modo de falar é especialmente importante nessa dinâmica. É importante que as falas sejam claras o bastante para esclarecer questões e delinear ações.

Vejamos um exemplo. Em 1987 foi publicado o Relatório Brundtland. Nos termos desse documento, o desenvolvimento sustentável pode ser definido como a criação e o desenvolvimento de meios para satisfazer às necessidades do presente sem prejudicar a capacidade de as futuras gerações satisfazerem suas necessidades. A perspectiva do relatório é inspirada no discurso da modernidade, que por sua vez está ligado à ideia de progresso: as mudanças são constantes e acontecem sempre para melhor. Para John R. Ehrenfeld, porém, o desenvolvimento sustentável é mais do que uma sequência linear de projetos, eventos, ações e mudanças.[16] Se a sustentabilidade fosse tal como proposta no Relatório Brundtland, tudo o que não pudesse ser reduzido à sua definição seria o inverso do desenvolvimento sustentável – o que nos manteria apegados ao raciocínio binário: ou uma coisa ou o seu contrário.

Ehrenfeld não vê a sustentabilidade como o oposto da insustentabilidade. Para ele, a insustentabilidade pode ser mensurada e gerenciada. Já a ideia de sustentabilidade se dirige para o futuro e o faz em outros termos. Imaginar que é possível construir um futuro sustentável apenas com base em dados de um passado definido como insustentável é uma visão segundo a qual é possível reduzir o fluxo dos acontecimentos naturais às leis da física newtoniana. Mesmo que fosse esse o caso, ainda assim não seria possível fazer o mesmo com as intuições, as esperanças e os desejos humanos. Para Ehrenfeld, diminuir a insustentabilidade não equivale a criar sustentabilidade, mas isso não quer dizer que os fenômenos que levam à insustentabilidade não devam ser identificados e tanto quanto possível eliminados: significa que apenas esse tipo de ação não leva de modo automático à sustentabilidade. Trata-se de ações necessárias mas não suficientes.

Entretanto, não é assim que pensa boa parte dos consultores e gestores de sustentabilidade no momento atual de nossa cultura. A esse respeito, é preciso lembrar que a pretensão de prever o futuro com base no passado é muito usada como tática de persuasão, sempre que se quer convencer alguém a comprar determinados produtos ou serviços: "Resolverei seus problemas com minha *expertise* e tecnologia." Se o comprador quer adquirir "certezas", o vendedor que dispuser apenas de probabilidades terá poucas ou nulas chances de sucesso. Todo vendedor sabe que para quem quer "certezas" deve-se acenar com elas, mesmo quando é sabido que não existem.

E dessa maneira encena-se a farsa tão comum no cotidiano: o comprador sabe que ninguém pode vender as "certezas" que ele quer comprar, mas continua a afirmar que é isso que deseja. O vendedor sabe que não existem tais "certezas", mas continua a sustentar que elas são o que tem para vender. Não há quem não conheça esse jogo – e o mercado de produtos e serviços de desenvolvimento sustentável não é exceção. A razão de tudo isso é que no mundo dos mercados a postura predominante é o *problem solving*. A vida não é vista como um processo a ser experienciado, mas sim como uma sequência de problemas a serem resolvidos. Como se tudo pudesse ser reduzido a problemas e como se não existissem paradoxos, isto é, situações em que a tensão entre os opostos não pode ser eliminada. Ademais, pretender ver os paradoxos como problemas (o que é uma forma de negá-los) é uma tática de autoengano e, ao mesmo tempo, uma manifestação da ilusão de controle.[17] Nossos esforços para "transformar" paradoxos em problemas são sempre infrutíferos, e além disso nos desviam do que o bom-senso sempre deixou claro: negar um fenômeno não o faz desaparecer, mas em geral nos deixa contentes – e com frequência é isso mesmo que queremos. É o que diz Deleuze em uma frase famosa de seu *Abecedário*: "Quanto mais bobos, mais contentes."

No caso do desenvolvimento sustentável, a cada passo nos defrontamos com paradoxos. Nesse contexto, como na maioria dos outros do mundo real, queiramos ou não, há mais paradoxos do que problemas ou, dito de outro modo, há mais não linearidades do que linearidades. Um bom exemplo é a clássica tensão entre a necessidade de promover o desenvolvimento econômico e, ao mesmo tempo, preservar o meio ambiente. Enquanto os técnicos, economistas e políticos acreditarem que se trata de um problema a resolver e não de um paradoxo a ser gerenciado, nada de eficaz será feito nesse particular.

Por todas essas razões, Ehrenfeld propõe para o contexto da sustentabilidade o que chama de *sustainability by design*,[18] que implica abandonar a mentalidade de *problem solving* e desenvolver coletivamente ações não baseadas apenas em experiências anteriores. Em outros termos, transformar visões de futuro em ações presentes. Essa proposta implica substituir a conhecida *triple bottom line* que forma o chamado triângulo de Brundtland – cujos vértices são o ambiente, a economia e a equidade/justiça e o centro, o desenvolvimento sustentável – por outro triângulo, que tem como vértices o natural, o humano e o ético e, em seu centro, a sustentabilidade.

Ehrenfeld coloca "natural" no lugar de "ambiente", porque quer se referir à *physis*, dos pensadores pré-socráticos, que não significa só a natureza como muitos pensam, mas sim a totalidade de tudo o que existe. Esse novo triângulo substitui "economia" por "humano", porque o humano criou a economia e não o contrário. E "equidade" é substituída por "ética", porque é um conceito mais amplo e profundo. Mas, ao contrário do que ele propõe, não é o caso de substituir uma

Terra, Água e Ar II. O Tecido do Mundo   237

coisa pela outra: seu triângulo e o de Brundtland não devem se excluir mas sim complementar-se.

Ehrenfeld criou o conceito de ecologia industrial, que se aproxima da aplicação do pensamento complexo à sustentabilidade. Vejamos do que se trata. Para esse autor, as sociedades devem se desenvolver segundo os princípios observáveis nos ecossistemas. A ecologia industrial tem como base a análise dos ciclos de vida, desde as matérias-primas até os produtos acabados e, por fim, a remanufatura e reutilização dos que perderam sua utilidade original. Trata-se de mimetizar os ecossistemas em sua condição de sistemas auto-organizados, o que lhes confere as características de economia de meios e interdependência, que permitem reduzir a produção de resíduos de alta entropia.

Os sistema vivos não humanos não competem entre si de modo predatório, não prescrevem normas de conduta uns aos outros. Entre eles não existe o comando autoritário nem a obediência incondicional. Na condição de autônomos, determinam seus comportamentos segundo seus próprios referenciais, isto é, com base no modo como interpretam as mudanças e os padrões que percebem no ambiente. Sem isso, seriam apenas obedientes a determinações vindas de fora.

Por mais que argumentemos e raciocinemos, voltamos sempre à necessidade de mudar os fundamentos do modo de pensar prevalente em nossa cultura. Vejamos um exemplo. Apesar de propor a troca da visão simplista por outra que se aproxima da complexa, Ehrenfeld imagina que basta mudar o sistema de crenças para que os princípios de sua ecologia industrial possam ser postos em prática. Mas não se dá conta de que para mudar de crenças é preciso antes mudar de modo de pensar, pois é óbvio que são os modos de pensar que geram as crenças, que a seguir retroagem sobre eles e os consolidam. É por isso que as mudanças de "paradigma científico" são tão difíceis e demoradas.

Para modificar nossos modos habituais de pensar é preciso mudar a cultura em que vivemos. Antes de mudar suas crenças e práticas o homem precisa mudar a si mesmo. "Mudar a si mesmo" deve ser entendido como mudar de pensamento e comportamento já que, ao que tudo indica, não é possível mudar a natureza humana. Essas frases podem soar como truísmos, mas nem por isso deixam de ser importantes e seu significado deixe de ser com frequência esquecido, como resultado da tática de autoengano conhecida como esquecimentos de conveniência.

Ainda assim, em sua proposta de ecologia industrial Ehrenfeld no geral se mantém próximo do pensamento complexo. Por exemplo, sugere um *design* de produtos que tenha o potencial de mudar a relação entre consumidores e produtores. Seria uma conversação que incluísse como interlocutores o *designer*, o consumidor e o mundo natural. Nessa conversa a ecologia industrial representaria a natureza, e seus temas fundamentais seriam os ciclos autolimitados e o cuidado de não produzir demasiados resíduos tóxicos para os ecossistemas.

No que se refere às aplicações da tecnologia, Ehrenfeld se aproxima do conceito de técnica que vigorava entre os gregos: um conjunto de meios destinados a

238 Complexidade e Sustentabilidade • Mariotti

facilitar a convivência do homem com o mundo natural. Hoje, ao que tudo indica, o objetivo mais conhecido da tecnologia é explorar a natureza, lutar contra ela e dominá-la. Nietzsche foi um dos primeiros, talvez o primeiro, a se manifestar contra essa atitude: "Todo o aparato do conhecimento é um aparato para abstrair e simplificar – não voltado para o conhecimento das coisas, mas para o domínio das coisas."[19] Depois dele vários outros voltaram ao tema. Karl Jaspers, por exemplo, escreveu que depois que a técnica exercesse sua ação sobre a natureza, a própria essência do homem seria modificada.[20] Paolo Rossi também advertiu que a ideia de dominar a natureza leva ao risco de extingui-la e o homem, por ser parte do mundo natural, não escaparia dessa destruição. A ideia de que a natureza deve se submeter ao homem tende a tornar a Terra inabitável.[21]

Porém, como já foi dito, a argumentação mais conhecida contra a ideia de dominar a natureza por meio da técnica vem de Heidegger em seu ensaio "A questão da técnica."[22] Esse trabalho às vezes tem sido apresentado como uma evidência de que Heidegger é contra a técnica de modo incondicional, mas na verdade sua argumentação se volta contra a modificação da essência do ser humano pela predominância da mente mecânica. Nesse ensaio ele chama a atenção para alguns pontos que convém destacar aqui. Para apresentá-los, considerarei equivalentes os termos "técnica" e "tecnologia".[23]

A utilização intensiva da tecnologia trouxe benefícios inegáveis, mas também se tornou uma ameaça a todos os seres vivos. Heidegger sublinha que são os mesmos humanos sob ameaça que insistem em se autodenominar senhores do planeta. Bem ao estilo antropocêntrico, estamos convencidos de que tudo o que acontece resulta das ações humanas. Segundo Heidegger, a principal ameaça não vem só das máquinas e outras manifestações da tecnologia: a própria essência do homem já foi atingida.[24]

Em uma passagem famosa, que mais de uma vez citei em textos anteriores, Heidegger cita os versos de Hölderlin: "Ora, onde mora o perigo/é lá que também cresce/o que salva." Por meio da análise do que significa "salvar" nesse contexto, Heidegger mostra a dimensão do perigo que nos ameaça. Para ele, "salvar" significa mais do que retirar os homens do contexto da destruição e permitir que eles continuem a existir como humanos. Significa que é preciso examinar nossa essência, o que permitiria que os humanos aparecessem "em seu próprio brilho": como criadores da técnica e não como submissos a ela.[25] Assim, o que Hölderlin quis dizer é que não devemos esperar que a salvação surja sem que tenhamos de fazer nenhum esforço. É preciso questionar a essência da técnica, o que implica questionar também a essência de nossos modos de pensar.[26]

No desenvolvimento sustentável, tal como proposto no relatório Brundtland, há a aparente convicção de que a diminuição da insustentabilidade levará de modo automático à sustentabilidade. Nesse sentido, mitigar problemas criados pelo modo de pensar quantificador e mecanicista não exige que pensemos de modo diferente. A visão complexa de sustentabilidade inclui mudar de modo de pensar: comple-

Terra, Água e Ar II. O Tecido do Mundo   239

mentar o formato hoje dominante com uma atitude que inclua a preocupação com o humano, o natural e a ética, como propõe Ehrenfeld. Na hipótese de conseguirmos essa complementação, colocaremos em prática o que Heidegger chama de "olhar com um olho mais vivo ainda o perigo". Tudo isso significa questionar a essência da técnica – o que por sua vez implica questionar o pensamento que facilitou o seu viés anti-humano. É nesse ponto que, segundo Heidegger, está a "força salvadora".

Resta saber se seremos capazes de transformar essas sugestões em práticas. Sabemos que, apesar de conhecermos a natureza ilusória da gestão em que predominam o comando e o controle, ela e suas consequências destrutivas persistem. Boa parte do que se costuma chamar de *business as usual* continua a ser *destruction as usual*.

Vimos que Ehrenfeld insiste num ponto crucial: em sua maioria, os atuais esforços de melhoria surgidos em nome da sustentabilidade não se destinam a mantê-la, mas sim a reduzir a insustentabilidade. Como em nossa cultura quase tudo é concebido em termos de "uma coisa ou o seu contrário", supomos que se eliminarmos um dos polos favoreceremos o desenvolvimento do outro. É como se suprimir o ódio levasse de imediato ao amor. No entanto, como todos sabem, não há amor que não inclua um pouco de ódio e vice-versa. Também não há ordem que não inclua um pouco de desordem e vice-versa. E não há *yin* que não inclua um pouco de *yang* e vice-versa. Nesse sentido, a supressão de maus-tratos, por exemplo, não gera gratidão ou afeição: quase sempre o que surge é o ressentimento. Enfim, não há sustentabilidade sem complexidade e vice-versa.

O que costumamos chamar de "ações pontuais" reflete muito de nossa natureza local em termos de espaço e tempo, como notou Edward O. Wilson. Em parte, ela decorre de nossa fixação em objetos inanimados, próximos e nítidos. Esse fenômeno foi comentado por Henri Bergson, na introdução de seu livro *A evolução criadora*.[27] Para ele os objetos sólidos definem nossa lógica, pois nosso contato com a experiência é muito superficial e por isso a mente humana se sente "em casa" em meio ao concreto.

A lógica dos sólidos é a lógica da separação, pois os contornos e limites entre os objetos concretos são percebidos com facilidade. Isso implica que entendemos melhor as coisas separadas e os fragmentos, pois são fáceis de distinguir, medir, pesar e contar. Daí nossa propensão a quantificar. Quando as coisas estão juntas, principalmente se juntas apesar de opostas, como os paradoxos, nossa mente fica confusa e por isso a primeira atitude é tentar separá-las. Para Bergson, esse fato faz com que tenhamos dificuldades para entender a globalidade do mundo e tendamos a vê-lo em termos de partes isoladas.

Ehrenfeld estabelece a diferença entre o desenvolvimento sustentável e o que chama de "sustentabilidade radical", mas que prefiro chamar de sustentabilidade, sem adjetivos, pois falar em "sustentabilidade radical" é tão antissustentável quanto é antidemocrático falar em "democracia radical". O desenvolvimento sustentável tem como meta o crescimento econômico com o menor grau possível de agressão ao meio ambiente. É um *trade-off*: para conseguir uma coisa, renuncia-se ao todo ou a partes de seu contrário. Porém, se considerarmos que a insustentabilidade não é o oposto simétrico da sustentabilidade e sim uma condição que tem suas próprias características, ela não pode ser definida a partir de critérios que supostamente lhe seriam inversos.

Daí resulta que não se pode definir a sustentabilidade por meio da lógica binária – isto é, pelo modo de pensar que propôs a polarização insustentabilidade *versus* sustentabilidade. É preciso mudar de sistema de pensamento: só assim será possível fazer mudanças efetivas. Ehrenfeld e outros sustentam que o entendimento e a prática da sustentabilidade pressupõem uma mudança de cultura para a qual é necessária a participação de líderes políticos, empresários e profissionais das mais diversas áreas – enfim, de toda a sociedade. Estou de acordo e acrescento que tal mudança pode ser facilitada pelo pensamento complexo e é um processo de longo prazo, o que não quer dizer que medidas imediatas não possam ser utilizadas e proporcionar resultados precoces.

De acordo com Veig,[28] a expressão "desenvolvimento sustentável" é um enigma à espera de um Édipo que o decifre. Acrescento que para tanto o filho de Jocasta precisaria de um modo de pensar e uma linguagem como a da teoria da complexidade. Tudo isso requer que o imediatismo e o quantitativismo, que hoje predominam em nossa cultura, sejam moderados por meio de práticas inclusivas e diversificadas. Por exemplo, seria importante que a maioria das pessoas entendesse que (1) crescer é aumentar. Crescimento isolado implica aumento quantitativo e produção de repetição; (2) desenvolver-se é tornar-se diferente. Desenvolvimento isolado implica qualidade e produção de diferença; (3) essas duas condições, que a princípio parecem antagônicas, são na verdade complementares.

O desenvolvimento deve incluir o crescimento, mas também deve ter o poder de moderá-lo, o que só pode se tornar realidade por meio da ação política e da educação. Daí a hipótese de que a sustentabilidade será o próximo socialismo, ou ao menos será uma parte importante dele. Ou, o que talvez seja menos provável, que ela será o próximo capitalismo ou ao menos uma parte significativa dele.

Trata-se, portanto, de aprender a conviver com opostos ao mesmo tempo antagônicos e complementares: lidar com os paradoxos, as ambiguidades – com a complexidade, enfim. Na prática isso implica incluir e conviver. Por isso é preciso acrescentar ao desenvolvimento sustentável modos eficazes de lidar com a pobreza, a destituição social, os governos ditatoriais, a demagogia e o histrionismo disfarçados de desenvolvimentismo. E, principalmente nos países ditos "em desenvolvimento", buscar melhorias *quantitativas e qualitativas* em três áreas que têm sido vítimas de manipulações estatísticas e das maquiagens de marketing político: a educação, a saúde e a segurança pessoal, alimentar e jurídica.

Quando se fala em levar tudo isso à prática, é indispensável mais uma vez insistir num ponto: levar em conta a natureza humana, no que ela tem de melhor e pior. Por um lado, o conjunto de boas intenções que caracterizam as iniciativas de sustentabilidade tem como certo que as pessoas sempre buscam o que é melhor para si mesmas. Porém, como foi indicado várias vezes em páginas anteriores, elas também buscam o que é pior para si próprias. Em teoria, os líderes políticos deveriam ser os agentes dessas mudanças ou ao menos da maioria delas. Alguns até chegam a se esforçar nesse sentido, mas são muitos os que agem na direção contrária. Convém repetir mais uma vez: é como se em muitos casos a natureza humana fosse um obstáculo à felicidade humana.

Diante de constatações assim, há uma recomendação de Sartre que talvez seja bom considerar: "Deve-se pensar contra si mesmo: meço a evidência de uma ideia pelo coeficiente de horror que ela pode me causar."[29] Em outros termos, por mais que a longa crônica de horrores que pontilha a história humana possa nos incomodar, é preciso levá-la em consideração em nossos projetos. Às vezes, ouvir o que não queremos pode nos sugerir modos de ação mais realistas. Uma lição que se aprende com essa sugestão de Sartre é moderar o otimismo da ideia de progresso, que como já sabemos tem duas características principais: (1) é a ferramenta ideal para brincar de avestruz; (2) encoraja a aceleração da entropia por meio da depredação do ambiente natural e, nesse sentido, reforça as pulsões de morte.

Por tudo isso, a definição de sustentabilidade e, por extensão, a de desenvolvimento sustentável, não pode nem deve ser exata e nítida como muitos gostariam que fosse. A sustentabilidade é uma noção complexa e, portanto, não redutível à supersimplificação da lógica binária: inclui a ambiguidade própria dos oximoros, aliás bem representada pela expressão "desenvolvimento sustentável". Em especial, ela se situa entre dois tipos de atitude: (1) a pautada pelo conhecimento e pela tecnologia, áreas em que somos razoavelmente competentes, e (2) a determinada pela ética, política e valores. Como notou Gray, são âmbitos em que nossa competência tem estado mais no campo das intenções e da retórica do que no das realizações. No momento atual, os componentes do item 1) são adotados e garantidos pelo poder de instituições como o FMI e o Banco Mundial,[30] nas quais predominam os economistas convencionais, de credo neoclássico. Essas instituições e suas assemelhadas têm o poder de ditar as normas e pronunciar os discursos hegemônicos. Como diria Humpty Dumpty a Alice: desenvolvimento é o que chamo de desenvolvimento.

De modo geral, quase todos asseguram que a palavra "sustentabilidade" designa a necessidade do uso responsável dos recursos naturais, mas cada corrente de pensamento entende essa frase a seu modo e segundo as suas conveniências. Cada um ouve o que quer ouvir e lê o que quer ler. Essa racionalidade irracional desde sempre tem sido usada como ferramenta de autoengano e também de auto e heteroagressão, de modo que na prática tudo isso acaba por contribuir para acelerar a entropia.

Espero ter deixado claro que o conceito de sustentabilidade abriga em seu seio paradoxos, oscilações, multiplicidades e ambiguidades. É por isso que o pensamento complexo é tão útil para a sua compreensão. A esse respeito, Veiga lembra

242   Complexidade e Sustentabilidade • Mariotti

Georgescu-Roegen, pensador da ecologia e portanto da complexidade: nos países mais democráticos há aspectos ditatoriais, e nas ditaduras mais ferozes é possível encontrar elementos democráticos. Ao que acrescento que o *yin* contém um pouco do *yang* e vice-versa.

Sustentabilidade significa não apenas permanência, mas permanência alimentada por uma rede de elementos do ambiente que ela por sua vez realimenta, e assim se estabelece uma recursividade. Já sabemos que muito do que é necessário para entender a ideia de sustentabilidade pode ser conseguido pela compreensão de como aceitar situações paradoxais e conviver com elas.[31] Entretanto, já aprendemos que ainda temos muita dificuldade de conviver com a ambiguidade, o que equivale a dizer que para nós é difícil lidar com a complexidade. Mas aos poucos e de modo lento as coisas começam a mudar. Já existe, por exemplo, uma área de pesquisa com o nome de "economia da complexidade".[32] Como a teoria da complexidade, a economia da complexidade se propõe a não permanecer refém da mente mecânica e suas principais crenças (equilíbrio, estrutura, previsibilidade, quantitativismo, tentativas de escamotear a incerteza) e passar a trabalhar também com a incerteza, as leis da termodinâmica, a teoria da evolução e a teoria do caos.

Tudo considerado, é possível entender que a sustentabilidade é, ao mesmo tempo, um agenciamento e um meio de agenciar. Neste ponto, mais uma vez retomo a observação de Gray: o conhecimento e a tecnologia (aos quais acrescento as práticas) estão muito à frente da ética e da política (às quais acrescento os valores). Há uma lacuna entre esses dois conjuntos, o que dificulta a tarefa da ética, da política e dos valores, que seria moderar os usos espúrios do conhecimento, da tecnologia e das práticas por eles inspiradas. Enquanto essa lacuna for tão ampla como é, isso não ocorrerá como desejável. Quando a observamos com atenção, torna-se claro que avanços na ética, na política e nos valores tendem a ampliar a sustentabilidade e, portanto, a desacelerar a entropia. Seu recuo tende a produzir o efeito contrário. Por outro lado, uma diminuição do nosso deslumbramento diante do conhecimento técnico e das tecnologias dele resultantes também ajudaria na desaceleração da entropia e na ampliação da sustentabilidade.

O mais desejável seriam movimentos nos dois sentidos. Por tudo isso é tão difícil estabelecer uma definição *prêt-à-porter* de sustentabilidade. Na condição de ideia complexa ela será sempre fluida, flexível e objeto de constantes transações. Nada está em equilíbrio: tudo está em interação, em negociação, ligado às disputas políticas.

Visto de forma pragmática, é claro que o estágio último do processo econômico é a produção de resíduos. Nos termos das leis da termodinâmica, isso significa transformar materiais de baixa entropia em dejetos de alta entropia. Daí se infere que, como acabou de ser dito, tudo o que desacelera a entropia e diminui a produção de lixo tende a ampliar a sustentabilidade. Dessa maneira, a diminuição da lacuna acima descrita só pode ser conseguida por meio da composição entre ética, política e valores de um lado e, de outra parte, o conhecimento, as tecnologias e as práticas. A questão não pode ser resolvida pela eliminação de um dos polos, pois não é um problema: é um paradoxo e isso quer dizer que os dois polos não podem se excluir e devem conviver. Nessa convivência sempre haverá oscilações: ora predominará um, ora prevalecerá o outro. Mas a lacuna jamais deve ser tão ampla que essa predominância leve à quase ditadura de um polo sobre o outro, como acontece hoje.

Determinar até que ponto essa composição será possível na prática dependerá de cada país, cultura, organização ou instituição e, em especial, da atuação de suas lideranças. Isso significa que cada país, cultura, organização e instituição conseguirá resultados diferentes segundo os seus respectivos contextos e momentos históricos. Eis por que a definição de sustentabilidade é difícil de aprisionar em uma estrutura conceitual. Não fosse tudo isso bastante, é necessário incluir nesse contexto o que se conhece sobre a natureza humana, como foi discutido nos capítulos anteriores.

Mais uma vez, reafirmo que se não é o caso para otimismos excessivos, também não se trata de alimentar pessimismos apocalípticos. Por isso, gostaria de terminar este livro com um trecho da prosa do escritor americano Nathanael West:[33]

> "O homem tem um tropismo pela ordem. Chaves num bolso, moedas no outro. Os bandolins são afinados em sol, ré, lá e mi. O mundo físico tem um tropismo para a desordem. O homem contra a natureza [...] a batalha secular. As chaves querem apaixonadamente misturar-se às moedas. Os bandolins se empenham em desafinar. Toda ordem tem dentro de si o germe da destruição. Toda ordem está fadada a desaparecer, e mesmo assim vale a pena lutar."

NOTAS

[1] COLEBROOK, Claire. *Understanding Deleuze*. Crows Nest, Australia: Allen & Unwin, 2002, pos. 138.

[2] Id., ibid., pos. 138.

[3] DOSSE, François. *Gilles Deleuze e Fëlix Guattari*: biografia cruzada. Porto Alegre: Artmed, 2010, p. 303.

[4] Citada por DOSSE, *Gilles Deleuze e Félix Guattari, biografia cruzada*, op. cit., p. 220.

[5] DELEUZE, Gilles. *Critique et clinique*. Paris: Minuit, 1993, p. 110.

[6] PROUST, Marcel. *Sodoma e Gomorra*. São Paulo: Globo, 1989. (Em bubsca do tempo perdido, v. 4), p. 11-39.

[7] DELEUZE, Gilles. *Proust et les signes*. Paris: Payot, 1964.

[8] PROTEVI, John. Deleuze, Guattari, and emergence. *Journal of Modern Critical Theory*, 29 (2): 19-39, July 2006.

[9] Diacronia é um momento no tempo. É a escolha e abordagem de um momento específico no tempo: um instante recortado, isolado. Sincronia refere-se à correlação entre diversos momentos, recortes ou segmentos de tempo. A diacronia é linear, a sincronia é complexa.

[10] DE LANDA, Manuel. *Intensive science and virtual philosophy*. London: Continuum, 2002.

[11] DELEUZE, Gilles; GUATTARI, Félix. *O que é a filosofia?* São Paulo: Editora 34, 2001, p. 133.

[12] Ver BONTA, Mark; PROTEVI, John. *Deleuze and geophilosophy*: a guide and glossary. Edinburgh: Edinburgh University Press, 2004, p. 3.

[13] MARIOTTI, Humberto. O conhecimento do conhecimento: filosofia de Espinosa e o pensamento complexo. 2000. Disponível em: <www.humbertomariotti.com.br>.

[14] CHISHOLM, Dianne. Rhizome, ecology, geophilosophy (a map to this issue). *Rhizomes* 15, Winter 2007. Disponível em: <www.Rhizomes.net/issue15/chisholm.html>.

[15] VEIGA, Jose E. da. *Desenvolvimento sustentável*: o desafio do século XXI. Rio de Janeiro: Garamond, 2010, em especial a conclusão (p. 187 ss.)

[16] EHRENFELD, John R. Searching for sustainability: no quick fix. *Reflections*, 5 (8): 1-17, 2004.

[17] MARIOTTI, Humberto. The illusion of control: its manifestations in the context of economics, business, and administration. *Revista BSP*, v. 1, nº 1, July 2010. Disponível em: <www.revistabsp.com.br>.

[18] EHRENFELD, John R. *Sustainability by design*: a subversive strategy for transforming our consumer culture. New Haven & Londres: Yale University Press, 2008.

[19] NIETZSCHE, Friedrich. *Frammenti postumi estate-autunno* 1884, 26 (61), p. 149.

[20] JASPERS, Karl. *Origine e senso dela storia*. Milão: Comunitá, 1965, p. 130-131.

[21] ROSSI, Paolo. Attegiamenti dell'uomo verso la natura. In: CERUTI, Mauro; LASZLO, Erwin. *Physis*. Abitare la terra. Milão: Feltrinelli, 1988, p. 204.

[22] HEIDEGGER, Martin. A questão da técnica. In: HEIDEGGER, Martin. *Ensaios e conferências*. Petrópolis: Vozes, 2002, p. 11-38.

[23] Uma consulta ao dicionário *Aurélio* mostra o seguinte: "*Técnica*. A parte material ou o conjunto de processos de uma arte; maneira, jeito ou habilidade especial de executar ou fazer algo. *Tecnologia*. Conjunto de conhecimentos, esp. princípios científicos, que se aplicam a um determinado ramo de atividade; a totalidade desses conhecimentos."

[24] HEIDEGGER, A questão da técnica, op. cit., p. 30.

[25] Id., ibid., p. 31.

[26] Id., ibid., p. 31.

[27] BERGSON, Henri. *Creative evolution*. Nova York: The Modern Library/Random House, 1944, p. xix-xx.

[28] VEIGA, *Desenvolvimento sustentável*, op. cit., p.13.

[29] Ver PRADO JUNIOR, Bento. A curva regular de um destino. *Folha de S. Paulo*, 17 mar. 2002.

[30] VEIGA, *Desenvolvimento sustentável*: o desafio do século XXI, op. cit., p. 164-165.

[31] Há uma apreciável bibliografia sobre gestão de paradoxos. Destaco o livro de Barry Johnson *Polarity management*: identifying and managing unsolvable problems. Amherst, Massachusetts: HRD Press, 1996.

[32] CECHIN, Andrei; VEIGA, José Ely da. A economia ecológica e evolucionária de Georgescu-Roegen. *Revista de Economia Política*, v. 30, nº 3, p. 438-454, jul./set. 2010.

[33] WEST, Nathanael. *Miss lonelyhearts and the day of the locust*. Nova York: New Directions, 2009, p. 30.

Bibliografia

AKERLOF, George A.; SHILLER, Robert J. *Animal spirits*: how human psychology drives the economy, and why it matters for global capitalism. Princeton: Princeton University Press, 2009.

AKHTAR, Salman; O'NEIL, Mary O. (Ed.). *On Freud's "beyond the pleasure principle"*. Londres: Karnac, 2011.

ALLEN, Peter H. *Cities and regions as self-organizing systems*. Amsterdam: Gordon & Breach, 1997.

ANDERSON, J. R. *The adaptive character of thought*. Mahwah: Erlbaum, 1990.

ANDRADE, Rogerio P. de. A construção do conceito de incerteza: uma comparação das contribuições de Knight, Keynes, Shackle e Davidson. *Nova Economia*, Belo Horizonte, 21 (2): 171-195, maio/ago. 2011.

APPELBAUM, Kenneth L.; SAVAGEAU, Judith A.; TRESTMAN, Robert L.; METZNER, Jeffrey L.; BAILLARGEON, Jacques. A national survey of self-injurious behavior in American prisons. *Psychiatric Services*, 62: 2850290, 2011.

ARCHIBALD, W. P. *Marx and the missing link*: human nature. Atlantic Highlands, N.J.: Humanities Press International, 1989.

ARENDT, Hannah. *The human condition*. Chicago: University of Chicago Press, 1998.

_____. *Sobre a violência*. Rio de Janeiro: Relume-Dumará, 1994.

_____. *Origens do totalitarismo*. São Paulo: Companhia das Letras, 1998.

_____. *Eichmann em Jerusalém*: um relato sobre a banalidade do mal. São Paulo: Companhia das Letras, 1999.

ATKINS, Peter. *The laws of thermodynamics*: a very short introduction. Oxford: Oxford University Press, 2010.

ATLAN, Henri. *Entre o cristal e a fumaça*: ensaio sobre a organização do ser vivo. Rio de Janeiro: Jorge Zahar, 1992.

AXELROD, R. *The evolution of cooperation*. Nova York: Basic Books, 1984.

246 Complexidade e Sustentabilidade • Mariotti

BAKHTIN, Mikhail M. *Speech genres and other late essays*. Austin: University of Texas Press, 1986.

BARKOW, Jerome; COSMIDES, Leda; TOOBY, John (Ed.). *The adapted mind*: evolutionary psychology and the generation of culture. Nova York: Oxford University Press, 1992.

BATESON, Gregory. *Steps to an ecology of mind*: collected essays in anthropology, psychiatry, evolution, and epistemology. Northvale: Jason Aronson, 1972, 1987.

BAR-YAM, Yaneer. *Dynamics of complex systems*. Reading: Addison-Wesley, 2003.

BAUMAN, Zygmunt. *O mal-estar da pós-modernidade*. Rio de Janeiro: Jorge Zahar, 1998.

_____. *Modernidade líquida*. Rio de Janeiro: Jorge Zahar, 2001.

_____. *Vida em fragmentos*: sobre a ética pós-moderna. Rio de Janeiro: Zahar, 2011.

BEAUVOIR, Simone de. *A velhice*. Rio de janeiro: Nova Fronteira, 1990.

BECKER, Ernest. *The denial of death*. Nova York: Free Press, 1973.

BEHAR, Michael. Burning question: why are wildfires defying long standing computer models? *The Atlantic*, v. 310, nº 2, Sept. 2012.

BELLUZZO, Luiz Gonzaga. O que pensam os republicanos? *Carta Capital*, 4 jul. 2012.

BETZIG, L. L. *Human nature*: a critical reader. Nova York: Oxford University Press, 1997.

BOBBIO, Norberto. *Thomas Hobbes*. Rio de Janeiro: Campus, 1991.

_____. *Direita e esquerda*: razões e significados de uma distinção política. São Paulo: Editora UNESP, 2001.

BORGES, Jorge Luís. *Obras Completas*. São Paulo: Editora Globo, 1999. v. I.

BURY, John B. *The idea of progress*: an enquiry into its origins and growth. Honolulu: University Press of the Pacific, 2004.

BEATING A RETREAT: Artic sea ice is melting far faster than climate models predict. Why? *The Economist*, 24 Sept. 2011.

BEINHOCKER, Eric D. *The origin of wealth*: evolution, complexity, and the radical remaking of economics. Boston: Harvard University School Press, 2006.

BERGSON, Henri. *Creative evolution*. Nova York: The Modern Library/Random House, 1944.

BOGUE, Ronald. *Deleuze and Guattari*. Londres: Nova York: Routledge, 2001.

BONTA, Mark; PROTEVI, John. *Deleuze and geophilosophy*: a guide and glossary. Edinburgh: Edinburgh University Press, 2004.

BOYNTON, Robert S. The strange case of Masud Khan. *Boston Review*, Dec. 2002/Jan. 2003. Disponível em: <bostonreview.net/BR27.6/boynton.html>.

BRIEFING: THE FUTURE OF MEDICINE. Squeezing out the door: the role of physicians at the centre of health care is under pressure. *The Economist*, 2 June 2012.

BROWN, Lester R. *Eco-economy*: building an economy for the Earth. Nova York: Norton, 2001.

BRUNDTLAND, Gro H. *Our common future*. Oxford: Oxford University Press, 1987.

CANNON, Walter B. *Bodily changes in pain, hunger, fear and rage*. Nova York: D. Appleton, 1915.

CECHIN, Andrei. *A natureza como limite da economia*: a contribuição de Nicholas Georgescu-Roegen. São Paulo: Editora SENAC São Paulo, 2010.

Bibliografia **247**

CECHIN, Andrei D. *Georgescu-Roegen e o desenvolvimento sustentável*: diálogo ou anátema? 2008. Dissertação (Mestrado) – Programa de Pós-Graduação em Ciência Ambiental da Universidade de São Paulo, São Paulo.

_____; VEIGA, José E. da. A economia ecológica e evolucionária de Georgescu-Roegen. *Revista de Economia Política*, v. 30, nº 3 (119), p. 438-454, jul./set. 2010.

CERUTI, Mauro; LASZLO, Ervin. *Physis*: abitare la terra. Milão: Feltrinelli, 1988.

CHISHOLM, Dianne. Rhizome, ecology, geophilosophy (a map to this issue). *Rhizomes*, 15, Winter 2007. Disponível em: <www.Rhizomes.net/issue15/chischol.html>.

CHOMSKY, Noam; FOUCAULT, Michel. *The Chomsky-Foucault debate on human nature*. Nova York: The New Press, 2006.

CHOROVER, S. L. *From genesis to genocide*: the meaning of human nature and the power of behavior control. Cambridge: MIT Press, 1979.

CILLIERS, Paul. *Complexity and postmodernism*: understanding complex systems. Londres: Routledge, 1998.

CLECKLEY, Hervey. *The mask of sanity*: an attempt to clarify some issues about the so-called psychopathic personality. St. Louis: V.C Mosby, 1988. Também disponível em: <www.cassiopaea.org/cass/sanity_1.PDF>.

COLEBROOK, Claire. *Understanding Deleuze*. Crows Nest: Allen & Unwin, 2002.

COLLINS, James C.; PORRAS, Jerry I. *Built to last*: successful habits of visionary companies. Nova York: Harper Collins, 2002.

DALCHER, Darren. Aprendendo a conviver com a incerteza: uma visão além do gerenciamento de risco. *Mundo Project Management*, jun./jul. 2011, p. 11-19.

DALY, Herman; TOWNSEND, Kenneth N. (Ed.). *Valuing the Earth*: economics, ecology, ethics. Cambridge: Massachusetts Institute of Technology Press, 1993.

_____. *Beyond economic growth*: the economic of sustainable development. Boston: Beacon Press, 1996.

_____. Forum: Georgescu-Roegen *versus* Solow/Stiglitz. *Ecological Economics*, 22: 261-266, 1997.

_____; FARLEY, Joshua. *Ecological economics*: principles and applications. Washington D.C.: Island Press, 2003.

DAMÁSIO, António. *Looking for Spinoza*: joy, sorrow, and the feeling brain. Orlando: Harcourt, 2003.

DARWIN, Charles. *The origins of species by means of natural selection of the preservation of favoured races in the struggle for life*. Londres: John Murray, 1859.

DAY, George S.; SCHOEMAKER, Paul J. H. *Peripheral vision*: detecting the weak signals that will make or break your company. Boston: Harvard Business School Press, 2006.

DE GEUS, Arie. *The living company*: growth, learning and longevity in business. Londres: Nicholas Brealey Company, 1999.

DEGLER, C. N. *In search of human nature*: the decline and revival of Darwinism on American social thought. Nova York: Oxford University Press, 1991.

DELEUZE, Gilles. *Nietzsche et la philosophie*. Paris: PUF, 1962.

_____. *Critique et clinique*. Paris: Minuit, 1993.

DELEUZE, Gilles. *Le bergsonisme*. Paris: PUF,1966.

_____. *Spinoza*: practical philosophy. San Francisco: City Lights, 1988.

_____. *Différence et répétition*. Paris: PUF, 1968.

_____. *Logique du sens*. Paris: Minuit, 1969.

_____. *O abecedário de Gilles Deleuze*. Disponível em: <www.ufrgs.com/corpoarteclinica/obra/abc.prn.pdf>.

_____; GUATTARI, Félix. *O que é a filosofia?* São Paulo: Editora 34, 2001.

_____. *A thousand plateaus*: capitalism and schizophrenia. Nova York: Continuum, 2010.

_____. *O anti-Édipo*. Capitalismo e esquizofrenia 1. São Paulo: Editora 34, 2011.

DELFIM NETTO, Antonio. Pensar o futuro. *Carta Capital*, 6 jul. 2011.

_____. Encontro com a realidade. *Carta Capital*, 20 jun. 2012.

_____. Incerteza essencial. *Carta Capital*, 28 nov. 2012.

DIAMOND, Jared. *Collapse*: how societies choose to fail or succeed. Nova York: Penguin, 2011.

_____. *Armas, germes e aço*: os destinos das sociedades humanas. Rio de Janeiro: Record, 2009.

_____. *The third chimpanzee*: the evolution and future of the human animal. Nova York: Harper Collins, 1992.

DODDS, Joseph. *Psychoanalysis and ecology at the edge of chaos*: complexity theory, Deleuze-Guattari and psychoanalysis for a climate in crisis. Londres: Nova York: Routledge, 2011.

DOSSE, François. *História do estruturalismo*. O campo do signo. Bauru: EDUSC, 2007. v. 1.

_____. *História do estruturalismo*. O canto do cisne. Bauru: EDUSC, 2007. v. 2.

DUPAS, Gilberto. *A ideia de progresso*: ou o progresso como ideologia. São Paulo: Editora UNESP, 2006.

DURSCHMIED, Erik. *Fora de controle*: como o acaso e a estupidez mudaram a história do mundo. Rio de Janeiro: Ediouro, 2002.

EAGLETON, Terry. *On evil*. New Haven: Yale University Press, 2010.

EDWARDS, Andrés R. *Thriving beyond sustainability*: pathways to a resilient society. Gabriola Island: New Society Publishers, 2010.

_____. *The sustainability revolution*: portrait of a paradigm shift. Gabriola Island: New Society Publishers, 2010.

EHIN, Charles. *Hidden assets*: harnessing the power of informal networks. Nova York: Kluwer Academic, 2004.

EINSTEIN, Albert; FREUD, Sigmund. *Why war?* Chicago: Chicago Institute for Psychoanalysis, 1933.

ELIAS, Norbert. *The symbol theory*. Londres: Sage, 1989.

_____. *A condição humana*. Lisboa: Difel; Rio de Janeiro: Bertrand Brasil, 1991.

_____. *A sociedade dos indivíduos*. Rio de Janeiro: Jorge Zahar, 1994.

ELLIOTT, C. A new way to be mad. *Atlantic Monthly*, 286 (6): 72-84, 2000.

EOYANG, Glenda H. *Coping with chaos*: seven simple tools. Circle Pines: Lagumo, 2009.

EHRENFLED, David. *The arrogance of humanism*. Oxford: Oxford University Press, 1981.

EHRENFELD, John R. *Sustainability by design*: a subversive strategy for transforming our consumer culture. New Haven: Yale University Press, 2008.

FERNANDES, Millôr. *A entrevista*. Porto Alegre: LP&M, 2011.

_____. *Livro vermelho dos pensamentos de Millôr*. São Paulo: Editora Senac São Paulo, 2000.

FERSCH, Ellsworth L. (Ed.). *Thinking about psychopaths and psychopathy*: answers to frequently asked questions with case examples. Lincoln: iUniverse, 2006.

FINGARETTE, Herbert. *Self-deception*. Berkeley: University of California Press, 2000.

FOR RICHER, FOR POORER. Growing inequality is one of the biggest social, economic and political challenges of our time. *The Economist*, 13 Oct. 2012.

FOUCAULT, Michel. *História da loucura na idade clássica*. São Paulo: Perspectiva, 1978.

_____. *O nascimento da clínica*. Rio de Janeiro: Forense Universitária, 1980.

_____. *Archeology of knowledge*. Londres: Routledge, 2004.

_____. *The Cambridge companion to Foucault*. (Gary Gutting, ed.) Cambridge: Cambridge University Press, 2007.

_____. *Microfísica do poder*. São Paulo: Graal, 2008.

_____. *Nascimento da biopolítica*. São Paulo: Martins Fontes, 2008.

FREUD, Sigmund. *Obras completas*. Madri: Biblioteca Nueva, 1948. 2 v.

_____. *Beyond the pleasure principle and other writings*. Londres: Penguin, 2003.

_____. *Civilization and its discontents*. Nova York: Penguin, 2004.

FROMM, Erich. *Anatomia da destrutividade humana*. Rio de Janeiro: Zahar, 1975.

_____. *Meu encontro com Marx e Freud*. Rio de Janeiro: Zahar, 1975.

_____. *Greatness and limitations of Freud's thought*. Londres: Jonathan Cape, 1980.

_____. *Conceito marxista do homem*. Rio de Janeiro: Zahar, 1983.

FURTADO, Celso. Os desafios da nova geração. *Revista de Economia Política*, v. 24, nº 4, (96) out./dez. 2004, p. 483-486.

GAJARDO, Marcela. *Ivan Illich*. Recife: MEC/Fundação Joaquim Nabuco/Editora Massangana, 2010.

GAWANDE, Atul. Desperate measures: Francis Moore remade modern surgery. But he couldn't live with the consequences. *The New Yorker*, 5 May 2009, p. 70-81.

GENTIS, Herbert; NAVARRO, Vicente. *Sobre o pensamento de Ivan Illich*. Porto: Nova Crítica, 1979.

GEORGESCU-ROEGEN, Nicholas. *The entropy law and the economic process*. Cambridge: Harvard University Press, 1971.

_____. Energy and economic myths. *Southern Economic Journal*, v. 41, nº 3, p. 347-381, 1975.

_____. The entropy law and the economic problem. In: DALY, Herman; TOWNSEND, Kenneth N. (Ed.). *Valuing the Earth*: economics, ecology, ethics. Cambridge: Massachusetts Institute of Technology Press, 1993. p. 75-88.

250 Complexidade e Sustentabilidade • Mariotti

GEORGESCU-ROEGEN, Nicholas. Selections from energy and economic myths. In: DALY, Herman; TOWNSEND, Kenneth N. (Ed.). *Valuing the Earth*: economics, ecology, ethics. Cambridge: Massachusetts Institute of Technology Press, 1993. p. 89-112.

GHIRELLI, Antonio. *Tiranos*: de Hitler a Pol Pot: os homens que ensanguentaram o século 20. Rio de Janeiro: Difel, 2003.

GIDDENS, Anthony. *As consequências da modernidade*. São Paulo: Editora UNESP, 1991.

_____. *Modernidade e identidade*. Rio de Janeiro: Jorge Zahar, 2002.

_____. *A política da mudança climática*. Rio de Janeiro: Jorge Zahar, 2010.

GILDING, Paul. *The great disruption*: how the climate crisis will transform the global economy. Londres: Bloomsbury, 2011.

GHIGLIERI, M. P. *The dark side of man*: tracing the origins of male violence. Reading: Perseus, 1999.

GOODNESS HAS NOTHING TO DO WITH IT: utilitarians are not nice people. *The Economist*, 24 Sept. 2011.

GRAY, John. *Jogos finais*: questões do pensamento político moderno tardio. São Paulo: Editora Unesp, 1997.

_____. *Al-Qaeda e o significado de ser moderno*. Lisboa: Relógio D'Água, 2004.

_____. *Straw dogs*: thoughts on humans and other animals. Nova York: Farrar, Straus and Giroux, 2007.

_____. *Enlightenment's wake*: politics and culture at the close of the modern age. Londres: Routledge, 2007.

_____. *Gray's anatomy*: selected writings. Londres: Penguin, 2010.

_____. *The silence of animals*: on progress and other modern myths. Londres: Penguin, 2013.

GRAYLING, A. C. *Ideas that matter*: the concepts that shape the 21st century. An opinionated guide. Nova York: Basic Books, 2010.

_____. *Post-liberalism*: studies in political thought. Londres: Routledge, 1995.

GREEN, Vivian. *A loucura dos reis*: história de poder e destruição, de Calígula a Saddam Hussein. Rio de Janeiro: Ediouro, 2006.

GRENZ, Stanley J. *A primer on post-modernism*. Grand Rapids: William B. Eerdmans, 1996.

GRIMSHAW, J. M. Is evidence-based implementation of evidence-based care possible? *Medical Journal of Australia*, 180: 50-1, 2004.

GROTE, Gudela. *Management of uncertainty*: theory and application in the design of systems and organizations. Londres: Springer-Verlag, 2009.

GRUEN, Arno. *The insanity of normality*: toward understanding human destructiveness. Berkeley: Human Development, 2007.

GUATTARI, Felix. *Chaosmosis*: an ethico-aesthetic paradigm. Bloomington & Indianapolis: Indiana University Press, 1995.

HAMILTON, Clive. *Requiem for a species*: why we resist the truth about climate change. Crowns Nest: Allen & Unwin, 2010.

HARDIN, Garrett. The tragedy of the commons. In: DALY, Herman; TOWNSEND, Kenneth N. (Ed.). *Valuing the Earth*: economics, ecology, ethics. Cambridge: Massachusetts Institute of Technology Press, 1993. p. 127-143.

_____. Second thoughts on "The tragedy of the commons". In: DALY, Herman; TOWNSEND, Kenneth N. (Ed.). *Valuing the Earth*: economics, ecology, ethics. Cambridge: Massachusetts Institute of Technology Press, 1993. p. 143- 151.

HARE, R. D. *Without conscience*: the disturbing world of psychopaths around us. Nova York: Guilford, 1993.

HARVEY, David. *The condition of post-modernity*: an enquiry into the origins of cultural change. Cambridge: Blackwell, 1992.

HEDGES, Chris. *Empire of illusion*: the end of literacy and the triumph of spectacle. Nova York: Nation Books, 2009.

HEIDEGGER, Martin. *Being and time*. Nova York: Harper Perennial, 1962/2008.

_____. *Ensaios e conferências*. Petrópolis: Vozes, 2002.

HEINBERG, Richard. *The end of growth*: adapting to our new economic reality. Gabriola Island: New Society, 2011.

HOBBES, Thomas. *Leviathan*. Nova York: Oxford University Press, 1651/1957.

HODGSON, Geoffrey M. *Economics and evolution*: bringing life back into economics. Ann Arbor: University of Michigan Press, 1993.

HOLT, Tim (Ed.). *Complexity for clinicians*. Abingdon: Radcliffe, 2004.

HOPKINS, Linda. *False self*: the life of Masud Khan. Londres: Karnac, 2008.

HUME, David. *A treatise of human nature*. Mineola: Dover, 2003.

ILLICH, Ivan. *Deschooling society*. Londres: Nova York: Marion Boyards, 1971.

_____. *Limits to medicine*. Medical nemesis: the expropriation of health. Londres: Marion Boyars, 1995.

_____. Medical nemesis. *Journal of Epidemiology & Community Health*, 57: 919-922, 2003.

JACOBS, Jane. *Morte e vida das grandes cidades*. São Paulo: Martins Fontes, 2000.

JAMIESON, Dale. *Ethics and the environment*: an introduction. Cambridge: Cambridge University Press, 2008.

JEGLIC, Elizabeth L.; VANDERHOF, Holly A.; DONOVIC, Peter J. The function of self-harm behavior on a forensic population. *International Journal of Offender Therapy and Comparative Criminology*, 49 (2) 131-142, 2005.

JONAS, Hans. *The imperative of responsibility*: in search of an ethics for the technological age. Chicago: Chicago University Press, 1984.

JOHNSON, Barry. *Polarity management*: identifying and managing unsolvable problems. Amherst: HRD, 1996.

JOHNSON, Neil. *Simply complexity*: a clear guide to complexity theory. Oxford: Oneworld Publications, 2011.

KANTER, Rosabeth M. Zoom in, zoom out: the best leaders know when to focus in and when to pull back. *Harvard Business Review*, Mar. 2011.

KAPLAN, G.; ROGERS, L. J. *Gene worship*. Nova York: Other, 2003.

KAPLAN, Robert B. Cultural thought patterns in intercultural education. *Language Learning*, 16: 1-20, 1966.

KASTENBAUM, Robert. *The psychology of death*. Nova York: Springer, 2000.

KEYNES, John M. *The general theory of employment, interest and money*. Londres: Macmillan, 1936.

KNIGHT, Frank. *Risk, uncertainty and profit*. Londres: Houghton Mifflin, 1921.

KOESTLER, Arthur. *The sleepwalkers*: a history of man's changing vision of the universe. Londres: Penguin, 1959.

KUMAR, Krishan. *From post-industrial to post-modern society*: new theories of the contemporary world. Malden: Blackwell, 2005.

LAKOFF, George; JOHNSON, Mark. *Philosophy in the flesh*: the embodied mind and its challenge to Western thought. Nova York: Basic, 1999.

_____. *The political mind*: a cognitive scientist's guide to your brain and its politics. Nova York: Penguin, 2008.

LECHTE, John. *50 key thinkers*. Nova York: Routledge, 1994.

LEITH, Mark. Instinct and survival: an exchange of letters between Einstein and Freud. *Canadian Medical Association Journal*, 163 (9): 1178-1179, 2000.

LÉVI-STRAUSS, Claude. *The savage mind (la pensée sauvage)*. Londres: Weidenfeld and Nicholson, 1966.

LEVY, D. Chaos theory and strategy: theory, application and managerial implications. *Strategic Management Journal*, 15 (2): 167-178, 1994.

LEWIS, Clive S. *The abolition of man*. Harper Collins E-books, 2009.

LIMA, Luiz Costa. A lógica do sentido. *Cult*, São Paulo, nº 162, out. 2011, p. 41-43.

LISSACK, Michael R. (Ed.). *The interaction of complexity and management*. Westport: Quorum, 2002.

LORENZ, Konrad. *On aggression*. Londres: Nova York: Routledge, 2005.

LOVELOCK, James. *The revenge of Gaia*: why the Earth is fighting back – and how we can still save humanity. Londres: Penguin, 2007.

LYOTARD, Jean-François. *The post-modern condition*: a report on knowledge. Minneapolis: University of Minnesota Press, 1984.

MACHADO, Roberto. *Foucault, a ciência e o saber*. Rio de Janeiro: Jorge Zahar, 2009.

MACINTOSH, Robert; MACLEAN, Donald; STACEY, Ralph; GRIFFIN, Douglas (Ed.). *Complexity and organization*: readings and conversations. Londres: Routledge, 2006.

MAIEROVITCH, Walter. Traficantes e banqueiros. *Carta Capital*, 16 maio 2012.

MALTHUS, Thomas. *An essay on the principle of population*. Disponível em: <www.econlib.org/library/Malthus/malPop.html>.

MANDELA, Nelson. *Conversations with myself*. Nova York: Farrar, Straus and Giroux, 2010.

MANESCHI, Andrea; ZAMAGNI, Stefano. Nicholas Georgesgu-Roegen, 1906-1994. *The Economic Journal*, 197, p. 695-707, May 1997.

MANN, David W. Masud and Mr. Khan. Disponível em: <www.bostonneuropsa.net/PDF%Files/Mann/David%20M>

MAQUIAVEL, Nicolau. *O príncipe*. São Paulo: Martins Fontes, 2004.

MARCO AURÉLIO. *Meditações*. São Paulo: Iluminuras, 1995.

MARGULIS, Lynn; SAGAN, Dorion. *Microcosmos*. Nova York: Summit, 1986.

_____. *Symbiotic planet*: a new look at evolution. Nova York: Basic, 1992.

MARIOTTI, Humberto. *Organizações de aprendizagem*: educação continuada e a empresa do futuro. São Paulo: Atlas, 1999.

_____. *As paixões do ego*: complexidade, política e solidariedade. São Paulo: Palas Athena, 2000.

_____. O conhecimento do conhecimento: a filosofia de Espinosa e o pensamento complexo. 2000. Disponível em: <www.humbertomariotti.com.br>.

_____. *Pensamento complexo*: suas aplicações à liderança, à aprendizagem e ao desenvolvimento sustentável. São Paulo: Atlas, 2010.

_____. *Pensando diferente*: para lidar com a complexidade, a incerteza e a ilusão. São Paulo: Atlas, 2010.

_____. The illusion of control: its manifestations in the context of economics, business, and administration. *Revista BSP*, v. 1, nº 1, July 2010. Disponível em: <www.revistabsp.com.br>.

_____. The McDonald's case and the importance of design thinking. *Revista BSP*, v. 2, nº 1, Mar. 2011. Disponível em: <www.revistabsp.com.br>.

_____; ZAUHY, Cristina; MARIOTTI, Humberto; ZAUHY, Cristina. Managing complexity: conceptual and practical tools. Analysis of examples. *Cuadernos de Investigación*, Peru: Escuela de Postgrado, año 3 nº 8, sept. 2009. Disponível em: <http://postgrado.upc.edu.pe/cuaderno-epg>.

_____. Between the focus and the periphery: the zoom technique. *Revista BSP*, v. 3, nº 1, Mar. 2012. Disponível em: <www.revistabsp.com.br>.

MARQUES, Fernando R. Natural gas, innovation, and low carbon economy. *Revista BSP*, v. 3, nº 1, Mar. 2012. Disponível em: <www.revistabsp.com.br>.

_____. Natural gas and the decarbonization of Brazilian economy. *Revista BSP*, v. 3 nº 2, July 2012. Disponível em: <www.revista.bsp.com.br>.

_____; MARCOVITCH, Jacques; PARENTE, Virgínia. Value creation for Brazilian natural gas pipeline distribution companies in a low carbon economy. In: ELAEE, 4., Montevidéu, 2013, *Anais...*

MARTIN, Roger. *The opposable mind*: how successful leaders win through integrative thinking. Boston: Harvard University School Press, 2007.

MAUBOSSIN, Michael J. Embracing complexity. *Harvard Business Review*, Sept. 2011, p. 89-92.

McDANIEL, JR., Reuben; DRIEBE, Dean J. (Ed.). *Uncertainty and surprise in complex systems*. Nova York: Springer Verlag, 2005.

MEAD, George H. *Mind, self & society, from the standpoint of a social behaviorist*. Chicago: University of Chicago Press, 1934.

254 Complexidade e Sustentabilidade • Mariotti

MEAD, George H. The *philosophy of the present*. Amherst: Prometheus, 2002.

MEADOWS, Donnella; RANDERS, Jorgen. *Limits to growth*: the 30-year update. White River Junction: Chelsea Green, 2004.

MELO NETO, João Cabral de. O engenheiro. In: *Obra completa*. Rio de Janeiro: Nova Aguilar, 1999.

MENNINGER, Karl. *Man against himself*. Nova York: Harcourt, Brace and World, 1938.

MERQUIOR, José G. *Foucault ou o niilismo de cátedra*. Rio de Janeiro: Nova Fronteira, 1985.

_____. *De Praga a Paris*: uma crítica do estruturalismo e do pensamento pós-estruturalista. Rio de Janeiro: Nova Fronteira, 1991.

MIDGLEY, Mary. *Beast and man*: the roots of human nature. Londres: Routledge, 2005.

MILLS, Jon (Ed.). *Rereading Freud*: psychoanalysis through philosophy. Albany: State University of New York Press, 2004.

_____. Reflections on the death drive. *Psychoanalytic Psychology*, 23(2): 373-382, 2006.

MONTUORI, Alfonso. Edgar Morin's path of complexity. In: MORIN, Edgar. *On complexity*. Cresskill: Hampton, 2008. p. vii-xxiv.

_____. Introduction: on complexity. In: MORIN, Edgar. *On complexity*. Cresskill: Hampton, 2008, p. xxv-xliv.

MORAN, Emilio. *People and nature*: an introduction to human ecological relationships. Malden: Blackwell, 2006.

MOORE, Francis D. Determination of total body water and solids with isotopes. *Science*, 104:157, 1946.

_____. *Metabolic care of the surgical patient*. Philadelphia: W. B. Saunders, 1959.

_____; OLESEN, K, H.; McMURREY, H. B.; PARKER, M. R.; BOYDEN, C. M. *The body cell mass and its supporting environment*. Body composition in health and disease. Philadelphia: W. B. Saunders, 1963.

_____. Homeostasis: bodily changes in trauma and surgery. The response to injury in man as the basis for clinical management. In: *Davis-Christopher textbook of surgery*. The biological basis of modern surgical practice. 11. ed. Sabiston, Philadelphia: W. B. Saunders, 1977. p. 27-64.

_____. *A miracle and a privilege*: recounting a half-century of surgical advance. Washington D. C.: Joseph Henry, 1995.

MORIN, Edgar. Restricted complexity, general complexity. In: GERSHENSON, C.; AETRS, D.; EDMONDS, B. (Ed.) *Worldviews, science, and us*: philosophy and complexity. Nova York: World Scientific, 2007.

_____. *On complexity*. Cresskill: Hampton, 2008.

_____. *La méthode 5*. L'humanité de l'humanité. L'identité humaine. Paris: Seuil, 2001.

_____. O método 1. *A natureza da natureza*. Porto Alegre: Sulina, 2002.

_____. *Meu caminho*. Entrevistas com Djéane Kareh Tager. Rio de Janeiro: Bertrand Brasil, 2010.

_____. *A minha esquerda*. Porto Alegre: Sulina, 2011.

MOYER, V. A. What we don't know can hurt our patients: physician innumeracy and overuse of screening tests. *Annals of Internal Medicine*, 156 (5): 392-393, 2012.

NICOLESCU, Basarab. *O manifesto da transdisciplinaridade*. São Paulo: Triom, 1999.

_____; BADESCU, Horia. *Stéphane Lupasco*: o homem e a obra. São Paulo: Triom, 2001.

ORTEGA Y GASSET, José. *A rebelião das massas*. São Paulo: Martins Fontes, 1987.

O'HEAR, Anthony. *After progress*: finding the old way forward. Londres: Bloomsbury, 1999.

PAGE, Scott E. *Diversity and complexity*. Princeton: Princeton University Press, 2011.

PASCAL, Blaise. *Pensamentos*. São Paulo: Martins Fontes, 2001.

PASCALE, Richard; MILLEMAN, Mark; GIOJA, Linda. *Surfing the edge of chaos*: the laws of nature and the laws of business. Nova York: Crown Business/Random House, 2000.

PASSET, René. *L'Économique et le vivant*. Paris: Payot, 1979.

PAULUS, D. L.; WILLIAMS, K. M. The dark triad of personality: narcissism, machiavellianism, and psychopathy. *Journal of Research Personality*, 36: 355-63, 2002.

PINKER, Steven. *The blank state*: the modern denial of human nature. Nova York: Penguin Books, 2003.

_____. *The better angels of our nature*: why violence has declined. Nova York: Viking Penguin, 2011.

PLAMENATZ, J. *Karl Marx's philosophy of man*. Nova York: Oxford University Press, 1975.

POLECHOVÁ, Jitka; STORCH, David. Ecological niche. Disponível em: <http://bartongroup. icapb.ed.ac.uk/resources/papers/Ecological_niche_811.pdf>.

POPPER, Karl. *The poverty of historicism*. Londres: Routledge, 2002.

PRADO JUNIOR, Bento. A curva regular de um destino. *Folha de S. Paulo*, 17 mar. 2002.

PROUST, Marcel. *Sodoma e Gomorra*. São Paulo: Globo, 1989. (Em busca do tempo perdido, v. 4.)

POSTMAN, Neil. *Technopoly*: the surrender of culture to technology. Nova York: Vintage/Random House, 1993.

RAMO, Joshua C. *The age of the unthinkable*: why the new world disorder constantly surprises us. Nova York: Little, Brown / Back Bay, 2010.

READE, Dennis V. A lot of people is engaged in environmental sustainable practices. Why we still see deterioration in the world? *Revista BSP*, v. 3, nº 1, Mar. 2012. Disponível em: <www. revistabsp.com.br>.

REES, Martin. *A hora final. Alerta de um cientista*: o desastre ambiental ameaça o futuro da humanidade. São Paulo: Companhia das Letras, 2005.

RIVERO, Oswaldo de. *O mito do desenvolvimento*: os países inviáveis do século XXI. Petrópolis: Vozes, 2002.

RODOLFO, Kelvin. What is homeostasis? *Scientific American*, 2000. Disponível em: <www.scientificamerican.com/article.cfm?id=what-is-homeostasis>.

RORTY, Richard. *Philosophy and the mirror of nature*. Princeton: Princeton University Press, 2009.

RUSE, M. *Taking Darwin seriously*: a naturalistic approach to philosophy. Amherst: Prometheus, 1998.

ROUSSEAU, Jean-Jacques. *Discourse upon the origin and inequality among mankind*. Nova York: Oxford University Press, 1755/1994.

256   Complexidade e Sustentabilidade • Mariotti

SACHS, Ignacy. *Caminhos para o desenvolvimento sustentável*. Rio de Janeiro: Garamond, 2002.

_____. *Desenvolvimento*: includente, sustentável, sustentado. Rio de Janeiro: Garamond, 2004.

SAFATLE, Vladimir. O que quebrará o país? *Carta Capital*, 11 jul. 2012.

SARGUT, Gökçe; McGRATH, Rita G. Learning to live with complexity: how to make sense of the unpredictable and the undefinable in today's hyperconnected business world. *Harvard Business Review*, Sept. 2011, p. 69-76.

SARTRE, Jean-Paul. *Saint Genet*: ator e mártir. Petrópolis: Vozes, 2001.

SCHNEIDER, Eric; SAGAN, Dorion. *Into the cool*: energy flow, thermodynamics, and life. Chicago: University of Chicago Press, 2005.

SCHOPENHAUER, Arthur. *The essays of Arthur Schopenhauer*: on human nature. Produced by Juliet Sutherland, Josephine Paolucci and the Online Distributed Proofreading. s.d.

_____. *The world as will and representation*. Lexicos, 2011.

SCHROEDINGER, Erwin. *What is life?* With mind and matter and autobiographical sketches. Cambridge: Cambridge University Press, 2003.

SCHOUTEN, Ronald; SILVER, James. *Almost a psychopath*: do I (or does someone I know) have a problem with manipulation and lack of empathy? Center City: Heldezen, 2012.

SCHULZ, Kathryn. *Being wrong*: adventures in the margin of error. Nova York: Harper Collins, 2010.

SEN, Amartya. *Development as freedom*. Nova York: Alfred A. Knopf, 2000.

_____. East and West: the reach of reason. *New York Review of Books*, 20 July 2000.

_____. *Rationality and freedom*. Cambridge: Belknap Press of Harvard University Press, 2004.

SENNETT, Richard. *A corrosão do caráter*: consequências pessoais do trabalho no novo capitalismo. Rio de Janeiro: Record, 1999.

_____. *A cultura do novo capitalismo*. Rio de Janeiro: Record, 2006.

SETZER, Joana; GOUVEIA, Nelson. Princípio da precaução: da origem ética à sua aplicação prática. In: RIBEIRO, Wagner C. (Org.). *Rumo ao pensamento crítico socioambiental*. São Paulo: Anablume, 2010.

SHAW, Patricia. *Changing conversations in organizations*: a complexity approach to change. Londres: Routledge, 2002.

_____; STACEY, Ralph. *Experiencing risk, spontaneity, and improvisation in organizational change*. Londres: Routledge, 2006.

SIEGEL, Allan; SAPRU, H. A. *Essential neuroscience*. Baltimore: Lippincott William & Wilkins, 2011.

SLATTERY, Patrick. *Curriculum development in the postmodern era*. Nova York: Londres: Routledge, 2006.

SLOVENKO, Ralph. Self-destructive behavior and the thereafter. *International Journal of Offender Therapy and Comparative Criminology*, 49 (2) 125-130, 2005.

SPINOZA, Baruch de. *Oeuvres complètes*. Paris: Gallimard/Pléiade, 1954.

SKINNER, Quentin. *As fundações do pensamento político moderno*. São Paulo: Companhia das Letras, 1996.

SOCIAL REPPORT: the Arctic. *The Economist*, 1º July 2012.

Bibliografia 257

STACEY, Ralph D.; GRIFFIN, Douglas, SHAW, Patricia. *Complexity and management*: fad or radical challenge to systems thinking? Londres: Nova York: Routlege, 2006.

_____. *Complexity and organizational reality*: uncertainty and the need to rethink management after the collapse of investment capitalism. Londres: Routledge, 2010.

_____. *Tools and techniques of leadership and management*: meeting the challenge of complexity. Londres: Nova York: Routledge, 2012.

STEVENSON, Leslie (Ed.). *The study of human nature*. Nova York: Oxford University Press, 2000.

_____; HABERMAN, David L. *Ten theories of human nature*. Nova York: Oxford University Press, 1998.

STORR, Anthony. *Human destructiveness*: the roots of genocide and human cruelty. Londres: Routledge, 1992.

SUYEMOTO, K. L. The function of self-destruction. *Psychology Review*, 18: 531-554, 1998.

SWEENEY, Kieran; GRIFFITHS, Frances (Ed.). *Complexity and healthcare*: an introduction. Abingdon: Radcliffe Medical Press, 2002.

TALEB, Nicholas N. *Fooled by randomness*: the hidden role of culture in life and in the markets. Nova York: Random House, 2005.

_____. *The black swan*: the impact if the highly improbable. Nova York: Random House, 2010.

TAPTIKLIS, Theodore. *Unmanaging*: opening up the organization to its own unspoken knowledge. Nova York: Palgrave Macmillan, 2008.

THE AMSTERDAM DECLARATION ON GLOBAL CHANGE. Issued at a joint meeting of the International Geosphere Biosphere Programme, the International Human Dimensions Programme on Global Environmental Change, the World Climate Research Programme, and the International Biodiversity Programme, Amsterdam, 2001.

THE ROYAL SOCIETY. *People and the planet*. The Royal Society Policy Centre Report 01/12, April 2012.

THOMPSON, William Irwin (Ed.). *Gaia*: uma teoria do conhecimento. São Paulo: Gaia, 2000.

TRIGUEIRO, André (Org.). *Meio ambiente no século 21*: 21 especialistas falam da questão ambiental nas suas áreas de conhecimento. Rio de Janeiro: Sextante, 2003.

TRUMP, Matthew. What is chaos? A five-part online course for everyone. Disponível em: <http://order.ph.texas.edu.chaos/index.html>.

TUCHMAN, Barbara. *The march of folly*: from Troy to Vietnam. Londres: Abacus, 1999.

VARELA, Francisco. *Invitation aux sciences cognitives*. Paris: Seuil, 1996.

_____; THOMPSON, Evan; ROSCH, Eleanor. *The embodied mind*: cognitive science and human experience. Cambridge: Massachusetts Institute of Technology Press, 1997.

_____. *Ethical know-how*: action, wisdom, and cognition. Stanford: Stanford University Press, 1999.

VEIGA, José E. da. *Desenvolvimento sustentável*: o desafio do século XXI. Rio de Janeiro: Garamond, 2005.

_____. *Sustentabilidade*: a legitimação de um novo valor. São Paulo: Editora Senac São Paulo, 2010.

VYGOTSKY, Lev S. *Thought and language*. Cambridge: Massachusetts Institute of Technology Press, 1962.

WATSON, Lyall. *Dark nature*: a natural history of evil. Nova York: Harper Collins, 1996.

WATSON, Peter. *The modern mind*: an intellectual history of the 20th century. Nova York: Harper Collins, 2001.

WEGWARTH, O.; SCHWARTZ, L. M.; WOLOSHIN, S.; GAISSMAIER, W. Do physicians understand cancer screening statistics? *Annals of Internal Medicine*, 156 (5): 340-349, 2012.

WILSON, Edward O. *On human nature*. Cambridge: Harvard University Press, 2004.

_____. *The social conquest of Earth*. W. W. Norton, 2012.

YOUNES, Ryad. Doença política: congresso na Holanda revela que as medidas antitabagismo adotadas por países europeus reduziram os casos de câncer de pulmão. *Carta Capital*, 13 jul. 2011.

WEST, Nathanael. *Miss Lonelyhearts and the day of the locust*. Nova York: New Directions, 2009.

ZIMBARDO, Philip. *The Lucifer effect*: understanding how good people turn evil. Nova York: Random House, 2007.

ZIMMERMAN, Brenda; LINDBERG, Curt; PLSEK, Paul. *Edgeware*: lessons from complexity science for health care leaders. Plexus Institute, 2008.

Formato	17 x 24 cm
Tipografia	Charter 10,5/13
Papel	Alta Alvura 75 g/m² (miolo)
	Supremo 250 g/m² (capa)
Número de páginas	280
Impressão	Lis Gráfica e Editora

Sim. Quero fazer parte do banco de dados seletivo da Editora Atlas para receber informações sobre lançamentos na(s) área(s) de meu interesse.

Nome: _____
_____ CPF: _____ Sexo: ○ Masc. ○ Fem.
Data de Nascimento: _____ Est. Civil: ○ Solteiro ○ Casado

End. Residencial: _____
Cidade: _____ CEP: _____
Tel. Res.: _____ Fax: _____ E-mail: _____

End. Comercial: _____
Cidade: _____ CEP: _____
Tel. Com.: _____ Fax: _____ E-mail: _____

De que forma tomou conhecimento deste livro?
□ Jornal □ Revista □ Internet □ Rádio □ TV □ Mala Direta
□ Indicação de Professores □ Outros: _____

Remeter correspondência para o endereço: ○ Residencial ○ Comercial

Indique sua(s) área(s) de interesse:

○ Administração Geral / Management
○ Produção / Logística / Materiais
○ Recursos Humanos
○ Estratégia Empresarial
○ Marketing / Vendas / Propaganda
○ Qualidade
○ Teoria das Organizações
○ Turismo
○ Contabilidade
○ Finanças

○ Economia
○ Comércio Exterior
○ Matemática / Estatística / P. O.
○ Informática / T. I.
○ Educação
○ Línguas / Literatura
○ Sociologia / Psicologia / Antropologia
○ Comunicação Empresarial
○ Direito
○ Segurança do Trabalho

Comentários

_____
_____
_____

ISR-40-2373/83

U.P.A.C Bom Retiro

DR / São Paulo

CARTA - RESPOSTA
Não é necessário selar

O selo será pago por:

01216-999 - São Paulo - SP

REMETENTE:
ENDEREÇO: